VETERIS TESTAMENTI GRAECI

CODICES VATICANUS ET SINAITICUS

CUM TEXTU RECEPTO

COLLATI

AB

EBERARDO NESTLE.

SUPPLEMENTUM EDITIONUM QUAE SIXTINAM SEQUUNTUR OMNIUM,
IN PRIMIS TISCHENDORFIANARUM.

Wipf & Stock
PUBLISHERS
Eugene, Oregon

Wipf and Stock Publishers
199 W 8th Ave, Suite 3
Eugene, OR 97401

Veteris Testamenti Graeci
Codices Vaticanus et Sinaiticus cum Textu Recepto
Edited by Nestle, Eberhard
ISBN 13: 978-1-55635-332-1
ISBN 10: 1-55635-332-4
Publication date 6/1/2016
Previously published by F. A. Brockhaus, 1880

Corrigenda:

7,7 αλα pr. loco   35,11 *dele* AB *prius*   172,13 AB παραβ. ϑρηνου.

MONITUM.

Editionem Veteris Testamenti Graeci Sixtinam a. 1586*) contuli cum editionibus codicis Sinaitici (S) 1862 a Tischendorfio et Vaticani (B) 1868(9)—72 a Vercellone et Cozza paratis, omnemque vel minimam, in quam incidi, lectionis varietatem exscripsi. Qua in imprimenda lectori melius me consulere ratiocinatus si selectum facerem, neglexi eam discrepantiam, quae revera nulla est, i. e.

1) ν εφελκυστικον a scribis antiquis sine ulla quoad vidi lege vel additum vel omissum; indicavi plerumque, ubi ante vocalem deerat a prima manu, vel ante consonantem additum erat a posteriori.

2) varietatem vocalismi: a) ει et ι, ut λειτουργειν, λιτ-, λειτ-, λειτ-; μεισοσ, μεικροσ, απελιφθην, ορειον, ισραηλειτησ, αληθια, plerumque etiam ιδεν, ειδεν, ειδεν**); communicavi cum lectori differentias in nominibus propriis obvias, nonnullas alias. b) confusionem αι et ε in S apud scribam prophetarum frequentissimam αιν τεσ ημαιρεσ, αιστε, αιβουλεσθε, παιδιον, ελαιοσ etc.; -εται, -ετε, -εσθαι, εσθε; notavi ubicunque de forma dubium oriri poterat. c) η pro ει vel ι interdum apud S ut ησηκουσεν, ηματιον; contra exhibeo ubi οψη, ubi οψει d) υ et οι interdum, ut λοιμαινεσθαι

3) ubique μ ante ψ et φ servatum in formis a verbo λαμβανειν derivatis, λημψομαι, ελημφθην etc.; ubi deest exhibeo, quod bis vel ter tantum fieri memini.

---

*) Utebar exemplari Stipendii Tubingensis, in quo, ut in plerisque, editores ad VI numeri calamo addiderunt I. Deest in hoc exemplari, ut in aliis, folium ultimum „Corrigenda in Notationibus Psalterii et aliquot aliis locis" (cf. Proleg. Tischendorfii, p. XXIII), quod ex pulcherrimo exemplari bibliothecae Stuttgartiensis exscriptum ei addidi.

**) inde a p. 33 in scribendis ι et ϊ, item υ et ϋ codices secutus sum.

4) ν pro γ, λ, μ, ρ, σ in formis cum εν et συν compositis, ut ενγραφειν, ενκαινια, συνλαμβανειν, συνμικτοσ, συνραπτειν, συνσημοσ; in B ν plerumque a prima manu servatum, a posteriori mutatum est.

5) in priori parte collationis etiam ουτωσ, cum fere semper ita, non ουτω scriptum viderem, et, quod nunc aegre fero, differentiam inter εξολοθρευω et εξολεθρευω perfrequentem; plerumque B^1 -ε- tuetur, B^2 o supraposuit; curae mihi erit, ut occasione data tales inconcinnitates et quae alia in conlatione mea inesse suspicor menda tollam.

In notandis correctionibus in B passim, in S ubique obviis apud B mihi exorta est difficultas, quia editionis Cozzanae volumen sextum, quod apparatum criticum continebit, nondum publici juris factum est. Ideo dicere non poteram, utrum quae a Cozza et a me post eum literis minutioribus exscribebantur, ipsi scriptori codicis se ipsum corrigenti, an secundae vel tertiae manui tribuenda essent; omnia talia siglo B^2 indicavi. Apud S oriebatur difficultas a magno numero et correctionum et corrigentium. Tischendorfius quatuor librarios distinxit, qui in codice exarando laboraverunt, plures correctores. Librarius A in V. T. Paralipomena et I. Macc. scripsit, B prophetas (pessime), C libros poeticos, D qui et correctoris officio fungebatur, Tobit, Judith. Correctores Tischendorfius siglis A, A[obliq.] B, B[a], (C) C[a], C[b], C[c], C[c]*, D (D[a], non idem ac librarius D) notavit. Priorum vestigia in V[i] T[o] raro obveniunt; de C[a], [b], Tischendorfius haec: „in V[i] quidem T[o] utriusque C[a] et [b] curae libris propheticis impertitae sunt, praevalente passim C[b]; libros vero versibus scriptos C[a] maximam partem omnium solus et magna quidem cum diligentia tractavit, C[b] plane non attigit. Ut utrumque aliquot saeculis postquam ex auctoribus manibus prodisset ad codicem accessisse probabile est, ita dubito an alter ab altero longo intervallo fuerit disiunctus. C[c] libro Esaiae numeros sectionum addidit ac saepe per totum codicem in margine adpinxit ωραιον. In textu recensendo multum inprimis studii in librum Job contulit; qua in re quae ab antiquiore correctore C[a] adnotata inveniebat non raro expunxit."
Mihi scriptores codicis = S^1, ubi scriptor se ipse corrigebat. S[primo] (melius S^1 et S* distinxissem), C[a] = S^2, C[b] = ³, C[c] = ⁴,

Sed sunt loci multi, ubi pro certo cognosci non poterat—praesertim ubicunque rasura tantum aderat — cui correctio tribuenda esset; significavi id plerumque siglis S$^{corr.}$, S$^{2\,vid.}$, S$^{(2)\,(2\,c.\,3)}$ etc. adhibitis; interdum simpliciter S^2 etc. dixi, cum non correctores, sed lectiones curarem. Pro minutioribus qui curant, ipsam Tischendorfii editionem, haud raro, ipsum codicem adeant necesse erit.

Textum Geneseos (usque 46, 28) in B a posteriori manu exaratum contuli quidem, varietates lectionis non impressi, cum perplurimae essent, textusque ille plane idem esset ac Complutensis, itemque textum recentiorem psalmorum 105—137 qui curant, scripturae varietates in Psalterio meo invenient; nolui conferre Sinaiticum per librum Tobith, cum plane aliam ac Bb exhiberet recensionem, quam totam apud Fritzsche, Libri apocryphi V^{is} T^i impressum legas, item IV Maccab.

Cum novum apparatum criticum ex ABCS aliisque codicibus conflatum editioni Tischendorfianae subscribere propter typographicas aliasque rationes vetarer, id certe egi, ut ex Tischendorfii apparatu exscriberem, ubicunque codex Alexandrinus (A) et Ephraemi rescriptus (C) contra editionem Sixtinam (Lagardium secutus siglo b utor) cum B vel S, vel BS faciunt. Sunt autem locorum, quibus AB contra b stant, in toto V^i T^o plus quam quatuor milia; ex. gr. in Exod. 146, Levit. 391, Nu. 183, Deut. 190, Jos. 80, Jud. 77, Regn. α-δ 753, Paralip. α, β 634 etc.; totidem variantibus apparatus criticus abhinc vacabit. En fructus unus accuratae editionis codicis Vaticani.

Collationem libri Danielis ex unico codice Chisiano a. 1877 a Josepho Cozza editi in fine subiunxi.

Dum meliora desunt, his utere mecum.

Tubingae, 2. Oct. 1879.

E. Nestle.

ΓΕΝΕΣΙΣ.

XXIV. 1. AS ευλογησεν 3. S¹ om εν αυτοισ 4. AS αλλα εισ ... AS ου [εγενο]μην 7. AS εγενηθην ... AS om οσ ante ωμοσεν ... S λεγων τω σπερματι σου δωσω την γην ταυτην αυτεσ 8. AS του ορκου τουτου 10. S μεθ[ε]αυτου κ. αναστα[σ] „litera ε non magis dubia quam σ" 14. S επικλεινον μοι την ... S¹ om μοι post ειπη ... S om συ 25. S³ 5 „post τοποσ add. του" 31. AS ευλογητοσ κυριοσ ... S ητοιμακα 36. S³ „post αυτω add. παντα" 37. S. θυρατερων 38. AS αλλ η εισ 40. S om ο θεοσ ... S ενωπιον, S³ i. m. εναντιον ... S αποστελει 42. AS μ. ην νυν εγ. πορ. επ αυτην 43. A²S εστηκα ... AS υδρευσασθαι pro αντλησαι ... AS με μεικρον υδωρ εκ τ. υδρεια σ. 44. AS μοι πιε ... S και συ ... S τω 10 θεραποντι αυτου ϊσ. 45. S. om μου ... S ωμων αυτησ κ. 46. S υδρειαν αυτησ αφ

. . . .

λε
XLVI. 29. πιονι 32. αγιοχασιν 34. AB αραβια ... αιγυπτιων
XLVII. 1. om μου bis 2. om αυτου 7. AB ευλογησεν 11. AB τ. πατερα και ... αιγυπτου 14. σιτου ο ηγορ. 15. το αργυριον παν εκ 17. AB 15
χ ουν
τα κτηνη προσ 18. ηλθαν ... ουκ υπολιπετα (sic) ... κυριου αλλ 19. ινα μη
... AB παιδεσ φαραω ... χ ζωμεν i. m. ... A¹B om ουκ 20. γη φαραω
α
23. αυτοισ 24. AB τ. γενηματα αυτησ δωσετέ ... AB τεσσερα (sic B fere
...
ubique) ... om εν τοισ 25. om τω 26. επι γην 27. επι τησ γησ ...
... -
ηυξηθησαν και i. m. 28. ετη δεκαεπτα ετη ... εγενοντο δε αι 29. ισλ 20
αποθανειν

Fragmenta duo unius folii codicis S[inaitici]. Supersunt 1) XXIII,19 αυτη εστιν usque XXIV, 4 -μην πορε- 2) v. 5 εισ την γην οθεν usque v. 8 απ[οστρε]ψησ εκε- 3) v. 9 -ματοσ τουτου usque v. 14 πιε κ- 4) columnae quartae recto circ. 23 literae versuum 17—19 [App. p. 5 lege Gen. 24, 17 sqq. pro 19 sqq.] 5) columnae prioris verso circ. 23 literae versuum 25—27. 6) v. 30 λελακεν usque v. 33 [ο]υ μη 7) v. 36 αυτω οσα usque v. 46 υδρειαν αυτησ αφ deperditis αρασ μου usque απο του ορκισ- in versu 41.
XXIV. 37. θυρατερων] sic Ti, App. 6, 3. 6; cf. Lagarde, Genesis Graece ad hunc versum.
XLVI. 28. -πολιν εισ incip. B [Vaticanus].

SEPTUAGINTA II. a

XLVIII. 1. om και post ταυτα   3. ὤφθη μοι ὁ θσ μου ἐν   4. σε
αυξανω κ. πληθυνω και   5. om γη ... εισ αιγυπτον προσ σε   6. α δ αν
γεν. (eti A αν)   7. βεθλεεμ   10. δε οφθαλμοι ... γηρουσ   12. ιωσηφ αυτουσ
15. AB ηυλογησεν ... εναντιον ... ο κυριοσ ο τρ.   16. το ονομα μου εν αυτοισ
                                                                         χ
17. πατηρ την δεξιαν α. ... χειροσ α^{τ}ου πατρ.   18. ουκ ουτωσ (sic saepe)
... om σου   19. αλλα ειπ. ... AB αλλα ο
                               υ
IL. 10. AB εωσ αν   13. σιδωνοσ   16. τον εαυτου λαον   19. AB πειρατ.
αυτων κατα   21. γενηματι   25. AB ενεκεν   26. AB υπερισχ. επ ευλογιαισ
28. ευλογ. αυτουσ ο πατηρ εκαστ.   29. AB θαψατε.
L. 1. επι το προσωπ.   3. επληρωσεν αυτουσ τεσ.   4. επειδη δε   5. πατηρ
με ωρκισεν λεγ. ... απελευσομαι   6. om τω ιωσηφ   10. εποιησαν   11. AB
εν αλωνι ... ταδ' pro ατ.   13. sic: και εθαψαν αυτον εκει και ανελαβ. αυτ.
εκει οι υιοι αυτ. εισ γ. χ. etc.   14. απεστρεψεν   15. AB ενεδειξ. αυτω
16. παραγενοντο (sic) ... ιωσηφ λεγοντεσ ο π.   18. om σοι   19. εγω ειμι
20. AB ινα pro και   21. ειπεν δε   23. AB και υιοι μαχειρ   24. υμασ ο
θεοσ κ. ... AB και ισαακ κ.   25. AB επισκεψεται ... υμασ ο θεοσ
Subscriptio : γενεσισ κατα τουσ εβδομηκοντα

ΕΞΟΔΟΣ.

Inscriptio: εξοδοσ
I. 3. AB ζαβ. και βενιαμειν   12. εγεινοντο   15. AB αυτων η ονομα
21. AB επειδη εφοβ.   η η   ω   η η   η η
II. 3. ηδυναντο ... θειβειν ... ασφαλτοπισση   5. θιβειν   6. θειβει   8. AB
                                                                            ουτωσ
η νεανισ   14. εχθεσ   16. πατροσ αυτων priore loco   20. AB^2 ινατι καταλελ.
24. ισακ   αι
III. 5. λυσε   8. AB χειροσ αιγυπτιων   12. μωυσει   15. et 16. AB τ. πατ.
          ο
υμων   18. AB πορευσωμεθα   22. AB om αλλα ... επιθησεται
                         ο
IV. 5. πιστευσωσιν σοι   7. απεχατεστη   8. AB εσχατου pro δευτερου
        χ
10. AB εχθεσ   14. ουχ   15. και εγω usque στ. αυτου i. m. inf. ad.   16. AB^2
προσ   η   ει
σοι λαλησει ... εσει   18. η ετι   21. AB α εδωκα   23. αποκτεννω   25. AB
om αυτου   26. om tot. vers.   27. μωσει
V. 3. AB om κυριω   4. AB τ. λαον μου   7. προστεθησεται ... AB εχθεσ
                     θ   υμεισ
... AB om αλλ   8. κατ εκαστην   11. αυτοι πορευομ. ... AB αφαιρειτε   14. AB
εχθες   15. AB om συ   18. εργαζεστε
             εσ   ια
VI. 7. γνωσονθε   8. εξαξω   9. AB ουτωσ   15. ιεμιηλ ... AB ιαμειν ...
ιωαδ   16. γεδσ. και κααθ   17. λοβενι   18. ισσαχαρ ... AB εχ. τριακοντα. ετ.
19. AB ουτοι οικοι ... συγγενειαν   20. αμβραν. bis ... AB και μωυσην
                                                       ν
22. AB om μισαηλ και   23. ελεισαβεθ ... τον τε αδαβ ... κ. τον αβιουδ
29. αιγυπτου και οσα

L. 23. μαχειρ] et b [editio Sixtina], Ti scripsit μαχιρ
II. 16. πατροσ αυτων pr. l.] ita et Ti, b π. αυτου
VI. 17. λοβενι] ita Ti, b λοβενει; pro σεμεει Bb, Ti scripsit σεμεϊ.

VII. 5.   ΕΞΟΔΟΣ.   XVI. 34.

VII. 5. εκτε|νων ... A¹B om μου. 10. AB εριψεν 22. εσκληρυνεν
... ...
24. post υδωρ prius απο του ποταμου
VIII. 3. ταμεια   9. ευξωμαι ... και περι τ. λ. 10. ιδησ 11. AB
εκ τ. οικ. υ. κ. εκ τ. επ. 14. 3ιμωνιασ bis 16. σκνειφεσ, et 17 bis, 18.
17. AB ανθρ. και εν τοισ τετρ..... AB i. m. σκν. εν παση γη αιγυπτου 18. σκνειφα 5
... AB om τε 21. AB βουλη ... επαποστελλω 22. κυρ. ο κυριοσ π.
   . ο .   .. .
24. δε κυριοσ 25. om κυριω 26. ουτωσ μα τουτο τα γαρ ... τ. 3. ημων
29. απελευσ. απο σου η κυν. ... και του λ. σ.
· · IX. 2. αλλ ετι   8. καμειναιασ, et 10.   9. AB τετραποσιν και ... om
εν ante παση 10. εν τοισ ανθρ. 13. ορθ⁰ισον 14. ιν' ειδησ 19. A¹?B κ. τ. 10
κτη. οσα σοι εστιν ... AB εν τω πεδιω κ. μη   29. om προσ τον κυριον
30. τ. θεον 33. εστ. ουκετι επι
X. 6. ουδε οι 8. om κυριω   9. AB i. m. κυρ. του θεου ημων 11. λατρευ-
                                     παση   του
σατωσαν 13. om κυριοσ 15. om του ... εν γη αιγ. 16. κυ 3υ 21. AB
                                 χ
γην   24. υπολιπεσθε   26. ουκ υπολ⁽ειφθησομεθα ... AB λατρευσωμεν 15
                                  η
... AB τ. 3. ημων 27. εβουληθη 29. μωσησ
XI. 1. AB om εγω 3. εναντ. παντων τ. 5. (παν πρωτοτον) 7. post
γλωσση αυτου i. m. inf. ad. ουδε απο ανθρ. ε. κτηνουσ. ... ιδησ ... παρα-
                                     πασ
δοξαζει 8. και ο λαοσ 10. μωσησ   ι
XII. 4. AB ωσιν οι εν   6. τεσσαρεσκ. et 18. 10. απολιψεται ... AB 20
συντριψεται ... καταλιπομενα 12. ελευσομαι 18. AB εναρχομενου 19. γιω-
ραισ 21. εαυτοισ ... συγγεν⁽ειαν ... θυσετε 24. et 25. φυλαξεσθε 26. om οι
28. μωση ... AB om και ααρων 34. σταισ προ τ. 37. AB οι υιοι ισρ.
                                .....   τα
.... σοχχωθα 40. et 41. τριακονταπεντε 43. ααρων λεγων 44. παν οικετην
XIII. 5. χετται. κ. ευαι. κ. γεργεσ. κ. αμορρ. κ. φερεζ. κ. ιεβουσ ... 25
δουναι σοι
σου γην   10. φυλαξεσθε ... om κατα καιρουσ ωρων 12. εκ των
βουκ. 15. θυω παν πρωτοτοκον τω κυριω π. δ. ... AB om τω κυριω
        εκ γησ αιγυπτου   ιωσηφ
18. 19. ισλ και   19. ωρκισεν τουσ
                                       φαραω
XIV. 5. φαρ. και η καρδια τ. θερ. 9. αρματα και 13. AB θεου 20. om
τησ παρεμβολησ prius 22. AB αυτοισ   30
                                   α
XV. 7. AB και κατεφαγεν 9. μαχαιρη 16. AB απολιθ. εωσ αν ...
λαοσ σου κε εως αν παρελθη ο i. m. ad. 17. αγιασμα κε i. m. 23. επωνομασεν
...
τουτο ον. 24. μωση 25. εχει επειρασεν AB αυτον
XVI. 1. (σειν) ... (σεινα etc.) 5. om εν 9. AB προσελθατε ... AB
υμων τον γογγ. 18. τω γομορ 19. καταλιπετω 21. om πρωι εκαστοσ το 35
                                                      ..
καθ. αυτω 22. μωσει 23. κυριοσ pro μωυσησ ... ου (A = B²) τουτο εστιν
το ... αυριον αυριον ... καταλιπετε 24. α. εισ το πρωι ... εν αυτοισ 25. post
                                                                        β
μωυσησ i. m. προσ αυτουσ 29. om σαββατα ... AB καθησεσθε 30. εσαβατ'τισεν
31. AB δε ωσ σπ. 33. μωσης ... εμβαλετε ... πληρησ το γομορ μαν
34. θεου pro μαρτυριου   40

_____

VIII. 26. et X. 26. τ. θ. ημων] ita et Ti, b utroque loco υμων
XII. 10. απολιψεται] b απολειφεται, Ti απολειφετε
XVI. 22. μωσει] b, Ti μωυσει, b calamo μωυση

1*

4   XVII. 3.   ΕΞΟΔΟΣ.   XXVII. 9.

XVII. 3. AB εγογγυζεν 6. λαοσ μου 11. εγεινετο 12. AB υπερ: επ
αυτου
13. λαον εν... μαχαιρησ 15. μωσησ
XVIII. 1. AB ο ιερευσ 6. et 13. μωυσει 7. εισηγ. αυτον 8. μωσησ
συ
18. δυνηση ποιειν μονοσ 24: AB οσα αυτω ειπεν 25. μωσησ
....
5   XIX. 3. μωσησ ... ουρανου pro ορουσ 7. κ. ελαλησεν προσ τ. πρ.·...
συνετ. αυτω 9. μωσην ... μωσησ 14. post λαον i. m. και ειπεν αυτοισ
την   το
16. AB εγινοντο 17. AB² εισ συναν. ... τ. οροσ σινα 18. AB το δε ορ. ...
ο   χ ααβηθι (sic)
AB ωσ   19. μωσης 20. δε κυριος 24. καταβηδι συ και
σου
XX. 5. AB λατρευσησ   11. και την θαλασσαν i. m.   12. μητερα ινα
10 20. μωσης 21. εστηκει
ο
XXI. 3. κ. η. γ. μετ αυτου   4. AB om και ab initio   9. καθωμο-
εχυτω
λογησηται 10. λαβη τα 15. τυπτ. μητερα α. η μητ. 17. αποδωτε
19. αργιασ 20. εκδικηθητω 21. AB εκδικηθησεται 23. ην 29. AB εχθεσ
λακκον   ...   τον
31. AB ποιησουσιν 33. λατομηση και 35. κερατ. τισ τινοσ ... ταυροσ ταυρον
αυτου
15 ... τεθνηκοντα 36. AB εχθεσ ... κυριω και
σ
XXII. 4. AB καταλημφθη 5. γενημα 8. AB² αυτον 9. τω πλησιον
...   ο
i. m. 14. αυτου ουκ αποτισει 20. ολεθρευθησεται 28. αρχοντασ 30. απο-
δωση 31. απορίψατε
τε
XXIII. 2. εν pro επι ... προσθηση ... AB εκκλειναι μετα πλειονων 5. πε-
εγε   η   ..ψ ξ
20 πτωκωσ ... συναρεισ 10. AB γενηματα 11. ανεσεισ 12. κ. ινα αναπαυση-
...
ται ο υιοσ 16. et 19. AB πρωτογενηματων 18. εκβαλω εθνη 19. πρωτο-
της γης   σου
γενηματων σου 23. ηγουμενοσ υμων 26. AB om αναπληρων 28. om τουσ
secund. et tert.
XXIV. 2. et 13. μωσης
25 XXV. 9. AB ημισυσ ter ... και πηχεοσ και ημισυσ το υψοσ i. m. inf.
α
10. εξωθεν κ. εσωθεν ... κυμ. στρεπτα χρυσα 11. τεσσαρεσ 16. AB ημι-
α
συσ bis 17. AB² χερουβειμ χρυσοτορευτα 19. AB τ. χερουβειν 21. AB
χερουβειν ... AB οσα αν 22. ημισ°υσ 25. τεσσαρεσ bis 28. AB σπονδια
... AB om εκ 31. post κλιτουσ i. m. inf. αυτησ του ενοσ (= A) κ. τρ.
α   ρ
30 καλ. τ. λ. εκ τ. κλειτουσ 34. τεσσαρεσ 40. ολα
εισ
XXVI. 3. εξ αλληλ. usque εσονται i. m. inf. 4. μερουσ την 8. ευ-
τησ δερρεωσ   τακα
ροσ της μιασ 12. om το ημισυ usque τ. δερ. τ. σκηνησ 14. καλυμμα
15. AB τη σκηνη 16. AB πηχεοσ 19. AB¹ om και δυο βασ. usque αυτου
υ
21. om και δυο usque αυτου   24. om ισαι   31. υφαντον 33. AB² επι
ουσ   ουσ   ...
35 των στυλων ... διοριεισ 35. AB θησεισ pro επιθ. ... τραπ. επιθησεισ
36. AB¹ om τη θυρα της σκηνησ 37. αυταισ
α   ανα
XXVII. 4. τεσσαρεσ ... υπο, i. m. επι (= A) 5. AB ημισ°υσ 6. et 7. φορεισ
ter (A = B) 7. AB εστωσ. οι 9. om εκ βυσσου κεκλωσμενησ ... πηχων,.

XXVII. 11. ΕΞΟΔΟΣ. XXXIV. 27. 5

ita eti 11. 12. 15. 16. 18. 11. om τω κλιτει ... αργυρω 12. αυλησ κατα ϑ.
... αι βασ. 13. tot. vers. i. m. inf., αυλ. το πρ. ... και αι β. 19. αργαλια
20. καηται
XXVIII. 1. AB om και tert. 3. AB om σοφιας και 4. om και ante
χιτωνα 6. υφαντου 7. ΑΒ εξηρτισμεναι 8. AB om καϑαρου 11. 12. om
επι—επι alterutr. et intermed. 14. AB κροσωτα bis 15. AB λογιον
(-ι- et 22. 23. 24 bis. 26) 22. et 24. AB κροσουσ ... αλυσιδωτου 23. AB
εναντι 26. εναντιον bis 29. AB² υπο το ... AB επι του λω. ... κωδωνασ
30. υπο του λω. 31. εναντιον 35. (κιτωνων) 38. περισκελη 39. ωσ αν
εισπ. ... οταν
XXIX. 1. κρ. δυο αμωμουσ 3. προσοισεισ αυτα 5. AB λογιον ... om
και συν. usque λογειον 6. και ϑησεισ την 10. χειρασ επι 11. εναντιον
14. AB κρεα 17. ενδοσϑεια ... επιϑησεισ τα 18. ολοκαυτωμα κυριω
... AB² ϑυμιαμα ... εσται 22. AB το επ αυτ. 23. λ. εν^α απο 24. αφοριεισ
αυτοισ 26. αφαιρισμα ... εσται εν 27. αφειρηται 28. εσται απο τ. 15
30. om εκ 33. απ αυτου 35. αυτων τασ χειρασ 37. καϑαριεισ το ϑυσ.
αυτου
41. σπονδην ποιησ. ... AB om εισ 46. και ϑεοσ ειναι αυτων μια
XXX. 2. πηχεοσ bis, A sec. loco 3. AB καταχρ. αυτα χρ. 7. ϑυσει
... επισκευαση ουσ λυχνουσ 9. ανοισεισ επ ... ϑυσιαν σπονδην 10. AB² περι
αυτου 15. ημισυ 16. εισ κατεργον ... και εξειλασασϑαι 26. AB om τησ 20
σκηνησ 27. om και παντα τα σκευη αυτησ prius ... post αυτησ sec. ad.
και την σκηνην του μαρτυριου και παντα τα σκευη αυτησ 32. ποιηϑησεται
37. ποιησεται υμ. αυτοισ 38. λαου αυτησ
XXXI. 2. AB om εκ 6. AB ποιησουσιν ... σοι συνεταξα 14. κυριου
17. AB² οτι εξ ... AB² τον ουρ. 18. μωσει 25
XXXII. 1. μωσησ ουτοσ ... εξ αιγυπτου 6. πιειν 7. εντευϑεν καταβηϑι
8. προσεκυνηκασιν ... om και τεϑυκασιν αυτω 17. AB² τησ φωνησ 20. AB²
υποι το υ. 26. προσ αυτον i. m. 27. om πλησ. αυτου και εκαστ. τον
29. η τω ... AB om αυτου 30. μωσησ 33. ενωπιον εμου i. m. 34. συ δε
βαδιζε ... προπορευεται 30
XXXIII. 1. πορευου 2. εκβαλεισ 3. AB¹ om και χαναναιον 5. των
δοξων i. m. 7. μακραν α. τ. παρεμβολησ i. m. 8. et 9. μωσησ et μωση
11. λαλησει 13. AB om τνα ante ιδω 15. πορευη 16. αλλ η σ. σ. μ.
ημων κ. ε. ε. τ. κ. ο λαοσ σου i. m. inf. 17. ενωπιον μου 19. και λαλησω
επι τω ον. 20. ιδ. μου το προσ. 22. π. μου η δοξα 23. AB οψη 35
XXXIV. 2. ακρουσ 3. AB και αι βοεσ 8. μωσησ 11. om εγω
post ιδου 15. A²B ευκαϑημ. προσ αλλοφυλουσ επι ... φ. των ϑυματων α.
21. καταπαυσισ pro -σεισ 22. αρχην pro εορτην 24. ουδεισ 25. τησ εορτ.
26. AB πρωτογενηματα ... ου προσοισεις pro ουχ εψησεις 27. τεϑειμαι

XXIX. 22. το επ α.] ita b, επ' calamo ex ὑπ' correcto, Ti ὑπ' retinuit.
XXXIII. 16. μ. ἡμων] ita et Ti, b μ. υμων

6 XXXIV. 28. ΕΞΟΔΟΣ. XL. 31.

28. τα ρημ. ταυτα επι τ. πλακων της 29. μωσησ ουκ 30. εγγισ. αυτου
31. et 34. μωσησ 35. μωση
XXXV. 2. AB αγιον 4. μωσησ 6. om και ante βυσσον 7. ηρυθρο-
δανωμενα 8. επομειδα 10. χ τα κατακαλυμματα i. m. 13. om τουσ post
5 λιθουσ 20. μωση 21. ανηνεγκαν ... αυτων η καρδια 24. το αφαιρεμα
... AB τησ κατασκευησ 27. λογιον 28. AB om εισ 29. εισελθοντα
                                                    θειον
30. ουρειου ... εκ φυλησ 31. πνα σοφιασ 34. εδωκεν αυτω εν ... και
ελιαβ ... αχισαμακ 35. om και ab initio ... σοφ. και συνεσεωσ
                                                    ει
XXXVI. 2. et 6. μωσησ 3. μωση 4. AB ηργαζοντο 10. και τω κ. ...
                                              σ μ
10 τω διανενησμενω i. m. ... AB κ. συν τη β. 11. αλληλα συνπεπλεγ. 12. AB
om αυτο κ. τ. α. ποιησιν, B i. m. κατα την αυτου ποιησιν 13. χρυσιω εγλυμ-
μενουσ i. m. inf. ... AB εκκολαμμα 15. 16. 22. 29 bis. AB λογιον 20. χρυ-
                Υ
σολιθον 21. αυτων εγγεγραμμενα 22. κροσουσ 24. 25. 27. AB λογιου
28. om κατωθεν usque επωμιδοσ 29. ινα μη usque επωμειδοσ i. m. inf.
15 36. και τα περισκ. εκ βυσσου i. m.
XXXVII. 2. AB το αυτο ησαν ... πηχων 3. εποιησεν ... υφαντου
         α
4. τεσσαρεσ 5. υφαντον του χερ. 6. om και τασ ψαλ. αυτων ... βασεισ
υτων
αι πεντε 7. et 9. επ εκατον ter 11. 12. om ιστια πεντεκαιδεκα πηχων
13. αψλαιαι εκατον πεντηκοντα πηχ. 17. και αγκυλαι ... i. f. ad. AB και
20 αυτοι περιηργυρωμενοι (A — αι) αργυριω 18. AB om και αυτοι περιηργ. αργ.
19. et 20. μωση 21. αχισαμακ. εκ τησ φ.
XXXVIII. 3. τεσσαρεσ 4. et 10. διωρτηρσιν 5. om καθαρου 6. 7. post
χερουβειμ i. m. sup. χρυσουσ χερουβ' ενα ε. τ. α. τ. ιλαστηριου και χερουβ'
7. τον δευτερον 10. τεσσαρεσ 16. αυτων ο εστιν ... επ αυτων οι λυχνοι
    ε
25 ... εβδομον απ ακρ. ... επι κορυφησ 19. κατακαλυμα 21. om τουσ πασ.
τ. σκηνησ 23. AB om τασ ante χαλκασ 24. AB τω θυσιαστ. ... του πυρειου
       α.   ο
... τεσσαρεσ ... χαλκ. τοισ μοχλοισ ευρεισ 26. λουτηρα χαλκουν ... κατω-
τ
πρων+των v. 27. μωσησ
   ου XXXIX. 4. τασ εκατον κεφαλιδασ 6. AB εποιησαν 8. εποιησεν εξ αυ-
30 των 9. πυλησ pro αυλησ ab initio 10. χ παντα τ. σκευη τ. θυσ. i. m. inf.
... αργαλια 14. και τασ β. 18. τα αυτησ σκευη 21. αργαλεια ... ηρυθρο-
δανωμενα ... AB καλυμ. (A κατακαλ.) δερματα υακινθινα ... αργαλια τα
εριστα εργ. 22. ο συνετ. κυριου μωση 23. AB ιδεν ... μωσησ π.
XL. 3. tot. vers. sic: και σκεπασεισ την κιβωτου του μαρτυριου τω καταπετ.
σκευη   το θυσιαστηριον
35 7. τα αυτησ 8. AB παντα αυτου τα σκευη 9. εσται αγιον των 11. αυτον
 χ   σ
ιερατευειν 14. et 16. μωσησ 17. επ αυτησ ... μωση 20. AB² επεθηκεν
... post μαρτ. ad. επι. το κλιτοσ τησ σκηνησ του μαρτυριου 21. προεθηκεν
                μ
25. εθυσιασεν ... το θυμιαμα 29. μωσησ ... AB επλησθη 30. ανε.
                                  τησ
α. τ. σκ. η νεφελη 31. ανεβη
Subscriptio: εξοδοσ

XXXV. 7. et XXXIX. 21. ηρυθροδανωμενα] ita et Ti, b ηρυθρωδανομενα
13. τουσ post λιθουσ in b calamo transfossum est, Ti τουσ retinuit.

ΛΕΥΕΙΤΙΚΟΝ.

Inscriptio: AB λευειτικον
I. 2. AB² κτηνων και ... κ. απο τ. προβ.   3. δεκτον αυτω εν. 5. οι ιερεισ οι υιοι ααρων το αιμα   6. AB² εκδειραντεσ   7. AB² επιστοιβασουσιν   8. AB² ξυλα τα επι   9. ενκοιλια (sic fere semper) αυτου   10. AB εισ ολοκαυτωμα   11. επι το ϑ.   12. επιστ. αυτα AB οι ιερεισ επι ... AB² ξυλα τα   13. ϑυσιασ   14. AB προσφερησ δωρον τω κυριω   16. AB κατα ανατ.   5
II. 2. πληρησ ... δρακαν   3. τουσ υιουσ   4. AB εκ λιβανου   8. AB ποιη   13. διαπαυσετε ... AB αλα   14. AB πρωτογενηματων bis ... AB απαλον νεα
III. 1. AB ϑυσιαν ... AB βοων αυτου πρ. ... εναντιον   6. AB ϑυσιαν 9. α. τ. ϑυρασ τ. σωτ. ... AB καρπ. τω ϑεω ... περιελει αυτο^υ ... AB 10 om και παν το στ. το κατ. τ. κοιλιαν ... AB και το στεαρ τησ κοιλιασ 12. αιγων το ad. vid.   14. AB επ αυτου   16. 17. AB κυριω νομιμον sine distinctione
                                                    τον
IV. 2. AB om παντων   3. AB του λαον ... AB add. αυτου in fine 5. α. επισ την σκ. (sic, AB επι, B² εισ voluit)   8. ενδοσϑεια (ut fere 15
                                           αι
semper)   10. αφερειτε ... AB διανοισει pro και αν.   13. AB πλημμελη-
   ω
σουσιν   15. και σφαξ. usque κυριου i. m. inf. ad.   18. AB των προσ   19. απ αυτου   20. AB ουτωσ   21. AB¹ om ολον, B² ad. i. f. l.   22. AB ϑεου αυτων
                                                   σ
23. AB χειμαρρον   24. AB χειμαρρου   26. ϑυσια σωτηριου   28. χειμεραν 29. AB χειμεραν ... AB om τω   32. AB εισ αμαρτιαν   33. κεφαλην 20
αυτου του
V. 1. ωρακεν   2. AB om εκεινη ... AB ante βδελ. add. η των 6. om ησ pr. ... χιμεραν   7. ισχυση   9. AB αμαρτιασ γαρ   10. ολοκαυτωμα 11. AB αυτου η χειρ ... λιβανον pro ελαιον ... AB αυτο λιβ.   12. αμαρ-
   σ   η
τια εστιν   13. εφ ενοσ ... ωσ η ϑυσ.   15. AB ψυχη εαν λαϑη   16. AB 25
                                                 ε
vid. και ημαρτεν, B² add. ο ... AB αποτισαι   17. AB ποιηση   19. AB πλημμελησιν pro πλημμελεια
VI. 2. AB ψυχη εαν ... τι add. vid. i. f. l.   5. A¹B το πεμπτον .. ελεχϑη   7. AB επλημμελησεν αυτω   9. εντειλε ... AB om τω   12. AB
                                        πρωϊ
καυσ. ο ιερ. επ αυτο ... AB πρωϊ· και   15. AB om παντι ... AB οσμη 30
                                     εστιν
17. εξυμωμενη·ν μεριδα ... AB αγιων ωσπερ   21. πεφυραγμενην ... ϑυσιαν
εισ
οσμην   22. χρειστοσ αντ ... νομιμοσ   25. AB om τω   27. AB επιραντισϑη 28. AB εψεϑη bis ... AB¹ vid. om εν αυτω   29. AB εστιν κυριου   33. εν-
   αι
δοσϑια   37. AB εξ. εν αυτω εσται   38. AB ησ αυτοσ προσφερ.

I. 11. επι το ϑ.] ita Ti, b τῷ cal. delevit   III. 16. 17. ita et b, Ti κυριω· νομ.

VII. 2. ΑΒ ελαιω λαγανα ͥ 6. καν ... ΑΒ vid. ευχη η εκ., Β² ευχην η
εκ. ... προσαγαγη 10. ΑΒ ου εστιν ... ΑΒ επ αυτου 11. ΑΒ και ψυχη
13. ισλ παντεσ λεγων 15. ΑΒ προσαξει αυτων απ ... κυριου 16. εν παση τη γη κατοικια
... ΑΒ τ. πετεινων κ. απο τ. κτηνων 19. σωτηριου κυριω οισ. ... κω και
5 απο 20. ΑΒ επιθειναι 21. ααρ. και εσται τοισ
VIII. 5. μωσησ, 12. 15. 19 sec. 20. 24 tertio loco. 28 bis. 29. ...
ΑΒ add. τουτο εστιν ante ο ενετ. 7. ΑΒ ενεδ. αυτουσ ͮ ... ΑΒ εζωσ.
αυτουσ ͮ 8. ΑΒ λογιον bis, et sic fere ubique 9. κατα προσωπ. το 11. ΑΒ
ερανεν ... ΑΒ τα σκευη αυτου pro τα εν αυτη ... ΑΒ τα εν αυτη
10 pro τα σκευη αυτησ 15. om θυσιαστηριου alterutr. et intermed., i. m.
inf. ad. 16. και λοβον απο των 17. την κοπρον αυτου των i. m. 18. ΑΒ και οι υιοι
21. ΑΒ ολοκ. ο εστιν 23. μωϋσησ 26. ΑΒ κυριου ελαβεν ... και
....
επεθηκεν τον βρ. 29. μωση ... τω μω ση (sic) 30. μωϋσησ ... ΑΒ
προσερανεν ... ΑΒ¹ om και ηγιασεν usque υιων αυτου μετ αυτου, Β² και
15 ηγιασεν usque υιων αυτου i. m. sup. supplet et ante μετ αυτου prius inserend.
not. 31. τουσ τουσ αρτουσ εν ... ΑΒ φ. ταυτα 32. ΑΒ κατακαυθησεται
33. (θυσρασ) ... ΑΒ πληρωθη ημερα τελειωσ. 35. μωση
IX. 1. μωσ., 6. 10. 23 2. μοσχαριον απαλον εκ 3. ΑΒ χειμαρρον
6. ΑΒ om η 8. ΑΒ om αυτου 10. λοβον τον επι του ηπατοσ 12. ααρων
20 και το 13. ΑΒ και επεθηκεν 15. προσηνεγκαν ... ΑΒ εσφ. αυτο ... Α¹Β
om και εκαθαρισ. αυτον 20. ανηνεγκαν 23. ΑΒ η δοξα
X. 1. ΑΒ² θυμαμα και τα 3. παση συναγ. τη 4. ΑΒ μισαδαι ... αζιηλ
5. tot. vers. in. marg. inf., ΑΒ om αυτουσ 6. μωσ., 7. 11. 16. bis ... ΑΒ
οι αδελφ. υμ. 7. ΑΒ το γαρ ελ. 9. ΑΒ ηνικα αν 11. ΑΒ συμβιβασεισ ...
25 ΑΒ απαντα η 13. και ψαγεσθε ... νομ. αιωνιον γαρ. 17. αφελη ται 19. προσ-
αγιοχασιν ... συμβεβηκεν μοι ΑΒ ταυτα
XI. 2. παν των κτηνη τα φαγ. ... απο των κτην. 5. ΑΒ οτι αναγει 6. χοιρο-
γρυλλ¹ον ... οτι αναγει 10. ΑΒ ψυχησ ζωσησ ... τησ εν 11. υμων
12. ΑΒ πτερ. και λεπιδ. ... ΑΒ εν τω υδατι τα 13. βδελυγμα εστιν ... ΑΒ
30 αλιετον 14. ΑΒ και ἰκτεινα ... i. m. inf. add. et ante 15 κ. στρ. inser. not. χ κορακα
χ τα ομοια αυτω 16. ΑΒ om κ παντα κορακα κ. τ. ο. αυτω 17. ειβιν
19. ΑΒ και γλαυκα και αρωδιον ε 20. ΑΒ τεσσερα α (et sic fere ubique)
21. ΑΒ τεσσερα α α εχει 22. ΑΒ κ. την ακριδα κ. τ. ο. αυτη κ. τον οφιομαχην κ.
τ. ο. αυτω 23. ΑΒ οισ εστιν ... βδελυγματα εστιν 24. ακαθαρτοσ εσται εωσ
35 25. ΑΒ τα ιματια και αχ. 26. μαρυκαται 27. ΑΒ² υμιν εσται 28. ΑΒᵇ
vid. om αυτου ... ΑΒ υμιν εστιν 29. ΑΒ χορ₀κοδειλοσ 30. χαμηλεων ...

VIII. 26. κυριου ελαβεν] ita et Ti, b κυριου και ελαβεν, in nonnullis
exx., non in meo, και calamo deleverunt ed. rom.
XI. 5. b οτι ουκ αναγει, sed ουκ cal. deletum est, Ti ουκ retinuit.

XI. 32.   ΛΕΥΕΙΤΙΚΟΝ.   XV. 25.   9

AB καλαβωτησ 32. AB om επ αυτο ... AB ο εαν π. 33. ενδον ην 34. AB
εισ ο εαν 35. AB ο εαν πεση ... κυθροποδεσ 37. AB om απο 39. AB
εστιν ὑμιν τουτο φαγ. 41. AB τουτο εσται 42. AB τεσσερα
   XII. 4. AB ημερασ post τριακοντα pon. ... καθισεται ... αγγειου
4. et 6. καθαρισεωσ 5. AB αφεδρον pro αφ. αυτησ 7. AB om αυτον 5
   XIII. 2. AB και αχθησεται 4. AB εαν δε τηλ. λευκ. ην ... AB² χρω-
τοσ αυτησ ... μη ην η οψ. αυτησ ... δερμ. αυτησ 6. AB αυτον ο ιερευσ ...
AB om και ante καθαριει ... AB ιματια pro ιμ. αυτου 7. AB το καθαρισαι
11. AB χρωτοσ εστιν 12. AB εξανθουσα ... AB η λεπρα 15. AB υγιην
16. υγειησ κ. 20. και θριξ ... AB ιερευσ λεπρα 21. AB om και ante αφοριει 10
22. AB om διαχυσει 24. AB¹ vid. om το ante υγιασθεν 26. εν αυτω αυγ. ...
μη ην 28. AB η αμαυρα 29. AB ανδ. και γυν. 31. AB τ. τραυματοσ κ. ιδ.
... AB ουκ η οψ. 37. AB το θραυσμα επι χωρασ ... καθαρον 38. AB
αυγασμα αυγ. ... AB λευκαθιζοντα 39. AB λευκαθιζοντα αλφ. εστιν καθαροσ
εστιν ... AB² εξανθησει 43. λευκη πυρριζ. ... AB αναφαλαντωματι 15
44. μια μιανει 46. AB αν ... AB επ αυτου 47. AB εν αυτω αφη ...
(εραιω) ... AB² στιππυοινω 48. et 52. ερεοισ 51. οσα αν 52. AB εν ω εαν ...
AB¹ om εμμονοσ εστιν (B² i. f. l. ad.) 55. AB μη pro ου μη ... AB την
οψιν η αφη ... AB εστηρισται 56. απορριξει ... AB η α. τ. δερματοσ η
α. τ. στημ. η α. τ. κροκησ 58. AB καθαρον 59. στιππυοϊνου. 20

   XIV. 7. περιρανει 9. τριχαν ... οσφρυσασ (sic) ... τριχαν 10. AB ενιαυ-
σιουσ αμωμουσ ... AB ενιαυσιον αμωμον 12. AB αφορ. αυτο 16. AB om
αυτου ... επτακισ τω δακτυλω. 19. εξειλ. περι αυτου ο ιερευσ του ακαθαρ-
του (τ. ακ. eti A) του καθ. 20. απεναντι 21. πενηται ή χειρ αυτου και μη
25. AB τον αμνον τησ ... AB του δεξ. τ. καθαριζομ. 30. AB μιαν των τρ. 25
35. AB εωρ. μου εν 36. AB ιδειν τον ιερεα την οικιαν ... AB οσα εαν
37. AB om και ιδου η αφη ... AB¹ om η πυρριζουσασ 39. AB ιδ. ου διεχ.
40. om εν οισ (i. f. pag.) 41. AB αποξυσ. τ. οικιαν ... AB om τον απεξυσ-
μενον 42. AB στερεουσ pro ετερουσ 43. AB παλιν αφη 44. AB οψεται
ει sine distinct. 48. AB ιδου ου διαχυσ. ου διαχ. 51. τον υσσωπ. ... AB 30
περιρρανει 52. ορνιθιου του και ... τω υσσ. 53. AB εξω πολεωσ

   XV. 1. μ. λεγων και ααρων 4. AB εφ η ... εαν bis 5. AB οσ αν
6. εφ ο εαν 7. AB απτομενοσ χρωτοσ. 8. AB om αυτου 10. AB εαν
11. AB νενιπται πλυνει 13. AB εξαριθμησεται ... AB καθαρισμον και
16. AB εαν 17. AB εαν 19. AB εαν ... AB αιματι εσται ... (ημερα εσται) 35
20. παν ο αν κοιτ. 21. AB οσ εαν 23. ακαθαρτον 24. AB τισ κοιμηθη ...
AB και ακαθαρτοσ ... AB επ αυτησ ακαθαρτοσ 25. AB om αυτησ extrem.

... AB ακαϑ. εσται 26. AB πασαν κοιτην εφ ην ... post ρυσεωσ i. f. l. ad
αυτησ ... εφ ὁ εαν 33. AB αυτησ ὁ γονορρυησ ... μετα αποκαϑ.
XVI. 3. dist. post αμαρτιασ, non post αγιον 5. 7. 15. 20. 21 bis.
χιμαρρ. 8. 9. 10. 18. 22 bis. 26. 27. χιμαρρ. 8. AB om κληρουσ 10. εναντι
5 κυριου ζωντα ... AB αποπομπην αφησει 11. AB αμαρ. τον αυτου και του
οικου αυτου μονον κ. εξ. π. αυτου κ. τ. ο. αυτου ... AB τον μοσχον τον
... AB αμαρτ. τον αυτου 15. AB τ. π. τησ αμαρτ. ... AB απο του αιμ.
16. AB² την σκηνην 17. AB αυτου pro ἑαὑτ. 19. AB επ αυτου απο 21. A¹?B¹
vid. om ετοιμου 24. AB ολοκαρπωμα pro ολοκαυτ. 29. AB¹ om δεκατη
                                                              ω   περ
10 του μηνοσ ... AB ταπεινωσατε 32. AB τελειωσουσιν 34. AB² καϑα συνετ.
XVII. 3. AB προσηλ. η των πρ. ... AB αν pro εαν 4. AB ωστε μη
              ο
προσεν. δωρον κυριω ... AB εξολεϑρευϑησεται (et sic fere semper) 7. AB
                                                               χ   η
επι pro επι 8. AB ισραηλ και απο, i. m. η 9. A² (eti 1?) B επι 10. AB ισλ των
11. (εξειλασκεσϑε) ... AB αντι τησ ψυχ. 13. AB ισραηλ και των 15. ακα-
                  εσται
15 ϑαρτοσ εωσ
XVIII. 3. AB γησ αιγυπτου ... AB² επ αυτησ ... ποιηϑησεται 4. AB
om και post φυλαξεσϑε ... (πορευεσϑαι) 5. AB om αυτα poster. 6. (οικια)
7. AB εστιν και ουκ 9. AB ενδογ. η γεγεννημενησ η εξω ... AB ασχημοσ.
              ση
αυτησ 10. AB οτι ασχ. 18. επι αδ. 19. AB ου προσελευση 22. AB κοιτην
20 γυναικοσ 23. AB μυσερον 25. AB εμιανϑη ... αυτοισ αδικιαν 26. AB η
                                       χ
pro και post ενχωριοσ 27. AB προτεροι υμων εμιανϑη 29. AB οσ αν ...
        των
παντων βδελ. 30. AB ο γεγονεν
XIX. 2. AB εγω αγιοσ 4. (επακολουϑησεται) 5. AB δεκατην υμ. 6. AB
ϑυσητε 9. AB¹ om ου συντ. τ. ϑ. υμων ... om ου ante συλλεξ. 10. AB
                                    δε
25 τουσ ρωγασ 11. AB ου συκοφ. 12. AB om το αγιον 13. AB om σου
15. om μη ... AB ϑαυμασεισ 17. (μεισησεισ sic fere semper, non not.)
                           υμων
20. AB αυτη οικετισ 23. ὁσ διδωσιν 25. AB γενηματα 28. AB ου
ποιησετε post επι ψυχ. pon. 31. επακολουϑησεται ενγαστριμυϑοισ (eti A
-οισ) 33. AB προσηλυτοσ υμιν 36. AB εσται υμιν
                  η
30 XX. 4. υπεροψει 6. AB εαν 11. AB χ εαν ... B¹ om ϑανατω ...
           σαν   σαν
ϑανατουσϑω αμφοτ. 13. AB¹ om ϑανατω 14. εαν 16. ϑανατουσϑω ενοχοι
17. οσ εαν 20. ασχ. τ. συγγενουσ α. απεχ. 21. AB οσ αν λαβ. την γυν. ... ακα-
                              του   ειμι
ϑαρσια αυτου εστιν ... ασχημ. αδελφ. 24. κληρονομησατε 26. αγιοσ κσ
... AB ειναι εμοι 27. AB λιϑοβολησατε
35 XXI. 3. επ ante αδελφη add. vid. 4. AB¹ om ου μιανϑησεται 7. AB
om οτι ... τω κυριω ϑεω 8. AB αγιασει ... κυριου ϑεου 9. εαν
εκ   γυναικα
βεβηλωϑη 11. τετελευτηκυια 13. AB ουτοσ παρϑενον ... αυτου ου λημψ.
                                      π   ρ
18. AB ω αν (Α εαν) η εν ... AB χωλοσ η τυφλοσ ... κολοβορειν. 18. 19. AB

XVII. 5. Ti om αν post οσασ contra ABb.
XVIII. 3. b επ αυτησ ediderat, sed calamo αυτη mutavit, quod Ti recepit.

XXI. 19.   ΛΕΥΕΙΤΙΚΟΝ.   XXV. 54.   11

ωτοτμητοσ ανθρωποσ η 19. ΑΒ ω εστιν εν αυτω   20. ΑΒ¹ vid. πτιλοσ
                    x....
21. ΑΒ ου προσεγγιει   24. cum hoc versu nov. sect. inc.
                                               παντοσ
XXII. 3. ΑΒ αυτοισ εισ sine distinct. ... απο του σπερμ.   4. ΑΒ
γονορρυησ   5. ΑΒ om η ab initio.   6. ΑΒ vid. ητισ ᾱ αψηται   7. δυη ο
                                                  α
ηλιοσ ... ΑΒ εστιν αυτου   9. ΑΒ δι αυτο εαν δε βεβ.   11. οι οικογενεισ   5
12. απαρχ. του αγιου   13. ΑΒ χηρα εκβεβλημενη ... ΑΒ μη ην αυτη
14. ΑΒ κατα αγνοιαν   18. ΑΒ ad. των νεων ante των προσηλ.   19. ΑΒ
              η   η ψωραγριωντα
και εκ των πρ.   21. ΑΒ ευχην κατα   22. η λιχηνασ   23. ΑΒ ευχην σου
..   ..   μα   "   ,
ου προσδεχθησετα   25. ΑΒ φθαρτα ... υμιν ταυτα   28. ΑΒ η προβατον
XXIII. 2. ΑΒ εισιν εορτάι, i. m. αι   3. ΑΒ και τη ημερα ... ΑΒ κυριω 10
-...   αι   ι
υμων εν   4. ΑΒ τω κυριω και αυται αγιασ καλεσατε αυτασ   5. τεσσαρεσ
(sic fere semper, non notatur)   7. ΑΒ και η ημερα   8. ΑΒ και η εβδομη ημερα
                    ο
10. om το   11. ΑΒ αυτα ο ιερευσ   13. ΑΒ σπονδην αυτου   15. ΑΒ αριθμ. υμεισ

16. ΑΒ² εσχατησ εβδομαδησ   17. ΑΒ πρωτογενηματων   18. ΑΒ προσαξει
... ΑΒ om και ante εσονται ... ΑΒ θυσιαν οσμην   19. χειμαρρον   19. 20. ΑΒ 15
                                                         α .
πρωτογενηματοσ   20. ΑΒ εναντι   22. υπολιψη (eti A -η) αυτο   36. αγια
κλητη   37. ΑΒ αυται αι εορται   38. ΑΒ παντων των ευχων   39. ΑΒ γενη-
                                         ημερα τη
ματα ... (ζ ημ.)   40. ΑΒ τη πρωτη   43. κατοικισα
                                       χ
XXIV. 2. ΑΒ λαβετωσαν μοι   3. μαρτυριου καυσουσιν αυτον   4. ΑΒ εναντι
          εισ   ν   α
... εωσ το πρωϊ   8. ΑΒ προθησεται   11. ηγαγ. αυτουσ ... σαλωμειθ   16. ΑΒ¹ 20
                                                ..   περ
vid. om η   19. ΑΒ δη pro δω   23. μωσησ ... εν λιθοισ ... ΑΒ καθα συνετ.
XXV. 2. ΑΒ εαν εισελθητε   7. ΑΒ γενημα   9. ΑΒ και διαγγελειτε
            ε
10. ΑΒ αγιασατε ... ετοσ το πεντηκ. ... ΑΒ την πατριδα   11. σημασιασ
                                                            εκαστοσ
αυτη   12. ΑΒ γενηματα   13. ΑΒ σημασια ... ΑΒ² επανελευσεται εισ ...
        γ
ΑΒ την ενκτησιν   14. ΑΒ εαν και κτηση   15. ΑΒ γενηματων   16. ΑΒ 25
πληθυνη ... ΑΒ¹ vid. om και ante καθοτι ... ΑΒ ελαττονωση ... ΑΒ την
    γ   επι τησ γησ
ενκτησιν ... ΑΒ γενηματων   18. ΑΒ   πεποιθοτεσ   20. 21. ΑΒ γενηματα
                                                                        αι
22. ΑΒ γενηματων et γενημα   23. βεβαιωσιν εμη   25. ΑΒ² και αποδωσετε
                             ο   :ω
... ΑΒ ο αγχιστευων εγγιζων εγγιστα αυτου   27. ΑΒ ουπερεχει ... απεδ.
                        πο η   ω
εαυτον αυτω   28. ΑΒ ευρεθη η χ. αυτου το ... ΑΒ αποδουναι αυτα ... 30
                                           ο
om εν ... ΑΒ καταπαυσιν pro κατασχεσ.   31. ΑΒ λογισθητωσανται   32. πολεισ
των ... ΑΒ αυτων κατασχεσεωσ   33. ΑΒ λυτρωσαμενοσ ... ΑΒ εμμεσω
                                                        επι   ω
35. ΑΒ om ο μετα σου ... αδυνατησει ... ΑΒ παρα σου   37. ΑΒ και πλεονασμον
         σοι   ε   θ
39. πραθη ου ... ΑΒ δουλιαν   43. μοσχω (sic)   46. ΑΒ των διαδελφων
                                                         ου
47. ΑΒ om η ante εκ γενετησ   48. ΑΒ εσται αυτω ... αδελφων σου   49. ΑΒ 35

XXII. 18. Τι om ανθρωποσ alterum contra ΑΒb.

XXV. 53. ΛΕΥΕΙΤΙΚΟΝ. ΑΡΙΘΜΟΙ. II. 34.

λυτρωσεται ... AB λυτρωσηται εαυτον 53. AB ενιαυτοσ ΅54. AB μετα ταυτα
XXVI. 1. AB εγω κυριοσ ο Ͽ. υμ. ad antecedd. trahunt ... (αναστησεται) 4. AB γενηματα 5. AB καταλημψεται (bis) υμ. ο αμητοσ. 7. AB
5 i. m. ante και διωξ. ad και πολεμοσ ου διαλευσεται δια τησ γησ υμων 11. AB την
διαϿηκην μου 12. υμιν Ͽεοσ ... AB μου λαοσ 16. AB επισυστησω ...
AB και σφακελιζοντασ 17. εχϿρων και ... ουϿενοσ 25. AB χειρασ εχϿρων
26. σιτονδια αρτων 34. AB αυτησ και πασασ 37. δυνησέσϿαι 39. AB
αμαρτιασ υμων ... AB om και δια τ. αμ. τ. πατ. αυτων 43. AB υ^{απ}
10 αυτων 44. AB οτι εγω ειμι 45. AB αυτων τησ διαϿηκησ τησ 46. προσταγματα μου ε ....
XXVII. 5. Ͽηλιασ δεκα τεσσερα διδρ. 6. AB πεντε διδρ. αργυριου ...
AB om αργυριου 7. AB om αυτου ... (πεντε καιδεκαιδεκα) 8. η τιμη
9. AB δη pro δω 12. αν τιμηϿησεται ... AB om αυτο secund. 13. λυτρ.
15 αυτον 14. AB αν τιμησεται 19. ο αγο ρασασ (sic) 20. και αποδωται τ. αγρον
i. marg. 21. κατασχεσεω'σ (sic) ... AB om αυτου 22. αγιασει 23. AB
αγιον 26. ο αν ... AB καϿαγιασει ουϿεισ B αυτο 27. AB αλλαξει 28. AB
ο εαν 29. ανϿρωπων λυτρ. ... ϿαναϿωϿησεται 31. AB προσ αυτο 32. AB
ο εαν 33. AB om ουδε πονηρον καλω
Subscriptio: AB λευειτικον

ΑΡΙΘΜΟΙ.

Inscriptio: AB αριϿμοι ...
20 I. 2. πατριων· κατα ... ονοματοσ· κατα 4. και κατ οικουσ 5. των
υιων ρουβην ... ελεισουρ 6. σουρεισαδαι 7. νασσων ... αμειναδαβ'
9. χαϊλων ... ελεισαμα 11. AB βενιαμειν (et sic ubique fere, non not.)
... αβειδαν ... γεδεωνει 12. ακιεζερ ... αμεισαδαι 14. ελεισαφ 15. νεφϿαλει (et sic ubique, non not.) ... αχειρε 16. om αυτων 19. ερ. τη σεινα (fere
25 ubique σεινα, non not.) 21. η επισκοπη ... (και φ) 32. κατα αριϿ. ονομ.
αυτων, i. m. inf. 33. και τριακοσιοι 45. ισρ. εν δυναμ^{ει} 47. λευειται et
sic fere ubique, non not. ... τ. φυλ. τησ πατρ. 49. τ. φυλ. την λενει
50. AB αυτοι αρουσιν ... λιτουργ., sic fere ubique, non not. 52. παρεμβαλουσιν 53. AB παρεμβαλετωσαν ... εναντιο ν κυριου κυκλω
30 II. 2. σημι^εασ (sic) ... AB παρεμβαλετωσαν 3. παρεμβαλλοντεσ ...
κατα νοτον pro πρωτοι ... AB κατ ανατολασ ... αμειναδαβ 8. δυναμ.
αυτων 10. AB ταγμα 12. et 14. παρεμβαλλοντεσ 14. ελεισαφ 16. εκ τησ
παρεμβ. 17. AB παρεμβαλλουσιν ουτωσ ... ηγεμονιαν 18. ελεισαμα εμιουδ
21. τετρακοσιοι 22. παρεμβαλλοντεσ ... AB αβειδαν ... γαδεωνει 25. αμεισα-
35 δαι 26. πεντακοσιοι 27. φυλησ ... φαγαιηλ 29. αχειρε 31. (χ, ν επτα)
34. ante και επ. disting., non ad 3, 1

I. 10. Ti scripsit φαδασσουρ, b ut B φαδασουρ. 13. Ti φαγεηλ, b φαγαϊηλ, AB φαγαιηλ

III. 3. ΑΡΙΘΜΟΙ. VI. 12. 13

III. 3. ηλιμνενοι (sic) 4. μεταάρων (sic corr.) 9. ΑΒ² δεδομένοι
δόμα ούτοι 12. ΑΒ εγω ιδου 17. μεραρει, et sic ubique, non not.
18. 19. λοβενει· η σεμεει· η ύιοι κααθ κατα δημουσ αυτων i. m. inf. 19. οζειηλ (ubique) 20. μοολει (ubique) και ομουσει 23. και υιοι ... παρα θαλασσαν
παρεμβαλουσιν 27. ο σαρι ... ΑΒ εισιν δημοι 28. μηνιαου 30. ελεισαφαν 5
32. κατεσταμενοσ 33. ο μο⁰λει ... δημοι μεραρει 35. πατριασ ... αβειχαιλ
36. η φυλακη 38. ΑΒ και οι παρεμβ. ... απ ανατοληο 41. εν τοισ κτηνεσιν
i. marg. 43. ΑΒ. om και ante τρεισ ... διακοσιαι 45. λαβετε ... ΑΒ
των υιων 46. τρεισ και ... διακοσιοι
IV. 3. και εωσ πεντεκοντα 5. ΑΒ οι υιοι 6. (διμβαλουσιν) 7. κυε- 10
θουσ 9. (ελεου, sic saepe) 14. επ αυτο εν α. ... (πυρια) 15. και παντα
τα σκευη τα αγια i. m. 18. ολοθρευσητε (sic) ... μεσ. των πολεϋϊτων 25. τασ
δερρεισ, i. m. σκευη ... ΑΒ² το καλυμμα αυτησ ... καλυμμα ... επ αυτησ
26. και τα ιστ. usque μαρτυριου i. m. inf. 27. ΑΒ δι αυτων pro sec. αυτων
... ΑΒ εξ ονοματων ... αρτα υπ 29. om οι ab initio 31. εργα των 15
... ΑΒ² το κατακαλυμμα τησ θ. 33. ιθαμαρ υιου 36. δισχ. διακοσιοι
πεντ. 46. η, ante οι αρχοντεσ add. ... om αυτων post πατριων 49. ανδρα
κατ ανδ. ....
V. 6. ΑΒ οστισ εαν ... ΑΒ om πασων ... και πλημμελών πλημμελήση
9. οσα αν ... προσφερωσιν τω κυριω 10. εκαστω ... εσται· ανηρ οσ εαν 20
12. ΑΒ παριδη αυτον υπεριδουσα 13. et 14. ΑΒ μεμιαμμενη 18. την
γυναικα ο ιερευσ ... a την θυσιαν ad την θυσιαν transilisse vid; corr. ad.
i. m. τ]ου μνημοσυνου την θυσιαν τησ 24. εν τ. λογοισ τησ αρ. ... κυριοσ σε
26. ABS? ανοισει 27. S εανητ .... μενηκ. ... ΑΒ μεμιαμμενη ...
AS³ᵃ αραν τω 28. S „και. καθαρα η bis scriptum videtur" ... S αθωσσ 25
(„³ᵃ αθωα pro αθωασ" [sic]) 29. Β ω εαν, S¹ ω παραβη 30. ABS ω pro
οσ ... S αν ... „pro επ αυτον S³ᵃ notavit αυτω" ... S a την γυν. αυτου
ad τ. γ. α. transilisse videtur ... ΑΒ στησει 31. Α²Β και η γυνη
VI. 2. ΑΒ οσ εαν 3. ΑΒ αγνισθησεται απο οινου 4. ΑΒ στεμφυλλων
6. S ημερασ ευχησ^κω κυ, „pro ευχησ κυ quod prima manus scripsit, S¹ τησ 30
ευχησ κω posuit; S³ᵃ vero τησ ευχησ ✕ τω κω ✕ substituit." ... Β τε-
τελευτηκυιη 7. ΑΒ και επι μητρι 9. εξαπινα επ αυτω 12. S [ηγιασθη-]ω

V, 26 incipit fragmentum Porphirianum codicis S continens 1) v. 26 αυτησ
usque 31 ποιησει cum lacunis 2) VI, 5 αγιοσ usque τετελευτηκυια 3) v. 11
κ]εφαλην usque 12 ημεραι αι cum lacunis 4) v. 17 κανω usque 18 του
μαρ- 5) v. 22 και ελαλησεν usque 27 κυριοσ [App. p. 4 corrige Num. 6, 22
pro 24] 6) VII, 4 μο[υσην] usque 5 κατα cum lac. 7) v. 12 νααασσων
usque 13 αργυρουν εν. 8) v. 15 [κριον εν]α usque 20 θυμιαματοσ cum
lacunis. [App. p. 4 corrige Num. 6, 15 pro 14].
26. Ti αυτησ [και ανοισεται] edidit, spatium lectionem ανοισει commendat. 27. de lectione εανητ. tacet Ti in Commentario.

14　VI. 14.　ΑΡΙΘΜΟΙ.　X. 34.

κω („certum est τω κω scriptum fuisse, cum τ [ωȣ] etiam altera pars literae ω [τȣ] super est"). ... ΑΒ εμιανϑη κεφαλη　14. ΑΒ αμωμον μιαν
... σωτηριαν　15. ϑυσια ... σπονδη　17. ΑΒ κυριω pro τω κ. ... S αζυ-
μων ποιησει („,³ᵃ add. χ('')　19. ΑΒ αζυμον ενα　20. στηϑυνιου　23. S¹i. m.
5 λαλησον ααρων χ τοισ υιοισ αυτου ... S ευλογησεται　27. ABS totum versum
post 23 αυτοισ ponunt („S³ᵃ verba και επιϑησουσιν usque finem uncis inclusit.
Rursus vero deletis uncis ante και [27] signum " apposuit, ad quod eum
quae in textu exciderunt suplesse probabile est, quamquam supplementum
ipsum abscissum est"). 24. 25. φυλαξαι και επιφαναι
10　VII. 1. om και post ϑυσιαστ. 2. et 3. (ιβ̄). 2. ΑΒ ουτοι αρχοντεσ ...
οι παρεστηκοτεσ　7. ΑΒ τασ δ. 7. et 8. τεσσαρεσ　9. ΑΒ ουκ εδωκεν　12. S
ναασων („σ utrum ¹ an ³ᵃ addiderit, non satis liquet. Ductum vero paullo
elegantius est, quam quo ³ᵃ uti solet'')... αμειναδαβ　13. et 19. S προσ-
ηνεγκαν (utroque loco S³ᵃ προσηνεγκεν)　15. και κριον ... om ενα post
15 αμνον　17. δυο και κρειουσ ... ABS vid. τουτο το δωρον ... αμειναδαβ.
18. ABS σωγαρ αρχων (S -χον „eraso e repositum est ω. correxit S³,
certe ut est.") 19. S πληρησ σεμιδ. („σ corrector non attigit") 20. BS
πληρησ ϑυμ. (S σ „erasum est")　29. et 41. τραγουσ πεντε i. m. inf.
30. ελισουρ υιοσ ελισουρ　47. ελεισαφ　53. κρειουσ πεντη ... ελεισαμα
20 60. αβειδαν ... γαδαιωνει　62. πληρησ ϑυμ. 65. ΑΒ αβειδαν ... γαδεωνει
66. et 71. αμεισαδαι　67. et 79. πληρησ σεμ.　75. αμνον ενα ενιαυσιον
78. et 83. αχειρε　84. παρα των αρχοντων υιων　85. η φιαλη μια ... ΑΒ om
σικλοι alterum ... σικλω των αγιων　86. πληρησ　87. ΑΒ² και αι ϑυσ.
88. και κρειοι εξ. ... αμν. εξηκ. τραγοι εξηκοντα ενιαυσιαι (-αι et A) αμω.,
25 (om ergo ut A ενιαυσιοι prius) 89. ΑΒ non dist. ante εν τω εισπορ.
VIII. 3. καθα συνετ. κ. τ. μωυση i. m. inf. 4. interp. λυχνιασ στερεα χρυση "
7. ΑΒ περιρανεισ　8. σεμιδαλεωσ　12. ΑΒ ποιησει　13. κυ εναντι　14. ΑΒ
εμοι　16. παντων των εκ　17. ΑΒ εν γη αιγυπτω　19. εσται τοισ　20. ΑΒ
πασα συναγωγη　22. καϑωσ　25. απο τησ λειτ. 25. et 26. εργαζεται
30　IX. 8. ειπεν μωυσησ προσ αυτουσ　13. οδω μακρα ουκ　14. ΑΒ ποιησει
18. ισλ δια　20. ΑΒ σκεπαση　23. κυ ην εφυλ.
X. 2. ελατασ αργυρασ ... σεαυτω pro αυτασ　3. σαλπισεισ　5. παρεμ-
βαλουσαι　6. δευτεραν ... ΑΒ² προσ βορραν　17. ΑΒ αιροντεσ sine οι.
19. σουρισαδαι　20. ελεισαφ　22. αυτων χ επι ... ΑΒ εμιουδ　24. αβειδαν
35 ... γαδεωνει　25. αμεισαδαι　26. ΑΒ φαγαιηλ　27. ΑΒ αχειρε　29. ΑΒ
μεϑ ημων　31. ΑΒ εινεκεν　32. οσα εαν.　35. εξεγερϑητι ... ΑΒ κυριε.
διασκορπισϑ. 34. και εν τω

VI. 20. στηϑυνιου] ita et Ti, b στηϑηνιου
VII. 42. Ti scripsit ελισαφ, b ut B ελεισαφ　66. et 71. Ti scripsit
αμισαδαϊ, b ut ΑΒ habet — δαι 83. Ti omisit τραγουσ πεντε
X. 19. σουρισαδαι] ita Ti, b σουρισεδαϊ　22. εμιουδ] ita Ti, b σεμιουδ
29. μεϑ ημων] ita Ti, b υμων; υμεισ eodem versu b cal. correxit.

XI. 3. ΑΒ² πυρ παρα (Β¹ om πυρ?) 4. κρεασ 5. ΑΒ σικυασ 6. κατα- ουδεν ξηροσ· πλην 15. ει δε ουτωσ... μου την κακωσιν 16. σοι οιδεσ 18. ΑΒ υμιν κρεα φαγειν 20. υμων κρεα και εστ. 21. μωυσησ προσ κν 23. εξ-
αρκεσι (i. f. lin.,¹ = -κει?)... γνωσει η επικ. 25. το πνεῦμα 29. ΑΒ αυτω μωυσησ... ΑΒ ζηλοισ συ 31. χ οδον ημερασ εντευθεν i. m. 32. εσφαξαν 5
pro εψυξ. 33. λαον αυτου και κσ επαταξεν 34. om οτι
XII. 4. κσ προσ μ.... ΑΒ και μαριαμ και ααρων... ΑΒ εξελθατε
... om εισ prius 5. εξηλθοσαν 6. οροματι 8. (εν εἴδι) 12. μη-
τροσ κατεσθ. του
XIII. 1. ερημω φαραν 2. cum hoc versu B. nov. sect. inc. 3. απο- 10
στειλασ pro αποστελεισ 5. ζακχυρ 6. σουρει etc., (differentia -ι et -ει non longius notatur) 13. γαμαι 15. ιαβει (Α ιαβι) pro σαβι 16. μακχι,
i. m. μακοσι 19. ισχυροτεροσ 20. ΑΒ εισ ασ... η pro ει... ατηιχισταισ
21. η pro ει... αεροσ 22. ρααβ... εφααθ pro αιμαθ 23. ΑΒ και ηλθον... ΑΒ θελαμειν 24. ηλθον... κληματα... σικυων 25. ΑΒ om 15 και ab initio 28. τ. γην ην απ. 29. τετειχ. και μεγαλαι 30. χ παρα τον ιορδ. ποταμον i. f. l. ad. 32. ΑΒ εστιν ημων 33. επι τ. γησ... om και ante πασ 33. 34. υπερμηκεισ εκει και εκει
εν λιθοισ
XIV. 1. φωνη 3. ΑΒ βελτιον ημιν εστιν 8. ερεθιζει 10. αυτουσ και η
ανη μ
... ΑΒ εν νεφελη 11. ΑΒ εν πασιν 13. οτι ηγαγεσ 15. συνπορευη pro 20 συ πορ. 18. om γενεασ 19. αυτοισ εγενου 22. μου τησ φωνησ 23. ΑΒ
χ αυ
ει μην ουκ... ουχ οψονται την 24. ΑΒ οτι εγενηθη πνευμα 25. επιστρ.
α
υμεισ και απαρατε εισ 27. ταυτην αυτοι... εναντ. εμου 28. ΑΒ ει pro η
υη
29. ΑΒ εγγογυσαν 33. ΑΒ εωσ αναλωθη 34. κατεπεσκεψασθε 35. ΑΒ²
ν οι
ει μη ουτωσ... ΑΒ επισυνεσταμενη 37. ανθρωποι κατειπαντεσ... κατα 25
εισ
τησ γησ πονηρα 40. ορθρισαντεσ το πρωϊ
XV. 3. ΑΒ ευωδιασ κυριω 6. αυτον η εισ 8. δε απο των βοων ποιητε εισ
η
... ΑΒ ολοκαυτωμα pro -ωσιν... ευχην εισ 10. χ οινον usque του ειν i. m. inf. 12. ουτω (sic hoc loco, paene semper etiam ante consonantes ουτωσ)
υμιν
15. εισ εσται υμιν... εισ γενεασ 16. εσται και τ. 20. ΑΒ αφαιρεμα 30
αφοριειτε 23. ΑΒ ησ συνετ. 24. ποιηση 25. εξειλασ. περι αυτου ο ιερ.
ο ..
27. ΑΒ εαν δε ψ. 29. ΑΒ οσ αν 30. ΑΒ ποιησει 31. τα ρηματα...
υμεισ
εκεινη η αμαρτ. 33. συλλεγοντεσ ξυλα 39. οισ εκπορν.
XVI. 1. ΑΒ ισσααρ 3. οπισω pro επι 7. επιθετε ε. α. πυρ και i. m.... ον εκλελεκεται 9. κυριου και παριστασθαι εναντι τησ σκηνησ bis scripsit 35

XIV. 29. εγγγυσαν] ita et Ti, b εγγογυζαν
XVI. 1. ισσααρ] ita et Ti, b ισααρ

XVI. 14. ΑΡΙΘΜΟΙ. XXII. 25.

14. και εισ την (sic) ρε. ... καιρον pro κληρον 16. ΑΒ συ κ. αυτοι κ.
ααρων 17. θυμιαματα 18. επ αυτα ... επ αυτο 26. απαρτια υμων pro αμ.
αυτων 38. λεπιδεσ 40. προσελθητε μηθεισ 41. τη αυριον ... (απεκτανκατε)
45. επεσαν 46. εξειλασεται (sic) 47. ενηρκται 48. 49. θραυσισ· εν τω
ϊ λαω και εγ.

XVII. 5. ον εαν ... των υιων ισρ. 6. ΑΒ κατα αρχοντα 8. ΑΒ εις
την σκηνην ... καροια 9. ελαβεν

XVIII. 1. οικοσ πατριασ σου λημψεσθε τ. απαρχασ τ. αγιων συ 6. με-
των
σου υιων 8. ΑΒ και εγω ιδου ... διατηρησιν αϋτων απ. 9. θυσιασ-
αυτων
10 ματων και ... ΑΒ αμαρτιων οσα 10. αρσ. φαγετε ... (σοι pro συ) 12. δωσει
οσ
τω 13. ΑΒ πρωτογενηματα 15. σαρκοσα (i. e. 1. σαρκοσ α, 2. σαρκοσ
καθα
οσα) 18. σοι και 19. οσα αν ... σοι δεδωκα 24. ΑΒ οσα αν ...
τοισλευειταισ (sic) 28. απο των αφ. ... ΑΒ παντων επιδεκατων ... om
κυριω 30. ΑΒ γενημα bis
15 XIX. 10. και πλυν. τ. ιματια ο συναγ. τ. σπ. τ. δαμαλεωσ και ...
προσκειμενοισ προσηλυτοισ 12. (τ. ημ. τη τη τρ. sec. loc.) 13. ΑΒ περιε-
ραντισθη 14. εν τη οικια 15. ουκεχι δεσ. (Β¹ = Α ουκ εχει) ... εν pro επ
16. οσ εαν 18. υσσωπιον ... ΑΒ περιρανει ... ΑΒ οσαι εαν 19. ΑΒ
περιρανει ... και αφαγν. τ. η. τ. εβδομη i. m. inf. 20. οσ εαν ... ΑΒ περιεραν-
20 τισθη 21. ΑΒ. περιραινων 22. ΑΒ και η ψ.
τον πονηρον
XX. 4. et 5. ανηγαγεσ 5. τοπον τουτον ... ουδε ρο. ουδε υ. 8. ΑΒ
om σου prius ... τη συναγωγη ... εναντι 12. om των 13. ΑΒ τουτο
υδωρ 16. (ορειων, sic saepe, non not.) 17. πορευσ. και ουκ 19. om
αυτω
η
μου 22. πασα συναγωγη 27. συνεταξεν κσ κ. 28. εξεδυσεν ααρων ...
αυτα
25 ενεδυσεν ελεαζ.
XXI. 1. ερημον ηλθεν γαρ ισρ. ... κατεπρονομευσαν 5. om τουτω
7. ημων et προσ κ. π. τ. λαου i. m. (intermedia rescripta?) 10. εν ωβωθ usque
11. παρενεβαλον i. m. inf. 11. χαλγλει ... κατα ανατολασ 12. ΑΒ om και
ν εχ
prius ... ζαρετ 13. om και prius ... περα αρνων ... εξον 15. χειμαρ-
εν τη βασιλεια αυτων να
30 ρουσ 18. εθνων εν τω κ. 19. μαναηλ bis pro νααλιηλ 22. πορευ-
αι... τω α
σομεθα ουκ 23. παραταξασθαι ισλ ... εισσα 24. μαχαιρησ 26. (πολεισ)
αι
27. (ενιγματισται) 35. ΑΒ τ. γην αυτων
XXII. 1. ιερειχω, sic fere ubique. 4. εκλιξει ... ωσ εκλιξαι 6. κ.
ουσ εαν. 8. α εαν 9. θεοσ παρα βαλ. 11. και ιδου κεκαλ. 17. και οσα
νυκτοσ οι
35 εαν 20. βαλααμ και ... ο αν 22. ενδιαβαλειν ... και δυο 23. οδου
αυτησ ... ονον τη ραβδω του 25. προσεθλιψεν αυτον ... om προσ τ. τοι-

---

XXI. 14. Ti scripsit hic et v. 15 χειμαρρουσ, b, ut AB hoc versu
χιμαρρουσ.

XXII. 28. ΑΡΙΘΜΟΙ. XXVII. 13.

χον sec. 28. AB τουτο τριτον 33. (δ α περιεποιησαμην) 34. AB αρεσκει 36. μ. ητισ επι τ. ... αρνων ο ε. 37. ου δυνησομαι οντωσ 38. εαν βαλη XXIII. 5. εισ στομα (sic) 8. καταραται pro αραται 9. προσνοησω 12. οσα εαν 13. εξ ων ... AB οψη bis 16. AB αποστραφητι 17. αυτον οδε α ... και παντεσ 19. ουδε ωσ 22. εξαγαγ. αυτουσ 24. AB γαυριωθησεται 5 XXIV. 1. εναντι ... AB om αυτω 2. εγεν. πνευμα θεου εν αυτω 4. λογια θεου οστισ (Α λ. θεου ισχυρου ο.) 5. σου οι οικοι 6. παραδεισοισ (sic) ... AB επι ποταμων ... AB κυριοσ ωσει 7. AB(²⁷) η βασιη λεια (η i. f. lin.) 8. εκμυελει 11. εστερεσεν 13. πονηρον η καλον ... AB οσα εαν 15. αληθινοσ 16. AB ιδων· εν ita dist. 17. AB και αναστησεται 10 ασ ... (ισχυει) 22. νεοσσια ... πανουργιασ συριοι σε αιχμαλωτευσουσιν 23. οταν ελθη 24. χειροσ θυμου ον XXV. 2. επι ταισ θυσιαισ 4. απεναντι ... οργη κυ 6. εναντι πασησ 7. et 11. υιοσ ααρων 14. (μαδειανειτιδοσ) 15. πεπληγυιη ... ομμοθ ... et 18. μαδιαν 15

XXVI. 1. AB και προσ ελεαζ. 4. μωυση συ και (ση i. f. lin.) 5. τω τω θανατω φαυλου 6. ασρωνει 10. κορε εν τησ συναγωγησ αυτου 15. AB απεθανεν 16. ab init. εγενοντο δε οι υιοι ... AB σηλων ... AB δημ. ο φαρεσ 17. εγενετο ... AB υιοι sine οι 18. δημω τω ιουδα ... επισκοπην 19. φουαει 20. δημοσ μ ιασουβει ... σαμαραμ ... σαμχρανει 21. τριακοσιοι 22. om ο ante αλληλει 20. α α 25. αζενει bis 26. αροδει bis 28. AB² τω ιεσουι ... ιεσουει 29. μελλιηλ ... μελλιηλει 30. χαρα 31. AB τεσσεραχ. χειλ. και χ 34. αχιεζειρει 35. συχεμεει 36. και οφερ 37. και ταυτα τα ον. 39. et 40. σουταλχ ... σουταλαει 42. ο βαλεει 44. 45. βαλε αδαρ και νοεμανει ουτοι, om ergo νοεμαν. τω αδαρ δημ. ο αδ. κ. τ. νοεμ. δημοσ ο (Α om τω αδαρ usque τω νοεμαν), 25 B² i. m. inf. ad. et post νοεμανει inserendum notat δημοσ ο νοεμανει 46. σαμει bis 47. AB σαμει ... AB και χ 48. σαηλ ... σαηλει 49. σελλη 50. τριαχ κοντα χειλ. 51. επτακοσιοι τριακ. 53. 54. dist. ονοματων τοισ πλειοσιν οισ 59. και το ονομα 61. ναδαβ 65. κυριοσ αυτω XXVII. 1. AB μαλα 3. AB δια αμαρτ. 8. μη ην 11. κληρονομησει 30 ν 12. περα ... AB om του ιορδανου ... AB² τουτο το οροσ 13. οψει ...

XXVI. 6. ασρωνει] Ti recte edidit ασρωνι, b hoc loco αρσωνι 39. σουταλαει] Ti scripsit σουθαλαι, b habuerat σουθαλαν, ad quod Ti Prol. p. xxxvi: „δῆμοσ ὁ Σουδαλαΐ [sic], quemadmodum recte nota sub textu habet, nisi quod τ cum δ [sic] confusum est, pro δ. ὁ Σουδαλάν [sic]" 50. τριακοντα] Holmes-Parsons: „τεσσαρας.] πεντε και praemittuntX, 15, 16. eadem praemisit primo, sed postea fuerunt deleta II." [III.?]; nullum vestigium lectionis πεντε και apud Cozzam, lectionis τριακοντα apud Holmes. 60. Ti; Proleg. „εγεννηθησαν correximus pro εγενηθησαν, retento etiam a Reineccio, Holmesio aliisque." Etiam B habet εγενηθησαν. 61. ναδαβ] ita et Ti., b. ναδαδ

Septuaginta. b

18 XXVII. 14.   ΑΡΙΘΜΟΙ.   XXXII. 35.

αυτην χ i. m. ... εν. τω ωρ 14. τουτο εστιν υδωρ 18. ΑΒ τον ιν ... ΑΒ οσ
εχει 22. εναντι πασησ ον
XXVIII. 4. το πρωϊ 8. κυριου 11. ΑΒ ολοκαυτωματα 13. δεκατον
alt. i. m. 14. τω μοσχ . τ. ε. κ. τ. τρ. τ. ειν εσται i. m. inf. ... τουτο ολοκαυτ.
5 15. ΑΒ χειμαρρον ... κυριου 16. κυ, i. m. κω 19. καρπωματα ... ενιαυσι-
ουσ αμωμοι, i. m. ζ 22. ΑΒ χειμαρρον 24. κυριου 25. ΑΒ και η ημ.
27. επτα αμνουσ ενιαυσιουσ αμ. 30. ΑΒ χειμαρρον
XXIX. 2. βοων · κρειον 6. και τα ολοκαυτωματα δ. ... κυριου 8. ΑΒ
om κυριω post ευωδιασ ... μ. ενα εκ βοων 12. κυριου 13. ΑΒ προσ-
10 αξετε ... ολοκ. καρπωματα εισ ... κυ, 13. 15. 17. 20. 23. 26. 32. ιδ 17. ιβ
κρειουσ β 20. ια 25. ΑΒ χειμαρρον 26. β 29. δεκατεσσαρεσ 31. Α²Β
χειμαρρον 32. αμωμουσ i. m. 36. καρπωματα κυ τω ω
XXX. 2. om υιων 3. ορκον ορισμω η ορισηται π. ... εαν εξελ. 4. ΑΒ
γυνη ευξηται 10. αν 12. χ παρασιωπηση i. f. l. ad. 13. ακουση. π. ...
15 καθαρισει 15. ην ηκουσ. 16. εαν δε usque ηκουσεν i. m. inf., sine ο ανηρ,
quod etiam Α om.
XXXI: 3. ανδρασ παραταξασθαι 4. χειλιοισ ex bis (Β -ιοι, Β² -ιουσ) ...
ΑΒ om υιων 5. ιβ χειλιαδεσ 6. εκ φυλησ συν δ. 7. ΑΒ τω μωυση 8. ΑΒ
ευειν ... κ. τ. σουρ κ. τ. (ΑΒ) ροκομ κ. τ. ουρ ... ΑΒ μαδιαμ 10. ταισ
20 οικιαισ ... εν πυρι 11. om αυτων prius 17. ΑΒ και πασαν γυναικα ... εγνωκεν
48. om και ab initio 23. πραγμα διελευσ. 27. ΑΒ εκπορευομενων (sic) ο πε
28. αιγων pro ονων 30. ημισ ουσ τουτων των ... ΑΒ απο των πεντ. 32. ΑΒ
επρονομευσαν 34. om και ante ονοι 36. πεντακισχειλιαι και πεντακοσιαι
39. (και φ) 42. απο ημισ. 43. ΑΒ post τριακοσιαι add. χειλιαδεσ 47. ΑΒ² του
25 ισλ το εν 48. κατεσταμενοι 49. ΑΒ παρ ημων 50. ΑΒ² χρυσουν και χλιδ.
κ. ψελιον 52. ΑΒ εξ και δεκα
XXXII. 1. ΑΒ ιδον 3. ναμβρα ... και σεβαμα 6. ΑΒ εισ πολεμον ε τον
11. τ. κακον κ. τ. αγαθον ... ωμοσεν 12. συνεπηκολουθησεν 14. ΑΒ
συστρεμμα 16. ΑΒ οικοδομησωμεν 19. ΑΒ κληρονομησωμεν 24. οικοδο-
30 μησητε υ. αυτοισ ... την αποσκευην ... υμων τουτο ποιησετε 25. ΑΒ
οι υιοι bis ... εντελειται 30. κυ διαβιβασατε 31. και υιοι γ. 33. ΑΒ τω
ς τησ
ημισυ φ. ... βασιλεωσ βασαν 34. et 37. οικοδομησαν 35. ΑΒ σωφαρ

XXVII. 18. οσ εχει] Holmes: „οσ] Sic ex οστισ calamo suo correxe-
runt editores Vaticani. Ergo οσ edidimus"; in exemplari meo totum
οστισ calamo transfossum est; Ti οστισ retinuit.
XXVIII. 4. το πρωϊ] ita et Ti, b το τοπρωϊ 28. και usque ενι Ti
uncis (.) inclusit.
XXXI. 11. nescio quid Ti sibi velit lectionem ανθρωπου afferens ex A,
quam eandem Bb tuentur.
XXXII. 31. ποιησομεν] ita et b ex correctione calami pro ποιησωμεν

XXXII. 36. ΑΡΙΘΜΟΙ. ΔΕΥΤΕΡΟΝΟΜΙΟΝ. I. 20.

36. και 'ναμραμ 37. εσεβοιν και λεαλημ... καριαιθαμ 38. και σεβαμα 39. υσ μαχειρ
XXXIII. 1. ουτοι σταθμοι 3. ραμεσσων 5. ραμεσσησ ... σοχωθ αυτοι 6. και απηραν εκ σ. και π. 7. ΑΒ επι στομα ... επιρωθ 8. ερημου και ... (πικρεταισ) 9. (πικρειων) ... (αιλειμ bis) ... (ιβ) 11. σειν addit. vid. 5
13. et 14. αιλειμ pro αιλουσ 14. et 15. (ραφιδειν) 14. ην υδωρ τω λαω " πιειν εχει 16. μνημασιν επιθ. της 17. μνηματων επιθ. 20. ραμμων ... ΑΒ εν pro εισ 20. et 21. λεμωνα 21. et 22. δεσσα 28. et 29. ματεκκα ξ
30. μασσουρωθ 31. μασσουρουθ 33. σετεβαθα 34. εκ σετεβαθα (sic) ...
σεβρωνα, 35. εκ σεβρωνα ... γεσσιων 36. γεσσιων 40. χανανεισ 42. 10
et 43. (φεινω) 43. εισ σωβωθ 44. εκ σωβωθ ... περα 50. μωυσην
•••••   λεγων
λεγων επι ... ιερειχω λαθησον 54. και κατακλ. usque εν κληρω i. m. inf. ... φυλ. αυτων τοισ ... εισ ο εαυ 55. om υμιν
τ
XXXIV. 2. εισ την χλ. 5. (χυκλωσει α ορεια) 7. εσται τα ορεια υμιν π.
8. διεξοδοσ αυτων 9. αρσεʳναειμ 10. αρσεʳναειν 11. χεναρα 12. υμιν 15
εσται 13. χσ τω μωυση δουναι 24. σαβαθα 28. υιοσ βενιαμειουδ
                                                            α
XXXV. 2. et 7. ΑΒ προαστʳεια 6. ΑΒ φευγειν 7. λευειταισ και τεσσερακ.
                                                            τασ
8. κληρονομησουσιν 12. ΑΒ απο αγχιστ. 13. 14. υμιν τρεισ 14. εν τη γη
                                       ʒ
15. ΑΒ φυγαδιον ... προσηλυτω τω παροικω (sic) 20. επιριψει ... αυτ.
••••••••
παν σκευοσ εξ εγεδρ. 22. ΑΒ επιριψη 25. απο του αγχ. usque εισ την lit. 20
                                   ʒ
min. i. f. p. (l. 45. 46.) add. ... κατοικηση 28. μεγασ μετα 30. επι ψυχησ
      των
32. πολιν φυγαδ. 34. κατασκηνωσω
                        ʰτων
XXXVI. 1. πατριων υιων 6. ΑΒ αρεσκει ... πλην εκ usque γυναικεσ
                                                            αυτου
i. m. inf. 7. αυτου και προσκολληθησονται οι υιοι 8. πατριχην 9. ΑΒ
om ο ... αλλα 10. ΑΒ θυγατερεσ 11. μααλα 12. και εγενετο η 25.
Subscriptio: ΑΒ αριθμοι

ΔΕΥΤΕΡΟΝΟΜΙΟΝ.

Inscriptio: ΑΒ δευτερονομιον
                      ″
I. 1. ΑΒ om θαλασσησ 2. εν χωρηβ 3. κσ αυτω 4. και ωγ ... (ΑΒ
                                ποταμου   τω.
εδραειν) 7. ΑΒ του μεγαλου ευφρατου 8. ΑΒ² και ισαακ χ. τω 15. om
και πεντηκονταρχουσ ... ΑΒ δεκαδαρχουσ 17. ακουσομαι υμων 20. ΑΒ

XXXIII. 9. αιλειμ] ita et Ti, b αιλιμ, contra v. 10. etiam b αιλειμ
14. 15. ραφιδειν] ita et Ti, b -διν 40. χανανεισ] ita et Ti, b χανανισ
XXXIV. 6. Ti mendose om η θαλασσα ante η μεγαλη, unde lectio
ex A allata intelligi non poterat. 8. Ti scripsit αιμαθ, Bb εμαθ

b*

I. 21. ΔΕΥΤΕΡΟΝΟΜΙΟΝ. IV. 9.

ο ᾳ κυριοσ 21. παραδεδ. υμιν ... ϑσ ημων ... πατερ. ημων 22. απαγγειλατωσαν 23. (ιβ) 25. AB προσ ημασ 26. και ηπειϑησατε 28. οι αδελφοι ... υμων την καρδιαν ... δυνατωτερον ὕμων 30. εποιησ. ημιν 31. AB ωσ ετροφοφορησεν ... τροποφορησει 34. παρωξυνϑεισ 35. την 5 αγαϑην ταυτην γην ην 41. απεκριϑητε μοι και 44. κατεδιωξαν ... (ποιησεσαν) ... μελισσαι ετιτρ. 45. AB εναντι 46. ημ. ενεκαϑησϑε εκει
     ερημον
II. 1. την οδον 4. εντειλε 5. AB ου γαρ μη ... εν κληρω δεδωκα τοισ i. m. ... ησαυ δεδωκα. το 6. βρωματα αργυριου 8. αδελφ. υμων ... AB γασιων ... ερημον οδον 9. et 18. σηειρ pro αροηρ 11. AB ωσπερ οι ενα-
10 κειμ 12. τοπροτερον 13. A²B ζαρετ ... AB add. και παρηλϑομεν την φαραγγα ζαρετ (A ζαρε) 14. AB ζαρετ ... αυτοισ ο ϑσ. 15. εξανηλωσαι 16. επ^{ει} διεπεσαν 19. AB αυτοισ και μη συναψ. 20. κατωκουν οι ραφαειν ... το προτερον και οι αμμανειται ονομαζουσιν ... ζοχομειν 21. AB ωσπερ οι ενακειμ 22. B¹ om κατεκληρονομησαν αυτουσ και, B² i. m.
15 suppl. sine αυτουσ 24. χ παρελϑατε (sic et A) add. i. m. ... εισ χειρασ 25. AB επι προσωπον ... ωδεινεσ 27. οδω παρελευσομαι ουχι εκκλεινω ... ουδε 29. om αν 30. σου ωσ εν 31. AB αυτου εναρξαι 32. om εισ tert. 33. επαταξεν 34. ζωγρε'αν 37. αμμων ... AB² κσ ο ϑσ ημων ημιν
III. 1. και στραφεντεσ ... γωγ βασιλ. βασαν 4. παντα τα συνκυρουντα
20 περιχ. 6. AB εξωλεϑρευσαμεν αυτουσ ωσπερ 9. επονομαζουσιν αυτο αερμων ... AB επονομασεν α. σανειρ 10. AB μεισωρ ... εδραειν ... βασιλειαι 11. υπο των ραφαειν ... αμμων ... πηχεων bis ... ευροσ εν 12. επρονομευσαμεν pro εκληρονομη. ... επι του χειλουσ ... ημισυ ορουσ 13. γωγ ... ημισυ ... πασαν γην βασ. 14. πασαν περιχωρον αρβοκ, i. m. scr. γοβ ...
25 γαρτασει (sic Cozza) και ο μαχαϑει ... βασσεμα ϑαυωϑ ϊαειρ 16. AB απο τησ γ. ... μεσον τ. χειμ. οριον i. m. 18. ϑεοσ ημων 20. AB κατακληρονομησουσιν 22. ου φοβηϑησε οτι ... πολεμει, 23. εδεηϑην εναντιον κυ 24. AB² κε ο ϑε ... επι τησ γησ ... καϑα συ επ. 25. το οροσ το αγ. 27. επι κορυφη λελαξευμενου ... AB τ. οφϑ. κατα 28. ιησοι και κατισχ. αυτ. και
30 παρεκ. αυτ. ... AB και αυτοσ κατακλ. ... AB αυτοισ την
IV. 2. προσϑησεσϑε ... οσα^ς εγω ... (υμι σημερον) 3. εξ ημων 4. ϑεω υμων 6. παντων εϑνων ... οσοι εαν 8. διδωμι υμιν, i. m. ενωπιον 9. φυ-

II. 13. 14. ζαρετ] ita et b, Ti scripsit ζαρεδ

IV. 10.   ΔΕΥΤΕΡΟΝΟΜΙΟΝ.   VI. 15.   **21**

λαξον   10. AB οτε ειπεν ... AB² ημερασ̅ ᵒᵍασ   11. θυελλα φωνη μεγαλη
...— ο ϑσ̅   ↗   ↗
12. κσ̅ προσ υμασ̅ AB i· m· εν τω ορει   14. και μοι ... π. αυτα υμασ̅ ε. ...
κληρονομειν   15. ουκ ειδετε ομοιωμα   18. ιχϑυοσ̅ α   19. σου αυτα πασιν
20. εξηγαγ. ημασ̅ ... ευκληρον   21. AB κσ̅ εϑυμωϑη, i. m. ο ϑσ̅   22. ιορ-
δανην, i. m. τουτον   23. AB² προσεχ. υμειν μη ... ϑεου υμων ... AB¹ om   5
και ανομησητε, B² i. m. ... συνεταξεν κυριοσ̅   24. καταναλισκον   25. τα πονηρα
εναντιον   26. διαβαινετε το εκει κλ., i. m. ιορδανην   27. εν τοισ̅ εϑν. εισ
28. AB οψοντ. ουδε μη   29. AB ϑεον ημων ... ευρησετε οταν AB εκζητησητε
31. AB αυτοισ̅ κσ̅   32. AB εωσ ακρου   34. B¹ om και εν οραμασιν μεγαλοισ̅
... εποιησεν ο ϑσ̅   38. και εξολεϑρ.   40. AB τα δικαιωματα αυτ. κ. 10
τασ εντολ. αυτ. οσασ   42. AB φευγειν ... i. m. inf. ad. et post φονευτην
inserend. notat οσ αν φυγη εκει ₓ ζητεσεται ... εχϑεσ ουδε [nov. fol. inc.]
προ τησ τριτησ (A εχϑ. και τριτησ, quod B² voluit)   43. γαλααδ   45. και
τα κριματα i. m.   46. ουσ επατ. μωσησ   47. γωγ. ... κατ ανατολ.   48. τοῦ
χειλους   49. κατ ανατ. ... AB απο ασηδ.   15
V. 1. εν τη ημερα i. f. l.   5. και γω ... AB² εϊστηκειν   6. εγω κσ̅ ...
εξαγαγων (sic, i. f. lin.)   9. αυτοισ̅ εγω γαρ ... μεισουσιν με   11. AB
κυριοσ̅ τον, i. m. ο ϑσ̅ σου   12. φυλαξε   14. κ. οι υιοι σου ... κτηνοσ̅ σου ο
προσηλυτοσ̅ (eti A και ο πρ.) ... εν σοι (εν γαρ εξ ημεραισ̅ εποιησεν κυριοσ̅ τον
τε ουρανον και την γην και την ϑαλασσαν και παντα τα εν αυτοισ̅) (uncis 20
appositis delevit) ινα ... AB παιδ. σου ωσπερ, i. m. ₓ το υποζυγιον σου
15. φυλασσεϑαι την, eti A σε την   16. ενετειλατο κσ̅ ... μακροχρονιοι ητε
17. 18. ου μοιχευσεισ̅ ου φονευσεισ̅   21. B¹ om vid. παντα ... τοῦ πλησιον
22. AB τα ρηματα ταυτα ... λιϑιναο̅ i. m. ... μοι   24. εδειξεν κσ̅ ο ϑσ̅
ημων την ... ιδομεν ... ο ante ϑεοσ̅ add. vid.   27. AB ακουσον οσα εαν, 25
i. m. παντα ... και συ λαλ. π. η. π. ο. αν λαληση (-ση et A) κ. ο ϑ. ημων i. m. inf.
29. ουτωσ ειναι (sic)   31. AB ποιειτωσαν εν (sic)   33. μακροημερευεσηστε
(i. f. lin.) ... γησ ησ
VI. 1. ενετειλατο ο ϑσ̅ ... AB² κληρον. αυτην   2. οσασ εγω   3. AB
φυλαξαι ... ποι. ινα   4. εν τη ερημω i. m.   7. προβιβασεισ̅ τουσ   10. ωμοσεν 30
κυριοσ̅ τοισ̅ ... AB και ισαακ και ιακωβ   11. εξελατομησασ̅   13. om μονω
... επι add. vid.   14. om ϑεων των   15. AB οτι ϑεοσ̅ ... AB οργ. ϑυμωϑη

IV. 43. γαλααδ] ita et Ti, b γαλααϑ
VI. 2. pro φυλασσεσϑε (ABb) Ti scripsit φυλάσσεσϑαι

VI. 18.   ΔΕΥΤΕΡΟΝΟΜΙΟΝ.   IX. 28.

18. AB² εναντιο (i. f. l.) ... Θεου υμων   23. post εκειθεν add. AB i. m. ινα εισαγαγη ημασ ... (ταυτην η | την ωμ.)   25. AB² εναντιον ... ενετ. ημιν κυριοσ·

VII. 1. εισαγαγη ... εκει κληρονομησαι και εξαρει ... μεγαλα ακαι προσ-
5 ωπου, i. m. πολλα χ ισχυρα ... και αμορραιον και γεργεσαιον 5. χ post συν-
τρειψετε add. vid. ... γλυπτα των θεων αυτ.   6. AB προειλατο ... ειναι σε
                     πασησ
... προσωπου τησ γ.   7. AB προειλατο ... AB om κυριοσ sec. ... (εσται)
8. AB εξηγ. κυριοσ υμασ ... post κραταια AB i. m. ad χ εν βραχειονι υψηλω
                        σε κσ
... ελυτρωσατο εξ (A om κυριοσ)   9. και γνωσεσθε σημερον ... AB² θσ
                           την
10 ο θσ ... AB² φυλασσων διαθ. ... B² i. f. l. add. αυτου post διαθ. ...
         το   τ   α
AB² και ελεοσ   11. εντολασ αυτου ... δικαιωμ. αυτου κ. τ. κριματα αυτου
12. εσται εαν ακουσ. ... ποιησητε αυτα και ... κ. ο θ. σου (sic)   13. σε
κσ και ... AB εκγονα ... γησ ωσ ωμ.   15. κσ ο i. f. l. ad. vid. ... om σου pr.
16. και ου AB λατρευσεισ   17. διανοια σου   18. ου φοβηθηση αυτουσ supr. lin. ad.
                                    τα
15 19. ουσ εωρακασιν (COrr.?) ... τερατα μεγαλα εκεινα i. f. l. ad. ... AB θεοσ
   υ   ο   τε
ημων π. 20. χ τασ σφηκιασ usque 21. προσωπου αυτων i. m. inf.   23. εξολεθρευση
                                                                 ο
αυτουσ   24. AB απολειται ... εκεινων ... AB ουδεισ ... εξολεθρευσησ
            δε   χ
25. εν πυρι ... ου χρυσιον ... αυτων ου ληπψη   26. και εση αναθημα (bis)

VIII. 1. εντολασ, i. m. ταυτασ ... (υμι σημερον) ... εισελθοντεσ κληρονομη-
      "   "'   οπ
20 σητε ... ην κσ ο θσ υμων ωμοσεν   2. ερημω ωσ αν ... εκπειρασν
     χ   εν
3. μαννα, i. m. εν τη ερημω ... (ειδησαν)   5. παιδευσαι ανθρωποσ   6. ταισ
                                 χ   χ
οδ. 7. εισαγει ... υδατων πηγαι ... (δια των πεδιων)   8. συκαι ροαι   9. AB²
'
επ αυτησ ουδεν   10. AB εδωκεν ... post σοι i. m. κσ ο θσ σου   13. βοων
σου πληθυνθεντων κ. τ. πρ. σ. πληθυνθ. σοι αργ. ... οσων σοι (i. f. l.) εσται
25 σοι πληθυνθεντων σοι   14. add. vid. σε εκ γησ αιγυπτου   16. ο ουκ ειδησ συ και
add. vid. ... εσχατων των ημερων   18. διδωσι την ισχυν ... αυτου i. m.
19. λατρευση αυτοισ χ προσκυνηση αυτοισ ... post σημερον add. i. m. sup.
                                                    ο θσ
τον τε ουρανον και την γην.   20. AB κσ   απολ.

IX. 1. ιορδανην τουτον   2. οισθασ (i. f. l.)   3. προπορευσεται ... κατα-
                                                                     α
30 ναλισκων ... AB² απρο προσωπου ... απολεισ ... om εν ταχει   4. εξανηλωσαι
... τα εθνη τ. απρο ... om σου   5. διαθηκην αυτου ... et 8. om κυριοσ
9. AB κατεγεινομην 10. εδωκεν κυριοσ εμοι 11. om δια sec. 13. AB λεγων
λελαληκα (i. f. pag.)   15. om των μαρτυριων   16. εαυτοισ ... ενετ. υμιν
κυριοσ ... AB om ποιειν   19. AB την οργην κ. τον θυμον   22. AB παροξυ-
                                                                      οισ
νοντεσ   23. κυριοσ υμασ   25. εναντιον   27. και τα αμαρτ. ... 28. ειπεν αυτω

X. 2.   ΔΕΥΤΕΡΟΝΟΜΙΟΝ.   XV. 24.

X. 2. αυτα 6. (ϊακειμ μεισαδαι) 7. εισ ταιβαθα 10. ηκουσεν 14. κυ
του θυ σου 15. AB προειλατο 17. AB κ. ο φοβεροσ ... ουδ ου μη
20. om επι
XI. 1. om εντολασ αυτου και τασ 2. (παιδιαν κυριου) 4. AB αιγυπ-
τιων τα αρμ. 5. ημιν 7. om τα μεγαλα ... AB εποιησεν υμιν 8. κλη- 5
ρονομησετε 10. εισπορευη εχει, cf. not. ... AB λαχανιασ 11. (πεδινη, ut
saepissime) 12. AB vid. διαπαντοσ c. seqq. conj. 13. εισακουσητε 14. AB
προϊμον 17. συνσχη ... ο υετοσ ... AB ησ εδωκεν ο 22. οσασ ... (πο-
ρευεσθε) ... om και ante προσκολλ. 25. πρ. υμων τον τρομον υ. κ. τ.
φοβον υμ. ... ησ εαν 27. ασ εγω 28. και αι καταραι ... AB θεου υμων 10
31. θεοσ υμων
  XII. 1. γη η κυρ. ... AB πατερων ημων 2. (θεινων) ... δασεοσ
3. κατασκεψατε ... κατακαυσατε 5. AB εχει επικληθηναι ... εκζητησατε
εχει
ή ελευσεσθε 6. οισετε τα ... om και τα θυσιασμ. usque τα εκουσια υμων
(A om κ. τασ ευχασ υμων) 7. ου αν την χειρα επιβαλητε 8. AB α ημεισ 15
11. om εχει alt. ... εκλε|λεκτον ... οσα εαν ... AB om κυριω ... om
υμων 12. AB υμων οι παιδεσ 17. om των προβ. σ. και ... AB πασασ
ευχασ 18. αυτω συ και ο υιοσ σου και η θυγατηρ σου bis scrips., συ
prius usque αυτω sec. uncis inclusit ... AB ου αν 19. εαν 21. om εχει
αι αυτον
sec. 22. εσθετε 23. βρωθ. η ψυχη 26. θεοσ σου επικληθηναι (A αυτω) 20
27. om κρεα ανοισεισ usque του θεου σου τα 28. AB καλον κ. το αρεστον
29. κληρονομησαι αυτην γην
  XIII. 3. καρδιασ σου κ. 4. AB πορευεσθε 5. AB τον πονηρον 6. AB
θυγατηρ σου ... om σου post γυνη ... τησ ψυχησ 9. αυτου αι χειρεσ σ.
ε
11. AB ετι ποιησαι 14. om ετασεισ και ... ερανησεισ ... αληθωσ 25
17. προσκολλ. εν τ. χ. σ. ουδεν α. τ. αναθ. ινα ... AB δωσει ... AB ελεη-
σει ... AB πληθυνει (A ελεησ. post πληθ. ponit) 18. το αρεστον κ. τ.
καλον
  XIV. 1. AB i. m. add. ου φοιβησετε post θεου υμων 2. AB αυτω λαον
6. αναγων 7. χοιρογυλιον 12. αλιαιτον 13. ικτεινα 14. γλαυκαν 15. AB 30
ε
αρωδιον 16. AB υποπα 17. AB πελεκανα 18. υμιν εστιν 21. γενηματοσ
τ
... AB γενημα ... καθ ενιαυτον 22. AB ω αν 23. γ. απο σου η οδοσ
24. αυτον· επικληθηναι το ονομα αυτου εχει i. m. 25. AB ου εαν ... AB επιθυ-
μει ... om επι βουσιν usque ψυχη σου ... υιοσ pro οικοσ 27. AB γενηματων
XV. 2. η αφεσισ 3. του αδελφου 6. (AB δανιη) 7. om εκ ... 35
χ
συνσφιγξησ 8. AB αυτω δανειον δανεισ 10. αυτω δανειον δανιεισ 11. om
σου post γησ 12. και η εβραια, A η η εβρ. 13. οταν δε usque απο σου i. m.
15. AB ησθα ... και ελυτρωσ. usque εχειθεν i. m. 16. ευ αυτω εστιν 17. AB
ποιησεισ ωσαυτωσ 18. AB εφετιον ... om σε 21. και εαν μη η εν

XI. 8. κληρονομησετε] ita et Ti et b primo, sed cal. correx. -σητε.
10. εισπορευη εχει] b habuerat εισπορευη υμεισ εχει, sed υμεισ cal. delevit,
Ti nihilo secius υμεισ retinuit quum vers. 10 cum 11 confunderet; Proleg.:
„11, 11 [sic] in ed. Rom. post εἰσπόρευη additum est υμεισ, sed rursus
calamo confossum. Id ad paucos posteriores editores transiit."
XIV. 8. Ti scripsit μηρυκαται, b ut B μαρυκαται, A αναμαρυκ. 17. πελε-
χανα] ita et Ti, b πελαχανα

XVI. 6. ον εαν 10. AB καθοτι 11. om κυριου ... om συ ... om αυτον 13. εκ του αλων. 15. ω εαν ... AB γενημασιν 19. AB om εκκλινουσι κρισιν ουδε ... εξαιρει XVII. 2. ποιηση 3. AB προσκυνησουσιν ... AB om σοι 4. AB εξ-
5 ζητησεισ 5. εξαρεισ ... (λιθοβοληdεται) 6. αποθνησκων· sic dist. AB 9. om τουσ ιερ. τ. λευιτ. και προσ 10. ο εαν ... AB ου αν ... οσα εαν 12. οσ αν π. 16. προσθησεται 17. γυναικασ ουδε μεταστησεται α. η κ. κ. αργ. κ. χρ. ου πληθυνει εαυτω i. m. inf. 20. καρδια σου
ο XVIII. 3. AB δωσει τω ιερει τ. βραχ. 10. φαρμακοισ 11. AB² επα-
10 ειδων 12. om προσωπου 15. αναστησει κυρ. ο θ. σου σοι 16. AB το μεγα τουτο 18. AB add. μου ante εν τω 19. AB οσα εαν
XIX. 3. AB καταφυγη εκει 4. AB εχθεσ 5. AB οσ αν 6. ην η οδ. ... AB εχθεσ 7. εντελλομαι σοι 8. την γην usque 9. ακουσησ ποι-
i. f. pag., min. lit. ad. 9. AB και προσθησεισ ... σαυτω pro σεαυτ. 14. γη η
15 15. εμμενεισ ... ην αν 17. και γνωσονται, corr. και στησονται ... οι εαν 19. AB τον πον. 20. τουτο το πονηρον 21. in fine AB i. m. inf. add. καθοτι αν δω μωμον τω πλησιον [·] ουτωσ δοθησεται αυτω
XX. 14. om παντα τα κτηνη κ. παντα 16. (AB ζωγρησεται) 17. ante και ιερουσαιον i. f. lin. ins. κ γεργεσαιον 18. AB υμασ ποιειν 19. ουχι εξολ.
20 XXI. 4. τραχιαν 7. AB² ουκ εωρακ. 10. AB προνομευσεισ 11. σαυτω
12. AB εισαξεισ 13. καθιεται 18. αιρεθιστησ ... ουκ υπακ. ... αυτον usque 19. συλλαβοντεσ i. m. 20. οινοφρυγει 21. λιθοβ. αυτουσ 23. κεκαταραμενοσ ... om μη
XXII. 1. μη υπεριδησ 2. εγγιζη pro επιστη 3. om και ουτω ποιη.
25 τ. ιματ. αυτου ... κ. ουτοσ π. κ. π. α. 6. δενδρι (A δενδρει) 9. (κατα-
σπερεισ ον) ... διφορον ... AB γενημα ... σπειρη ... AB γενηματοσ 21. om του οικου 22. συνοικισμενησ 26. post νεανιδι AB i. f. l. add. ου. τη νεανιδι
ποιησετε ουδεν ... AB² ουκ εστιν αμαρτ. XXIII. 1. εισελευσονται 2. AB om vers., B² sic supplet ουκ εισε-
30 λευσεται εκ πορνησ εισ εκκλησιαν κυ ουκ εισελευσεται 3. ουδε μωαβειτησ 4. om σε post καταρασθαι 8. γενηθωσιν 10. om εξω τ. παρ. κ. ουκ εισελευσεται. 12. om vers., B² sic supplet (11.) παρεμβοληv (12.) και τοποσ εσται σ. ε. τ. π. κ. εξελ. ε. εξω (13.) χ 13. επαγων 15. om αυτου prius 16. ου εαν 19. AB ου αν εκδανεισησ 20. κληρονομει 23. ευξω τω θω
35 XXIV. 1. συλλεξεισ 2. εμβαλεισ 5. AB γραψει ... αυτω pro εαυτ. 6. ο προτεροσ εξαποστειλασ 7. εισ τον πολεμ. 9. om εκ 10. ον εαν ου .. χ
11. οτιουν και εισελ. 14. 15. i. m. inf. ad. post ενεχυρω inserend: αποδοσει αποδ. τ. ενεχ. α. πρ. δυσμαισ η. κ. κοιμ. εν τ ιματιω, om ergo αυτου i. fine v. 14. 18. AB και υιοι 19. 20. i. m. ad. post κ. χηρασ inser: κ ουκ.
40 ενεχυρασ (sic et A) ιματ. χ. κ. μνησθηση 21. και επιλαθη usque αγρω σου postea insert. 23. AB επανατρυγησεισ
XXV. 1. om κρινωσι και 2. om εναντι των κριτ. κ. μαστ. αυτον ... om κατα την ασεβειαν αυτου 5. om εξ ... ην pro ή 11. AB i. m. ανθρω-
χ
ποι, i. m. δυο ... om η 13. εσται σοι εν 15. κ μετρ. αληθ. κ δικ. εστ. σοι 45 i. m. 16. tot. vers. i. marg. 18. εφοβηθησ

χ
XXI. 7. ουκ εωρακ.] b ουκ εώρακα, quod Ti retinuit, quamquam Proleg. p. xxiv dicit, se hoc emendandum curasse.

XXVI. 7. ΔΕΥΤΕΡΟΝΟΜΙΟΝ. XXXI. 19. 25

XXVI. 7. om και τ. μοχϑ. ημων 10. AB γενηματων ... om και αφησ. α. απεν. κ. τ. ϑ. σου 12. AB γενηματων 13. εναντιον 14. ουκ εκαρπ. απ' αυτων i. m. ... επηκουσα ... επηκουσα pro εποιησα ... καϑοτι 15. καϑιδε 18. AB φυλασσειν XXVII. 1. ϊσραηλειτων pro ισραηλ λεγων 3. ηνικα εαν 6. τα ολοκαυτ. 5 7. εναντιον 12. ιουδα 14. AB οι λευειται ερουσιν 15. om πασ 20. γυναικοσ εκ πατροσ 22. om εκ 23. om τησ bis 24. πλησιον αυτου δ. XXVIII. 2. σε εαν non dist. ... post σου: et nov. lin. inc. 4. και τα γενηματα τ. γ. σου i. f. l. ad. ... AB om και ante τα βουκ. 8. (ταμιοισ) 11. και επι τ. γενημασιν (A -σι) τ. γ. σ. κ. ε. τ. εκγονοισ των κτηνων σ. 10 ... AB om σου ante ησ ... (ηση pro ησ) 12. δανιεισ ... δανειη ... χ αρξεισ εϑνων π. σ. δε ουκ αρξουσιν i. m. 18. AB γενηματα 19. εκπορευεσϑαι pro εισπ. et εισπορ. pro εκπορ. 20. ου αν 22. (ρειγει) 24. AB τη γη σου 25. AB 'επισκοπην 28. παραπληξια αορασιασ 30. om μη 31. και ουκ εσται usque 32. ετερω i. m. sine ο βοηϑων 32. σου η χειρ 33. εκφορτια 35. σε ιαϑηναι 15 36. ουσ εαν 37. om αν 42. AB γενηματα ... ερυσιβη 43. προσηλυτοσ ο εν σοι 44. AB δανιει et δανιεισ 48. om διψει usque γ. και εν ... AB επιϑησει 49. AB κυριοσ επι σε 50. ελεησοι 51. AB γενηματα 54. βασκαινει ... om αυτου ter ... om τω ante κολπω ... om αυτω 56. om και δια τησ τ. απαλοτητα ... ϑυγ. αυτου 57. AB χοριον ... τεκνον ο αν 59. χ νοσουσ 20 πον. κ. πιστασ i. m. 61. om και πασαν την γεγραμμενην, suppl. i. m., sed post νομ. τουτου inserend. notat. 63. om και πληϑυναι υμασ ... κληρονομειν 65. εκλιποντασ 68. πλοινοισ ... οδω ειπα ... προσϑησει XXIX. 1. μωση 3. in fine add. AB i. m. την χειρα την κραταιαν και
α
τον βραχιονα τον υψηλον 5. εν τη ερημω τεσσερακ. ετη 7. υμιν εν 25 15. μεϑ ημων ... ωδε σημερον μεϑ υμων 16. κατοικησαμεν ... παρηλ-
ο
ϑαμεν ... ωσ παρηλ. 18. εξεκλεινεν ... AB ενοχολη 20. ϑελησῃ 25. κατελιποσαν 29. υμων bis ... υμιν
χ
XXX. 1. η ευλογια η καταρα (i. e. B¹ ἤ — ἤ, B² ἡ — ἡ) ... σε διασκορπιση 3. ϊασηται 5. και εισαξ. 8. επιστραφ. επι κυριον κ. εισακ. 30 9. γενημασιν (sic et A) τησ γησ σ. κ. εν τ. εκγονοισ των κτηνων σου ... AB ηυφρανϑη 11. om εστιν sec. 12. λημψ. αυτην ημιν ... αυτο 13. tot. vers. i. m. sup. suppl. 14. εστιν σου εγγυσ ... αυτο ποιειν 16. om και ante φυλασσεσϑ. ... εσεσϑαι ... κληρονομειν 18. κληρονομειν 19. AB ινα ζησ συ και 20. ζωη αυτου ... κατοικειν σε επι 35
XXXI. 4. καϑα εποιησ. ... τοισ δυσι β. 5. χ ποιησετε usque υμιν
γ ε γ
i. f. lin. add. 6. AB² ενκαταλιπη 7. πατρασ. ημων 8. AB² ενκατα-
ε
λιπη σε 9. om τοισ υιοισ λευι 10. αυτοισ μωυσησ 12. AB ινα ακουσωσιν 13. κληρονομειν 14. ηγγικασιν ... εντελουμ]αι αυτω usque 15. ο στυλοσ i. f. col. add. 15. A¹B¹ om του μαρτυριου extr., i. f. lin. suppl. 16. AB 40
χ χ
ο λαοσ ουτοσ 17. και εν, i. m. ερει 19. om νυν ... διδαξετε ... μοι

XXVIII. 2. σε εαν et σου:] b σε. σου, Ti σε, σου, 42. ερυσιβη] ita et Ti, b cum A εριϲυβη 57. χοριον] ita et Ti; „χοριον, quod idem Alex. cod. tuetur, intactum reliquimus. Sed calamo correctum est in ed. Rom. κόριον."
XXIX. 18. εξεκλεινεν] etiam Ti εξεκλινεν, et b ex correctione calami, antea εξεκλιγον: in eodem versu pro τινοσ ἤ διάνοια Ti scripsit τίνοσ ἡ δ.
XXXI. 19. διδαξετε] ita et Ti, b cum A διδαξατε

XXXI. 20. ΔΕΥΤΕΡΟΝΟΜΙΟΝ. ΙΗΣΟΥΣ. VI. 15.

γενηται 20. om λατρευσουσιν αυτοισ και 21. om αυτων και απο στοματοσ 23. AB κυριοσ αυτοισ 28. om πρεβυτερουσ υμων και τουσ 29. εκκλεινειτε απο τ. ο. ... om και συναντησεται υμιν

XXXII. 6. om και επλασε σε 10. κοραν^η 13. AB γενηματα 17. καινοι 5 προσφατοι ... (ειδησαν)^ε 21. εθνι επ εθνι^ε 22. AB γενηματα 24. αποστελω 25. ταμιων 31. AB εστιν pro εισιν 41. om με 42. om και η μαχαιρα usque αιματοσ 43. προσκυν. αυτω υιοι θ. (υιοι pro αγγελοι eti A) ... AB παντεσ αγγελοι θεου 44. μωσησ ... AB εν εκεινη τη ημερα 46. (εντελεισθαι) 49. αβαρειν ... χανααν pro μωαβ 52. AB οψη
10 XXXIII. 1. ευλογησεν 4. υμιν 7. και αι χειρ. 8. επι υδατοσ
9. λεγων^ο ...^χ ουκ^ω εορακα 13. επ ευλογ. 14. AB γενηματων 16. εν τω βατω 17. επ ακρου γ. 19. om εκει sec. 23. νεφθαλειμ bis ... ευλογιαν 24. ευλογητοσ 27. αρχησ ... χ, ante εκβαλει add. vid.
XXXIV. 4. AB ωμοσα αβρααμ 5. μωυση 6. AB οιδεν 7. om τα
15 χελωνια αυτου 10. μωσησ

Subscriptio: AB δευτερονομιον

ΙΗΣΟΥΣ.

Inscriptio: ιησουσ

I. 5. AB ουδε υπεροψ. 6. γαρ διελεισ, i. m. αποδιελ 8. εν αυτη, AB i. m. αυτω ... ευοδωσει pro -σεισ 15. δεδωκεν 16. ιησοι ... AB οσα αν 18. AB οσ εαν ... AB καθοτι αν ... αυτω εντειλη

II. 1. (σαττειν) ... πορ. εισηλθοσαν οι δυο νεανισκοι 5. (καταλημψεσθαι) 20 8. επι το δωμα προσ αυτουσ 9. δεδωκεν υμ. ° κσ. 10. εξωλεθρευσατε (sine -ε-) 11. θεοσ υμων οσ εν (cf. 1 Tim. 3, 16) 12. ελεοσ^χ ποιησατε 14. παραδοι 17. οι ανδρεσ προσ αυτην 19. AB ημεισ δε 24. AB παρεδωκεν^χ ... AB κατεπτηκεν

III. 3. AB πορευεσθε 4. ημων ... ιν επιστ. ... AB πορευσε|σθε ...
25 απεχθεσ^ο 5. ποιησ. εν ημιν κυριοσ 7. AB om οτι 8. μεσου pro μερουσ 14. om κυριου 15. AB επληρου 16. καθαιρειν pro καριαθιαριμ 17. cum και παντεσ nov. sect. inc.

IV. 3. υμιν και αυτοισ ... (στρατοπεδ^ειa) 8. AB λαβοντεσ 18. AB εχθεσ 23. AB μεχρι^σ ου ^βδ
30 V. 2. om εκ δευτερου 5. μαδβαρειτιδι 6. διο οι απεριτμ. ... πατρ. ημων δ. 10. τεσσαρεσκ. (ut paene constanter, non longius not.) ... απο εσπερασ απο, i. m. επι^ι 12. κουραν pro χωρ. 15. om επ αυτου

VI. 1. ουδεισ 2. π. την ιερειχω υποχειριαν και 9. εμπροσθεν παραπορευεσθωσαν 10. AB μηθεισ ... υμων την φωνην ... αυτοσ διαγγειλα 13. οπι-
35 σθε^ν τησ .. om εξακισ 15. AB om εν τη ημερα εκεινη ... εξακισ pro

---

XXXII. 39. Ti „restituimus ad normam eorum quae subsequuntur άποκτενώ (etiam cod. Alex. habet) pro άποκτέννω" [b cum B].
II. 19. ημεισ δε] ita et Ti, b υμεισ δε

VI. 16.   ΙΗΣΟΥΣ.   XIII. 26.   27

επτακισ 16. ΑΒ om εγενετο... ο ιησουσ 17. om παντα sec. 18. φυλαξασθε
23. ην αυτησ κ. 24. ενεπρ. ενπυρισμω 25. ΑΒ τον πατρικον αυτησ... ΑΒ κατω-
κησεν 26. οζαν, i. m. α°ζαν ... αβειρων. 27. ante, non post 27. dist.
VII. 1. ΑΒ οργη κυριοσ 3. ΑΒ αλλ ωσ ... παντα 4. πρ. των ανδρ.
5. ΑΒ τριακοντα και εξ 12. ΑΒ om και ... υποστρεψουσιν, i. m. επι (= A) 5
... ΑΒ εγενηθησαν 13. εν υμιν εστιν 14. ον εαν bis 17. κατα ανδ.
20. ΑΒ κυριου θεου 22. ενκεκρυμμενα ... om αυτου
VIII. 1. τουσ ανδρασ παντασ 10. αγεβ. αυτοι κ. 11. απ ανατολ. 17. ουθεισ
... ανεωγμενην 19. και ηλθοσαν 21. μεταβαλομενοι 22. om αυτουσ
24. ΑΒ om και ante τουσ εν ... απεστρεψεν ... ρομφαιασ, i. m. μαχαιρασ 10
29. αυτου το σωμα ... ερειψαν ... ΑΒ αυτον pro αυτο
IX. 1. ωσ δ ηκουσ. 3. οικοδομησεν 4. κω θυσιαν 5. ενωπιον υιων
17. ΑΒ om την ante διαθηκ. 20. (επηρωτησαν) 23. κεφειρα και βειρων,
i. m. βηθωρ 29. εκλιπη ... ΑΒ om ουδε.υδροφοροσ 33. ον εαν
Χ. 1. om και post εποιησαν ... αυτομολησαν 2. (ειδη) ... μεγαλη 15
πολισ 3. ΑΒ αιλαμ 4. αυτομολησαν 5. οδολλαμ 6. ΑΒ κ. εξελου ημασ
κ. βοηθησον ημιν 8. ουθεισ 9. επ αυτουσ ιησουσ 11. εν τω δε φ. 14. ΑΒ
συνεπολεμησεν 21. υγιεισ ... ουθεισ 23. και εξηγαγοσαν usque σπηλαιου i. m.
inf. 24. (την) ... (τησ) 25. προσ αυτουσ ιησουσ 27. και επεκυλισαν
28. μακηδαν ... στομ. μαχαιρασ, i. m. ξιφουσ ... ενπνεο ον εν (i. f. l.) ... 20
εν αυτη ουδεισ ... μακηδαν 30. εφονευσεν ... ξιφουσ, i. m. μαχαιρασ
33. ΑΒ αιλαμ ... γαζησ pro γαζερ 34. εισ λαχεισ ... επολιορκησεν
37. om το 39. ΑΒ επαταξαν ... τη χεβρων 40. ναβαι pro ναγεβ
XI. 1. μαρρων 2. ΑΒ πρ. τουσ β. ... εισ την ραβα 3. αμορρ. κ. εναιουσ
κ. ιεβουσαιουσ κ. φερεζαιουσ τ. εν τ. ο. κ. τ. χετταιουσ τουσ υ. τ. ερημον 25
εισ την (sic eti A pro γην) μασευμαν 5. μαρρων 7. ΑΒ μαρρων 9. ΑΒ
εν πυρι 10. απεστραφη 12. βασιλεων ... (ξειφουσ) 14. ΑΒ ουδε εν
ενπνεον 16. πασαν την αδεβ 17. αχελ pro χελχα 18. πλειουσ ημερασ
22. om γεθ και εν
XII. 3. υπο μηδωθ φ. 4. βασα 5. ΑΒ om γην 7. ΑΒ οι υιοι ... 30
βαλαγαδα εν πεδιω λιβανω, i. m. του λιβανου ... εωσ του ορουσ χελχα ...
αυτον 9. και τ. β. ιερ. 13. ασει pro γαδερ 14. αιραθ pro αδερ, i. f. ad.
βασιλεα αραθ 16. ηααδ 18.—22. ασομ ... μαμρωθ ... ζακαχ ...
μαρεδ. και βασ. 23. ελδωμ τ. φεννεδδωρ, i. m. φενναεδδωρ 24. θαρσα
XIII. 3. χανανανάιων (sic) ... ΑΒ σατραπιαισ ... ΑΒ γεθθαιω ... dist. 35
ακκαρωνειτη· κ. τ. εναιω εκ 4. ταφεκ 5. γαλγαα (sic, mendum typographi-
cum? Holmes tacet) 8. om δυσι ... περαν τω ιορδανη 9. δαιδαβαν (sic,
Holmes λαιδαβαν) 10. οσ βασιλευσεν εσεβων 12. εβασιλ. εν εδρα-
ειν κ. εν ασταρωθ 14. ΑΒ αυτων κληρονομια 18. μαιφααθ 20. βαιθ-
θασεινωθ. 22. βεωρ 25. ΑΒ πασαι αι πολεισ 26. βοτανει ... βααν 40

VII. 12. εγενηθησαν] ita et Ti, b εγεννηθησαν
IX. 20. επηρωτησαν]. ita et Ti, b επηρωθησαν
XIII. 22. βεωρ] ita et Ti, b βαιωρ

28. om και κατα πολεισ αυτ. κ. δημουσ αυτων 29. (ημεισει) 30. μαανα
... βασανει ... AB om τησ 31. om τη 32. επ ανατολ.
XIV. 1. κατεκληρονομησεν 2. εκληρονομησαν 6. 13. 14. etc. AB ιεφοννη
8. οι δε αδελφ. ... προσεθην 11. εξ ελθειν κ. εισελθειν (corr.?) 12. om
5 εν ... AB νυνει

XV. 1. ιουδαιασ (pro ιδουμ., ut saepius) 2. μερουσ τησ θαλ. 3. σεν-
ναχ pro σενα ... επι λιβοσ, i. m. απο 4. διεκβαλλει 7. τααγαδ pro γαλ-
γαλ (Holmes τα αγαδ) ... αδδαμειν ... διεκβαλλει ... om τησ post υδωρ
... AB πηγησ ηλιου 8. ονομ bis ... νοτου ... εκβαλλει 9. μαφθω pro
10 ναφ. ... οριον ιεβααλ 10. ασσαρ επι 11. διεκβαλλει ter ... λεμνα
13. απο προστ., i. m. δια 14. θοαλμει 16. οσ εαν 19. βοθθανεισ 27. βαι-
φαλαδ 32. (χθ) 37. μαγαδαγαδ 38. δαλαλ ... μασφα, i. m. φασμα ... ιακαρεηλ
και μαχησ 39. κ. βασ. 40. cum και μαχεσ nov. lin. inc. 41. μακηδαν
... AB δεκαεξ (sic dist. B, non post κ. αυτων) 42. λεμνα 44. αιλω
15 47. post αιγυπτου nov. lin. inc. 49. πολισ 51. om κ. γηλωμ 54. σωρθ
56. ιαρεικαμ 58. αλουα ... βαιθσουρ 59. ταγαμ (Γ = Τ fractum?) ...
εωβησ pro θωβ. 62. αιοχιοζα ... ανκαδησ 63. ιεβουσαιοσ κ. ... (ηδυνα-
σθησαν) ... AB ημερασ εκεινησ
XVI. 1. απ ανατολ. 2. χαταρωθει 5. απο ανατολ. ... ασταρωθ ...
20 εροχ 6. εισ ανατολασ, i. m. επι ... σελλησα 7. ασταρωθ ... διεκβαλλει
XVII. 2. ουτοι οι αρσενεσ 5. om γησ 7. ιασσειβ ... θαφθωθ, i. m.
ναφεθ 10. ιασηβ ... απ ανατολ. 11. ασηρ και θοαν, i. m. βαιθσαν ... δωρ,
i. m. εδωρ 14. ιησου 16. εν βαιθαισαν, i. m. εκτω ... κοιλαδι ισλ (pro
ιεζραηλ Β omnibus fere locis ισραηλ scripsit) 18. επιλ. εστιν αυτω ...
25 (υπερισχνεισ)
XVIII. 4. AB τρεισ ανδρασ ... AB² εμου ... AB διελθειν 6. AB προσ
με ωδε 7. εαυτων 11. φυλησ add. vid. i. f. l. ... AB om υιων prius
12. διεξοδοσ μαβδαρειτισ 13. μαατάρωθ (θ pro β et A) 14. επι το οροσ,
i. m. μεροσ 16. νοτον 17. γαλιαωθ 19. (ροεια pro ορεια, mend. typogr.?) ...
30 (ιροδανου, mend. typogr.?) 23. ιεφραθα 24. δεκαδυο 28. ιεβουσ ...
ιερουσ. και πολεισ και γαβ. ... τρεισ και δεκα ... αι i. f. lin. add. vid.
XIX. 2. κωλαδαμ, i. m. μωλαδαμ 4. ελθουλα 8. βαρεχ 9. κληρου
ιουδα 11. μαραγελδα 12. απ ανατολ. 16. om τησ 18. σουσαν 19. ρεη-
ρωθ, i. m. ρεηθα 24. om κατα δημουσ αυτων 26. ελειμελεκ 27. AB
35 απ ανατολ. 30. αρχωβ 33. ναβωχ ... AB ο ιορδανησ 34. επιστρεφει ...
AB νοτου ... AB απ ανατολ. 41. ασα πολεισ 42. σαλαβειν 43. αιλων
48. ιουδα pro δαν ... λασενηδακ 49. AB om τω ante ιησοι 50. θαμαρ-
χαρησ, i. m. θαμνασαραχ 51. εναντιον του κυριου
XXI. 4. πολ. ιγ. 6. γεδεων pro γεδσ. ... εν τω βασαν 7. και εν
40 τοισ υιοισ 10. τουτο εγενηθη 11. καραθαρβοχ 20. AB εγενηθη πολισ
22. om τα ante αυτη 23. γεθεδαν, i. m. γεθαιβαν 24. και γεθερεμμων

XIV. 6. 13. 14. XV. 13. 14. XXI. 12. ιεφοννη] sic et Ti, b ιεφονη
XV. 63. ηδυνασθησαν] sic et Ti, b ηδυναθησαν
XVIII. 28. ιεβουσ] ita et Ti, b ιηβουσ

XXI. 25. . ΙΗΣΟΥΣ. ΚΡΙΤΑΙ. I. 18.

25. ημισουσ^τησ φυλ. 27. (γεδ'σων) 28. και δεββα 30. και δαββων 31. και ρααβ' 32. ϑεμμων^τ 33. πολεισ δεκατρεισ 35. (περισπορειαυτησ) 36. ιερει-^α χων 39. αι πασαι πολεισ 40. πασαι πολεισ ... φυλησ λευει 41. πασα πολισ 42. πολεισ ... κατα προσταγμα, . ϑαμνασαραχ ... ϑαμνασαχαραϑ'
44. αυτουσ''κσ''' κυκλοϑεν ... AB ανεστη 5
XXII. 1. ημισει 2. επηκουσατε 3. εφυλαξεσϑε 5. ποιειν σφοδρα
6. ηυλογησεν 8. και διειλ. 9. φυλησ υιων μ. 10. γαλγαλα τ. ιορδ. ...
οι υιοι γαδ κ. οι υ. ρουβην ... επι του ιδειν 11. AB ωκοδομησαν ...
γαδ κ. οι υ. ρουβην ...^φ AB ημισει ... επι των οριων 15. υ. γαδ κ. π. τ. υ. ρουβην ... AB εισ την γαλ. 17. μεικρον ημιν 19. AB τησ κατασχεσεωσ 10
κυριου ... αποσταται απο ϑεου ... και^υμεισ μη αποστ, 20. εισ μονοσ αυτοσ (et A hab. μονοσ) 22. εστιν κυριοσ ... om τη ημερα 23. αυτοισ 24. AB
om και 26. AB ουκ'^χ ενεκεν 27. λατρ^ειαν κυριω ... ημων post σωτηριων
i. f. l. add. vid. 28. ημασ και ταισ, i. m.^ε η ...^χ AB ουκ ενεκεν 29. εν ταισ σημ. ημεραισ αποστησαι 31. AB ερυσασϑε 15
XXIII. 1. AB εχϑρ. αυτων 2. τ. γραμματεισ α. κ. τ. δικαστασ α. ...
αυτουσ^ε εγω, i. m.^ε ιδου 3. AB εορακατε ...^ω ϑεοσ ημων 4. οπερ ειπα
(pro επερριφα) 5. AB κατακληρονομησατε 6. δεξιαν 7. ου μη προσκυνη-^η σετε αυτ. ουδε μη λατρευσετε αυτοισ^η 9. ουϑεισ 10. om ουτοσ ... AB εξεπολ. ημιν^ε 11. φυλαξασϑε 13. πακιδασ^γ (sic saepius) 15. ελαλ. κυρ. 20
προσ ημασ
XXIV. 2. κατωκησαν 5. επαταξαν τ. αιγ. εν οισ εποιησαν αυτοισ
8. παραδεδωκεν 10. AB ευλογιαν 12. AB προτερ. ημων 14. λατρευετε κυρ. 15. υμιν εαυτοισ 19. AB οτι ϑεοσ .. υμων τα αμαρτημ. και 20. εαν
... (λατρεσητε) 26. AB νομον ... τερεμινϑον 27. προσ ημασ ... εσται 25
ουτοσ ... (ματυριον) ... εαν 31. ϑαμναϑασαχαρα 32. εδωκ. α. ιωσ. εν μεριδι i. f. l. add. 33. εν γαβ. τη εαυτων^γ ... εισ την γην εαυτ. πολιν
Subscriptio: AB ϊησουσ ϋϊοσ ναυη

ΚΡΙΤΑΙ.

Inscriptio: AB κριται
I. 2. εν τη χειρι 4. εκοψαν, i. m. επαταξαν 5. εν τη βεζεκ usque
6. αδωνιβεζεκ. i. m. inf. 6. και κατελαβοσαν 8. AB οι υιοι 9. AB του πολεμησαι 10. καριαρβοξεφερ (A -οκσε-) ... αχινααν, i. m. αχειμαν ... ϑολ- 30
μειν 11. καριασσωφαρ 12. οσ εαν 12. et 13. την αζα, i. m. ασχα 14. AB εκραξεν 16. μωυσεωσ ... om και post αραδ 17. σεφεκ 18. ουδε τ.

XXIV. 26. τερεμινϑον] sic et Ti, b. τερμινϑον

I. 20. ΚΡΙΤΑΙ. IX. 30.

ακκαρ.... αυτησ ουδε τ. αζωτ. 20. μωσησ 23. πολεωσ αυτων ην 24. ημιν 26. τουτο το ον. 27. ουδε τ. ϑυγ. α. pro και τ. ϑ. α. 35. AB²
αλωπηκεσ ... AB εβαρυνϑη χειρ σαν
II. 10. και γε πασα ... προσετεϑη πρ. 15. εξεπορευοντο 17. αυτοισ
5 (και (sic) εξεκλειναν 18. κριτασ αυτοισ 19. AB απεριψαν 21. και γε εγω III. 3. AB σατραπιασ 8. ποταμων συριασ..... χουσαρσαϑαιμ (bis)
11. τεσσερακ. ετη 16. AB μ. τον δεξιον αυτου 17. om τω 24. (ταμιω)
29. εν τη ημ. εκ. 30. αᵛωδ 31. σαμαγαρ ... (χ ανδρασ)
IV. 1. dist. post κυριου ... αᵛωδ 3. εικοσι (sic semper, non not.)
10 6. νεφϑαλειμ 7. εισ τασ χειρ. 8. τον αγγελον κυριοσ 9. μετα βαρακ
10. μετ αυτου δεββωρα 17. AB οικου sine του 22. ρεριμμενοσ 23. εν τ. ημερα εκεινη τον ιαβειν βασιλ. χαν. εμπρ. των. υι.
V. 2. ακουσιασϑηναι 3. σατρ. εγω ειμι τω κυριω εγω ειμι ασομαι ψαλω τ. 6. (αναϑ εν εν ημερ.) 7. αναστη bis 8. καινουσ οτε (sed inter
15 σ et o unius literae [τ?] spatium) 9. διατετα|να (i. f. col.) 13. καταλημμα 14. εξεριζωσεν ... AB εξεραυνωντεσ 19. AB μεγεδδω 22. AB τοτε
27. κατακλισϑεισ 31. απολοιντο ... cum και ησυχ. nov. sect. inc.
VI. 3. (ανεβαιναν) 4. κατεφϑειραν ... κατελιπον 5. τοισ καμηλ.
10. καϑησεσϑε 11. τη pro γη ... γεδεων υιοσ 14. εν ισχυει 15. ο μει-
20 κροτεροσ ... οικω πατροσ 17. δε pro δη 18. AB ϑησω pro ϑυσω ... καϑιομαι 21. om τη ... απο οφϑ. 22. om τον ... om προσ 26. κορυφην του μαου εκ τουτου ... AB ολοκαυτωμα 28. καϑειρητο ... ειδαν 30. ειπον
31. (δικαζεσϑαι) 32. αρβααλ pro ιεροβ.... δικασασϑω 33. εν κοιλαδι εξερεελ 34. AB ενεδυναμωσεν ... εφοβηϑη pro εβοησεν 35. απεστειλεν
25 ... και νεφϑαλει 39. πειρασω δε 40. ουτωσ ο ϑεοσ
VII. 1. ιαρβαλ ... (πη—γην sic) ... γαβααϑαμωρα 3. επιστρεφετω 4. AB om εστι ... και παν ... AB ον εαν 9. αναστασ (i. f. l.) 12. AB παντεσ υιοι ... ωσει ... αλλα 13. ενυπνιον ιδου ενυπνιασαμην 16. (υδρειασ ubique) 19. et 20. χειρσιν (sic) ter 21. εστησαν ... εφυγαν 22. ταγαραγ. εωσ
30 χειλουσ (ε. χ. et A) αβωμεουλα 25. AB συνελαβον ... AB om ωρηβ post σουρ ... εν ενιακεφζηφ ... AB κατεδιωξαν μαδιαμ
VIII. 2. κρεισσον 5. σελμανα ita semper 6. ου pro οτι 7. AB om τον post ζεβεε και ... αβαρκηνειν 9. τον πυργον τουτον κατασκαψω 14. τα ονοματα 15. om σου sec. ... εκλιπουσιν 16. AB βαρακηνειμ 21. (hic τον
35 σαλμανα ut Ab) 22. AB om και ο υιοσ των υιου σου 24. γεδεων προσ αυτουσ ... AB οτι ισμαηλειται ησαν 26. πεντακοσιοι 27. εφωϑ ... αυτου εφραϑα 29. ιεαροβααλ 30. AB εβδομηκοντα υιοι ... εκπεπορευμενοι 31. γε αυτη (sic, i. f. l.) ... AB το ον. αυτου 33. κ. εγενετο καϑωσ
40 IX. 5. ιωαϑαν (semper -αν, hic -α̅) 6. βηϑμααλων 9. πιοτητα 11. γενηματα 12. δευρο συ 15. AB εξελϑη ... καταφαγη 17. ερυσατο 20. και φαγοι ... βηϑμααλλων bis (et A μααλλων) 26. AB γαλααδ (pro γααλ)
27. ειπον (pro επιον) 28. AB γααδ ... αβειμελεχ 30. γαλααδ et sic

---

I. 24. ημιν] ita et Ti, b υμιν
III. 8. χουσαρσαϑαιμ bis] ita et Ti, b posteriori loco κουσαρσαϑ.
IV. 3. εικοσι] ita et Ti, b -σιν 19. Ti scripsit την ασκον, ABb τον
V. 31. απολοιντο] ita et Ti, b ἀπώλοιντο
VI. 3. pro ανεβαιναν Bb, Ti scripsit ανεβαινον

IX. 31.   ΚΡΙΤΑΙ.   XVIII. 24.   **31**

usque finem cap. semper 31. αβειμελεχ 32. αναστασ... ΑΒ συ και ο λ.
                                                                  τον
36. απο κεφαλων 37. δια οδου ηλωνμαωνεμειν 40. επεσαν 42. εισ αγρον
43. ιδου ο λαοσ 45. καθειλεν την πολιν... εσπειρεν εισ αλασ 46. et 47. πυρ-
γων 46. et 50. βαιθηρβεριθ 48. ΑΒ οροσ ερμων... επ ωμ. 49. ωσ χειλιοι
53. επιμυλιου . _του_ 5
    Χ. 4. γαλααδ (i. f. l.) 6. ΑΒ ισλ ποιησαι... αραδ pro αραμ 8. δε-
                                             γ
καοκτω ετη 9. εθλειβη ισραηλ 12. προσ εμε 16. (ωλιωθη) 18. αρξηται
XI. 3. om των 6. παραταξωμεθα 8. οικουσιν 9. ΑΒ κυριοσ αυτουσ...
εσομαι υμιν 11. τουσ λογουσ αυτου παντασ 13. αρνων και εωσ 17. om γε
18. ΑΒ παρενεβαλον 20. εν ορειω... τον παντα λαον 21. την πασαν γην 10.
                                    χ
22. ΑΒ τησ ερημου 24. σε αμωσ... προσωπ. ημων 25. βασιλεα
27. κρειναι κυριοσ κρεινων 30. om μει 31. οσ εαν 33. εβελχαρμειν
34. ην αυτη μονογενησ ουκ 35. ει μη (pro ειμι)... επιστρεψαι 36. εκ-
                                                                      α
δικησ. απο τ.... απο υιων 40. ιεφθαε γαλααδ επι τεσσαρεσ
                                                                       α
XII. 2. ιεφθαε προσ αυτουσ 4. τουσ παντασ α. 6. τεσσαρακονταδυο 15
7. εξηκοντα pro εξ... εν γαλααδ 8. et 10. αβαισαν et βαιθλεεμ 9. θυγα-
τερεσ εισην. 15. φαραθωμ
XIII. 1. ΑΒ om ετι 2. σαραλ (sic Cozza)... γυνη αυτω 5. σιδ. ουκ
αναβησεται επι την κεφαλην αυτου... του σωσαι 7. αγιον θεου 12. ο
λογοσ σου 14. οιγ. κ. σικερα (sic et Α) μεθυσμα μη 16. κατασχησ με 20
20. ΑΒ ε. τ. φλογι του θυσιαστηριου... επεσαν
                                       ω   αυτου
   XIV. 1. εισ pro εν 2. εορακα... εμοι 6. om αιγων 9. χειρασ και
... ΑΒ απηγγειλεν... α. του στοματ. 10. ποτον ζ ημερασ 13. om σου
                                              η
16. om αυτο 17. ΑΒ² παρενωχλησεν 18. (δαμαλι)
                                                              ω
   XV. 1. ΑΒ om και post μου. 2. αδ. α. η νεωτερα αυτησ 3. ηθοωμαι 25
4. ΑΒ² αλωπηκασ 6. ΑΒ αυτην και τον πατερα αυτησ εν π. 7. οτι ει
μην 9. ΑΒ εξεριφησαν εν λευει (Α λευι) 11. ανδρεσ απο ιουδα... τω
σαμψ.... κυριευσουσιν 13. ΑΒ παραδωσομεν... ΑΒ θανατωσομεν 14. ΑΒ
στιππυον 15. εκρεριμμενην
   XVI. 2. φονευσωμεν 3. ΑΒ ανεβαστασεν... επ ωμων... ΑΒ om 30
του ante χεβρων 7. νευρεαισ 9. νευρεασ 12. ΑΒ ωσ 13. πρ. εμε...
απαγγειλον 14. ΑΒ εκ τ. υπν. 15. δαλειδα προσ σαμψων... ουκ εστιν
η καρδια σου 17. την πασαν 18. μοι την πασαν κ.... χειρσιν 20. απε-
                     σια
στη ο κυριοσ 23. ΑΒ θυσαι 24. ειδαν 25. απο οικ. δεσμ.... εραπιζον
26. οικοσ στηκει επ 27. ωσ επτακοσιοι ανδρ. 28. μου νυν και... αντα- 35
ποδοσιν 30. om των
   XVII. 2. τουσ pro ουσ 3. ηγιακα... om τησ... σοι αυτο 5. θαρα-
φειν 9. απο βαιθλεεμ 11. νεαν. παρ αυτω 12. om τω 13. αγαθ. κυριοσ
εμοι.
   XVIII. 1. cum και εν sect inc.... εζητει αυτη... ΑΒ om υιων 40
2. εκει αυτοι 3. τι συ π. 5. ερωτησον 7. ειδαν... θησαυρου 10. ΑΒ αν.
                                         ων   χ   χ
14. πεπορευμενοι... ΑΒ² αδελφουσ αυτου 15. λευειτου οικον, i. m. εισ 21. ΑΒ

IX. 31. αβειμελεχ] Ti scripsit αβιμελεχ, b hic αβιμελεχ
   XVI. 9. Ti adnot. „στυππιον posuimus pro στιππυον [ABb], collatis
15, 14. Lev. 13, 47 et 59. Alex. quidem codex constanter alteram for-
mam tuetur, quam nec nos mutavimus in prophetis".   28. ανταποδοσιν]
ita et Ti, b ἀνταπόδωσιν

ΚΡΙΤΑΙ. ΡΟΥΘ.

απηλθαν 23. το προσωπον αυτων υιοι δαν 24. ΑΒ τι εμοι 25. ΑΒ ειπον
... εν ημιν ... ψυχην και 27. εφ ελ'πιδι (sic) 29. om ην ... το, ον.
30. ωναθαμ υ. γηρσομ' ... ημερασ αποικιασ 31. ΑΒ αυτοισ ... post σηλωμ'
dist. ... ΑΒ εκειναισ και
ᵇ XIX. 2. ημερασ δ μηνων 3. νεανισ ... και ηδε 5. σου την καρδ.
6. εκαθισεν 7. ΑΒ om αυτοσ 9. ΑΒ η ημερα 11. του ιεβουσειν 14. ο
ηλιοσ αυτοισ ... om εν 19. αρτοι ... παιδιων 20. ΑΒ ο ανηρ ο ...
om το 22. δ αγαθυν ... post καρδ. αυτων plenius dist., non ante
αυτοι. 24. ου ποιησετε 25. ΑΒ εωσ πρωι 26. εωσ του διαφωσαι 27. γ. η
10 παλλακη αυτου 30. ουχ εοραται ωσ αυτη απο ημ ... αιγ. και εωσ ...
ΑΒ om ωσ αυτη (cf. post εοραται) ... αυτοι επ αυτην βουλην
XX. 6. απεστειλα 8. om τον 24. et 25. τη ημ. τη β 25. ετι η
και ι χειλιαδασ ... linea παντεσ ουτοι ελκοντεσ ρομφαιαν postea inserta
27. om εν ταισ ημεραισ εκειναισ 28. αδελφ. ημων η επισχωμεν ... ΑΒ
ωσ
15 οτι αυριον ... εισ τασ χειρ. 31. om εκ 32. ισρ. ειπον 33. ΑΒ αυτου κ.
36. τοπον τω βενιαμειν ... ΑΒ το ενεδρον ... εθηκεν επι την γ. 39. και ειδον
40. η συντελεια 42. om την 44. ΑΒ επεσαν ... δεκαοκτω 46. πιπτοντεσ
47. (εν πετρα Ρεμμων) ... τεσσαρεσ 48. (στοματρι sic)
XXI. 1. ΑΒ μασσηφα, semper in hoc cap. 5. ειπον 9. ιαβεισ semper
20 11. γυναικαν 12. 19. 21 bis. σηλων (12. -ω) 13. ΑΒ απεστειλεν 17. ΑΒ
τω βενιαμειν 20. πορευεσθε ενεδρευσατε 21. ΑΒ εαυτοισ 22. ΑΒ προσ
υμασ 24. om την
Subscriptio: ΑΒ κριται

ΡΟΥΘ.

Inscriptio: ΑΒ ρουθ
I. 1. βαιθλεεμ (semper in hoc libro) ... ΑΒ τησ ιουδα ... om δυο
2. αβειμελεχ, semper pro ελιμελεχ ... om τη γυν. α. νωεμιν και ονομα
25 ... κελαιων 3. (νωεμειν semper) 6. ΑΒ ηκουσαν 8. om δυσι 9. ευροιτε
15. ΑΒ επιστραφητι 16. ΑΒ εμοι 19. ΑΒ om και εγεν. εν τ. ελθ. α. εισ
βηθλεεμ ... επ αυτησ και ... ΑΒ om ει 22. ΑΒ επιστρεφουσα
II. 1. ΑΒ βοοσ (B semper) 2. ΑΒ θυγατηρ 3. om ελθουσα ... κατο-
πισθεν ... om τησ 8. θυγατηρ 9. ΑΒ οτι ... ΑΒ οθεν αν 11. απαγγελεια
εν
30 14. σου τω 16. ΑΒ βασταξατε 17. ΑΒ εραβδισεν 20. ΑΒ και ειπεν ν.
ΑΒ ημασ εστιν 21. ΑΒ παιδαριων ... π. μου κολληθητι 22. ΑΒ θυγατηρ
... ΑΒ επορευθησ μετα 23. ΑΒ κορασιοισ βοοσ συλλεγ. εωσ ου συνετελεσεν
... post πενθ. αυτησ dist.

XVIII. 25. συναντ. εν ημιν] Ti συναντ. ημιν, ita b primitus, calamo
υμιν pro ημιν fecerunt.
XIX. 30. ουχ εοραται] ουχ et Ti, b ουχ
XX. 36. το ενεδρ.] ita et Ti, b τον ενεδρ.
XXI. 9. ιαβεισ] Ti „semper edidimus Ἰαβεῖσ Γαλααδ. Ed. Rom.
eodem capite modo -βισ ut vv. 9. 14., modo -βεῖσ ut vv. 8. 10. 12. habet."

III. 1. ΑΒ θυγατηρ 3. ΑΒ εως ου... αυτον π'ειν και φαγειν 5. ΑΒ οσα εαν 7. om επιε και... ΑΒ om εν post ηλθεν 9. τι° ει συ... αγχιστευ° ει συ 10. ΑΒ το μη... πορευθηναι σε οπισω 12. ΑΒ om νυν... ΑΒ οτι pro ο... (εστιν αγχ.) 13. ζη κυριοσ συ ει κυριοσ κοιμηθ.... ΑΒ'εως πρωϊ 14. την αλωνα 18. ΑΒ τελεση 5 IV. 1. ΑΒ ο αγχιστευτησ... ΑΒ ον ειπεν βοοσ 2. (Cozza αναρας pro ανδρ.) 7. παν λογον... ΑΒ ο ανηρ 11. λειαν 12. ΑΒ ο οικ. σου ως ο οικ. 13. om εγενηθη usque αυτην και 17. δαυειδ ut semper 18. εσρων 19. ΑΒ εσρων... δε εγεννησ.... ΑΒ αρραν bis 20. 21. σαλμαν bis. Subscriptio: ρουθ

ΒΑΣΙΛΕΙΩΝ Α.

Inscriptio: ΑΒ βάσιλειων α
I. 1. σειφα... ηλειου... νασειβ etc. 3. τω κυριω θεω σαβ. (A sine 10 τω)... ΑΒ σηλω... ηλει... οφνει... φεινεεσ etc. 7. (ησθειεν) 9. om αννα... σηλω 10. κυριον λεγουσα και εκλαυσεν 11. om επι pr. 13. ηλεισ μεθ. (sic pro ηλι εισ μ.) 22. ΑΒ' εχει εως αιωνοσ 27. om μοι
II. 1. επι εχθρους το 3. ΑΒ εξελθατω μεγαλορημοσυνη... γνωσεωσ 5. ασθενουντεσ pro οι πεινωντεσ 8. ΑΒ λαων 10. ΑΒ αλλ η εν 12. om οι 15 14. (χαλκιον)... κυθραν... ΑΒ om και ante παν ο 15. om κρεασ ante εφθον 18. ΑΒ βαρ 26. ΑΒ και αγαθον και μετα κυρ. και 27. om ο... ΑΒ om του 28. ιερατευειν και... ΑΒ om του ante αναβαιν. 29. ΑΒ om του 30. ΑΒ ταδε ειπεν 31. ΑΒ ημεραι ερχονται 32. ΑΒ σου πρεσβυτησ 33. om σοι... εκλιπειν 34. ΑΒ υιους σου τουτους... ΑΒ εν ημερα μια 20 36. om σου (pr.)... παραρειψον
III. 2. εκαθητο... ΑΒ ηδυνατο 6. αναστρεφε καθευδε 13. ΑΒ θεον υιοι 15. ορασιν ηλει (Α τω ηλει) 17. om και ταδε προσθειη... ΑΒ παντων λογων 21. ΑΒ om του ante προφητησ
IV. 1. ΑΒ εισ πολεμον επι ισραηλ 2. ΑΒ οι αλλοφυλοι 3. σωσει ύμασ 25 4. (χερουβειμ) 5. ηλθεν κιβωτ. 6. ΑΒ om τη 9. om αλλοφυλοι usque ανδρασ 10. επεσαν 11. om του... om οι 12. (ιεμειναιοσ)... ΑΒ διερρηγοτα 14. η βοη τ. φωνησ τ. 15. ΑΒ εβλεπεν... ηχουσ 16. om προσ ... ΑΒ om ηλι post ειπεν
V. 1. αβεννηρ pro αβενεζερ 4. προσωπ. αυτων... ΑΒ εμπροσθεια 30 6. ΑΒ om η 7. θυιωϊ μεθ 8. ΑΒ om τη... ΑΒ γεθθαιοι... ΑΒ τ. θεου εισ γεθθα 9. εαυτοισ οι γεθθαιοι (-θθ- et A) 10. απεστρ. προς ημας την κιβωτ. τ. θεου ισραηλ θανατ.
VI. 2. ποιησωμεν κιβ. 3. θεου κυριου ισρ. 4. κατ αριθμ. 8. ΑΒ και ου θησετε... βερεχθαν 9. ΑΒ ει εισ οδον... οριον... ΑΒ κατα pro 35 μετα... et 13. βαιθσαμυσ... ταυτην την μεγαλην 11. om κυριου

IV. 11. λειαν] ita et Ti [Proleg. p. xxxvii: 6, 11 corrige 4, 11] pro b λιαν
III. 21. ΑΒ om του ante προφητησ] Ti, Proleg.: „τοῦ προφήτησ retinuimus. Calamo correctum est [in b] τοῦ προφήτας, quod errori videtur deberi."
VI. 9. et 13. βαιθσαμυσ] ita et Ti, b his duobus locis βεθσαμυσ

VI. 15.   ΒΑΣΙΛΕΙΩΝ Α.   XIV. 41.

15. χρυσα και   18. επ αυτουσ ᵃ   20. om κυριου τ. θεου ... αναβησηται
21. (καριαθιαρειμ ᵃ ᵑ ᵃ semper) ... απεστροφασιν
   VII. 1. AB υιον sine τον   2. AB εγενοντο   11. εξηλθαν   14. AB αφειλαντο
5   VIII. 7. AB λαλησωσιν ... εμε εξουδενωκασιν   11. AB και ιππευσιν
12. AB χειλιαρχουσ και εκατονταρχουσ   14. (ελαιωνασ) ... AB δουλ. αυτου
16. και τα αγαθ.   17. (εσεσθαι)   19. ηβουλετο   20. κατα ... δικασει
   IX. 1. AB κεισ (semper) ... αβειηλ ... AB αρεδ ... βαχει   4. εασακεμ pro σεγαλιμ ... ϊακειμ pro ιαμιν   5. om δε ... αναστρεψωμεν ...
10 φροντιζει ... AB om τα   9. δευρο πορευθ.   13. AB om εισ ante την π..
   14. εισ απαντησιν   16. τησ pro γησ (Cozza?)   25. AB² εν την ᵑ πολει
   X. 1. AB i. f. ad. κυκλοθεν   3. απελευσει   5. (αναστεμα) ... ναβαλ
8. γαλααδ pro γαλγαλ   10. επροφητευσεν   11. τριτην   12. AB om και ante δια
17. μασσηφα   19. εξουθενηκατε ... AB στησεισ, B i. m. ˣ/ κατα ᵂ   24. εορακατε
15 ... αυτω ομοιοσ   27. AB ημασ
   XI. 1. ειπον   2. υμιν διαθηκην   5. υιων pro ανδρων   8. επισκεπεται
... αβιεζεκ pro εν βεζεκ ... παν ανδρα   10. AB ειπαν   11. AB εγενηθησαν οι υπολελειμμενοι   13. ειπεν σαμουηλ, i. m. σαουλ .:. κυριοσ εποιησεν
15. (λειαν)
20   XII. 4. om ημασ post κατεδυναστ.   5. ουχ ... ουθεν   11. ϊεροβοαμ
... AB υμασ ... AB εχθρ. υμων   12. et 24. ειδετε ... και κυριοσ usque
β. ημων i. m.   14. πορευομενων ᵒᶦ   15. επι υμασ   22. οτι επεικ|ωσ κυριοσ (i. f. l.)
... αυτω εισ
   XIII. 2. σαουλ εαυτω ... δισχειλιοι εν ... μαχεμασ, sic et 5. 11. 16. 22.
25 23. XIV. 31. ... om και post βαιθ. ... γαβεε, sic et 16.18. XIV. 16.   5. βαιθσωρων ... νωτου   13. εωσ αιωνοσ επι ισραηλ   14. om σοι prius ... οτι pro
οσα   15. γαλγαλ. εισ οδον αυτου   16. ϊωαθαν ᵛ ... λαοσ και οι ... εισ
μαχεμασ   17. την σωγαλ   18. και η μια αρχη pr. loco ... σαμειν pro
σαβιμ   20. om αυτου post σκευοσ   23. post μαχεμασ ad. και τω πατρι
30 αυτου ουκ απηγγειλεν (cf. XIV. 1. i. f.)
   XIV. 1. om η   2. την εκ μαγων   3. ϊωχαβηλ' ... λευει pro ηλι   4. om
εισ την ... αλλοφ. και ακροτηριον πετρασ ενθεν και ακροτηριον πετρασ
ενθεν και οδουσ πετρασ εκ τουτου ονομα τω ... βαζεσ ... σενναακ   6. μεσσαφ, sic et 11. 12. 15 ... ημιν κυριοσ   10. AB και εαν ... εισ τασ χ.   11. AB
3 οι εβραιοι   14. om εν πετροβολοισ και εν   15. ο λαοσ οι εν   19. AB
ωσ ελαλει   21. ανεστραφησαν   22. om οι ante αλλοφ.   23. τω εφραιμ.
27. σκηπτρον pro κηριον   28. AB ωρκισ. ο πατηρ σου (τ. λ.)   29. AB om τι
30. ο λαοσ σημερον ... μειζων ᵑᵛ η   33. εν pro εκ   34. προσαγειν ... προβ.
εαυτου ... AB πασ ο λαοσ ᵟ   37. (αυτου εισ)   40. παντι ισλ. ᵃⁿᵈʳᶦ   41. AB η

   VIII. 14. ελαιωνασ] ita et Ti, b ελεωνασ   20. δικασει] ita Ti, et b
ex emendatione calami pro δικαση
   X. 5. αναστεμα] ita et b, Ti, Proleg.: „10, 5 et Judith 9, 10 scripsimus αναστημα cum codicibus Alex. et Vat. pro αναστεμα."
   XII. 5. ουχ] ita et Ti, b ουκ   17. post βασι(λεα) deficit cod. Alex.
   XIII. 2. μαχεμασ, Ti ex editione Maiana lectiones afferens tacet de μαχεμασ ad v. 15, expresse negat hanc lectionem ad 16.
   XIV. 4. Ti (ex Mai?) tacet, και οδουσ πετρασ εκ τουτου in B scriptum esse et praebet εννααρ pro σενν.   9. και ου μη: rursus incip. Alex.

XIV. 42. ΒΑΣΙΛΕΙΩΝ Α. XXII. 18. **35**

pro ει 42. βαλετε 43. AB om και ante ιδου 46. AB οπισθεν 47. βαι‑
θεωρ 48. δυναμιν αυνανειν και εποιησεν τ. αμ.... AB εξειλατο 49. om
οι ... ϊεσσιουλ ... (μελχεισα) 50. αχειναασ ... AB om αυτου post αρχι‑
στρατ. ... νηρει 51. ϊαμειν ... αβειηρ
XV. 4. επισκεπεται 7. ευειλατ εωσ ασσουρ 8. λαον ϊερειμ 9. AB 5
εβουλετο ... αυτα εξολοθρευσαι 11. AB οπισθεν 12. AB ισραηλ πρωϊ 13. om
παντα 15. τω κυριω θεω 17. μεικροσ συ ει 21. om θυσαι 22. επακρασισ
23. AB οδυνη και πονοσ ... θεραπειαν (pro θεραφιν) ... τα⁰ ρημα 30. τω
κυριω θεω 35. AB σαμουηλ ετι
XVI. 1. εωσ εισ βηθλ. ... et 18. AB εορακα ... AB βασιλευειν pro 10
-λεα 2. ηκω τω κυριω 3. AB ον εαν 6. αυτουσ εισιεναι 12. AB ουτοσ
pro αυτοσ ... δαυειδ fere semper ... αγαθοσ εστιν 13. δαδ̄ hic, raris‑
sime in B. 16. ψαλει 17. προσ εμε 18. AB συνετ. και ο ανηρ πολ. ...
AB και ανηρ αγαθ. 23. εν τη χειρι ... (Cozza: νοηπρον pro πον.)
XVII. 1. ϊδουμαιασ pro ιουδ. ... εφερμεμ 2. AB om και post αυτοι 15
... AB om των 3. AB om οι ... κυκλω pro ο αυλων 6. AB χαλκαι
επανω των 8. ανεστη ... εβραιοι και σαουλ 9. AB προσ εμε (A με)
πολεμησαι 33. AB om τον post προσ ... δυνη 36. και την αρχον ετ. ο
δ. σ. και τον λεοντα κ. 37. αρχου 38. AB και περικεφ. 40. τελειουσ pro
λειουσ ... AB σφενδονην 42. γολιαδ ... AB ητιμασεν 43. χειρω ⋅.. 20
θεοισ εαυτου 52. επεσαν
XVIII. 8. post χειλιαδασ add. 9. και ην σαουλ ϋποβλεπομενοσ τον
δαυειδ απο τησ ημερασ εκεινησ και επεκεινα (eadem et plura A) 14. AB
om ην sec 20. AB om τω ... (τοισ οφθ.) 22. ϊδου ο βασιλ. θελει εν σοι κ.
23. δαυειδ· κουφ. 25. (ακροβυστειαισ) ... αυτον εμβαλειν 26. AB ευθυνθη 25
27. ακροβ. αυτων τω βασιλει κ. επιγ. τ. β.
XIX. 2. om ο ... κρυβη pro κρυφη 7. ωσει 8. δαδ̄ pro σαουλ
17. παρελογισωμαι (= -σω με) 18. AB επορ. δαυ. και σαμουηλ ... αυαθ,
item 19. 22. 23 bis. 20. AB ειδαν 22. ειπεν ϊδου 23. AB εν pro εισ pr.
XX. 1. εξ αναθ 2. om μεγα η ... AB om απ εμου 3. καθωσ ειπεν 30
... μεσον μου 6. AB om και ante εαν 9. απαγγελλω 14. AB και μεν
15. AB απο προσωπου 18. νουμηνια 20. αρματταρει 21. γουζαν pro σχιζαν
... λογοσ κυριου ζ. κ. 28. AB δαυ. παρ εμου 29. AB διασωθησομαι pro
διαβησ. 34. om εθρανσθη ε. τ. δαυιδ οτι 36. AB ηκοντιζε (A -εν)
38. η ηνεγκ. τ. σχιζασ i. m. 42. om τω δαυιδ ... ομωμεκαμεν ... om 35
μου και αναμεσ. τ. σπερματοσ
XXI. 2. AB om εγω ante εντεταλμε 3. om ει 4. om πλην 5. AB
παιδαρια 6. AB ουκ ην εκει ... AB οτι αλλ η ... AB om του ante παρατεθ.
8. AB ειδε 11. AB ειπαν 15. om μη ... εισαγειοχατε ... AB επιλημπτευ‑
εσθαι 40
XXII. 3. μασσηφα ... (και ειπεν προσ βασιλεα μωαβ,) bis scriptum
est. 6. βαμα pro ρ. 7. AB αυτω και ειπεν αυτοισ ... βενιαμειν οι αληθ.
9. AB εορακα 10. γολιαδ 11. νομμα 15. πατροσ αυτου, i. m. μου ... AB
ο δουλ. ο σοσ εν 17. AB αμαρτησαι pro απαντ. 18. AB τ. ϊερεισ κυριου

XVII. 37. αρχου] ita et Ti, b αρχτου

c*

XXIII. 1. AB κεειλα plerumque 2. παταξεισ pro σωσεισ 3. AB ειπαν 4. AB ερωτησαι pro επερωτ. ... ετι post ερωτ, ponit ... ειπεν προσ αυτον 5. AB, επολ. εν τοισ 6. AB φυγειν ... αβειμελεχ 7. ηκει σαουλ (pro ο δαυ.) ... μοκλων 8. AB εισ πολεμον καταβαινειν 13. AB sec. loc. επορευ-
5 θησαν ... τω δαυειδ pro τω σαουλ ... διασεσωσται ... AB του εξελθειν 14. AB εν τη ερημω ante εν μασ. pon. ... AB αυχμωδεσ 15. AB om ην ... εν τ. καινη ζειφ (τη καινη) χ. 19. AB ουχ ιδου 22. ειπετε 23. AB κ. πορευσομεθα μεθ 24. μααν, item 25 bis. 26. τ. ορουσ τουτ. ... του ορουσ τουτου (eti A om ex extr.) 27. AB αγγελοσ post και pon. ... AB 10 οτι επεθεντο ... οι αλλοφυλοι

XXIV. 3. εδδαιεμ pro σαδδ. 5. AB τ. διπλ. τησ σαουλ. 7. om τω κυριω μου 11. AB εορακασιν ... εισ χειρα μ. 13. AB εκδ. με κυρ. εχ ... om η ... AB επι σοι 17. την φωνην αυτου σαουλ 19. AB σημ. εισ χειρ. σου 20. ευροιτο ... εκπεμψαι ... ανταποτεισει 21. AB χερσιν ... AB 15 om η 22. AB και ουκ αφαν. 23. μεσσαρα

XXV. 1. αυτου εν οικ. α. ... μααν, it. 2. 5. και δαυειδ απεστειλεν 6. υγιαινων ο οικ. 9. ναβαλ και π. 10. πεπληθυμμενοι 14. om τον 15. om ουδεν 16. AB ημεθα ... ποιμαινοντεσ 17. AB τι συ 24. αχ. τησ δουλησ σου λογον (et A λογον) 25. AB τα παιδ. σου α απ. 26. AB om μου prius
20 27. om ταυτην 30. εσται οτι ... AB ποιησει 31. AB χειρα κυριου μου 32. om σημερον εν ταυτη ... μου 36. ποτοσ εν οικω αυτου ωσ ποτοσ (paene constanter B lacunam ex homoioteleuto ortam sic supplet.) 43. αχεινααν ... ισραηλ pro ιεζρ. ut fere semper.

XXVI. 1. ημων ... χειμαθ pro εχελα ... AB του κ. π. ... ιεσσαιμου, 25 it. 3. 3. AB του εχελα ... om τω 6. αβειμελεχ ... αβεισα sec. l., sic et 7. 8. 9. 8. σημερον κυριοσ ... εισ τασ χ. 9. AB αθοωθησεται 10. παιδευση pro παιση ... η η ημερα 11. τον φακον ... AB om ημεισ 12. θαμβ. κσ ... AB επεσεν 14. αποκριθησει ... AB om κ. απεκρ. αβεννηρ 15. AB διαφθ. τον βασιλεα ... om τον ante κυρ. σ. 16. om τον ante κυρ. υμ.
30 17. φωνην του δαυειδ ... σου τεκνον αυτη δαυ. 19. AB εστηρισθαι 23. AB om κατα 25. δυνησει ... δ. εισ τον τοπον α. κ. σ. ανεστρεψεν εισ την οδον α.

XXVII. 1. δαυ, i. m. ειδ ... και εαν η σαουλ τ. ζ. 2. τετρακοσιοι ... om οι ... om και επορευθη 3. ισραηλειτισ 7. οδω pro αγρω 8. γεσειρι 35 ... εωσ τησ αιγ. 9. AB ανδρ. και γυν. κ. ελαμβανεν

XXVIII. 1. γνωσει, it. 2. ... εξελευσει 4. σωμαν 7. αελδωρ 9. AB ειπεν η γυνη προσ αυτον ... πακιδευεισ (sic saepius) 13. AB εορακασ ... AB om η γυνη ... AB εορακα 14. AB οτι σαμ. ουτοσ 18. AB om εν sec. 20. AB ισχυσ post και pon. 22. AB εστ. εν σοι ... πορευση

XXV. 10. πεπληθυμμενοι] ita et Ti, b -υμε-
XXVI. 1. ημων] ita et Ti, b υμων 11. τον φακον] ita et Ti, b hoc loco το φακον

XXIX. 1.   ΒΑΣΙΛ. Α.   ΒΑΣΙΛ. Β.   V. 13.   37

XXIX. 1. αεδδων ... ϊσραηλ   2. AB om οι pr. ... om των ...
ανδρεσ   4. om και αποστραφητω   6. AB ευθησ ... om ουκ ante αγαθοσ
7. AB ποιησεισ   8. AB πολεμησαι   11. AB ϊσραηλ
XXX. 1. AB ανδρ. αυτου εισ ... κεειλα pro την σεκελακ priori ... om
την post επι ... ενεπυρισεν   4. ανδρ. αυτων ... AB om του   5. αχεινοομ 5
η ϊσραηλειτισ   8. AB καταλημψη και   9. τετρακοσιοι   10. και οι περισσοι
εδιωξαν   11. AB προσ δαυ. εν αγρω   14. AB om τον ... χολθει ... επι
τον γελβουε   15. AB ειπ. προσ αυτον δαυ.   21. AB ανδρασ τ. εκλυθεντασ
... AB χειμαρρ. τω ... βεανα   22. ειπαν ... AB εξειλαμεθα   24. υπακου-
σεται ... AB ητι. υμων ... AB om τον ... om η ... om του   25. om 10
εισ sec.   27. AB τοισ εν ρ. ... γεθθορ   28. om εν ante αμμαδει   29. χει-
μαθ ... θειμαθ ... ϊσραηλ pro ιερεμεηλ   30. νοο pro νομβε
XXXI. 2. AB om οι ... ϊωναδαβ pro αμιν.   4. AB εμπ. μοι 8. om
τον 10. βαιθεμ   12. AB om του sec.   13. AB om εν. ... Primum ver-
sum libri sequentis hic ante subscriptionem apposuit, pagina versa ab 15
initio libri repetivit.
Subscriptio: AB βασιλειων α

ΒΑΣΙΛΕΙΩΝ Β.

Inscriptio: AB βασιλειων β
I. 3. διασεσωσμαι   4. απεθ. και απεθανεν και σ.   6. AB περιεπεσαν
         η ει
7. ειδεν και   10. ειδην ... AB χλιδωνα   12. ενηστευσαν και εκλαυσαν
16. δαυειδ προσ αυτον ... AB λεγων   17. τουτο᾽ επι   21. καταβοι (Α¹?)
22. Α²Β om και prius   24. κλαυσατε κλαυσατε
   II. 2. AB αχινοομ ... ισραηλειτισ   9. AB ϊσραηλ pro ιεζρ.   13. (και) 20
... (επι) ... -ην την γα|εντευθεν και ουτοι (sic Cozza edidit, nihil deesse
apparet inter γα- et εντευθεν in fine et ab initio lineae)   21. καταφχε
σαυτω   25. AB om οι pr.   26. αναστρεφειν ... AB οπισθεν   27. πρωιθεν
... AB om αν ... AB κατοπισθεν   29. διεβαιναν   30. επεσκοπησαν   32. βαιθλεεμ.
   III. 2. αχεινοομ τ. ϊσραηλιτιδοσ   3. θομμει ... γεσειρ   4. ορνειλ (sic 25
editio) ... φεγγεισ ... σαβατεια ... αβειταλ   7. Α²Β ϊολ ... μεμφιβοσθε,
item 8. 11. 14. 15. 4, 1 etc.   8. Α²Β om τουτου τω ... ελεοσ σημερον ...
   ·, περι
AB και γνωριμων ... AB om συ 10. βηρσαβεε   12. (χ. μ. μετε σου)   13. AB
εγω καλωσ ... παραγεινομενου ιδειν   14. αλλοφυλον   16. βαρακει   17. εχθεσ
... AB εφ υμων   19. AB παντοσ οικ. βεν.   21. AB επορευθησαν   22. AB 30
παρεγεινοντο (Α -γιν-) ... εφεραν   23. στρατεια ... AB ηχθησαν pro
ηλθοσ.   26. AB αγγελ. οπισω αβεννηρ κ.   29. AB εκλιποι   30. διεπαρετη-
ρουντο   32. εισ χεβρ.   39. AB σημερον συγγενησ ... AB κατεσταμενοσ ...
AB om τα
                                η
   IV. 1. AB om υιοσ νηρ   3. γεθθαι   4. AB εξ ισραηλ ... ο τιθηνοσ 35
5. ρεχχα κ. βααμ.   6. ρεχχα κ. βαμμα   7. om αυτον sec. ... αναφαιρουσιν
8. ειπαν   9. ρεχχα κ. τ. βααμα   10. om αυτον sec.   12. αποκτ. αυτον
                                    ν
   V. 2. εσει εισηγουμενοσ (= εισ ηγ-ν) ... AB om λαον μου   5. AB και
         η
εξ μηνασ ... ϊουδαν και   6. εισελευσει   7. AB κατελαβετο   13. εισ χεβρ.

II. 5. pars tertiae col. pag. 355 et prioris pag. 356 abscissa est;
continebat prior 2, 5 (γαλααδειτιδοσ usque 7. τεθνηκεν ο|κυριοσ: altera
10. επι τον usque 13. επι την χρην|ην την; nonnullae literae servatae sunt.
III. 10. βηρσαβεε] ita et Ti, b βηρσεβεε

38 V. 15. ΒΑΣΙΛΕΙΩΝ Β. XIII. 28.

15. AB ελεισουσ (Α -λισ-)   16. επιδαε ... AB ελειφααϑ (Α -λιφ-) ... ελιφαλατ ... ϊαναϑα   17. AB om οι pr.   23. αναβησει^η ... παρεσει^η   24. καταβησει^η
VI. 1. νεαν, i. m. ιαν   2. AB μετ αυτου απο ... om του ante κυριου
5 ... καϑημενω ... (AB χερουβειν)   3. AB επεβιβασεν ... AB επ αμαξαν ... AB ηρεν α. εισ οικον   5. AB οι υιοι   6. αλω νωδαβ ... ' περιεσπ. αυτον, i. m. ᵉ ... AB ο μοσχοσ' του κατασχειν αυτην   7. AB om οργη   10. 11. AB γεϑϑαιου bis   12. ηυλογησεν ... AB ενεκεν   13. AB μετ αυτων ... AB αρνα   16. κ. εαυτησ   17. ανηνεγκεν αυτη ολοκ. ... AB και ειρηνικασ
10 19. AB βηρσαβεε απο ... λαοσ εκαστο εισ   21. ρm του   22. AB με^μη δοξασϑ.
VII. 6. εξ αιγυπτου τουσ υιουσ ισραηλ   7. οτι pro ινα τι   10. προσϑ. ουκετι ϋ.   14. om η   16. εμου   18. AB ηγαπηκασ   19. AB om κυριε sec. (ante και ελαλ.)   20. 21. AB om μου κυριε και   22. AB σε κυριε κυριε μου   23. ωσ λαοσ ... ου pro ουσ   24. AB om εισ ante λαον   28. AB o
15 ϑεοσ   29. AB συ ει κυρ. ... om σου post ευλογιασ ... AB om του ειναι
VIII. 4. ϋπελιπετο   7. ουσ εποιησεν (A εποιησαν) pro οι ησαν ... ϊεροβοαμ   8. τησ μασβακ ελαβεν ο β. δαυειδ εκ τ. εκλεκτ. πολ. τ. αδρ. χαλκ. ... AB σαλωμων   9. ϑουου   10. AB ϊεδδουραν ... AB επαταξεν pro επολεμ. ... οτι κειμενοσ   11. om δαυιδ   12. εκ γησ μωαβ   15. AB επι
20 ισραηλ ... om δαυιδ   16. στρατειασ ... αχεια pro αχιλουδ   17. σαδδουκ. ... ασα   18. βαναι ... ϊαναχ pro ιωδαε ... χελεϑϑει ... φελεττει ⁂ υϊοι, i. m. ⁂ και (eti A om και οι)
IX. 1. AB om εν   2. AB παισ ην ... AB ει συ ει   4. αμαηρ pro αμιηλ ... λαδαβαρ   5. αμιηλ ... AB λαδαβαρ   12. AB om ην ... AB αυτου
25 pro του pr.   13. om αυτου pr.
X. 6. AB ειδαν (Α ιδ.) ... om βαιϑρααμ και την συρ. σουβα ... ... ειστωβ   8. εξηλϑαν ... ᵉ πυλησ, i. m. ᵉ πολεωσ   9. AB επελεξεν ... νεανισκων   10. αβεισα, it. 14.   11. (εισ σωτηριαν) ... AB ϋϊοι αμμων κραταιωϑωσιν
(A praem. οι)   14. AB εισηλϑαν ... ανεστρεψαν ... AB παρεγενοντο
30 16. AB om εισ ... αδραᵃζαρ   17. AB ανηγγελη ... παρεγενοντο ... παρεταξ. δαυειδ ᵉ απεναντι συριασ, i. m. ᵉ συρια απεναντι δαδ   18. συρια i. m. ... και σωβακ   19. ηυτομολησαν ⁂ μετα, i. m. ⁂ και εϑεντο διαθηκην
XI. 11. AB μου φαγειν   17. απεϑαναν   18. τω βασιλει δαυειδ   20. τοξευσουσιν, i. m. ᵉ πληγησεσθαι   21. AB ϊεροβοαμ, it. 22. ... κλ. επ αυτον μυλου
35 επανωϑεν ... AB ουρειασ ο δουλοσ σου ο χ.   23. AB εξηλϑαν   24. απεϑαναν   25. AB προσ τ. π. ... AB κραταιωσ. αυτον
XII. 4. οδοιπορω ελϑοντι   7. οτι ταδε ... ερυσαμην   9. om τι   10. om με   12. AB τουτου του ηλιου   14. AB παροξυνων παρωξυνασ   15. ᵉ εϑραυσεν, i. m. ᵉ nullis lit. adscriptis, ut saepius ... AB om του χετταιου   17. om
40 αυτου   18. AB ειπαν ... ετι το παιδαριον ζην   23. αυτο επιστρεψαι (eti A αυτο)   24. σαλωμων   25. ϊδεδει   30. μελχολ   31. om τοισ pr. ... om υποτομευσι σιδηρ. και
XIII. 3. ϊωναδαμ bis, et 5.   6. κολλουρασ   8. εκολλουρισεν ... κολλουριδασ   9. AB ανδρα επανωϑεν ... AB απο επανωϑεν αυτου   10. AB ταμειον
45 13. κωλυσει   15. ο εμεισησ. αυτην μειζων η κακ. η εσχ. η η πρωτη υπερ τ. αγαπ. ην ηγ. αυτην και   16. εταιραν   19. επεϑηκ. σποδον επι   20. AB λαλησ. εισ το ... AB ἐν οικω   23. βαιλασωρ   26. AB om προσ αυτον   28. AB

IX. 2. B και ante εχ bis scripsit in fine et ab initio paginae

XIII. 29. ΒΑΣΙΛΕΙΩΝ Β. XIX. 17. **39**

εντελλομ. 29. εφυγαν 32. AB σαμα 33. απεθαναν οτι 34. πλ. τουσ ορ.
36. ηλθαν ... om σφοδρα 37. θολμαιλημ ϋ. εμ. ... την pro γην ... AB
μαχαδ

XIV. 8. AB om προσ την γυναικα 12. om η γυνη 14. καταρθειρο-
μενον 15. βασιλεα κυριον ... AB ερει ο λαοσ σου ... AB om κυριον μου τον 5
20. ' δολον (pro λογον), i. m. praeter ' nihil) 21. om πορευου 27. AB τω
ο
φοβοαμ ... σαλωμων ... αβιαθαρ 30. AB προσ τ. παιδασ αυτ. αβεσσαλ.
... κρειθαι εκει ... AB ενεπρησαν αυτασ ... AB ειπαν 31. ινατι οι παιδεσ
σου ενεπυρισ.

XV. 3. AB και ακουων ... εστ. σου 12. AB δαυ. εν πολει αυτου 10
... εισ γωλα ... ' συντρειμμα, i. m. ' 13. ο ' απαγγελλων, i. m. ' 14. AB ανα-
α
στατε ... AB om εν ... μαχαιρησ 18. πασ ο χεττει ... φελετθει ... χερεθ-
θει ... φελεθθει ... AB γεθθαιοι ... AB εισ γεθ 19. σεθθει semper ...
AB γεθθαιον 20. εχθεσ η ... AB εφ ου αν εγω 22. AB γεθθαιοσ ... AB
om ο βασιλευσ και 24. AB σαδδωκ ... ωσ επ. 25. AB ο βασ. τω σαδ- 15
δωκ 27. σαδδωκ ... αχειμαιασ ... ϋιοι ϋμων μεθ υμων (A om υμων pr.)
29. om του θεου 30. om αναβαινων και κλαιων 32. AB ' ροωσ, i. m. '...
αι
αρχιετεροσ 34. και αν ... AB εισ την πολιν επιστρεψησ ... AB κατοπισθεν.
35. AB μετα σου εκει ... AB αναγγελεισ 37. AB om αρτι

XVI. 1. AB ροωσ ... (αυτοισ διακοσιοι) 2. πιειν ... ει λελυμενοισ 20
(sic) 5. ' βουρειμ, i. m. ' ... σεμεει semper 6. AB εκ δεξιων αυτου 9. AB
αβεισα 11. αβεισα ... ' εμεινει ... ' καταρασθαι, i. m. ' 13. AB om παντεσ
... περασ pro πλευρασ 14. om μετ 18. AB μετ. αυτου 20. αχειτοφελ
21. AB κατελειπεν 23. AB om τισ ... AB τω αχειτ.

XVII. 3. AB ενοσ ανδροσ ... εν ειρηνη 4. AB ευθησ 6. τουτο ο 25
ελαλ. 12. AB η δροσοσ ... AB ανδρασιν τοισ 14. β. αχειτ. την αγαθην
κ. κυρ. ... AB om του sec. ... om την αγαθην 17. αχειμασ, it. 20. ...
εδυναντο 18. απηγγειλαν ... ' βαορειμ, i. m. ' 20. AB ηλθαν 21. AB ανηγ-
ω
γειλαν 22. ' διηλθεν, i. m. ' 25. αμμεσσει bis ... AB ϋοθορ ... ϋσραηλειτησ
... AB αδελφου σαρ. 27. AB μααναειμ ουεσβει ... ραβαθ 28. AB κοιτασ 30
και αμφ. 29. AB σαφφωθ

XVIII. 2. αβεισα, it. 5. 12. ... AB εθθει, it. 5. 12. ... AB γεθθαιου
3. AB ειπαν 4. AB οφθ. υμων 5. AB φεισ. μου 8. AB εν τη ημ. εκ.
ε ο
9. AB om ην ... επι του ημ., i. m. ' της ... ο ημιον. bis ... κ. εκρεμασθη
η κεφ. 10. AB ανηγγειλεν ϊωαβ ... ' και ειπεν, i. m. ' 11. om αυτω ... 35
ω
AB εορακασ ... AB om εκει 12. om την ... και αβεισα (eti A om τω)
14. ενεπηξαν 17. εστηλωσεν επ αυτον ... ' ισραηλ, i. m. ' 18. om ελαβε pr.
... AB ειπεν ουκ ... AB ενεκεν 22. om συ 23. AB εαν δραμουμαι ...
AB om την ante οδον 26. AB om και ante ϊδου 28. μεισουντασ pro επαρα-
μενουσ 29. του αποστειλαι (rasura ut vid.) 33. om υιε μου αβεσσαλωμ pr. 40
η
XIX. 1. αναγγελη 5. AB το προσωπον 6. (τουσ μεισουντασ) 7. αυλι-
σθησεται 8. AB om επι την πυλην 9. ερυσατο ... AB ημασ εκ χειροσ
απο ... εξειλατο 10. om και αβεσσαλωμ ... AB επιστρ. προσ τ. β., item 11.
11. AB om εισ τ. οικον αυτου i. f. 12. αδελφ. μοι 14. AB εωσ ανδρ. ...

XIX. 7. αυλισθησεται] ita et Ti, b αυλησθησ.
XVIII. 4. οφθ. υμων] ita et Ti, b ημων

40   XIX. 18.   ΒΑΣΙΛΕΙΩΝ Β.   XXIV. 18.

επιστραφητι   16. ΑΒ ἔμ^ϑενει   17. χειλ. οι ανδρ.... εκ του i. m.... ΑΒ
και δεκαπεντε   18. om του sec.   19. ΑΒ μη διαλογισασθω   20. ΑΒ om
ισραηλ και... om με   21. αβεισα   26. ΑΒ ο δουλ. σου π.   27. μεθω-
                                                                     τω
δευσεν ο δουλω (Α ο δουλοσ)... προσ τον βασ.... ΑΒ ο βασ. εποιησεν το
5 καλον ενωπιον ωσ αγγ. τ. θεου και   32. ΑΒ εστιν pro ην   34. ημερων pro
                                                                     μα
ετων   35. κακου εισ πονηρον ει γευσ.... ΑΒ om και ante ϊνατι   38. χααμ.
... ΑΒ εν οφθαλ. σου ... ΑΒ om αν   41. ειπον
   XX. 1. ἰεμενει   2. πασ ισραηλ   5. ΑΒ om δαυιδ   6. αβεισα pro
                                                    ρ
αμεσσ.   7. ΑΒ εξηλθεν ... αυ^{του} αβεσσα και ... χελεθθει ... ΑΒ φερεθθει ...
10 εξηλθαν   8. αμεσσαει ηλθεν ... ΑΒ περιεζωσμενοσ pro εζωσμ.   9. ΑΒ om συ
10. αβεισα   12. αβεσσαει ... ΑΒ απεστρεψαν   14. βαιθμαχα ... ηλθεν
15. αβελ την βαιθμαχα   18. ερωντεσ ... ενα εν αβ.   21. ΑΒ ουχ ουτοσ ...
                    ω
(απανοθεν)   23. ΑΒ και ϊωαβ ... αχειλουθ pro ιωδαε ... χελεθθει ... φελεθ-
θει   25. ἰησουσ ... ΑΒ ο γραμ.   26. ΑΒ του δαυ.
15   XXI. 1. ΑΒ ενιαυτοσ εχομενοσ ... ΑΒ του κυριου ... ΑΒ αδικια δια
το αυτον θανατω ... ΑΒ om αυτου   2. ΑΒ αιματοσ pro ελλειμματοσ   4. ΑΒ
αργ. και χρυσ.   5. (edit. βαειλεα) ... ΑΒ om οσ prius   6. ΑΒ εν γαβαων
8. ΑΒ om τησ post υιουσ ... σερει pro εσδριηλ   12. βαιθ pro βαιθσαν
... ΑΒ om τη   14. ΑΒ om τα οστα tertium ... ηλιασθ. των εν   16. ΑΒ
20 διενοειτο παταξαι   17. (εισ πολεμον)   18. ² οεβοχα, i. m. ² ... ΑΒ τον εν τ.
εκγονοισ   19. βαιθλεεμμειτησ ... γοδολιαν ... ² χετταιον, i. m. ²
                                          μου
   XXII. 1. ΑΒ εξειλατο   3. ΑΒ φυλαξ εσται μου   7. ΑΒ επικαλεσομαι
κυριον   11. ΑΒ om τω ... χερουβειν   12. αποκρυφησ   15. ΑΒ om και
ηστραψεν   18. ερρυσατο   20. ΑΒ εξειλατο ... ΑΒ ευδοκησεν   21. om και
25 ante κατα   23. απεστην απ αυτου ουκ απεστην απ αυτων   31. ΑΒ επ
αυτω   34. (τα ⁰ψη)   38. ΑΒ om αν   40. επανιστανομενουσ   42. ΑΒ ουχ
                                                ευ
υπηκουσεν   43. ΑΒ χνουν   48. παιδων   51. ΑΒ om τασ
   XXIII. 4. ΑΒ εν θεω φωτι πρ.   5. ΑΒ ουτοσ   7. θησονται pro καυθ.
8. ² οκτακοσιουσ ² στρατιωτασ, i. m. ² τριακοσιουσ ² τραυματιασ (τραυμ. eti A)   9. ϋιοσ
                                                                  σ
30 σουσει τουτου (= σουσειτου?) ... ΑΒ ανεβοησεν   13. καδων ... ραφαειμ
                                   η
14. ὑποστημα ... βαιθλεεμ, 15 bis. 16. 24.   15. συστεμα   16. π^ιειν (ut plerum-
que, non 17)   18. αβεισα ... ΑΒ αδελφοσ sine ο   19. ουκ ² ηθελε ', i. m.
² ηλθεν 20. ² καβεσεηλ, i. m. ² χατα|βεσθηλ   12. εν τω δορατι pro εν ραβδω   23. δαυ-
ε   μ
ειδ εισ τασ, i. m. ² προσ ... ΑΒ δανειδ βασιλεωσ   28. ο εντωφατειτησ   31. ασβωθ
                σ   ρ
35 33. ΑΒ σαμναν   34. μαχαχααχει   37. αδαοι usque αραβωθαιου hic om,
                                ρ θ   ε
post 39. επτα ponit ... ΑΒ² βηθωραιοσ   38. αιθειραιοσ ... εθθεναιοσ
39. ΑΒ om οι
              ''ϊ   ⸌—⸍
   XXIV. 1. ὀργην κσ, i. m. ὀργη κυ = Α ... ϊουδα   2. ΑΒ om και ιουδα
4. ΑΒ τον λαον ισραηλ   5. αροηλ   6. εισ την γαλ. κ. εισ την θαβ.... ναδασαι
40 ... ΑΒ εκυκλ. εισ σειδ.   7. και ηλθαν ... ΑΒ και πασασ   11. op. δανειδ
(Α τον δ.) λ.   13. ΑΒ ανηγγειλεν αυτω ... διωκοντεσ σε, i. m. ² χειν σε (sic A) ...
ερ
ημασ   14. ΑΒ εν χειρι κυριου   15. ΑΒ εν ισραηλ θανατον   16. παρα τω
αλω   17. τ. αγγελον τυπτοντα ... ειμι ² ηδικησα και, i. m. ² ημαρτηκαι χ εγω
ειμι ο ποιμην (Α ηδικησα και εγω ο ποιμην εκακοποιησα)   18. (αυτω ανα-

βηθι) 21. συνεσχεθη 22.ʳ ανενεγκετω, i. m.ᵗ ποιησατω... (βοεισ⋅ολοκ.) 24. AB
εν αλλαγματι... AB θεω μου
Subscriptio: AB βασιλειων β

ΒΑΣΙΛΕΙΩΝ Γ.

Inscriptio: AB βασιλειων γ
I. 2. ο κυριοσ ʳ μου, i. m. ᵗ ημων, sic A. 3. αβεισα, item 15. II. 17. 21. 22.
9. αδωνειου... om παντασ bis 10. AB κ. τον ναθαν 13. κ. μ. βασιλευσ...
καθιειται 14. om σου sec. 15. η pro ην 17. om κυριω 22.´23. ηλθεν 5
(και απηγγελη τ. βασιλ. ιδου ναθαν ο προφ. ηλθεν) και ανηγγ. 24. βασι-
λευσ συ 25. AB αδωνειου 27. om του extr. 28. υm ο βασιλευσ. 30. κυρ.
τω θεω ισρ. 34. χρεισατε 35. ιουδα 36. om κυριοσ 38. et 44. AB
χερεθθει... AB φελεθθει 44. ο βασιλευσ μετ αυτου... βαναιου υιον
49. εξανεστησαν... om του 53. AB κατηνεγκεν... om βασιλει 10
η
II. 3. om κυριου... (χριματα sic)... om τω... συνησεισ 4. ενωπ.
εμου 5. om τω pr. ... αμεσσαια... om ειρηνη κ. εδωκ. α. αθωον εν
6. συ pro ου... πολιν 8. ιεμεινει εκ βααθουρειμ, i. m.ʳ 9. AB αθωωσησ
... πολιν 11. ετη επτα 13. om υιοσ αγγιθ 15. AB ην η βασιλεια...
AB εγενηθη τω... AB εγενετο αυτω 20. εγω μεικραν... AB το προσωπ. 15
σου 22. σαλωμων ο βασιλευσ, it. 25. ... AB ιωαβ ο υι. σαρ. ο αρχιστρα-
τηγοσ 23. αδωνεια, item 24. 26. απασιν 27. AB ηλει 28. (αχο η ηλθεν)
... ιωαβ του υιον... AB κεκλικωσ... αδωνεια... AB αβεσσαλωμ pro
σαλωμων 29. AB οτι εφυγεν... AB om ο βασιλευσ... απεστ. ο σαλω-
μων τ. β. 30. AB βαναιου... AB απεστρεψεν 32. AB απεστρεψεν... 20
αυτου ʳ και απηντησ., i. m.ᵗ ωσ... αμεσσα του ιεθερ 33. αιματα αυτου
33. 34. κυριου και απηντησεν ιωδαε τω ιωαβ και εθαν. 35. AB om και
σαλωμων usque ιερουσαλημ.
[III.] [1.] AB om σφοδρα υπ. τ. φρονησιν [2.] AB αρχαιων υιων [3.] AB
εισ την πολιν [4.] om οικοδομησαι τ. οικ. αυτου και (οικοδ. om et A) 25
[15]. AB κατεσταμενοι [17.] μαγαω [20.] (ετει) [21.] ιεμειτει [25. 26.]
πολιν 36. ωκοδομησον οικον σεαυτω 37. AB χειμαρρουν 39. αμησα pro
μααχα 41. απεστρεψεν 44. AB ην εγνω... AB τω δαν. 45. ηυλογημενοσ
[10.] ουκ pro οτι [13. 14.] om και εορταζοντεσ [18.] βαναια [19.] πλιν-
θειου 1. om και ab initio 2. om πλην ο λαοσ ησαν... om του 30
3. (σαλωμων) 5. σαυτω, it. 11. AB bis 12. om κατα 15. AB παισιν
εαυτου 17. AB η γυν. η μια... οικουμεν 18. AB και ετεκεν 25. AB
το θηλαζον το ζων... κ. δοτ. τ. ημισου 26. θ. αυτον 27. θ. αυτον
IV. 2. AB αυτου... αζαρει 3. και ελιαφ... σαβα... ιωσαφαθ... αχει-
λιαδ υπομιμνησκων 4. om και βαναιασ usque δυναμεωσ... σαδουχ 6. αχει 35
pro αχισαρ... εφρα pro αυδων 7. κατεσταμενοι 8. βαιωρ pro βενοσ υιοσ ωρ
9. υ. ρηχασ εν μαχεμασ κ. βηθαλαμει... ελωμ... βαιθλαμαν 10. 11. υιοσ
εσωθβηρνεμαλουσαμηνχα και ρησοφαρχειναναδαν και αναφαθει ανηρ ταβλη-
θλει θυγ. σαλ. ην α. ε. γ. εισ 12. βαχγα υ. αχειμαχπολαμαχ και μεκεδω
κ. π. ο ο. δαν ο π. σ. υ. τ. ε. χ, εκ βαισαφουτ εβελμαωλα ε. μ. λ. ε. 13. ϋ. 40

II. 22. αρχιστρατηγοσ] ita et Ti, b αρχηστρατηγοσ
. . [III.] [1.] numeri uncis inclusi sunt lineae edit. Ti. 36. ωκοδομησον]
sic et b, Ti scripsit οικοδομησον 3. σαλωμων] ita et Ti, b σαλωμον, in
nonnullis exx. correxit -ων, non in omnibus

42   IV. 14.   ΒΑΣΙΛΕΙΩΝ Γ.   VIII. 66.

γαβερ ερεμαϑ γαλααϑ τ. σχ. ερεταβαμ εν τ. β. εξ. π. μεγαι τ. κ. μ. χ. ε.
                                                                              ο
14. αχειvααβ υ. αχελμααναιειον   15. αχειμαασ εν νεφϑαλει κ, ουτωσ ...
om εισ γυναικα   16. β. υ. χουσει εν τη μααλα εισ   17. α pro σεμεϊ
18. om γαβερ ... ΑΒ τη σηων   20. om τα   23. δορχ. και ορνειϑων εχλ.
(similiter A)   27. υιοσ μαλ   30. φαρ. εαυτω ... οτε pro τοτε
V. 1. χειραμ ubique   3. ΑΒ δαυειδ τον πατερα μου ... εδυνατο ...
om κυριον   5. ΑΒ λεγω οικοδομησω   6. om και τον μισϑον ... εαν ...
ϊδιωσ pro ειδωσ   10. om και πευκασ   11. ἰ κορουσ, i. m. ἰ   12. ΑΒ εαυτων
13. φορον· και εκ   16. ΑΒ χωρισ αρχοντων ... κατεσταμενων ... των
40 σαλωμ.
                                 ...   ω
VI. 1. ΑΒ επι ισραηλ   2. και αιρουσιν, i. m. χ ενετειλατο ο βασιλευσ ϊνα
                   ερ   α
4. μηνι νεισω και τω δευ|τω μηνι   5. βααδ   6. τεσσερακοντα ⁒ μηκος, i. m.
⁒ πηχεισ   9. εδωκ. επ αυτον τοιχον   12. ΑΒ τριωροφα   15. om εσωϑεν pr.
... εωσ τ. δοκων κ. ε. τ. τοιχων ... συνεχομενοσ   16. το πλευρ. το πλευρον
15 17. ΑΒ πηχων   19. αυτον χρ. bis   21. ΑΒ χερουβειν   22. om του χερουβ.
usque πτερυγιον ... δε εν ... om εισ μερ. πτερ. αυτου   23. ΑΒ χερουβ ...
συντ. μ. αμφοτεροισ συντελεια μια   24. χερουβειν ... om του ενοσ δεκα
... ουτωσ το χερουβειν το δευτερον   25. χερουβειν ... om χερουβιμ του
δευτερου ... πτερ. αυτου ΑΒ αι εν   26. ΑΒ χερουβειν   27. εκκολαπτα ...
                                                     ου
20 ΑΒ χερουβειν κ. φοινικεσ   28. κ. τω εξωτ.   29. ξυλινων   31. πτυχαι και
η ϑυρ. η μ.   32. εκκεκολαμμενα ΑΒ χερουβειν   33. om το
VII. 2. φυλησ νεφϑαλει ... γνωσεωσ pro επιγν.   3. om τουσ δυο στυ-
λουσ ... το αιλαμ ... om ο pr.   4. om και πεντε usque δευτερου   7. βαλαζ
      α   ἰ
9. πηχει   10. απο τ. τειχουσ, i. m. χειλουσ ... συνηγμενοι   13. ΑΒ πλατοσ
25 sine το   14. 15. εξεχομενων (και επι τ. συγκλ. α. α. εξεχομενων) και επι
... ΑΒ χερουβειν   17. ΑΒ εν τω μεχ.   20. τησ μεχ. τη μια   21. επι τεσ-
σαρασ αρχασ   22. ΑΒ χερουβειν   24. χωρουντασ τ. χυτροκ. τον ενα ... om
τεσσαρων πηχων ... ΑΒ ο χυτρο. ο εισ   25. om εκ δεξιων pr. usque
του σιχου sec.   26. ταϲ ϑερμαστρεισ   29. ΑΒ τασ μεχωνωϑ   31. ΑΒ om α
30 sec.   34. om κυριου   35. λαμπαδεια ... (επαρυστρισ)   37. om και τα
σκευη   38. ετη   39. om και τριακ. πηχ. υψ. αυτου   43. αιλαμμειν   44. κρη-
τηριου   45. εν οικω καϑησ. ... εξελισσομενησ (= εξ ελισσ.?)   49. κυκλοι
... κεκολλημενησ
VIII. 1. συντελεσεν ... εαυτου   2. αϑαμειν   6. ΑΒ χερουβειν, item 7 bis
35 9. α εϑηκεν ... ΑΒ α διεϑετο   16. ϊερουσαλ. μειναι   19. om πλην   20. ελα-
λησεν χσ και   25. τω δαυειδ ... εμου καϑωσ   28. τερψεωσ pro προσευχησ
                                                                η
29. ΑΒ om τουσ   31. αρασϑαι   32. εισακουσει   34. δουλου pro λαου ...
                                                                              η
ΑΒ αποστρεψεισ   36. δουλω pro λαω   37. ΑΒ αυτον εχϑροσ   45. εισακουσει
46. ουχ αμαρτησεται ... ΑΒ μακρ. και εγγυσ   48. ΑΒ om και ante τησ
40 πολεωσ   50. (εση ταισ αδ.)   53. ἰ και συ διεστειλ., i. m. ἰ οτι ... om αυτουσ
... ΑΒ σαυτω ... εκ νοφου ... ΑΒ εκπρεπη   58. ἰ επ αυτον, i. m. ἰ ... (εν
πασα'σ) ... ΑΒ om τα   59. ἰ δουλου, i. m. ἰ ... om και το δικαιωμα λαου
63. ειρηνικων ἰ ην εϑυσ., i. m. ἰ ων ... χειλιαδεσ ... om προβατων usque
                                                                         ων
χιλιαδασ   66. ευλογησεν αυτον και ... σκηνωμ. αυτου

VII. 29. μεχωνωϑ] sic et Ti, b hoc loco μοχωνωϑ   35. επαρυστρισ]
sic et b et Ti, quamquam Proleg. p. xxxvii επαρυστρεισ se scripsisse dicit
VIII. 37. pro παν πονον (Bb) Ti scripsit παντα πον., tacet in Proleg.
46. ουχ αμαρτ.] sic et Ti, b ουκ

IX. 1. ΒΑΣΙΛΕΙΩΝ Γ. XIV. 31. **43**

IX. 1. οικοδομειν, i. m.ʳ μων, sic A 2. γαβαωθ 3. AB ενωπ. εμου ...
οφθαλ. μου εκει εισ τον αιωνα και η χ. 5. AB επι ισραηλ ... τω δαυειδ
6. (φυλαξητε) 7. απορρειψω 8. AB ενεκα 9. om κυριοσ ... αυτω pro
εαυτω 10. οικοδομησεν, sic saepe 12. ηρεσεν 26. σαλωμων ο βασιλευσ
ε) εμαεσειων γ. 28. σωφηρα ... εκατον εικοσι 5
X. 2, εν ιερουσαλ. 3. ʳ παρα, i. m.ʳ ὕπο, sic A 4. AB πασαν φρονησιν
7. ουκ ʳ εισιν, i. m. ʳ ... (επει) 11. χειρ. ʳ ην αιρουσα, i. m. η 12. υποστηριγμ.
οικου ... πελεκητα 13. AB ὦν δεδωκει 15. υποτεταγμενων των 17. om
ο βασιλευσ 19. om και χειρεσ 20. om εκει 21. AB om και ante παντα
... δρυμου οικου ... συνκεκλισμενοι, i. m. γ ε ι να 22. AB om σαλωμων ... 10
μαδιαν pro μαγδαλ ... βαιθωραμ ... υποδεδειγμενον pro υπολελειμ. ...
μετ αυτουσ ... om και τρισσοι αυτου κ. αρχοντεσ 23. om τησ γησ 25. AB
δωρα αυτου σκ. 28. ελαμβανεν 29. ουτω τοισ β. πασιν ... χεττιειν
XI. 1. om γυναικεσ 2. εισελευσεσθαι 4. AB αι γυν. 7. om αι
10. εντειλαμενω 14. ραεμμα αεραδραζαρ 15. στρατειασ ... AB om και 15
17. παντεσ χ οι ιδουμ., i. m. χ ανδρεσ 18. και ʳ αρχοντεσ εισ φαρ., i. m.
ʳ ερχονται ... AB μετ αυτων 19. τησ μειζω 21. AB στρατειασ 22. εν
τη εδωμ 26. ναβαθ ... ο δουλ. 27. AB om και ο βασ. σαλωμ.
29. αχειασ bis ... AB και ο αχ. ... AB om μονοι 32. δαυειδ τον
δουλον μου 33. κατελιπεν ... και εν τοισ ειδ. 34. AB ολην την βασιλειαν 20
... αντιτασσομ. αντιτασσομενοσ αντιταξ. ... AB δια δαυ. 35. (δεδα) 36. η
pro ην ... θεσθαι ονομα 38. AB τασ εντολασ μ. κ. τα προσταγματα μ.
... καθωσ οικοδομησα 40. ανεστη και απεστη και απεδ. 41. ρηματων
pro λογ. ... AB ουχ κ ιδου (saepissime sic in B) 42. AB εβασιλευσεν ...
om επι παντα ισραηλ 43. κατευθυνειν 44. AB ροβοαμ υιοσ 25
XII. 6. AB παρηγγειλεν 7. AB δουλευσησ ... λαλησησ AB αυτοισ
9. ʳ λεγουσι, i. m. ʳ 11. μαστιγξιν, item 14. 18. αραμ pro αδωνιραμ
20. ανεκαμψ. ροβοαμ, i. m. ʳ ιεροβοαμ ... AB om εξ αιγυπτου ... απεστειλεν
... εκαλεσεν ... om οικου 21. εξεκλησιασεν ... AB χειλιαδεσ [3.] εκ-
καιδεκα [5.] om υιων [8.] σαρεισα πορνη [9.] επι τασ αρσεισ ... om τω 30
σ
[10.] την αρειρα (sic) ... αρματα τριακοσια [19.] η pro ην [23.] ιερο-
βοαμ εκει [25.] επερωτησαι [25. et 26.] ὕπερ pro περι bis [27.] σηλω
[38.] μοι ενηνοχασ [40.] πυλην pro πολιν [52.] δωδεκα pro δεκα [56.] νυνει
... κουφιεισ συ εφ [57.] ιεροβοαμ [60.] ωτα i. m. [63.] τα αυτα κ.
[64.] απεστειλεν προσ με λεγων ο λαοσ κ. [66.] μαστιγξιν [70.] om εκαστοσ 35
[71.] ουτοσ ο ανθρωποσ [72.] απηλθεν [78.] λεγων i. m. [80.] ὕμων
[82.] ανεσχον του πορ. 26. εν οικω 29. εισ βαιθ. 30. AB om και εισασαν
τ. οικ. κυριου χ
XIII. 2. om και ειπε 4. AB ηδυνηθη 6. δεηθητι του θυ σου, i. m.
χ προσωπου του ... AB προσ με 8. εαν μοι δωσ 9. AB εν λογω κυριοσ 40
11. και πρεσβυτησ εισ προφητησ ... κατωκει ... εισ βαιθηλ ... απαντα
... AB om εκεινη ... AB om και post βαιθηλ 19. AB εν τω οικω αυτου
pon. ante κ. επιεν ὕδ. 20. επι τησ τραπεζησ suprascr. 23. om αυτου
... πʳιεν 32. AB επι του θυσιαστηριου
XIV. 21. ιουδα ... και ʳ ενοσ, i. m. ʳ ... δεκαεπτα ... ʳ μααχαμ αμμα- 45
κ
νειτισ, i. m. ʳ 26. οσα εποιησ. usque αιγυπτον i. m. inf. 29. AB ουχʳ ιδου
31. AB om ο

IX. 6. φυλαξητε] sic et Ti, b φηλάξητε
XII. [80.] υμων] sic et Ti, b ημων
XIII. 11. κατωκει] ita et Ti, b κατωκη

XV. 1. ναβαϑ̇ ... αβ. ϋ. ϊεροβοαμ ... ϊουδα   2. εξ pro τρια ... om
επι ιερουσαλημ   4. om τα   7. et 23. ΑΒ ουχ ιδου   9. τω ενι. τω τετ.   13. ΑΒ
μητερα αυτου   16. om αυτων   17. ρααμα, it. 21. 22.   18, om συμπαν ...
om οικου κυρ. κ. εν τ. ϑησαυρόισ   19. om αναμεσον σου κ. αναμεσον
5 20. τησ δυναμεωσ ... ΑΒ των αυτου τ. ... αδελμαϑ̇ και πασ. τ. χεζραϑ̇
εωσ   22. αινακειμ.   23. δυναστεια ... om και τ. πολ. ασ ωκοδομησεν
24. om μετα τ. πατερ αυτου pr. ... om πατροσ αυτου ... ϊωσαφαϑ̇
25. ναβαϑ̇, item 27. 34. XVI. 3.   27. βελααν ο ϋιοσ αχεια   28. τριτω
βασιλεωσ του ασα ϋ. αβιου και εβ. ... om αντ αυτου   29. om ολον ...
10 υπελιπετο ... δουλου αχεια   30. ωσ εξημαρτ.   31. ουχ   33. om του ασα·
XVI. 1. etc. ειου   5. 20. 27. 38. ουχ   6. ηλααν ... ΑΒ in fin. ad. εν
τω εικοστω ετει βασιλεωσ ασα   7. ειου ι αναγει, i. m. ι ανασ   13. om των
14. ΑΒ ουχ'   15. εβασιλευσεν επτα ετη εν ϑερσ. κ. η ... γαβαων   16. (επεσεν)
... ΑΒ ζαμβρει   17. ΑΒ ζαμβρει ... εν γαβαϑων   18. πορευονται εισ ι αντρον,
15 i. m. ι αντρο (sic) ... ενεπυρισεν ο βασιλευσ και ενεπυρισεν επ   21. ΑΒ
ζαμβρει   22. om αμβρι usque οπισω ... ΑΒ ζαμβρει, item 23. 24. 25.
27. 28 bis. 29.   24. ωκοδομησαν επι ... σαμηρ ... σαεμηρων   25. om
και post κυριου   26. om τον κυρ. ϑεον ισραηλ   27. om πασα ... om
των ante βασιλεων   28. αχααβ υιοσ ... ϊωσαφαϑ̇, ubique ... ασα·
20 βασιλευει ετων ... βασιλευει pro εβασιλευσεν ... γαβουζα ... σελεει ...
om μετα βασιλεωσ ισραηλ ... πασα δυναστεια ... συρια· νασειβ ? ο βασι-
λευσ Χ εποιη., i. m. Χ ιωσαφαθ ... πορ. εισ σωφειρ πορευεσϑαι επι ...
ειπεν βασιλευσ ϊσρ. ... παιδασ σου ... παιδαρια μου ... om και ϑαπτεται
μ. τ. πατ. αυτου   29. τω ϊωσαφαϑ̇ βασιλευει ϊωσ αχααβ υ. ζαμβρ.   30. om
25 και ante επονηρευσατο   33. om τον κυρ. ϑ.τ. ισρ. και   34. om και εν τ.
ημ. αυτου ... ΑΒ αβειρ. τω ... ζεγουβ
XVII. 1. ο ϑεσβειτησ εκ ϑ.   7. ΑΒ μετα ημερασ   10. (επερευϑη editio)
... ΑΒ om και ηλϑεν ... om μοι   12. ΑΒ κ. ϊδου συλλεγω   13. ποιησ.
εμοι ... ΑΒ εν πρωτοισ και εξοισεισ μοι ... εσχατου   16. ελαττονωϑη
30 17. ΑΒ εωσ ου ουχ   18. σοι ο ανϑρωποσ   20. οιμμοι   23. ΑΒ κατηγ.
αυτον ... αυτου   24. ΑΒ om τω
XVIII. 3. etc. αβδειου   4. ΑΒ εκρυψεν   5. γην επι πηγ.   11. αναγγελλε
... om ϊδου ηλιου   12. om ουχ ευρησ. σε και   13. ΑΒ και pro η ... ΑΒ
om την   18. ΑΒ και ο οικοσ   23. εγλεξασϑωσαν   24. ΑΒ om τω ... ΑΒ
35 οσ εαν   25. εγλεξασϑε   28. om κατα τ. εϑ. αυτων ... μαχαιρα   29. επροφητευ-
σαν ... om ο ϑεσβιτησ   31. κατ ... om του   33. επεϑηκ. τασ σχιδ.   35. (επλη-
σαν)   36. om ει ... ΑΒ καγω   37. om ει   38. εξελιξεν   40. ΑΒ μηϑεισ
... ΑΒ κεισων   41. φωνη τ. ι βοων, i. m. ι ποδων   42. π'ειν ... επι τον
καρμ. ... προσ. εαυτου ... ΑΒ γον. εαυτου   43. επιστρ. επτακι και απο-
40 στρεψον επτακι   44. απεστρεψεν ... επτακι   45. ΑΒ ο ϋετοσ ... εκλαεν
... ΑΒ εισ pro εωσ ... et 46. ισραηλ
XIX. 3. ΑΒ ψυχ. εαυτου   8. ΑΒ εν τη ϊσχ.   10. μου την ψυχην
11. ΑΒ και πνευμα ... om ουκ pr. ... κυριου χ μετα   13. ΑΒ μηλ. εαυτου
14. ΑΒ εγκατελιπον (Α -ει-) σε οι ϋιοι ισραηλ ... την διαϑηκην σου και τα
45 16. τον ϋιον ειου ϋ. ναμεσϑει ... ελεισαιε semper ... σαφαϑ̇ χρεισεισ εξ
εβαλ μαουλα προφητ.   19. επηλϑεν pro και απηλϑ.

XV. 23. δυναστεια] ita et Ti, b δυναστια
XVIII. 35. επλησαν] ita et b, Ti scripsit επλησεν, tacet in Proleg.

XX. 1. ΒΑΣΙΛΕΙΩΝ Γ. XXII. 54.

XX. 1. ισραηλειτη, sic semper (et A) ... AB τω αλω 2. AB εγγ^ειων 6. βουλει 7. |AB om και sec. et δε. 10. om εξεναντιασ αυτου usque 13. παρανομων 13. ηυλογηκασ ... αυτον λιϑοισ 16. ιματ. εαυτου 19. ελιξαν ... λιξουσιν οι κ. 22. ναβαϑ 23. ισραηλ. 25. AB αχ. ωσ 27. (εξωσατο) 29. AB και pro αλλ ... om του

XXI. 1. τριακοντα και δυο 4. om μου 5. ειπον ... om ο ... AB εγω απεστρεψα ... AB om προσ σε ... AB γυναικ. σου ... om και τα τεκνα σου 6. AB om παντα ... AB om των ante οφϑαλμ. 7. om τησ γησ 10. αλω- πεξιν 11. AB απεκριϑη βασιλ. 12. παντεσ βασιλ. ... AB om οι ante μετ 13. AB τω βασιλει ... AB εορακασ 14. χορων, it. 15. 17. 19. 15. εγενετο 10 ... διακοσ. και τριακ. ... λαον παν ϋ. ... εξηκοντα pro επτα χιλιαδασ 16. AB συνβοηϑοι μετ αυτου 18. ειπειν pro και ειπεν ... om ει bis ... ειρην. ου γαρ εκπορ. 19. αρχ. τα παιδ. αρχοντα τ. χορων 20. βασιλεωσ 21. AB εξηλϑεν βασιλ. 23. κοιλαδοσ ... εκραταιωσεν, i. m. ^ε εκρατησεν ... AB πολε- μησομεν ... AB. ει μη 25. κατα τον ιππ. 27. απαντ. αυτω 29. παρεμ- 15 βαλουσιν 30. ταμειον 31. εξελϑωμ. ετι προσ 32. σακκ. περι τ. οσφ. ... δη ^ε η ψυχη ημων, i. m. ^ε η ψυχη μου, sic A. ... ο αδελφ. 33. AB ανελεξαν ... απο τ. στομ. 34. εξοδουσ, i. m. ^ε δον ... AB ϑησεισ σαυτω 35. πατα- ξαι ο ανϑρωποσ α. 38. AB om εν 39. στρατειαν ... ανηρ εξηγαγεν 42. AB² εκ χειροσ σου

XXII. 1. AB om τα 2. (ιωσαφατ) 6. συνηϑροισεν βασιλ. ... επεσχω ... AB ειπαν 7. ιωσαφατ, item 8 bis. 10. 18. 29. 30. 32. pr. loc. 8. AB τον κυριον δι αυτου ... μειχαιασ ϋ. ιεμιασ 9. ταχοσ sine το ... ιεμια 10. AB² ϑρονου αυτου 11. χαανα 13. επι pro ενι ... κατα τ. βασιλ. ... AB εισ λογουσ ... σου εισ κατα 14. α αν 16. κ. ειπεν και ειπεν α. ο βασιλευσ 25 ^ε πεντακισ', i. m. ^ε ετι δισ (A ετι δεισ) ... εξορκιζω 17. εωρ. τον παντα ϊσρ. διεσπαρμενουσ 18. om οτι 19. στρατεια 20. (και εσομαι) και εσομαι ... δυνησει 24. σεδεκιου 25. οψη ... ταμειου του κρυφιου·, i. m. βηναι ... AB om εκει 32. AB ειπον ... ιωσαφαϑ, et sic 41. 42. 45. 46 bis. 52. (cf. v. 7.) 33. AB απεστρεψαν 35. απεχυννε το αι. ... AB εκ τ. πληγ. 37. εισ 30 την σαμαρ. 39. παντα (α εποιησ. κ. οικ. ελεφ. ον ωκοδ. κ. πασ. τ. πολεισ) ασ εποιησ. κ. οικ. ... AB εποιησεν και ιδου. 41. ιουδα ... AB om εν ... AB τω αχ. ... om βασιλ. ισραηλ 42. αζαεβα ϑ. σεμεει 46. ουχ ... εν- γεγραμμενα ... λογ. ιωσαφαϑ pro λ. των ημερ. βασ. ιουδα 51. om ιωσα- φατ ... και εταφη εν πολει, om igit. παρα τοισ πατρ. αυτου 52. ιωσαφαϑ 35 βασιλει ιουδα ... AB om οχοζιασ υιοσ αχααβ ... AB και εβασιλευσεν ... AB om εν σαμαρεια ... ετη δυο 53. του πατροσ αυτου αχααβ 54. i. fine versum primum libri sequentis adscripsit

Subscriptio: AB βασιλειων γ

XX. 19. οι κυνεσ (secundo loco)] ita etiam Ti, b αι κυν.

ΒΑΣΙΛΕΙΩΝ Δ.

Inscriptio: AB βασιλειων δ
I. 6. AB ζητησαι εν τη ... AB ανεβησ οτι ου ... AB om και επιστρεψαντεσ usque ηλιου 9. (πεντηχοντα) 13. om των πεντηκοντα 16. om αγγελουσ ... ζητησαι ... AB εν τη β. 18. AB ουχ ιδου ... επι βιβλ. ... ϊωσαφαϑ, it. III. 1. 7. 12 bis. (non 11.) 14. ... απεστειλεν pro απεστησε
5 II. 1. AB τον ηλειου εν συνσεισμω ... ελεισαιε εξ ιερειχω, i. m. εκ γαλγαλων 2. ελεισ. ιδου δη ενταυϑα καϑου οτι ... AB καταλειψω ... AB AB ηλϑεν 3. απανωϑεν 5. ειπαν 9. (αιτησαι i. f. l. ad.) 10. om σοι 11. ιπποσ 13. επεστρεψεν ελεισαιε και i. m. 15. προφητων και οι 16. ευρεν pro ηρεν 18. om και ανεστρ. πρ. αυτον 20. AB om και ηνεγκαν 21. ερρει-
10 ψεν 23. κατεπαιζον, i. m. κατεχραξα 25. AB και εκειϑεν pro κακειϑ.
III. 1. ϊωσαφ. βασιλει 2. (μετεστησεν τασ στη)σεν τασ στη)λασ [deest in edit.]) 4. μωαβ μη AB νωκηϑ ... AB επεστρεψεν 9. και βασιλ. εδωμ 10. AB ειπεν βασιλευσ 11. ϊωσαφαϑ ... AB παιδων βασιλεωσ ... ϊωσαφαϑ pro σαφατ 12. om κυριου 13. om και τ. προφ. τ. μητρ. σου 14. η
15 επεβλεψα 18. κ. κουφοσ και αυτη 19. εμφραξατε 20. το πρωϊ 21. AB om τρεισ 22. AB ωσει αιμα 23. ειπαν ... AB om και sec. 25. εκυκλευσαν 27. AB οσ εβασιλευσεν
IV. 1. AB om τον ... AB ο ανηρ μου ... AB οτι δουλοσ ην 2. αναγγειλον μοι suprascr. ... ουϑεν ... om εν τω οικω 3. AB αιτησον ...
20 σαυτη ... (καινα) ... (ολιωσησ) 5. AB κατ αυτησ 8. σουμαν, i. m. σωμαν 10. (λυχνιαν) 12. γιεζει semper 13. ημιν την πασαν ενκτησιν τι δει 14. AB om προσ γιεζι 15. εστη 16. μη κυριε μου μη 20. AB om και ηρεν usque μητερα αυτου 25. εισ το ορ. ... AB om και επορευϑη usque οροσ
27. απεωσασϑαι ... εμου και σου κ. ουκ 31. επεϑηκεν 32. τεϑνηκωσ
25 38. AB οι υιοι ... om τον μεγαν 40. AB εψηματοσ ... ειπον 41. ετι εκει 42. βαιϑσαρεισα ... AB πρωτογενηματων
V. 8. AB τα ϊματ. εαυτου 11. ϊδου ειπον i. m. δη ελεγον οτι ... om και στησεται 12. αρβανα, i. m. αναβανα ... αφαρφα, i. m. φαρφα 14. επτακισ 15. om ενωπιον αυτου 17. AB γομορ ... ζευγη, i. m. γοσ 19. et 20. παρ
30 αυτου pro απ αυτ. 23. ειπεν ναιμαν ... om δυο ταλαντα αργυριου ... ηρον 24. ηλϑον 26. επορευϑη ετο
VI. 1. AB οι υιοι 3. επ ειχαιωσ 7. σαυτω 8. AB om ο ... ελιμωνι, i. m. ελμωνι 9. om τον 13. AB ανηγγειλαν 15. AB ποιησωμεν 17. προσηυξατο ... om δη 18. AB τουτο το εϑνοσ 19. ουχ αυτη 20. om κυριοσ
35 21. om προσ ελισαιε 23. χ, απηλϑον i. f. l. add. 24. περιεκαϑισαν σαμαρειαν 25. ονου πε | πεντηκοντα αργυριου, i. m. σικλων 27. (ποϑ. σωσω σαι)

IV. 10. λυχνιαν] ita et Ti, b λιχνιαν 15. εστη] ita et Ti, b εστι
31. επεϑηκ.] ita et Ti, et b in additamentis pro απεϑηκε in textu

VI. 28. ΒΑΣΙΛΕΙΩΝ Δ. XI. 21. **47**

28. μου και φαγ. 30. om ισραηλ 32. om αυτοσ ... *ει ηδειτε, i. m.
*οιδατε ... om ουτοσ
                                                                  ει
VII. 1. χ διμετρ. κρ. σικλου i. m. inf. 2. AB ιδου οψη, it. 19. ... om σου
5. AB εισ*μεσον, i. m.*ροσ ... τησ παρεμβ. 6. την παρεμβ. ... AB om
                                                γ
την ... AB ημασ βασιλευσ ... ελϑ. προσ ημ. 7. ενκατελιπαν 12. εστη 5
... AB εποιησ. ημιν 16. AB διηρπασεν 19. ου μη εσται 20. AB συνεπατησεν
VIII. 2. AB (ελεισαιε) και επορευϑη αυτη 3. AB αγρ. εαυτησ 4. AB
δη μοι 6. AB παντα αυτησ τα γενηματα 8. μααια ... AB τω ανϑρωπω
9. μααια ... καμηλ. δωρα ... αρρωστιασ 12. (αναρρηξεισ) 13. AB επι 10
ισραηλ 14. AB οτι pro τι ... κ. ειπειν ειπεν μ. 15. τον χαββα pro το
                                             τ   α
μαχβαρ ... AB om εν 16. ιωσαφαϑ bis 17. AB τεσσερακοντα pro οκτω
19. om και τ. υιοισ αυτου 20. εφ εαυτουσ 21. AB om τα post αρματα
                                       κ
22. *σεννα pro λοβνα, i. m. * 23. AB ουχ ιδου 26. AB εβασιλ. εν *ισραηλ
κ., i. m. *... ζαμβρει 29. ισραηλ bis pro ιεζ. ... οχοζει υ. 15
                                       ει   ο
IX. 2. AB οψη ... εκει υιον ιωσαφαϑ ειου υιον 3. ειπεν 4. ο προ-
                                             ο *
φητησ το παιδαριον 7. AB εκ προσωπ. σου 8. εξολεϑρευσεισ, i. m.*σω
                                                                 ο
10. AB μεριδι του ισραηλ 11. AB ειπον 12. AB ειπεν αδικ. 13. AB ειπον
                    τ
14. ιωσαφαϑ 15. ισραηλ bis, it. 16 bis. 17. 30. 36. 37. X. 6. 7. 11. ... AB
πολεμ. αυτουσ ... εστιν η ψυχ. ... *και εξελϑετω, i. m. *μη 16. κατεβη 20
εν ... αραμιειν ... om αυτοσ 20. ναμεσσειου 21. οχοζει ... ισραηλειτου, item 25. 25. *βαδεκαρ, i. m. *βαλεκαρ ... AB ρειψαι 27. βαιϑαν
                                                                         β
... εκβλααμ ... μαγεδαων 29. βασιλει ισρ. 30. AB[2] εστιμισατο (A -βεισ-)
33. εραντισϑη
X. 2. ωσ εαν ... και ιπποι 5. AB παιδεσ σου ημεισ 6. AB om ιου 25
... AB εισ pro εν 8. ηνεγκα ... *πυλησ πολεωσ, i. m. *πολεωσ 11. AB
παντ. τ. εν τω οικω αχ. καταλειφϑεντασ. ... αυτουσ καταλ*ειμμα 13. AB
                                      χ α
οι αδελφοι 14. βαιϑακαϑ τεσσερακ., i. m. χ εν τη σκηνη 15. ελαβεν pro ευρε
18. AB εξηλωσεν pro συνηϑροισ. ... ολιγα *ειου, i. m.* 19. AB ινα 20. εκηρυξεν 21. δουλ. αυτου και ... απολειπεσϑω 23. του βααλ sec. i. f. l. ad. 30
24. AB χειρασ (A χιρ.) 25. AB ανηρ μη εξελϑατω (A -ϑετω) εξ αυτων κ.
26. AB τ. στολην 27. επαταξεν pro εταξαν ... AB λυτρωνασ 29. ειου
εμπροσϑεν αυτ. 30. AB επανωϑεν 32. αζ. και εν 33. om γην 34. βιβλιω
35. ιωαχασ, sic semper
              ϑ
XI. 2. ιωσαβεε ... αδελφην ... om τον ιωασ υ. αδ. αυτησ 3. εν 35
οικω κρυβομενοσ ... om κυριου 4. AB τον χορρει κ. τον ρασειν (A -μ)
5. et 6. φυλαξετε 8. εισ *αιηδωϑ, i. m.*... AB εγενετο pro εσονται 9. εκατον-
     α
ταρχοι ... om μετα τ. εκπορ. το σαββατον ... εισηλϑεν 10. et 15. εκατονταρχαισ 12. ιεζερ ... AB και εκρατησεν τ. χ. και ειπεν 15. εξαγαγε
              ω δ
αυτουσ εσωϑ. τον ασηρωϑ ... AB και ο εισπορ. ... AB ϑανατωϑησ. ρομφαια 40
18. κατεσπασεν ... μαγϑαν (sic) 19. χορρει ... ρασσειμ ... AB εισηλϑεν
... επι του ϑρ. 21. υ. ετων επτα ... AB om αυτον

VIII. 9. αρρωστιασ] ita et Ti, b αρρωστειασ
X. 5. παιδεσ σου ημεισ] ita et Ti, b habuerat υμεισ, sed correxit ημεισ
et margini adscripsit και ante ημεισ inserendum.

48   XII. 1.   ΒΑΣΙΛΕΙΩΝ Δ.   XVIII. 14.

XII. 1. AB αβια ... γης pro της   3. εθυσιασαν   4. λαβη pro αναβη
8. βδελυγμα pro βεδεκ   9. AB τρωγλην εν τη τρωγλη αυτης ... ϊαμειβειν
pro αμμαζειβι ... ανδρ. οικω κυρ.   10. ειδεν (A ιδ.)   11. εδωκεν   13. AB
                                                            κ
ποιηθησεται   16. εισενεχθη   18. ϊωσαφαθ   19. AB ουχ ιδου   20. παντα
δ συνδεσμον ... AB μααλω τον ... εν γααλλα   21. ϊεξειχαρ
   XIII. 1. ϊωαχας ut semper ... επτα ετη κ. δέκα ετη   5. om τω
6. (εσταθη·)   9. × αντ αυτου i. m.   13. εκαθισεν μετα των πατερων αυτου καὶ εν
σαμαρ. μ. τ. αδελφων ισρ.   14. αρρωστ. εαυτου ... προσωπου   15. AB
προσ εαυτον   17. om ελισαιε τοξ. κ. ετοξευσε και ειπε ... παταξει   23. AB
10 οικτειρησεν   ζ
   XIV. 4. εθυσιασεν   6. om εκαστοσ   7. εν ρεμελε. ... καθοηλ   9. τον ακ.
11. ανεβη ο βασιλ. ισρ. ... γη pro τη (editio)   13. ϊωαχας pro οχοζιου
                                                             α   ν
18. παντα α   19. απεσπειλεν ... εθανατωσεν   21. AB εβασιλευσεν αυτοσ
22. αιλωμ   25. γεθχοβερ   26. ολιγους τους συνεχ.   27. ισραηλ pro
15 ουραν. ... AB εκ χειροσ.   28. εμμαθ   29. AB. εβασ. αζαριασ· υιοσ αμεσσειου
(A -σσι-) αντι του πατροσ. αυτου.
   XV. 2. AB πεντηκ. και δυο ... χαλεια   5. ϊωναθαν pro ιωαθαμ sic
                        κ
et 7. 32.   6. ουχ ιδου, it. 21. ... βιβλιου ... (τοισ βασ.)   8. αζαρια   9. AB om
                                ε
πασων των   10. εθανατωσαν   13. AB ενατω ... σελλουμ ημερασ εν σ.
20 17. AB ενατω αζαρια ... AB δεκα ετη εν σαμ.   25. A²B μετ· αυτου
29. αλγαθφελλασαρ ... AB γαλααδ   30. στρεμμα ... ϊωαθαμ ὑιω αχας
31. AB εστιν pro ταυτα   33. ην ετων ... ερους   34. οξειασ pro αζαριασ
35. λαοσ (εθυσιασέν και) εθυσιαζεν κ. εθ.   37. AB om εν ιουδα
   XVI. 2. αχασ ... Ι ουχ i. m. ... AB om αυτου post θεου   3. βασιλεωσ
25 ισραηλ (cf. A) ... διηγεν πυρι και τα βδ.   5. εδυναντο   9. om βασιλεα
10. om εισ δαμασκον pr. ... απαντ. αυτου τω θαλγαλφελλασαρ ... ρυθ. αυτου
εισ πασαν.   15. AB επ αυτο προσχεεισ ... επι το θ. pro και τ. θ.   17. om
αχαζ   18. om εν post επεστρεψ.
   XVII. 3. σαμεννασαρ ... μαναχ   6. AB ενατω ... ωσηε pro ασσυριων
30 ... AB τον ισραηλ ... γωζαρ   9. AB και ων ωκοδομησαν   11. om α ...
AB απωκισεν   12. AB om τω   13. ϊουδα εν ... λογον pro λεγων   15. om
ουκ εφυλαξαν post αυτοισ· ... om κυριοσ   17. πυρι εμαντευοντο   19. εν-
τολασ ×, i. m. × κυριου, ... του θεου ×, i. m. × αυτων   20. AB om και εθυμωθη
                                                                    ιερο
κυριοσ ... AB εν παντι   21. εξεωσεν τονβοαμ τον ... εξοπισθεν   24. χουνθα
35 ... σεπφαρουαιν ... AB σαμ. και κατωκησαν εν   26. AB ειπον   27. απαγετε
... κατοικεϊτωσαν ... om τον θεου   29. AB om εθνη sec. ante εν ... AB
κατωκουν εν αυταισ   30. ροχχωθ βαινεϊθει ... εμαθ   31. AB και την σ. ...
σεπφαρουν ... om θεοισ ... σεφφαρουν   32. εαυτοισ ante ϊερεισ i. f. l.
                                                                    ου
add. vid.   33. AB om και prius ... AB απωκισεν (A -ει-)   35. και προσκυν.
40 36. AB ανηγ. υμασ   37. AB ab init. add. και   40. ετι pro επι   41. υιοι
και οι υιοι   ω
   XVIII. 1. τω ησηε   4. νεσθαλει pro νεεσθαν   10. AB ενατοσ   11. αβιωρ·
                                                                         §
12. AB μωσης   13. τεσσαρεσκαιδεκατω ετ. βασιλει   14. αποστραφητι

XV. 6. τοισ βασ.] sic et Ti, b τῆσ
XVI. 10. Ti „correximus θαλγαθφελλασαρ pro θαλγαφθελλασαρ" (b)
XVII. 17. πυρι εμαντευοντο] ita et Ti, ommisso και, quod b habet
post πυρι
XVIII. 13. τεσσαρεσκαιδεκ.] ita et Ti, b τεσσαρεσκεδεκ.

XVIII. 16. ΒΑΣΙΛΕΙΩΝ Δ. XXV. 16. 49

16. AB om ο 17. θανθαν 18. AB σομνασ... AB ιωσαφατ ο αναμ.
24. αποστρεψετε 26. AB σομνασ... om οτι 28. om φωνη 32. om
γη ante σειτου 33. ερυσαντο 34. αρφαλ... σεπφαρουμαιν... om ανα
... om αβα 37. AB σομνασ... σαφαν... AB προσ τον εξεκ.
XIX. 1. om ο... AB εαυτου 2. AB σομναν 3. AB και ειπεν 4. λημ- 5
ματοσ 8. λομνα... AB απο λαχεισ 9. θαρα 11. γαισ 12. AB om
εξαιρουμενοι... ² ουσ διεφθειρ., i. m. ² ουσ... και ραφεισ 13. μαθ pro αιμαθ
... αρφαθ... om εστιν ο βασιλ. τ. πολεωσ... σεφφαρουαιν ανεσ κ. ουδου
(pro ανα κ. αβα) 15. χερουβειν^μ 16. σενναχηρειμ ut semper 19. χειροσ
² αυτου, i. m. ² των 21. εξουδενησεν 22. AB και εβλασφημησασ 23. κυριον 10
σου και... ² μηρουσ, i. m. ²... ηλθεν 24. εξηρημωσα 25. συνηγαγον...
απο οικεσιων 26. επταισαν pro επτηξ. 27. AB ante εγνων add. και την
εισοδον σου 28. (εν τοισ χ.) 32. προφθασει αυτον 37. εσδραχ θεου α.
XX. 2. AB επεστρεψεν... AB post λεγων add. ωδη 3. πληρη...
αγαθον σου εν 6. βασιλεων 8. AB κυριοσ με 12. βαλδαν ϋ. βαλααν... 15
μανααν 19. om εστω ειρ. εν τ. ημερ. μου 20. AB εισηνεγκεν 21. μανασση
XXI. 1. μανασση... οψειβα 3. AB εποιησεν αλση 6. εποιησεν ² ελλην
κ., i. m. ² τεμενη 7. om και post τουτω... om η... AB φυλων ισραηλ
8. om αυτοισ 11. και γε ιουδα (et A om τον) 12. και επι ιουδα (et A
add. επι) 14. πασιν εχθρ. α. 15. εποιησεν 16. αυτων 18. et 20. μανασση 20
19. ιεσεβαλ 23. εθανατωσ. αυτον βασ. 25. AB ουχ ιδου
XXII. 1. ιεδεια θ. εδεινα 3. σαφφαν υ. ελιου 8. AB σαφφαν bis
et sic semper... ανεγνοι 9. AB ευρεθ. εν τω οικω 13. δευτε και εκζητ.
... τη εκκεχυμενη... βιβλιου του ποιειν 14. αχεικαθ... σαφφαθ...
θεκκουαυ... αραασ 15. om αυτοισ... προσ ᵉμε 17. AB ο θυμοσ 25
19. ενετραπησαν ² το προσωπον κυριου ωσ, ² i. m. απο προσωπου... ενωπι. εμου
XXIII. 1. επεστρεψ. οι βασιλεισ το 2. om παντεσ... ενωπιον pro
εν ωσιν 4. AB om του ante εξαγαγειν... σαλημωθ... ελαβεν pro εβαλε
5. βασιλει ιουδα 6. ερρειψεν 7. χεττιει 8. AB² ιησου ακοντοσ τησ πυλησ
10. ÷ και μιανειτε τον ταφεθ εν, i. m. ÷ και εμιαναν 12. εποιησεν βασι- 30
λευσ... AB κυριου και καθειλεν 13. μοσοαθ... προσοχθισματι σειδ...
μολχολ 15. ελυπτενεν 16. ταφουσ εκει 18. αφετε αυτο (i. f. lin.)
23. ιωσεια 24. εν γη... AB επι τω βιβλιω 25. εμπροσθ. αυτουσ... οτι
ισχυϊ α. κ. εν ο. ψυχη α. 26. του μεγαλου 27. AB² ιουδαν... προσωπ.
αυτου 28. AB των ημερ. 29. μαγεδω 30. μακεδων... ιωαχασ, it. 31. 34. 35
31. αμειται... λημνα 33. αβλαα... εματ'... om ζημιαν επι τ. γην
35. AB ετειμογραφησαν (A ετιμ.)... AB om του extr. 36. ιελλα θ. εδειλ
εκ χρουμα
XXIV. 2. om κυριοσ 3. om αυτου 4. AB και γε αιμα 5. AB ουχ
ιδου 6. AB ιωακειμ pro ιωακ., it. 8. 12. 15. 8. ελλαναθαμ 11. AB την
πολιν 12. AB εν ετει ογδοω 13. AB σαλωμαν βασιλευσ 14. αιχμαλω- 40
τισασ 15. AB απηγαγεν αποικεσιαν 16. (πανδεσ) 17. μαθθαν 18. ενιαυ-
του... μιτατ' pro αμιταλ
XXV. 1. AB ενατω... AB om ο 2. AB ενατη 4. τειχεων... AB
αυτη η εστιν 6. βαβυλωνοσ ϊερ δεβλαθαν 10. om tot. vers. 11. AB
προσ βασιλεα 12. ταβειν 13. AB τουσ μεχωνωθ 16. AB δυο η θαλασσα... 45

XIX. 25. συνηγαγον] ita Ti et b ex corr. cal., habuerat ἤγαγον 28. εν
τοισ χ.] ita Ti, b ἐκ τοισ χ.

SEPTUAGINTA.   d

η μια × και, i. m. × και τασ βασεισ ... ΑΒ τα μεχωνωθ α 17. σακαχαρθαι (pro σαβαχα κ. ροαι) ... ΑΒ επι του χ. ... ΑΒ κατα τα αυτα ... γαβαχα 19. ΑΒ ελαβεν 20. ΑΒ απηγαγεν ... ΑΒ εισ δεβλαθα 21. ΑΒ αυτουσ βασιλευσ ... ΑΒ εν pro εισ 23. θανεμαθ ο νεφφαθιειτησ ... κ. οζονιασ ισμ
5 ϋ. τ. αχαθει 25. μαναηλ ... om δεκα ... εισ μασσηφαθ' 26. ΑΒ και εωσ 27. ΑΒ ϊωακειμ bis 30. (εστιατορεια bis)
Subscriptio: ΑΒ βασιλειων δ

ΠΑΡΑΛΕΙΠΟΜΕΝΩΝ Α.

Inscriptio: παραλειπομενων α
I. 2. ΑΒ om και 3. μαθθουσαλα 5. ΑΒ θειρασ 6. ΑΒ και υιοι ... ερειφαθ 7. ΑΒ και υιοι ... ελεισα ... ΑΒ θαρσεισ 8. μεστραιμ 9. σαβατ' ... ευειλατ ... σαβατα ... σεβεκαθα ... σαβαν κ. ϊουδαδαν 25. φαλεχ
10 ... ΑΒ ραγαυ 26. ΑΒ θαρα 29. ΑΒ αι γενεσεισ (Α -σισ) πρωτοτοκου ... ναβδαιηλ ... μασσα 30. μασμα ... μανασση pro μασση 32. ζεμβραν 33. γαφερ ... αβειδα ... ελλαδα 35. ελειφασ ... ϊεγλομ κορε 36. ελειφασ ... και τησ θαμνα αμαληκ 37. ζαρεθ ... ομοζε 38. σηειρ ... ωναν pro ωσαρ και δισαν 39. χορρει ... αιμαν· και αιλαθ· και ναμνα· 40. σωλαμ
15 pro αλων ... μαχαναμ· γαιβηλ· σωβ 41. γεθραμ 42. ωναν pro ακαν ... δαισων ... αρραν 44. ϊωαβαβ (non 45) 45. ΑΒ εκ τησ γησ 46. γεθ-θαιμ 47. om σεβλα εκ usque 49. αντ αυτου 50. ΑΒ post βαλαεν. ad. ϋιοσ αχοβωρ (αχοβ. Α, non Β, et v. 49.) ... post φογωρ add. quae antea omiserat: και απεθανεν αδδα και εβασιλευσεν αντ αυτου σαμαα· εκ μασεκκασ·
20 κ. απεθ. σαμαα κ. εβασ. α. αυτ. σαουλ εκ ροβωθ τ. π. π. κ. α. σαουλ· και ησαν (51.) ηγεμ. ... θαιμαν· ... γωλα· ... ϊεθετ· ... ελειβαμασ· ... φεινων· ... μαζαρ· ... μεδιηλ· ... ζαφωειν·
II. 1. (λευει) 2. (ΑΒ βενιαμειν) ... (νεφθαλει) 3. σηλων ... θυγατροσ σαυασ 5. × αρσων, i. m. × εσρων 6. χαλκα ... δαρα 8. ζαρεια 9. εσερων
25 ... ΑΒ ο ιραμεηλ κ. ο ραμ ... χαβελ ... i. f. add. ΑΒ και αραμ· 10. και
                                                                          τον
                                                                          β
αρραν ... ΑΒ του οικου 11. 12. βοοσ bis 13. αυτου ελιαβ 14. ζαδδαι 15. ΑΒ ασομ 16. ΑΒ και αδελφη ... om και αβιγαια 18. χ. ϋ. εσερων εγεννησεν την ... ελιωθ ... ΑΒ ϊωασαρ ... ϊασουβ ... ΑΒ ορνα 21. εσερων ... ΑΒ μαχειρ ... ΑΒ κ. ουτοσ ελαβ. ... εξηκοντα ην ετων 22. σε-
                                                                              χ.
30 ρουχ' ... ϊαειρ ... ΑΒ εικοσι τρεισ 23. αρραν ... σαειρ ... χανααθ 24. εσερων bis, it. 25. 25. ΑΒ ησαν ϋιοι· ... ϊραμεηλ ... ραν κ. βαναια κ. αραια και αμβραμ· κ. ασαν 26. ϊερεμεηλ 27. αραμ ... ϊερεμεηλ 30. ΑΒ om και ab initio ... αλσαλαδ ... εφραιμ, it. 31. 31. αχαι 32. ϊδουδα pro δαδαι 33. θαλεθ ... ιραμεηλ 34. σωσαμ bis 35. (σωσα) 35. 36. εθ-
35 θει bis 37. τον αφαμηθ 38. ϊησουν ... ϊησουσ 39. αζαρια ... et 40. εμασ 41. ΑΒ om και ελισαμα εγ. τ. ισμαηλ 42. ΑΒ ϊερεμεηλ 43. κορεε ... θαπουσ ... ΑΒ σεμα 44. σεμαα ... ραμεε π. ϊακλαν 45. μεων bis ... γεδσουρ 46. γαιφαηλ παλλ. /. ... ΑΒ αρραν ... ϊωσαν ... ΑΒ post γεζουε add. και αρραν εγεννησεν τον γεζουε 47. ϊησου pro αδδαι 49. μαρμηνα
40 pro μαδμ. 50. σωβαρ ... (ΑΒ καριαθιαρειμ) 51. ΑΒ om και ... βαιθγαι-δων 52. 53. καριαθιαρειμ αιωεσειρα· μωναιωεμοσφεωσ· πολ. 54. βαιθλαεμ· μετωφαθει 55. γραμματων ... γαμεε pro εν ιαβισ ... ΑΒ αργαθιειμ· ... om και ... ΑΒ σαμαθιειμ σωκαθιειμ ... εκ μεσημα pro εξ αιμαθ ... ρηχα·
III. 1. ΑΒ ισραηλειτιδι 2. θοαμαι 3. σαβατεια τ. σαβειταλ ... ϊθαραμ
45 τ. αλα 4. om και εβασιλ. usque εξαμηνον 5. σαμαν ... σωβαν 6. βααρ

III. 7. ΠΑΡΑΛΕΙΠΟΜΕΝΩΝ Α. VI. 58. 51

7. ναφαϑ... ϊανουε 8. ελειδα 11. οξεια 12. αζαρια 13. αχασ 14. αμνων 15. σεδεκια 18. φαλδαιασ... AB ϊεκενια... ωσαμωϑ κ. δενεϑει 19. AB σαλαϑιηλ pro φαδαιασ... om και σεμ. κ. υ. ζοροβ.... μοσολοαμοσ 20. οσα pro οολ... βαραχιαι... αροβασοκ 21. φαλλετι... ϊσαβα pro ιεσιασ... σεχενια 22. σαμαια κ. ϋιοσ σ.... μαρει pro βερρι 23. ελει- 5 ϑανα... εζρεικαν 24. ασειβ pro ελιασεβων... φαρα... ϊακου..., μανει pro αναν
IV. 1. αρσων 2. αχειμει... λααϑ 3. αιταν... αζραηλ κ. ραγμα κ. ϊαβασ 4. αζηρ... βαιϑλαδεν 5. σαρα pro ασουρ 6. ασηραν pro αασϑηρ... ϊωδασ 7. αοαδασ pro ϑοαδ.... αρεϑ... σεννω pro εσϑαναμ 8. εν- 10 νων... γεννησεισ... AB ϊαρειμ 10. AB ην pro ῇ... του μη ταπεινώσαι 12. ποχεωσ pro πολ.... εσελων... χενεζει 15. υιου χαλεβ... αδαι κ. 16. κ. ϋιοσ (sic et A) αυτου. γεσεηλ αμηαχει κ. ζαφα κ. ζαιρα κ. ϊσεραηλ 17. ϊεϑερειπωραδ (= ϊεϑερει πωραδ? ϊεϑερ ειπωρ.?)... αμων... AB μαιων... σεμεν... μαρεϑ pro ιεσβα 18. αβεισα pro αβερ... γελια pro βετ- 15 ϑια... νωρωηλ pro μωρηδ 19. αδελφ. γαχεϑ και δαλειλα πατηρ κεειλα· και σεμεγων πατηρ ϊωμαν· και μαναημ πατροσ κεειλα αταμει κ. εσϑαιμωνη νωχαϑει (similia habet A) 20. σεμιων 21. ληχα· κ. μαδαϑ πατ. μηχα·... AB οικιων 22. ανδρ. σωχηϑα ιωαδα κ. σαια οι κ.... αϑουκιειν 23. αζαειμ κ. γαβαηρα 24. AB συμεων... ϊαρειν pro ιαριβ 26. om αμουηλ usque 20 ζαχχουρ υιοσ αυτου 27. AB τρεισ (A τρισ) pro εξ 28. seqq. βηρσαβεε κ. σαμα κ. μωαλδα και εσηρεουλαβ [29.] και αβελλα και βοοσαλ και ϑουλαεμ [30.] και βαϑουν και ερμα και ωχλα [31.] και βαιϑ μαρειμωϑ και ημισυσ εωσ οραμ κ. οικον βρουμσεωρειμ (A similiter)... AB αυται πολεισ 32. om ην...
... AB ρεμμων 33. βαλατ 35. και ουτοσ ϋ῞ι. ϊσαβια... σαρααυ 36. 37. ϊασουϊα 25 κ. ασια ϋιοι αωσαλ ϋιου σαφαλ υ. αμων ϋ. ϊδια υ. σαμαρ ϋ. συμεων 38. διελοντεσ 40. πλειονασ 41. AB om οι 42. ϊεσϑεν pro ιεσι 43. τ. καταλειφϑεντασ τ. καταλοιπουσ
V. 1. AB εδωκεν ευλογιαν... πρωτοτοκεια 3. ϋιου... αρσων 5. ηχα pro μιχα 6. ϑαλγαβανασαρ 7. αδελφη... γενεσιν 8. AB οξουζ 9. αυτω 30 πολλα 10. χειρσιν... AB σκηναεισ εωσ παντεσ 11. AB εν τη βασαν...
ελχα 12. σαβατ 13. μοσολαμ... χιμα pro ιωαχαν... ωβηδ οκτω 14.. υιοι ουρει 14. 15. μειχ. υ. ϊσαι ϋ. ϊουρει ϋ. ζαβουχαμ ϋιου αβδεηλ υ. γουνει 16. κατοικων εν γαλααμ εν βασαν... γεριαμ pro σαρων 18. υιου ρουβ. 19. κ. τουραιαν... ναφεισαδαιων κ. ν. 20. AB αυτων οι... αγεραιοι 35
22. AB εως τησ 23. βαιλειμ pro βααλερμων 24. ελειηλ και εσδριηλ κ. ϊερμεια κ. ωδ. κ. ϊελειηλ 25. om των 26. ϑαγναφαμασαρ... χωζαρ pro γωζαν
VI. 1. μαρερει, it. 16. 19. 29. 3. αμβραν 5. βωε και βωε ἢ εγενν. 9. τον αζαρια... ϊωανασ, it. AB 10. 11. αζαρια, it. 13. 20. ϊεεϑ... ζεμμα 40 21. αδει... ϊαρα pro ζαρα 22. αρεσει pro ασηρ 23. ελκ. και αβιαϑαρ υιοσ αυτου ασερει υ. α. 24. κααϑ... οριηλ 25. αλειμωϑ 26. καϊναϑ
                                                                        μαραρει
27. ϊδαερ pro ιεροβοαμ 29. ϋιοι λοβενει υ. α. σομεει 30. σομεα... αμα... ασαβα 32. AB σκηνησ οικον μαρτυριου... om κυριου... 33. AB και οι ϋιοι 34. ηααλ pro ιεροβοαμ... ϑειε 35. μεϑ... αμαϑειου 37. AB 45
                        φ
ασειρ... αβιασαρ 38. AB ισσααρ 39. AB και αδελφοσ 40. μαασαι pro βαασια 41. αζεια pro αδαι 42. αιϑαν 43. ηχα pro ιεεϑ... γε|εδσοι 44. AB μερ. αδελφου... κεισαι... αβδει 46. σεμμηρ 47. μοολει μοσει ... μερραρει 48. AB om οι ante αδελφοι et ante δεδομενοι· 49. AB οι ϋιοι 51. AB βωκαι... AB ζαραια (A -ϋ-) 52. αλιαρεια pro αμαρια 50
53. αχεισαμα 54. AB του χααϑει (A -ϑι) 55. εν τη ϊουδαια 58. και

d*

52 VI. 59. ΠΑΡΑΛΕΙΠΟΜΕΝΩΝ Α. VIII. 37.

τα ιεθθαρ 59. ασαν κ. τ. π. α. και την ατταν και τα περισπορια αυτησ κ. τ. βασαμυσ ... om και τα περισπ. αυτησ 60. βενιαμειν και τ. γαβαι ... γαλέμεθ ... αγχωχ pro αναθωθ 62. AB εκ pro απο 63. δαν pro γαδ 65. AB om και εκ φυλ. υι. βενιαμιν ... επ ονοματοσ i. m. 67. εδωκ.
5 αυτω τ. 68. ικααμ ... γεθωρων 69. εγλαμ pro αιλων 70. α. των ημισουσ ... αμαρ ... om και την ιεμβλ. κ. τ. περισπ. αυτησ 71. περισπορια pro περιπολια secundo 73. om tot. vers. 74. μαασα ... αβαραν 75. ικαχ 77. θαχχεια pro θαβωρ 78. ιορδανου bis ... om κ. τ. ιασα usque αυτησ 79. καδαμωσ 80. AB και εκ φυλησ ... ραμμων ... μααναιθ ... γαζερ
10 VII. 1. θολαεχ ... φουτ ... ιασσουρ 2. θολε ... ραφαρα κ. ρειηλ κ. ειικαν βασαν κ. ισαμουηλ ... θωλαει ... om εν 3. tot. vers. sic και υιοι ζειρρει. ζαρεια· μειχαηλ και υιοι ζαρεια μειβδεια χ ραηλεισια πεντεσ αρχ. etc. 4. AB οικουσ πατρικουσ αυτων 6. plene: βενιαμειν χ αβειρα και αδειηλ τρεισ 7. βαδεεα· σεβων ... αρειμωθ χ ουρει ... πατρικων
15 8. κ. υ. αβαχει· αμαριασ ... ελειθαιναν ... αυρημωθ ... γεμεεθ pro ελημ. ... αμαχειρ 10. et 11. αριηλ pro ιεδιηλ ... χανααν ... ραμεσσαι pro θαρσι ... αχεισαδαρ 11. AB του πολεμειν 12. ραωμ pro ωρ ασωμ ... αερ 13. ιειειηλ ... ισσειηρ pro ασηρ ... σαλωμων pro σελλουμ ... AB om αυτου et υιοσ αυτου 14. ασερειηλ ... AB σ. ετεκεν τον μαχειρ
20 15. αμφειν κ. μαμφειν ... τη δευτερα ... om εγεννηθησαν δε usque θυγατερεσ 16. om φαρεσ κ. ον. αδελφ. αυτου ... AB υιοσ pro υιοι ... AB om και ροκομ 17. om και υιοι ουλαμ 18. και αδελφη ... ισαδεκ pro ισουδ 19. ιααιμ ... λακεειμ ... αλιαλειμ 20. σωθαλαθ υιοι λααδα· υιοσ αυτου νοομε υ. α. ζαβεδ χ υιοσ αυτ. οζαρ και ελααδ, i. m. χ υιοσ αυτου σωθελε
25 ... απεκτειν. αυτον ... AB ανδρεσ sine οι ... om τη 22. AB εφραιμ. πατηρ ... αδελφ. αυτων 23. βαργαα pro βερια 24. om και η θ. α. σαραα ... AB om την primum 25. ραφη υιου χ σαραφ, i. m. χ αυτου 26. λαδδαν ... υιοι αμιουειδ υιοι ελειμασαι 27. υιοι νουμ υιοι 28. νααρναν ... γαιαν pro γαζησ 29. θαλμη pro θαναχ ... κ. α. κ. α. κ. βαλαδ κ. α. κ. αυτησ·
30 μαγεδδει ... AB οι υιοι 30. ινινα ... ισουα pro σουια ... βεριχα ... σορε και αδελφ. 31. om και αβ initio ... βεριχα ... γαβερ κ. μελλειηλ ... βηζαιθ 32. υφαμηλ 33. κ. υι. αφαληχ βαισηχι ιμαβαηλ ... ιαφαληλ 34. αχιουια χ ωβαβ ακαραν 35. και βαλααμ αδ. α. σωχαθ κ. ιμ. κ. ζεμη κ. αμαα 36. χουχει αναρφαρ pro σονε κ. αρναφ ... σουλα κ. σαβρει κ.
35 ιμαρησοβαλ· 37. om και βασαν ... AB ωδ ... σεμα ... θερα ... βαιαιλα 38. ιφινα ... φασφαι 39. AB ωλα 40. AB om ο
 VIII. 1. βελελεηλ pro βαλε ... σαβα pro ασβηλ ... ιαφαηλ pro ααρα 2. ιωα ... AB ραφη 3. αλει pro αδιρ 4. αβεισαμασ ... νοομα 5. κ. γερακα σωφαρφαχ και ωιμ 6. γαβερ 7. ουτ. υγααμ εγενν. τ. ναανα κ.
40 τ. ιαχειχωλ 8. σααρηλ ... αυταν σωσιν ... ιβααδα 9. AB ιωβαβ ... ιεβια 10. ιδωσ pro ιεβουσ ... σαβια ... ιμαμα 11. ωσιμεν ... AB αβιτωβ ... et 12. αλφαα δ 12. μεσσααμ ... σημηρ ... om και την λωδ 13. βεριγα 14. σωκηλ ... ιαρειμωθ 15. αζαβαβια κ. ωρηρ κ. ωδηδ 16. κ. μειχ. κ. σαφαν κ. ιωαχαν ϋ. βαρειγα 18. σαμαρει κ. ζαρεια κ. ιωαβ ϋ. ελχααδ
45 20. ελιωλιασ κ. σαλθει 21. αβια ... AB και βεριγα κ. βαρ. 22. ισφαν κ. ωβδη 23. αβαδων 24. ανωθαιθ 25. αθειν κ. ιεφερεια κ. φελιηλ ϋ. σωιηκ 26. χ ισμασαριά κ. σαραια κ. ογοθολια 27. κ. ιασαραια και σαραία κ. ηλια (et A) κ. ζαχρει υιοι ιρααμ 29. μολχα 30. AB και υιοσ ... αβαλων 30. 31. βααλακαιμ χ αδαδ και δουρ κ. αδ. α. κ. ζαχουρ ... μακαλωθ, it. AB 32.
50 32. σεμαα 33. μελχεσουε 34. και υιοι 34. 35. μιχια bis 35. μελχηλ κ. θερεε κ. ζακ· 36. κ. ζακ εγ. τον ιαδ· και ιαδα και ιαδα εγ. ... σαλωμω pro ασμωθ ... και εγεννησεν ζαμβρει 37. βανα ραφαι υ. α. σαλασαθ

VI. 78. ιορδανου bis] ita et Ti, b priore loco ιωρδανου

VIII. 38.   ΠΑΡΑΛΕΙΠΟΜΕΝΩΝ Α.   XI. 20.   53

38. εζρειχαι ... AB om και ασα   39. γαγ' pro ιασ ... δευτεροσ ελιφαλεισ
40. αιλειμ.
IX. 1. κατοικισθεντων   2. ισραηλ υιοι λευειται οι ιερεισ κ.   3. βενι-
αμειν και των   4. AB γωθει ... σαμμιου υ. αμρει υιοι υιων φαρεσ και υ.
5. om και οι υιοι αυτου   6. ζαρα επειηλ ... AB ενενηκοντα   7. μο|ολ- 5
λαμ ... οδϋια ϋιοσ αανα   8. κ. βανααμ ϋ. ϊρααμ· και ουτοι ... μασε-
αλημ. pro μοσολ. ... βαναια pro ιεμναϊ   11. ϋιοι χελκεια ... μοσολλομ.
... μαρμωθ ... AB ηγουμενοσ   12. πασχωρ ... μαλχεια ... ιεδειου pro
εζιρα ... εμηρ   13. AB om αυτων sec. ... AB om και ante et post επτα-
κοσιοι.   14. εζρεικαν   15. κ. βακαρ κ. ραραιηλ· γαλααδ και μανθανιασ 10
16. γαλααδ ϋ. ϊωθων· κ. βαραχει ... ηλκανα   17. ταμμαμ κ. αιμαμ.
19. σαλωμων υ. κωρηβ ... om κυριου   20. om κυριου   21. μασαλαμι
22. AB εκλεκτοι ταισ πυλαισ εν   23. AB om και ante εν   24. κατ ανατολ.
26. AB πυλων οι ... AB παρεμβαλουσιν   27. om η   28. BS om και εν
αριθ. εξοισουσι   29. AS και επι παντα τα ... S¹ του ελαιου i. m.   31. ABS 15
ματταθιασ ... κορειτησ   32. βαανιασα ... S¹ κατα σαββατον i. m.   33. S¹
διατεταγμεν[οι] εφημερια   34. BS om των λευιτων ... S αυτων και αρχ. ...
AB αρχοντεσ· ουτοι sic dist. ... BS κατοικησαν   35. S. κατωκησαν ... γαβα-
ωνει ϊηλ ... S ονομ. τησ γ.   36. AS και ο υιοσ (S¹) ... BS σαβαδων ...
ABS ϊσειρ ... S κιρ   37. BS ϊεδουρ ... BS ζαχαρια και μακελλωθ   38. B 20
μακελλωθ, S om και μακελ. ... S² i. m. εν μεσω τ. αδ. αυτων sec.   39. ϊεβααλ,
S ϊσβααλ   40. S υιουσ ϊωναθαμ ... μαρειβααλ, S μαρειβαλ ... BS κ.
μαρειβααλ   41. BS φαιδων   42. BS γαμελεθ ... BS γαζαωθ ... S om
και ζαμβρι   42. 43. AS μασα bis   43. ABS om και sec. ... S ραφαιαν
... BS om ελασα υιοσ αυτου ... BS εσαηλ   44. S εσαηλ ... εσδρεικαν, 25
S εζρεικαν ... BS αυτου· ισμαηλ (S εζρεικαν usque ισμαηλ omisso και
bis scripsit, S² quum uncis circumscripsit, tum punctis notavit) ... ABS
σαρια ... BS om και ασα ... S εσαηλ
X. 1. ABS προσ ισραηλ   2. ABS om οι ... ABS οπισω ϋιων ... S
μελχισεδεκ   3. BS ευρ. αυτουσ ... AS εν τοισ τοξοισ ... AS επονεσεν 30
4. AS και επεσεν   7. S om ανηρ ... S² ον εν τ. αυλ. ... S εφυγεν πασ
ισρ. ... S om και post αυτου ... AB κατελειπον ... AB ηλθον αλλοφυλοι
                                                                                    ου
... S κατωκισαν εν αυτοισ   8. S τασ τραυμ. („ipse primus scriptor")
                                                                            κεφαλην
9. S ειδωλοισ αυτοισ   10. S¹ την αυτου   11. ABS εποιησαν αλλοφυλοι
12. S ελαβον. σωμα ... S² δρυν εν ϊαβεισ   13. S του κυριου ... S² αυτο 35
αυτω   14. S και ουκ εζητ. κσ (sic!) nov. sect. inc. ... S απεστρεψεν
XI. 2. S βασιλευσ ... S ο εισαγαγων κ. εξαγαγων ... AS om ισραηλ
                                      οιμ   εση
secund. ... S² πενεισ ... AS σοι εισ (S²) ... S² ιηλμ   3. BS εναντιον
4. S² αυτου i. f. l. add. ... S om εισ ... BS ϊεβουσ pro γην   5. ABS ειπαν
6. S² τυπτων τον ... επ αυτην εν   8. S οικοδομησεν ... ABS i. f. add. 40
και επολεμησεν και ελαβεν την πολιν   9. S² πορευομενοσ μετ αυτου ...
BS om και μεγαλυνομενοσ   10. S om τη ... S εν προ επι   11. S ϊεσσαι-
                                                                                            ου
βαδα ... AB αχαμανει, S αχαμαννι ... S² τριακοσιασ   12. S δωδε ...
αρχωνει, S αχωνει   13. BS φασοδομη ... S εισ πολεμον εκει   16. AS εν
τη βηθλ., ... βαιθλεεμ, it. 18.   17. S βαιθλεεμ (non B) 18. S² suppl. και 45
διερρ. usque πυλη, i. m. s. (S βεθλεεμ.) ... χ ηλθον i. m. ... BS ηθελεν   19. S²
              ων   ε   ε.   ου
ανδρων τουτο ... S¹ ηβουλοντο (πιν)   20. BS αβεισα ... S² τριακοσιασ

IX. 27. το πρωι ανυγειν incipit folium codicis S[inaitici]

54 XI. 22. ΠΑΡΑΛΕΙΠΟΜΕΝΩΝ Α. XVI. 43.

22. S βανια 23. ABS βαναιασ (S -εασ), it. 24. 24. ϊωαδ 25. A¹BS om ην
26. δωδωε βαιϑλαεμ 27. BS αδι pro αρωρι 28. ABS ωραι ... BS εκ τησ
οϑεκω 29. αϑει pro ουσαϑι 30. BS νεερε ... νεϑωφατει ... νετωφατει
32. γαραβαιϑϑι 33.34. βεερμειν σαμαβα οομει· βενναιασ ο σομολογεννουνειν·
5 ϊωναϑ. .·. om σωλα ... αραχει 35. 36. σϑυροφαρμοχορ· αχεια ... BS ο
φεδωνει 37. αζωβαι 39. BS βερϑει 40. ηϑηρει (cf. S) γαρηοβαι ϊοϑηρει
41. BS ουρει 43. βαιϑανει pro ματϑ. 44. BS ϊεια ... BS κωϑαν 45. BS
ελϑειηλ ... ABS ϊωαζαε 45. 46. BS ο ϊεασειλειηλ (S -λιηλ) ... BS ο μιει
... BS εϑεμα 47. ιωβηϑ ... εσσειηλ ... BS μειναβεια
10   XII. 1. BS εισ σωκλα 2. εν τοισ αδελφοισ σαουλ 3. ϊωα ο υϊοσ ...
BS αμα τ. γεβωϑειτου 4. ιερμ°ειασ (sic) ... BS ϊεζηλ ... ϊωαζαβαβ 5. BS
βαδαια ... ABS σαφατια (S -ει-) ... χαραιφει 6. ABS ηλκανα ... BS
ϊωζαρα καινα κ. 7. ελια ... ζαβιδια ... BS ρααμ 8. γεδδει ... BS
om τα 10. μασεμμανη ... AB ϊερεμεια (A -μια) 11. BS εϑοι 12. BS
15 ϊωαν ... ABS ενατοσ 13. μελχαβανναι 14. στρατ°ιασ 15. (ουτοι ex οιτοι
corr.) ... (εωσ δυσμων) 17. (αυτοισ ει) 18. ενεδωσιασ 19. AB εβοηϑησαν
20. ABS αυτον pro τον δαυ. ... σωγλαμ pro σικελαγ. ... BS τωζαβαϑ
21. στρατεια (-ει- et 23.) ... ABS om του 24. ϑυρεωφοροι 26. BS om
και 27. τωαδασ 30. 31. (αυτων'ι και sic) 33. χορεκαινωσ
20   XIII. 2. ABS κυριου ϑεου ... ευωδωϑη ... αδελφ. υμων 4. ABS ευϑησ
5. BS εκκλησιασεν ... ABS ϊαρειμ 6. ABS χερουβειν (S -ιν) 7. ABS επι
αμαξαν 9. και εξεκλεινεν 10. om οργη 13. BS γεϑϑαιου 14. αβεδδαραμ
sec. loco
XIV. 2. ABS om εισ βασιλεα 4. ϊσοβοαμ pro σωβαβ ... BS om και
25 5. BS εκταε pro ελισα ... ελειφαλεϑ 6. BS ϊανουου 7. BS βαλεγδαε
pro ελιαδε ... BS εμφαλετ (S εν-) 10. BS ηρωτησεν 11. εισ φααλ φαϑισειμ
... BS om ο ϑεοσ ... φαρισιν 12. BS om εκει ... ABS om οι αλλοφυλοι
14. 15. BS των αιτιων bis 15. ABS εξελευση 16. γαζαρα
XV. 2. ABS om αιρειν τ. κιβ. κυριου 3. (εξεκλησιασεν) ... A²BS εισ
30 ϊερουσαλημ 5. BS εκατ. δεκα 6. μερραρει ... BS ασαι ... ABS πεντη-
κοντα pro εικοσι 8. BS γηρσαμ ... BS εκ. πεντηκοντα 8. σαμαιασ
9. ABS χεβρων ... ενηρ ... αυτων 11. BS αριηλ ... BS ασαια ... BS
om και quater ... BS σαμαιαν ... ενηλ 13. ABS εξητησαμεν 17. μερραρει
18. BS om οι prim. ... BS² ελιαβα ... μαασσαια ... ϊματταϑια ... αβα-
35 εδομ (editio) ... ϊεειηλ 20. σαμειραμωϑειϑ ηλωνει (sic videtur dist., cf. S)
... μασσαιασ 21. BS μετταϑιασ ... ενφαναιασ ... BS om και ante μακε-
νια ... BS ϊσχυσαι 22. BS κωνενια 23. ABS ηλκανα 24. ABS βαναι
25. om οι ante πρεσβυτ. ... BS αβδοδομ 27. BS om και post. ψαλτωδ.
... ϊεχονιασ 28. ABS αναφωνουντεσ ναβλαισ 29. ABS om η ... BS om η
40   XVI. 5. ειειηλ ... σαμαρειμωϑ ειειηλ sine και ... BS αβδοδομ ... BS
ειειηλ 8. BS om τω κυριω 11. BS om τον κυριον 14. BS om αυτοσ
15. μνημονευομεν 22. BS om και 24. ABS om versum 26. ABS ουρανον
28. BS πατρι pro αι πατριαι 29. BS om δοτε τω usque ονομ. αυτου
32. βοβϑησει ... om και ante ξυλον 35. BS εσωσεν ... ABS om και
45 αϑροισ. ημασ 36. BS om και εωσ τ. αιωνοσ 38. ABS αβδοδομ bis ...
ϊδειϑων, it. 41. 42. ... οσσα ... ABS om τουσ 42. BS om οι δε 43. BS
απασ

XI. 22. folium S desinit αυτου υπερ: inde a και]βασαηλ incipit codex
FA = S. Cozza pro ουτοσ edidit ουτεσ
XIII. 7. επι αμ.] b επ αμαξ., Ti εφ αμ.

XVII. 2. ΠΑΡΑΛΕΙΠΟΜΕΝΩΝ Α. XXIII. 28. 55

XVII. 2. om τη 4. (μοι οικον) 6. BS om οισ ενετειλαμην ... AB ωκοδομηκατε 7. ABS om εγω 9. ABS προσθησει αδικια του 10. AB απαντασ ... ABS om οικον ... BS σε pro σοι 11. BS ο pro οσ 14. om ο 20. ABS om θεοσ 21. ABS² εαυτω λαον ... BS θεσθαι αυτω 22. ABS om εγενηθησ 23. ABS om και ποιησον usque 24. εωσ αιωνοσ 24. BS 5 και οικοσ 25. BS om κυριοσ ο θεοσ μου (A om ο θ. μ.) 27. om του post ηρξαι ... BS om κυριε
XVIII. 4. BS om πεζων ... BS ὑπελιπετο 5. BS om δαυιδ 6. AB εσωζεν 8. BS μεταβηχασ ... πολεμων pro πολεων 10. ἰδουρααμ ... om τα post παντα ... BS σκευη αργ. και χρυσα ... ABS om και τα χαλκα 10 11. ABS om ο βασιλευσ 12. BS αβεσσα 13. BS om τον δαυιδ 15. BS σαρουϊα ... στρατειασ ... BS ὑιοσ αχεια ὑπομνηματογραφοσ 16. ABS om οι ... ἰησουσ pro σουσα 17. BS ἰωδαε επι των ἰερεων και φαλτεια (S -τια) κ. ὑϊ. δ.
XIX. 1. BS om ναασ 2. υι. ανασ ... ABS om προσ αναν 3. ABS 15 ε
om υιων ... BS om δαυιδ ... BS ουχ ... BS εξεραυνησωσιν ... ABS om και post πολιν 6. BS μοοχα 7. BS ante δυο add. αρματα και ἰππεισ ... ABS μωχα ... μαιδαβα 8. στρατειαν 10. ABS εξοπισθεν 11. ABS αβεσσα 12. A¹BS συροσ sine ο ... AB εαν υιοι 13. BS om ανδριζου usque τ. θεου ημων ... BS om εν οφθαλμοισ αυτου 14. ABS απ αυτου 15. ABS 20 εφυγον συροι ... BS και αυτοι α. πρ. ἰωαβ κ. απο πρ. αδελφου αυτου (S αυτων) 16. ABS om ο ... BS² απεστειλαν ... σωφαρ 17. BS συροσ εξεναντιασ δαυειδ ... ABS om εισ πολεμον 18. AB δαυειδ pro ισραηλ ... σαφαθ 19. om τοισ υιοισ
XX. 1. στρατειασ ... ραββαν ... AB εκαθητο ... om ἰωαβ. 2. μολ- 25 χολ ... AB om του ante βασιλεωσ 3. AB om και εν διασχιζουσι ... παισιν pro πασιν 4. θωσαθει 5. ελλαν ... ελεμεε ... AB γεθθαιου 7. AB ὑιοσ αδελφου δ. 8. ουτοσ εγενετο ... AB om τω
XXI. 2. πορευθητε δη ᵃριθ. 3. AB om του ante κυριου ... παιδεσ· και ινα τι ζητει 4. om το δε ρ. usque παντι ισραηλ 5. om και υιοι ιουδα 30 usque μαχαιραν 7. AB γαδ' ορωντα ... om λεγων 12. μαχαιρα εξ εχθρ.
ω
13. et 15. AB εξολεθρευσαι 15. εξολοθρευεν 17. αριθμησαι τω 18. (του ειπετ'ν) ... AB τω κυριω 21. προσ ορναν 23. AB εναντιον αυτου 24. AB αγορ. αγοραζω 26. AB δαυ. εκει ... AB καταναλωσεν 27. AB om αυτησ 28. om κυριοσ ... εν τω αλω 29. βαμωθ 30. AB ηδυνατο 35
XXII. 2. AB om τουσ sec. 9. A¹B om αυτου ante κυκλοθεν 11. om μου 16. AB εν χρ. εν αργυρ. εν χαλκ. 17. AB τοισ παισιν αρχουσιν 18. om υμων post χερσιν
XXIII. 1. AB αντ αυτου 4. AB om κυριου 5. πυλωροι κ. δ̄ χειλιαδεσ i. m. inf. ... AB εν τοισ οργανοισ 6. AB om και post κααθ ... μαραρει 40 7. κ. τ. παροσωμ τω εδαν κ. τω σ. 8. AB ὑἰω ... AB ο αρχων ... ἰηλ κ.
ζεθομ ... και τρεισ 9. ὑιον σεμεει αλωθειμ και ειειηλ (ˈκαι τρεισ) ᵏαιδαν (= εδαν?) τρεισ 10. (τ. ὑιοισ σεμ.) 11. επληθυνεν ... εγενετο 12. AB ἰσσααρ 13. μωσησ 17. AB ρααβια bis ... om τω ελιεζερ (sec.) 18. AB ἰσσααρ 19. υιων χεβρων· (c. praec. conj.) ... ἰδουδ ... αμαδια ... οζιηλ ... ικεμιασ 45 20. μειχασ 21. ο μουσεί ... μοηλ pro μοολι sec. 23. αιδαθ pro εδερ ... αρειμωθ 26. λ^ειτουργιαν 28. AB επει (A -ι) χειρα ... λ^ειτουργιασ ...

XVIII. 1. Ti Prol. notat „Γεθ, ut alibi pro Γεδ", sed b habet γεθ hoc loco!
XIX. 17. „Ab hoc inde versu deest S."
XXIII. 26. λ^ειτουργιαν] Ti λειτουργιαν, b λειτουργειαν, item 28. Ti -ιασ, b -ειασ; item XXIV, 3. 19.

56 XXIII. 29. ΠΑΡΑΛΕΙΠΟΜΕΝΩΝ Α. XXVIII. 8.

om οικου 29. AB om και priora duo 30. AB om και secundum 32. AB om και την φυλακην του αγιου
XXIV. 1. AB om και ante ελεαζαρ 4. εξ και δεκαι... υιοισ ααρων ϊθαμαρ... om οκτω 7. τω ϊαρειμ τω αναιδεια 8. χαρηβ 9. βενιαμειν 5 pro μεϊαμ. 11. AB ενατοσ... ϊσχανια 12. ελιαβιει 13. οχχοφφα 14. γελβα pro ιεσβααλ (quod omisit) 15. εμμηρ ο πεμπτεκαιδεκατοσ et sic usque 18. τω μαασαι ο τριτοσ και εικοστοσ 19. λειτουργιαν 20. ϊωβαηλ... AB om τοισ υιοισ σωβαηλ... ϊαδεια 22. ισσαρει... AB ϊναθ 23. ϊηδειμου pro εκδιου... ϊαση pro ιαζιηλ... ϊοκομ 24. om τοισ υιοισ 27. AB ζαχχουρ 10 29. AB ϊραμαηλ 30. μοουσει μοολλει κ. ηλα κ. αρειμωθ 31. αχειμελεχ και αρχων των
XXV. 1. ϊδειθων, item 3 ter. 6. 2. σακχουσ... ναθαλιασ 3. τουνα pro γοδολιασ... σαια χ, σεμεει κ. ασαβια... AB ματταθιασ... ανακρουομενοσ 4. τω αιμανει... μανθανιασ κ. αζαραηλ κ. σ. και αμσου κ. ιερε- 15 μωθ... om και αναν... ηλιαθαθ... και ρωμει υϊοι ωδ και ϊειβασακα
κ. μανθει... μελζωθ 5. om ο...: AB δεκατεσσαρεσ 6. AB om εισ τ. δουλ. οικ. τ. θεου... αιμανει 9. τω ϊωσηφ γαλουϊα... AB αδελφοι αυτου κ. υϊοι αυτου 10. ζαχχουθ υιοσ α. 11. ϊεσδρει 16. AB ενατοσ... μανθανιασ 17. εμεει 18. αζαρια 19. αρια 21. ματταθιασ 22. ερειμωθ 20 23. AB ανανιασ 24. βαχατα 26. μεθαθει 27. αιμαθα 28. ηθει 29. γοδο= μαθει 30. AB ο τριτοσ και εικ. 31. AB ο τεταρτ. και εικ.... ρομελχειωθ
XXVI. 1. om και ab initio... φυλων... μοσολαηλ υιοσ κωρη εκ. τ. υ. αβιασαφαρ 2. 3. και την μοσαλεα υϊου ζαχαριου ο πρωτ. ϊδερηλ ζαχαριασ ϊενουηλ ϊωλαμ ϊωνασ, omissis ο δευτεροσ, ο τριτοσ etc.... ελιωναισ 25 ο εβδ. 4. AB om αβδ. ο ογδοοσ... AB αβδοδομ... om ο δευτεροσ... om ο τριτοσ... σωχαρ... om ο τετ.... νααοϊειηλ... om ο πεμ. 5. αμειηλ... om ο εκτ.... om ο εβδ.... ϊαφθοσλααθι... om ο ογδ. 7. γοονει... ελησαβαθ... εννου... σαβχεια 8. αβδοδομ... AB οι αδελφ. αυτ. και υϊοι αυτων... AB αβδοδομ 9. μοσομαμειδ 10. ϊοσσα, item 11. 16. 18. 30 ... μερραρει 11. om χελκιαθ ο δευτεροσ... om ο τεταρτοσ... παντεσ ουϊοι i. f. pag. 14. σαλαμεια... dist. ζαχαρια υιοι σωαξ 15. AB αβδοδομ... εσεφειν 17. το εσεφειν 19. πυλωρ. τ. υϊοισ κααθ κ. τοισ μερραρει 21. plene υϊοι χαδαν ουτοι γηρσωνει τω λαδαν και ϊαιεηλ του ϊου υϊοι ϊειηλ αρχοντεσ π. τ. λαδαν τ. γ. ϊειηλ 24. ϊωηλ pro σουβαηλ 35 ... μωση 25. AB τω ελιεζερ... ωσαιασ 27. δαφυρων 28. ηγιασεν 29. ισσαρει 30. αυτου οι δυνατοι... λειτουργειαν 31. χεβρωει τουδειασ... ριαζηρ 32. υϊοι οι δ.... AB αρχοντεσ πατριων... AB ημισεισ
XXVII. 1. και οι υ.... κατ... AB λειτουργ. τω λαω 2. σοβαλ... AB ζ. και επι 4. εχχωχ... AB α διαιρ. αυτου ad διαιρ αυτου transil. 40 5. AB τεσσαρ. και εικοσι 6. AB om ο bis... λαιβαζαθ pro ζαβαδ 7. αβδειασ... AB ο υϊοσ... AB τεσσαρ. και εικοσι 8. σαλαωθ ο εσραε... εικοσιτεσσαρεσ 9. θεκωνειτησ... τεσσ. και εικ. 10. χεσλησ... AB τεσσ. και εικ. 11. ϊσαθει... ζαρια... AB τεσσ. και εικοσι 12. AB ενατοσ... AB ενατω... αβιεζερ εξ... AB αναθωθ εκ γηθ β. 13. AB 45 ο εκ νετουφατ... ζαρει... AB τεσσ. και εικ., it. 14. 15. 14. AB om εκ sec. 15. AB νετωφατει (A -τι) 16. των ρουβην... μαχα 17. σαμουηλ 18. μεισαηλ 19. νεφθαλει ερειμωθ ο τ. εσρειηλ 20. AB ϊωηλ ο του... φαλαδαια 21. τη ημισει φ. μ. των εν τη γαλ.... AB ϊαδδαι ο του ζαβδειου (A -διου)... ασειηρ 22. αζαραηλ... AB ϊωραμ 23. AB οτι κυριοσ 50 ειπεν 25. AB ωδιηλ 26. AB επι δε pro και επι... χοβουδ 27. ζαχρει 28. βαλανασ 29. ασειδων pro σαρων... ασαρταισ... σωφαν... AB αδαι 31. γαρειτησ
XXVIII. 1. om παντασ sec.... AB om και πασησ usque ευνουχοισ... om τησ στρατιασ 2. AB om μου sec. 4. om και εν τοισ υι. τ. πατροσ 55 μου... AB με βασιλεα επι τω παντι 6. κληρονομησει pro οικοδ. 8. om

XXVIII. 9. ΠΑΡΑΛ. Α. ΠΑΡΑΛ. Β. VI. 8.

και εν ω. ϑ. η. φυλαξασϑε... om πασασ... om και κατακληρονομησητε
... τ. ϋ. ημων... om μεϑ υμασ 9. om υιε... om αυτω... γιγνωσκει
10. τοινυν... om οτι... Α²Β ζαχχω 12. om οικου secund. 13. AB
om και secund. 11. om τησ λατρειασ οικ. κυριου 17. και τον σταϑμον...
om και ϑυισκων κεφουρε (Α om κ. ϑυισκ.) 18. AB και τον του... AB 5
χερουβειν 20. μη σε ενκαταλ.... om και ιδου... σακχω
XXIX. 2. AB σοομ... AB και λιϑουσ πολυτελ.... πολυ 4. AB σου-
φειρ... δοκιμιου 5. AB om εισ το χρυσ. usque παν εργον... AB om
των 6. προεϑυμησαν 7. εργα οικου... βεσιηλ τ. γηρσομνει 11. συ pro σοι
14. AB ο λαοσ σου... om εκ 15. κατοικουντεσ 17. παντα ταυτα 22. AB 10
εναντιον κυριου... om εκ δευτερου 23. επηκουσαν 24. και οι υιοι...
βασιλεωσ πατροσ α. 25. AB επανωϑεν εναντιον παντ.... εδωκαν 27. om
και 28. AB γηρει 30. om και οι καιροι... i. f. add. versum primum
libri sequentis cum his lectionibus κατενισχυσεν pro και ενισχ.... επι
τησ βασιλειασ... ηυξησεν pro εμεγαλυνεν 15
Subscriptio: παραλειπομενων α

ΠΑΡΑΛΕΙΠΟΜΕΝΩΝ Β.

Inscriptio: παραλειπομενων β
I. 4. AB om δαυιδ οτι επηξεν αυτη... AB εισ ϊερουσ. 6. AB εχει
σαλωμων... επ αυτο 7. AB ο ϑεοσ 8. ο pro συ 9. AB om δη... AB
δαυειδ πατερα... χνουσ 12. εμπροσϑεν σου 13. μαβα pro βαμα...
γαβαων τησ εν ϊερουσ.... προσωπου σκηνησ μαρτυριου 15. AB το χρυσ.
και το αργ. 16. ιππεων τω σαλωμ.... AB om και ante ηγοραζον 17. AB 20
εκατον και πεντηκοντα... AB om τοισ extr.
II. 2. om νωτοφορων 3. AB χειραμ fere semper... AB του πατροσ
μου δανειδ... οικοδομησαι αυτω 5. AB om κυριοσ 6. AB αυτου την
δοξαν 7. om και post αργυριω... om και εν τη υακινϑω 10. om πυρου
... οινου μετρων x χειλιαδασ x ελαιου μετρων 11. AB om λεγων 12. τω βασιλει 25
i. m.... συνεσιν κ. επιστημην 13. AB απεσταλκα... AB τον χειραμ...
τ. ' πατερα μου, i. m. ' παιδα μου et sic A. 14. AB om και post σιδηρω
17. AB προσηλυτουσ εν 18. εργοδιωκτασ i. m.
III. 1. AB αμορεια (A -ρια) 4. πλατοσ 6. AB om εχρυσωσε... AB
φαρουαιμ 7. AB om αυτου... AB χερουβειν, item 8. 10. 11 bis (non A). 30
13. 14. 8. AB om του οικου 11. και η μια πτερυξ... απτομεναι του
13. AB om τουτων 15. τοιχου pro οικου 16. (AB δαβειρ)... επεϑηκεν
IV. 1. AB το ϑυσιαστηριον... πηχεων εικοσι... AB μηκοϑ sine το
... AB και το ευροσ πηχ.... εικοσι· ϋψοσ πηχεων δεκα 2. AB πηχεων
δεκα... πηχεων πεντε... AB πηχεων τριακοντα 3. πηχεισ δεκα... 35
conj. κυκλοϑεν δυο γενη·... μοχλουσ 9. κατακεχαλκωμενα 13. και % γενη,
i. m. % δυο 14. AB τασ μεχωνωϑ... AB επι των μεχωνωϑ 17. σεχχωϑ
και αναμεσιρδαϑαι· 20. AB δαβειρ 22. AB αγιων εισ τασ
V. 1. AB om και ante εδωκεν... om οικου 2. εξεκλησιασεν... AB
om παντασ prius 3. εξεκλησιασϑησαν 7. AB δαβειρ, item 9... AB 40
χερουβειν, item 8 bis. 8. om επι ante την κιβ. 12. ϊδειϑουμ. 13. και ωσ
υψωσαν
VI. 2. οικοδομηκα 3. om η 4. AB οσ pro ωσ 5. AB ειναι ονομα
6. om και εξελεξ. την ιερ. usque εχει 8. εποιησασ οτι i. m.... επι την καρδιαν

XIX. 3. pro των αγιων (ABb) Ti scripsit τῷ αγιων
III. 16. AB δαβειρ] et b hoc loco, Ti δαβιρ

10. δαυειδ του πατρ. μ. ... οικοδομησα, item 18. 33. 13. πηχων τ. μηχ.
14. 15. καρδια· εφυλαξασ 16. om τω πατρι μου ... προσωπου μου καθημ.
... ονοματι pro νομω 19. ησ ο παισ σ. προσευχεται i. m. inf. 20. οφθαλμ. μου
... ΑΒ ο παισ σ. προσευχεται 21. om σου sec. 23. του ουρανου bis
5 scrips. ... AB om και extr. ... ἑ αυτω, i. m. ἑ εκαστω, sic A. 24. ΑΒ εξομο-
λογησονται ... ΑΒ προσευξονται 27. ΑΒ² αυτων παιδων σου 28. γενητ. επι
της γης· ανεμοφθ. ... ΑΒ om και ante εαν θλειψη ... ΑΒ και παν πονον
29. om παντι prius 30. ΑΒ ιαση 31. ΑΒ επι προσωπου 32. λαου ισραηλ
33. ΑΒ om συ ... οσα εαν ... ΑΒ επικεκληται το ονομα σου 34. ΑΒ προσ-
10 ευξονται ... οικοδομηκα 35. ΑΒ τησ δεησ. αυτ. κ. τησ προσευχ. αυτων
36. ΑΒ om αυτουσ tertio loco 37. ΑΒ ηδικησαμεν ηνομησαμεν 38. ΑΒ
om οπου ηχμαλ. αυτουσ ... προσευξονται 39. ΑΒ αμαρτοντι 40. ΑΒ om
και ab initio 42. om του χριστου
    VII. 5. ΑΒ om ο βασιλευσ ... χειλιαδεσ ... om βοσκηματων usque
15 χιλιαδασ ... και πασ ο λαοσ c. seq. conj. 8. ημεραισ 10. ΑΒ τω σαλω-
μων 11. οσα ἑ εποιησεν εν, i. m. ἑ ... ΑΒ ευοδωθη 12. ΑΒ ο θεοσ pro
κυριοσ 14. ΑΒ επικεκληται pon. post ονομα μου 15. ΑΒ om και ab
initio ... τησ προσευχησ 18. ΑΒ ανηρ ηγουμενοσ 19. ενκαταλιπητε
22. κυριον θεον ... ΑΒ om και ultimum
20   VIII. 1. ΑΒ εικοσι ... οικοδομησεν 2. χειραμ i. f. col. 4. ωκοδομ. την
θοε|δομησεν την θοεδομορ ... om ασ 5. βαιθωρωμ bis 6. βαλαα 8. ΑΒ
om αλλ ... μετ αυτου ... om ουκ 11. ΑΒ σαλωμων ανηγαγεν ... αγροσ
pro αγιοσ 12. ΑΒ om κυριω post ωκοδομ. 13. ΑΒ και κατα ... αζυμων·
εν ... εβδομαδων· εν 14. ΑΒ om του πατροσ αυτου ... ΑΒ ιερεων κατα
25 ... του λειτουργειν κ. αινειν 17. ΑΒ αιλαμ 18. ωχετο ... ελαβεν
    IX. 1. ΑΒ αρωματα κ. χρυσ. εισ πληθοσ ... ΑΒ om ην 2. λογ. α.
σαλ. λογοσ ον 3. οικοδομησεν 4. οινοχοων 7. ΑΒ om σου primum ...
ΑΒ παιδ. σου ουτοι ... ΑΒ και ακουουσιν σοφιαν σου 8. ΑΒ ηυλογημενοσ
... ΑΒ ηθελησεν σοι ... τω κυριω θ. 14. om ων ... ΑΒ om παντεσ 15. ΑΒ
30 inter ελατουσ et εξακοσιοι add. εξακοσιοι χρυσοι καθαροι τω ενι θυρεω
16. om τριακοσιων usque εκαστην 17. ΑΒ ελεφαντινον 28. των σαλωμων
29. ΑΒ om ουτοι 30. ΑΒ σαλωμων ο βασιλευσ
    X. 3. απεστειλεν ... εκαλεσεν ... εκκλησια ηλθον προσ 6. ΑΒ εναν-
τιον σαλωμων ... ΑΒ βουλεσθε (A -αι), item 9. 10. ΑΒ om λεγοντεσ
35 11. ΑΒ και εγω bis ... ζ. ημων ... μαστιγξιν 12. ΑΒ με τη ημερα 14. ζυγον
ημων ... μαστιγξιν 16. ΑΒ μερισ sine η 17. εβασιλευσεν επ α. ιεροβοαμ
18. om ο βασιλευσ ... οι υιοι ισραηλ αυτον ... ιεροβοαμ
    XI. 1. χειλιαδεσ 4. ΑΒ πολεμησετε 6. ΑΒ βαιθσεεμ ... απαν 7. ΑΒ
σοχχωθ ... οδολαμ 8. ζειβ 10. αλδων 11. εν αυτοισ 13. κ. οι λευειται
40 κ. οι ιερεισ οι 14. εξεβαλλεν 15. αυτω 18. μολλαθ ... δαυειδ ἁβαιαν·
... ελιαν 19. ιαουθ ... ΑΒ σαμαριαν ... ροολλαμ pro ζααμ 20. ΑΒ ιεθ-
θει ... ζειζα ... εμμωθ pro σαλημ. 21. μααχαν ... παλ. τριακοντα ...
ΑΒ εικοσι οκτω
    XII. 2. ΑΒ εν τω πεμπτω ετει 4. ηλθεν 5. σαμμαιασ ... ΑΒ με
45 χαγω 7. σαμμαιαν 9. ΑΒ om επι ιερουσαλημ 10. ΑΒ om ο βασιλευσ,
it. 13. 13. ΑΒ και ονομα τησ 15. ΑΒ και οι εσχατοι ... ουχ ... σαμ-
μαια ... αδω ... ΑΒ επολεμει 16. ΑΒ ροβοαμ· και εταφη μετα των πατε-
ρων αυτου (A εαυτ.) ... (και εταφη εν etc.)
    XIII. 1. ισραηλ pro ιουδαν 2. ετη τρια 6. ανεστη pro απεστη 8. ΑΒ
50 λεγετε υμεισ 9. εκ μοσχων 10. λευειται εν 12. ΑΒ om μη ... ΑΒ

    VIII. 1. εικοσι] ita et Ti, b εικοσιν

XIII. 13. ΠΑΡΑΛΕΙΠΟΜΕΝΩΝ Β. XX. 17. 59

πολεμησετε (A -αι) 13. αυτων ... AB οπισθεν κ. 14. εμπροσθεν 15. εν
τ. βοαν ἀανδρεσ, i. m. ' 19. AB αυτου πολεισ ... κανα (A ανα) pro ιεσυνα
21. AB και θυγατερ. δεκαεξ 22. αδω
XIV. 1. AB ετη δεκα 2. κυριου θεου 5. AB πασων των πολεων
6. AB αυτω κυριοσ 7. μοκλουσ ... εζητησαμεν ... AB κυριον θεον ... 5
AB ευοδωσεν 8. AB τω ασα δυναμισ ... AB πεντηκοντα pro ογδοηκ.
9. δυν. εν χειλιαισιν και$_o$...μαρισηλ 10. μαρεισησ 11. ηλθαμεν 13. AB
om αυτουσ 14. πολεισ αυτου. 15. AB κτησεων τουσ αμαζονεισ
XV. 2. απαντησιν αυτων εν παντι ... om ακουσατε usque βενιαμιν
... ημασ ... καταλιπητε 3. om και ουχ ιερ. υποδεικνυντοσ 5. τ. εισπορευ- 10
ομενω κ. τ. εκπορευομενω ... om τασ 8. AB om ιεροβοαμ ... ανεκαινισεν
10. AB εν τω πεντεκαιδ. ετει 11. AB εν εκεινη τη ημερα ... om απο
των σκυλων ... ηνεγκεν 12. AB om αυτων in f. 13. AB εκζητηση κυριον
θεον ισραηλ 14. om και εν κερατιναισ 15. AB ηυφρανθησαν ... AB² αυτοισ
κυριοσ κυκλωθεν 18. AB οικου κυριου του 15
XVI. 1. AB ανεβη βαασα 2. AB χρυσ. και αργυρ. 4. απεστειλ. προσ
τουσ ... ιω ... δανω ... αβελμαν 5. αβαασα 6. AB ασα ο βασιλ. ...
ιουδα 7. αναμει ... om η 9. πληρει επι του προσ αυτου ηγνοηκασ ...
εστιν . 10. οτι ωργισθη i. m. 12. AB ασα εν τω ενατω κ. τριακ. ετει ...
εζητησεν κυριοσ (sic) αλλα 13. εν τω ενατω ϗ τριακοστω ετει 14. om εωσ 20
XVII. 4. AB ωσ του ϊσραηλ τα εργα 5. AB κατηυθυνεν 6. AB υψωθη
καρδια 7. AB και εν τω τριτω ετει τησ ... αβιαν ... AB om του 8. σαμουασ
... μανθανιασ ... ϊασειηλ ... σαμειραμωθ ... AB αδωνιαν ... AB om
και τωβιασ ... και τωβ αδωβεια (sic) λευειται οι ... ιωραν 9. βυβλοσ
11. εφερον pro ιωσ. 12. AB οικησεισ εν τη ϊουδαια 13. om αυτω 25
14. AB ουτοσ αριθμοσ ... AB εδναασ 16. μασαιασ του ζαρει 17. ελειδα
XVIII. 3. AB om ει ... λαοσ μου κ. ο λ. σου 7. ιεμαασ ... AB
λαλειτω 8. ιεμαα 9. AB επροφητευον 11. AB επροφητευον ουτωσ 16. A²B
om ουτοι 17. AB ειπα 18. εισηκει 19. γαλ. και ειπεν ουτοσ ουτωσ και
20. αυτον 21. απατησεισ δυγηση 23. οδω πνευμα παρ εμου πνευμα 30
προσ σε πνευμα κυριου etc. 24. om εν η ... εισελευσεται 25. ιωασα
26. ερεισ ... AB αποθεσθαι 27. AB om και ειπεν post εν εμοι 33. AB
και εξαγαγε 34. AB εωσ εσπερασ εξεναντ. συριασ ... δυναντοσ
XIX. 1. απεστρεψεν 2. ϊου ... AB² βασιλευσ 3. AB om οτι ab initio
4. om εισ ιερουσαλημ ... βεηρσαβεε 5. AB κατεστησεν κριτασ ... om εν 35
prius 7. υμασ φυλ. ... AB ποιησετε 8. AB και γαρ εν 10. πασ ανηρ·
cum praeced. conj. vid. ... αδελφ. ημων ... om εν ταισ πολ. αυτων ...
ϗ αιμα i. m. ... AB κ. αναμεσον προσταγματοσ ... AB εφ υμασ οργη 11. AB
εισ παν λογον ... om υιοσ ισμαηλ ... AB προσ παν λογον
XX. 1. AB οι υιοι αμμ. 2. ασαμ θαμαρα ... ενγαδει 3. AB το προσ- 40
ωπον ... AB εκηρυξαν ... εν παντι ιουδα i. m. 4. (παι συν., editio) ... AB
ιουδασ 6. AB πατερων ημων 7. κυριοσ εξωλεθρευσασ ... om του λαου σου
8. εν αυτη ϗ ωκοδομησαν i. m. 9. του^{του} και 10. AB ιδου υιοι ... αμμων
ϗ μωαβ και ορ. 12. κυριε ο θεοσ ημων c. praeced. conj. vid. 13. AB om
αυτων extrem. 14. om βαναιου των υιων ... ελεαληλ τ. μανθανιου 15. AB 45
κατοικουντεσ ιερουσ. 16. AB αναβασ. ασαε 17. ϊδου pro ιουδα ... μη

XVIII. 7. λαλειτω] b λαλητω quod Ti retinuit, quamquam in Proleg.
„λαλειτω pro λαλητω" se scripsisse testatur.

60 XX. 18. ΠΑΡΑΛΕΙΠΟΜΕΝΩΝ Β. XXV. 23.

πτοηθ. μηδε φοβηθ. αυτον ͬ ͥ 18. επεσαν 20. AB om αυτουσ ... om και
ειπεν ... AB κ. θ. ὕμων 21. ελεγεν 22. AB om αυτουσ ... AB αινέσεωσ
αυτου τησ ... ϊουδα 23. απεστησαν ... AB om αυτουσ 25. AB ηλθεν
... εσκυλευσεν 28. εισηλθον εν ϊέρουσ. ... και εν κινυραισ ͻ 29. AB επολε-
5 μησεν κυριοσ (A πεπ.) 31. ϊουδα· ... AB om ων ... AB εικοσι πεντε
33. AB om και pr. ... AB καρδιαν προσ κυριον θεον τ. ... αυτου 34. ϊησου.
... βιβλιου ... AB βασιλεωσ 35. om βασιλευσ ιουδα 37. AB επροφητευ-
σεν ... ελειαδα ... ωδεια (A ωδια) ... AB του πορευθηναι
XXI. 1. AB ϊωραμ 2. om αζαριασ ... ϊηλ ... om και αζαριασ ...
10 AB μεισαηλ κ. σαφατειασ (A bis -ι-) 3. AB μετα πολεων ... ουτοσ πρω-
τοτοκοσ 6. βασιλεωσ 8. εφ αυτουσ 10. AB κυριον θεον 11. AB εν
πολεσιν ... εξεπορνευσαν ... ϊουδα 12. θεοσ πατροσ σου δαυειδ ανθ
13. βασιλεωσ ισρ. ... om του
XXII. 1. AB τον ϋιον ... AB απεκτεινεν το ληστηριον το επελθον επ
15 αυτουσ ... αραβεσ οι αλειμαζονεισ 2. AB ων εικοσι ετων 4. AB συμβου-
λοι post πατερα αυτου pon. 5. AB om βασ. ισραηλ ... ραμα 6. ισραηλ
bis ... AB εν ραμα ... θεασθαι 7. AB κ. εν τω εξελθειν εξηλθεν ... om
ιηου ... ναμεσσει ... κυριου τον 8. ϊου ... ευρον τουσ ϊουδα αρχοντασ
... αδελφ. οχοζεια 9. ϊου 10. AB οχοζεια (A -ζια) ... AB αυτησ ο ϋιοσ
20 11. ϊωσαβεε ... om θυγατηρ τ. βασιλεωσ ... AB ϋιον οχοζεια (A -ζια) ...
ταμειον κλεινων ... ϊωσαβεε ... βασιλεωσ ϊωρασ ... οχοζειου και ϊωδαε
του ιερεωσ αδελφοι· ... προσωπ. του βασιλεωσ ϊωασ γοθολ. κ.
XXIII. 1. μασσαιαν ... αζεια ... ελεισαφαν ϋιον υιον ζαχαρια ... AB
μετ αυτου ... om κυριου 2. συνηγαγεν ... αρχοντεσ 3. AB πασα εκ-
25 κλησια 5. om το prius 6. φυλακ. κυριω 7. τον βασιλεα οι λευειται ...
AB εισπορευομενου και εκπορευομενου sine αυτου 8. AB om αυτοισ ... AB
om ο ιερευσ ante τασ 9. AB om ιωδαε 10. AB παντα τον λαον 11. AB
om ο ιερευσ 13. AB om και οι ante αρχοντεσ ... AB om τησ γησ ...
(αιδοντεσ) 17. AB om αυτου prim. ... και ελεπτυναν ... AB ϊερεα τησ
30 βααλ 18. AB ενεχειρησεν 20. AB επι τον θρονον 21. γοθολια
XXIV. 1. AB επτα ετων ... AB βασιλευσαι ... AB αβια 3. AB εαυτω
ϊωδαε, i. m. ιασ ... γυναικασ δυο και εγεννησεν 5. AB ουκ επιστευσαν
6. ανθρωπου θεου ... εξεκλησιασεν 10. AB ενεβαλλον 11. εξεκενωσεν 12. AB
εισ την εργασαν 18. ενκατελιπον τον κυριον θεον των (et A om τον οικον
35 etc.) ... ϊουδα και επι ϊερουσ. 19. διεμαρτυραντο ... ουχ υπηκουσαν 22. AB
μετ αυτου ϊωδ. ο πατ. αυτου 23. ϊουδα 24. κυριον θεον 26. ζαβελ ...
σαμα ... ζωζαβεδ ... σομαωθ
XXV. 1. και εβασιλευσεν ων πεντε και εικοσι ετ. εβασ. αμασειασ ...
ϊωααα απο 5. και εισ εκατονταρχουσ εν παντι ... AB δυνατουσ εξελθειν εισ
40 πολεμον 13. ευρεθηναι pro πορευθ. ... επαταξεν ... εσκυλευσεν 14. AB
προσ αυτουσ ... κ. εστησεν εναντ. αυτ. προσκυνειν ... αυτω εθυεν 15. AB
προφητασ ... ειπαν ... AB εξειλαντο ... αυτων 16. AB om προσ αυτον
... AB om ινα 17. om ο βασιλευσ usque προσωποισ 18. οχοζει pro ο
αχχουχ ο ... AB ηλθαν ... AB τον αχουχ 19. AB επαταξασ ... AB om
45 σου prim. ... AB καθησο 22. om αυτου 23. om υιον ιωαχαζ ... αυτουσ

XXIV. 19. ουχ υπηκ.] ita et Ti, b ουχ υπ.

XXV. 24. ΠΑΡΑΛΕΙΠΟΜΕΝΩΝ Β. XXIX. 25. 61

εισ 24. ἰαβδεδομ̂ 25. ἰωασ pro ιωαχαζ 26. ουχ ... επι βυβλιου ... om
βασιλεων 27. απεστειλεν ... εϑανατωσεν
XXVI. 1. οχοζειαν ... ΑΒ αυτοσ δεκα και εξ ετων 3. ΑΒ δεκαεξ ...
om εβασιλευσεν pr. ... χααια 5. κυρ. εν πασαισ ταισ ... ΑΒ ευοδωσεν
6. αβεννηρ pro ιαβνηρ 9. γων. και επι την ἐ πυλην γωνιασ τησ φαρ., i. m. 5
ἐ γωνιαν ... και κατεισχυσεν c. seq. conj. vid. 11. om τω ... ΑΒ δυναμεισ
ποιουσαι ... ΑΒ εκπορευομεναι ... ΑΒ α παραταξιν ad παραταξιν transil.
... ΑΒ om ην ... αμασαιου 13. om και ante πεντακοσιοι 14. ΑΒ
ητοιμαζεν ... αυτουσ ... ΑΒ σφενδ. εισ λιϑ. 15. πωρρω ... βοηϑηϑηναι
16. ϑυμιαμασαι 18. οζεια ϑυσαι κυριω 19. ΑΒ om και post ναω ... 10
κυριου· και επανω 20. ΑΒ επ αυτον ... ΑΒ om αζαριασ 21. ΑΒ ην ante
οζειασ pon. ... βασιλευσ sine ο ... αφφουσιων· ... απεχισϑη ... ΑΒ ἰω-
αϑαμ 22. λογοι οι πρωτ. κ. οι εσχατ. οζειου
XXVII. 1. ΑΒ om υιοσ ... εικοσιπεντε ... ΑΒ δεκαεξ ... ἰερουσσα
... σαδωρ 3. τειχ ἐι αυτου οπλα ωκ. 4. ΑΒ ab initio add. και πολεισ 15
ωκοδομησεν 5. εδιδουν ... om οι υιοι αμμων και ... om υιων ... και
τω δευτερω 6. και κατεισχυσεν ... εναντι 7. ΑΒ γεγραμμενοι 9. αχασ
XXVIII. 1. om υιοσ ... ΑΒ εικοσι ετων αχασ (Α αχαβ) ... ΑΒ βασι-
λευσαι ... ΑΒ δεκαεξ 2. βασιλεωσ 3. εν τοισ pro και τοισ ... ΑΒ αυτων
εϑυεν ... om εν ... γαιβενϑομ ... κατα τα ut vid. ex και τα correct. 20
5. βασιλεων συρ. ... ηχμαλωτευσαν ... om και ηγαγεν εισ δαμασκον ...
και γαρ ... ΑΒ εισ τασ χ. ... βασιλεων ισρ. ... εαυτω pro εν αυτω 6. απε-
στειλεν pro απεκτεινεν ... ΑΒ αυτουσ καταλιπειν τον κυριον ϑεον 7. εζεκρει
... μαασαιαν ... εγδρεικαν ... ειλκανα 8. ΑΒ om και secundum, B et
tertium 9. αυτω i. m. ... ΑΒ επι τον ... ἰουδα ... οργη εωσ 10. ἰουδα 25
ἐ και ἰερουσ., i. m. ἐ εξ ... om υμεισ ... ΑΒ κατακτησεσϑαι ... δουλασ κ.
δουλασ i. m. ἐ ου ... ΑΒ ουχ ιδου ... ἐ ὑμιν μεϑ, i. m. ἐ ... ϑεω ημων 11. om
ϑυμου 12. ουδεια ... ζαχαριασ ο τ. μοσολαμωϑ ... χοαδ pro ελδαι 13. ΑΒ
om ημων post αγνοιαν ... οργη κυριου ϑεου επι 15. κ. εδωκ. και φαγ.
16. ΑΒ om ο βασιλευσ ... αχασ 17. ΑΒ om οι 18. om και τα post 30
βαιϑσαμυσ ... εδωκεν ... αιλω ... om και τ. ϑαμα κ. τ. κωμ. αυτησ ...
γαλεζω 19. δι αχαζ 20. ϑαλγαφελλαδαρ ... και ἐ εϑαψαν (pro εϑλιψεν),
i. m. ἐ επαταξεν et sic Α 21. αχασ ... αυτων ... ΑΒ om ην 22. ΑΒ om
αχαζ 23. και ειπαν ϑεοι 24. εν πλημ i. m. 26. κ. αι εσχατ.
XXIX. 1. om ων ... κ. εικοσι και εvv. ... ἐ αββα, i. m. ἐ ... ζαχαρια 35
3. ΑΒ εν τω πρωτω μηνι 6. ΑΒ om ϑεου ημων ... ΑΒ om αυτων 8. om
αφανισμον και εισ 9. ΑΒ ὑμων μαχαιρα 10. απεστρεψεν τ. οργην ϑυμου
11. om κυριοσ 12. μασι ... ΑΒ ζαχαριου pro αζαριου ... ζαχαριασ ο τ.
ελλη· ... γεδσωνει απο του ζεμ. ... ΑΒ ἰωδαν 13. και ζαμβρει κ. εϋηλ ...
ασα αζαριασ κ. μαϑϑανιασ 14. υἱων ων αιμ. ... εδειϑωμ 15. συνηγαγεν 40
... om καϑαρισαι τ. οικ. κυριου 16. εωσ pro εσω 17. ΑΒ ηρξαντο ... τριτη
pro πρωτη ... ΑΒ του μηνοσ του πρωτου ... τρισκαιδ. συνετελ. τ. μηνοσ
τ. πρωτου 19. εμειανεν αχασ ο βασιλευσ (ο β. sic et Α) ... ΑΒ ηγνικαμεν
21. ΑΒ χιμαρρουσ (Α ει) 22. ΑΒ προσεχεον primo loco· ... προσεχεον ...
om και εϑυσαν usque ϑυσιαστηριω 23. προσηγ. τασ ... ΑΒ χιμαρρουσ 45
24. Α²Β οτι περι παντοσ ισραηλ ειπεν ο βασιλευσ 25. γαδ του προφητου

XXIX. 17. ηρξαντο] sic b calamo ex ηρξατο, quod Ti retinuit

62 XXIX. 27.   ΠΑΡΑΛΕΙΠΟΜΕΝΩΝ Β.   XXXIV. 18.

και ναϑ.... AB δι εντολησ   27. (οργανα δαυειδ)... om ισραηλ   28. AB πασα εκκλησια   31. AB ϑυσιασ και αινεσεωσ... αινεσεωσ   33. τρισχειλια.
....   ω ϑ
πεντακοσια   34. AB ολιγοι ησαν... εδυναντο 35. κατορτωϑη
XXX. 1. AB ϊουδαν   2. AB η εν ϊερουσαλημ   3. αυτο ποιησαι
5 5. ελϑοντεσ... AB εν ϊερουσαλημ   6. ϊουδα... AB om κυριον   8. AB om ωσ οι πατερεσ υμων... AB εισελϑατε   9. αντι... AB παντων αιχμαλ.
11. ετραπησαν... και εν ϊουδα 14. εϑυμιωσιν 15. τεσσαρεσκ.... ηγνισαν,
i. m. ✕ οθη, sic A 18. (ϊσσαχαρ ζαβουλων)... AB αλλα εφαγον... γραφην
τουτο· sic dist.   19. εκζητουσησ 22. AB ϑυσιασ   24. AB μοσχουσ χειλι-
10 ουσ... (και οι|οι αρχοντεσ)   25. AB ευρεϑ. εξ ισραηλ... οι εισελϑοντεσ
... κατοικουντεσ απο ϊουδα   27. AB ηυλογησαν
XXXI. 1. πασησ γησ ϊουδαιασ (editio?)... om εξ   3. AB εισ σαββατα
4. AB² κατεισχυσουσιν   5. AB γενημα   6. om σωρουσ alter.   7. ηρξ. οι ϑεμελιοι σωροι ϑ.... AB εν τω εβδομω μηνι· 10. om προσ αυτον...
15 φερεσϑαι η απαρχη... AB om εωσ εισ πληϑοσ 11. om ετι 12. χωμενιασ
13. ειηλ... μαεϑ... εζαβαϑ... (cf. A) ϊεειηλ και σαμαχεια και ϑαναι βαναιασ... AB ο βασιλ. εξεκιασ   14. AB κωρη... αιμαν... κυριω
15. AB και μαριασ   16. εκαστοσ pro εκτοσ... εισ ημερασ λειτουργιαν
                                                          ω
18. AB παν το πληϑοσ   21. ηρξατο εργασια... ευοδωϑη, it. 32, 30.
20   XXXII. 1. AB σενναχηρειμ ut semper   3. συνεπεισχυσεν   5. AB om τησ   7. AB om και μη φοβηϑητε... AB μη pro μηδε   9. παιδασ αυτου
... στρατεια   10. λεγει ο βασιλευσ (ο et A)... AB om και ante καϑησ.
11. AB σωσει ϋμασ 12. om ουχ... AB ϑυμιασετε 14. ηδυναντο 15. AB om ουν 16. om οι... AB επι κυριον ϑεον 17. AB om οι 18. επι λαον
25 19. ϊερουσ. και ωσ κ.... ϑεου σαλωμων pro ϑεουσ λαων... εργων 20. εβο-
ησεν   21. αγγελον ✕ εξετρειψεν παν δυν.... γην αυτου   22. AB om τον
                                                                    ου
23. AB δωρα... εϑνων: μετα (sic dist. et A)   24. AB² επηχ. αυτω 25. απ-
εδωκεν... ϊουδα 26. AB om αυτοσ... οργη ϑεου 28. AB γενηματα σειτου
κ. ελαιου κ. οινου... χωμαϲ ϗ i. m. add.   30. σειων pro γ.... πρεσβευταισ
30 32. κ. τ. καταλοιπα   33. A¹B μανασση
XXXIII. 3. στρατεια   5. τη παση στρατεια   6. γε βανε εννομ....
εφαρμακευετο κ. οιωνιζετο... επαοιδουσ· επληϑυνεν 7. AB ο ϑεοσ... και σαλωμων τον   8. B¹ επηκουσεν 11. AB om του 12. προσωπ.
του κυριου ϑεου αυτ.... ϑεου των πατ.   14. κ. ωκοδομησεν μετα ταυτα
35... γιον pro νοτον... χειμαρρω και ✕ εκπορ., i. m. inf. κατα την εισοδ. τ. δ. τ. π. τ. ϊχϑυϊκησ και περιεκυκλωσε το αδυτον· ϗ (cf. A)... και εισ αυτον οπλα 16. om κυριου 17. AB ο λαοσ ετι... AB om εϑυσιαζε ... AB πλην κυριοσ ο ϑεοσ αυτων· 18. AB των ορωντων λαλουντων 19. AB om εν αυτοισ   20. AB αμωσ, item 21. 22. 23. 25.   21. ων εικοσι κ. δυο
40 ετων   23. μανασση... om αυτου sec.
XXXIV. 1. AB τριακοντα εν ετοσ   3. ϊουδα... AB om και απο των περιβωμιων   4. AB τα ϑυσιαστηρια   5. ϊουδα   6. AB εφραιμ και μανασση
7. AB τα αλση και τα ϑυσιαστηρια και τα ειδωλα   8. AB τω οκτωκαι-
δεκατω· ετει... om απεστειλε τον... AB σελια... ϊωαχ pro ϊωαχαζ.
45 10. κατεσταμενοι... AB επισκευασαι κατεισχυσαι   11. AB και αγορασαι
12. ʔ ϊε, i. m. ᷃ϊε ... αβδεια... AB om και post λευειτησ   16. (ετει)
17. εδωκεν... om και επι χειρα... AB ποιουντων εργασιαν   18. AB om

---

XXX. 18. ϊσσαχαρ ζαβουλων] ita b, puncto post ϊσσαχαρ posito; Ti ϊσσαχαρ και ζαβ.
XXXII. 23. AB δωρα] ita et Ti, b δώρατα

XXXIV. 19.   ΠΑΡΑΛ. Β.   ΕΣΔΡΑΣ Α.   II. 17.   **63**

λογον ... βιβλιον ο ... AB εδωχεν 19: om τουσ λογουσ 20. αβδοδομ ...
ϊσαια 21. ζητησατε κυριον ... ηκουσαν 22. υ. καϑουαλ ϋ. χελλησ ...
κατοικει ... μαασαναι 24. AB κακα επι τ. τοπ. τουτ. 30. και κατοικουν-
τεσ ... ΛΒ απο μεγαλου εωσ μειχρου ... τουσ παντασ· λογ. 31. AB om
ωστε ποιειν 32. πατροσ pro πατερων 33. (ϊωσειασ) ... AB οπισϑεν 5
XXXV. 1. φασεχ, ut semper in hoc capite ... AB εϑυσαν ... AB om
ημερα 3. αραι AB επ ωμων ουϑεν 4. AB βασιλεωσ σαλωμων 7. αγιων
pro αιγων ... παντα τα εισ 8. dist. λαω· και ... AB και λευειταισ ... om
δε ... οικου ϑεου τοισ ϊερευσιν (A similiter) 9. AB ασαβια ... ϊωηλ ...
om προβατα 10. AB κατορϑωϑη ... λ^ειτουργια 11. εδειραν 12. AB 10
βιβλιω 13. AB ευοδωϑη ... (ο^ι ϊερεισ) 14. AB τα στεατα και τα ολοκαυτ.
15. AB λ^ειτουργιασ αγιων 16. κατορϑωϑη ... AB ϊωσεια (A -σια), it. 19. 27.
17. ευρεϑεν ^ι το, i. m. ^ι τεσ ... φασεχ ^εν τω χ. 18. AB εποιησαν ωσ το
19. AB om εποιηϑη usque οικω ... ϑαραφειν ... καρασειμ ... προσταγ-
ματα pro παροργισμ. ... AB om αυτου ... om γε ... προσωπου καϑωσ 15
21. και ουκ επι ... AB ειπεν κατασπευσαι 22. AB μαγεδων 24. ανεβι-
βασεν 26. om οι λοιποι (A om λοιπ.)
XXXVI. 1. AB αυτον εισ βασιλεα αντι του πατροσ αυτου ... om επι
ιερουσαλημ 2. om υιοσ ... αβειταλ ... λοβενα ... δαβλαϑα ... ϊεμαϑ
... βασιλευειν αυτον εν 4. βασιλεωσ ϊουδα ... δουναι τω φαρ. 5. AB βασι- 20
λευσ sine ο ... AB επ αυτου^σ τουσ ... αϑοω ... ϊωακειμ ενεπλησεν 8. ουχ
... επι βιβλιω 11. AB ετων εικοσι ενο^σ σεδεκιασ 14. AB επληϑυνεν
15. om των προφητων αυτου 16. εξουδενουντεσ 17. ηλεησαν 18. AB
οικου ϑεου ... AB om οικου κυριου ... AB ϑησαυρουσ βασιλεωσ και μεγι-
στανων ... και. παντα 21. a σαββατισαι ad σαββατισαι transilit 22. om 25
κυρου prius 23. AB εσται ο ϑεοσ
Subscriptio: παραλειπομενων β

ΕΣΔΡΑΣ Α.

Inscriptio: εσδρασ α
I. 1. AB ε^ϑυσαν ... τεσσαρεσκ. 3. αγιασ. αυτουσ 8. AB και ησυηλοσ
9. AB σαβιασ pro ασαβ. ... προβατα χειλια 10. ουτω 11. εν πυρι ...
AB χαλκιοισ 14. εδδεινουσ οι π. 15. ητοιμ. εαυτοισ 18. AB τοιουτο
21. AB² πληρει^σ ευσεβ. 23. (α. ϊωσεια^σ) 24. βασιλ. αιγυπτου προσ αυτον 30
26. επιχειρει 27. μεταaδδουσ pro μαγεδδω ... om τον 28. αυτου
30. γενεσϑαι αιει ... παν 31. βυβλω ... τα τε πραχϑεντα ... βυβλιω
33. απεκατεστησεν ... om του μη 35. ο βασιλευσ 36. ζαριον 38. AB
om ο 40. αυτου ακαϑαρσιασ 44. AB ante οντα add. σεδεκιαν 46. AB
ονομ. του κυριου ... εφιορκησασ 47. ησεβησ. και ηνομησαν ϋπ. 48. απεστειλεν 35
ο ^ι βασιλευσ, i. m. ^ι ο ϑεοσ ... καϑο 50. om αυτων post αγιου 53. αχρεωσαι
54. μεχρι^σ ου ... του ρηματοσ
II. 2. om εν 6. και εν δοσεσιν· 9. αγια pro ιερα ... μετηγαγεν
... AB ειδωλιω 10. μιϑριδρατη (sic) 12. (βυ δεκα) 15. AB του περσων
... AB κατεγραψεν ... αυτων ... A¹B² μιϑραδατησ 16. om κριται 17. om 40

XXXV. 10. λ^ειτουργια] -για et Ti, b -γεια

64   II. 18.   ΕΣΔΡΑΣ Α.   V. 53.

οι... οικ⁰δομουσιν 18. (επ ει)... (υπερ ιδειν) 19. AB τα γεγραμμενα...
AB ην εκεινη... συνεσταμενοι... om και post αιτιαν 20. εξοδοσ σοι ουκ
ετι 21. om τη 22. AB οτι εστιν η πολ. εκεινη 24. επαταξα... μηϑεν
25. AB ο ραϑυμοσ... κατα σπουδην εισ ἱερουσ.... AB δαρειου
5   III. 1. AB δαρειοσ... μηδειασ 2. μεχρι αιϑιοπιαισ 3. AB om εαυτου
5. ου αν... (αυδω)... επινεικια 6. (πειγειν)... (χρυσοχαλεινον) 9. νεικοσ
12. οτι τριτοσ... (νεικα) 14. AB και σατραπασ 15. αυτων 17. dist.
πλανα τ. διανοιαν · 21. AB μεμνηται... om τασ 22. μεμνηται 23. ουκ
IV. 2. AB ουκ 3. κυριευει 7. εισ μονοσ... αποκτεννουσιν · ειπεν αφειναι
10 12. AB πωσ ουκ 14. κυριευων ουχ (sic) 15. κυριει, i. m. ευ 17. ανϑρωπ.
ειναι χωρισ τ. γ. 19. AB και ταυτα... κεχηναν 23. AB λαμβανει ανϑρωποσ
30. αυτη... AB ερραπιζεν 31. εϑεωρει αυτω... κ. εαν γελαση... κολο-
καυει 32. ουχ ισχ. 34. AB ουχ ισχ.... εαυτου τοπον 36. AB μετ αυτου
... ουϑεν 37. AB add. παντα ante τα τοιαυτα 40. ουϑεν 45. ευξω...
15 ιουδαιοι pro ιδουμαιοι... ερημωϑη 46. οσα αξιω (1 = οσα, 2 = ὅ σε)
47. παντασ οικονομουσ 48. και εγραψεν 49. AB κ. σατραπην κ. τοπαρ-
χην... (επελευσεσϑαι) 50. κρατησουσιν... κ. ἱνα οι χαλδαιοι αφοριουσι
52. (ιαλαντα editio) 53. ελευϑ. αυτοισ τε και τοισ τε | και τοισ τεκνοισ
αυτων (sic) 55. AB ημερασ επιτελεσϑη 58. φρουρουσι 61. AB om και
20 ηλϑεν 63. AB om την
V. 1. AB ὑιοι και 7. AB οι αναβαντεσ... μετοικισεν 8. επεστρεψεν
... ρησαιου · ⁒ ενηνιοσ ·, i. m. ⁒ μαιαιναμινιοσ... βορολειου pro ρεελιου 9. φοροσ
εβδομηκοντα δυο χειλιαδεσ ⁒ · [10.] ὑιοι αρεσ, i. m. ⁒ χ ροβ ὑιοι ασαφ τοβ
11. φϑαλει μωαβ εισ του ὑιου ιησ. κ. ροβοαβ... δυο pro δεκαδυο 12. ὑ.
25 ιωλαμου.... om χιλιοι διακ. πεντηκοντα τεσσαροσ... δυο ὑιοι ζατον...
om πεντε prius... βανει... (εξακοσι τεσσερακοντα, i. m. οι) 14. αδω-
νεικαμ... om εξακοσιοι... βοσαι pro βαγοι... αδειλιου... (τετρακοσιοι)
15. αζηρ... om εννενηκονταδυο... AB αζητασ pro αζηναν 16. AB om
τριακονταδυο... om εκατον δυο 17. ραγεϑλωμων 18. νετεβασ... ενατου
30 pro αναϑωϑ 18. 19. βαιτασμων ζαμμωϑει καρταϑειαρειοσ εικοσ. 19. πειρασ
και βηρογ.... om τεσσαρακοντα τρεισ 20. κειραμασ καββησ 21. ὑιοι νει-
φεισ 22. καλαμωκαλου... ἱερει χου 23. σαμα 24. ἱερεισ οι... τ. ὑιου
ιησου... σαναβεισ... ερμηρου 25. φασσορου χειλιοι διακοσιοι τεσσερακ.
... χαρμη 26. AB λευειται ὑιοι... ιησου εισ κοδοηλου 27. AB ὑιοι pro οι
35 28. plene: οι ϑυρωροι τετρακοσιοι οι ισμαηλου · ὑιοι λακουβατου χειλιοι ·
ὑιοι τωβεισ παντεσ etc. 29. τασειφα... σουα... AB i. m. ὑιοι αγγαβα
30. κουα pro καϑ.... κεδδουρ 31. AB ασουρ pro ασουβ 32. δεδδα...
om υιοι κουϑα υ. χαρεα... βαχουσ... ϑομϑει 33. ασσαφειωϑ... φαρειδα
34. φακαρεϑ σαβειη... AB σουβασ... αλλω 36. αλλαρ 37. ασαν pro
40 δαλαν 38. οββεια... ιαδδουσ 40. ναιμιασ... ἱερευσ pro αρχιερ. 41. AB
ησαν ισραηλ... AB om και επανω 43. ευξαντο 45. AB κατοικισϑησαν
(A -κεισϑ.) 46. εσταντοσ 48. μωσεωσ 49. κατωρϑωϑησαν επι το...
⁒ κατισχυσ.· 52. ευξαντο... πρωτου pro εβδομ.... ηρξατο 53. χαρα

III. 17. dist. πλανα την διανοιαν] b dist. πλανα, τ. διανοιαν του τε
etc.; Ti ut B
IV. 58. φρουρουσι] sic et Ti post alios, b φρορουσι

V. 56.   ΕΣΔΡΑΣ Α.   VIII. 50.   65

... και pro κατα   56. κ. ο δαμαδιηλ ... AB ύί. ιησου ημαδαβουν ...
ΐουδα τ. ειλιαδουν (Α ιλ-) ... οικοδομ̕ησαν 58. δι ύμνον ... om εν 60. om
οι sec. ... προ τουτου οικ. ... AB κραυγησ κ. κλαυθμου μεγαλου 61. χαρα
65. AB συνοικοδομησομεν 66. επιθυσομεν ... AB απο ημερων ... ασβα-
καφαθ 67. om ημιν και 70. και δημαγωγουντεσ (και et A) ... (αποτελε- 5
σθηναι).
    VI. 1. εδδειν 3. ειπεν 4. AB τ αλλα pro τα αλλα ... AB οί οικοδομοι
... ταυτα|τα επιτελουντεσ 5. γενομενοι 7. (αντιγραφ. etc. in textu scriptura
non distinguitur) ... σαθραβουρζανησ 8. ελθοντεσ εισ i. m. add. ... οικοισ
pro τοιχ. 9. AB συντελουμενα 10. AB εθεμελιουτε (A -ται) 11. εινεκεν 10
13. οικοδομειτο ο οικ. 16. εγραψεν βασιλ. ... οικοδομησαι τον οικον του-
τον 17. AB παρεδοθη ζοροβαβελ και σ. 19. AB σαναβασσαροσ ... εισεβαλ-
λετο ... οικοδομουμενοσ 20. om ει ... AB κυριου pro κυρου ... ad. i. f.
βασιλεωσ τοισ εν βαβυλωνι 21. οικου i. m. 22. μηδεια ... om εισ 24. πη-
χεων bis 25. ιερουσαλημ απηνεγκεν 26. ζοροβ. υπαρχον 27. καγω ... 15
(οικοδοδομησαι) 29. και πυρον 32. om την 33. γιγνεσθαι
    VII. 4. AB του κυριου ... βασιλεωσ 5. om ο αγιοσ 6. AB μωσεωσ
7. τετρακοσιασ 8. χειμαρρουσ 9. εστολισμενοι κατα φυλασ 10. τεσσαρεσκ.
12. AB υιοισ τησ αιχμ.
    VIII. 1. και μεταγεν. τ. εστιν c. praec. conj. ... του βασιλεωσ περσων 20
... εσρασ sic in textu semper, except. v. 19., in inscriptionibus pagg.
semper εσδρασ 2. σαδδουλουκου ... αμαρθειου ... ααρ. του πρωτου ίερεωσ
4. εναντιον 6. εναυτ. ο δευτεροσ βασιλει εξελθοντοσ 7. αψαρασ pro εσδρασ
... AB παραλειπειν ... om διδαξαι ... (διθωματα) 8. om δε του γραφεντ.
προσταγματοσ 12. om τα ... χ κατα ίερουσαλ. ... om εν τω 13. om 25
του ισραηλ ... om θεου 14. και αργυριον 15. om τω κυριω ... om θεου
16. οσα αν 17. και κατα τα ίερα σκευη σου τα δ. ... om σοι ... AB i. f.
ad. του εν ίερουσαλημ και τα λοιπα οσα αν (Α εαν) υποπειπτη (Α -πιπ-) σοι εισ
την χρειαν του ίερου του θεου σου 19. και εγω ... αρταξερξησ (sic) ο
βασιλ. ... αν 21. om και αλλα εκ πληθ. παντα ... om επιμελωσ ... 30
ενεχα ... om αυτου 22. ίερ. του μ. ... γεινηται μηδενα ... om τι
23. φοινεικη 24. AB οσοι εαν ... και τ. νομ. ... του βασιλικου ... τιμωρ.
μη αργυριω ζ. 25. om και ειπ. εσδρ. ο γραμματευσ ... AB μονοσ ο κυρ.
... om ο θεοσ τ. πατερ. μου ... καρδιαν μου τ. β. 26. ετειμ. εναντι των
βασιλευοντων ... om και των συμβουλευοντων 27. κυριου θεου μ. ... AB 35
εκ τ. ισρ. ανδρασ 28. AB² αρταρξερξου 29. φοροσ ταροσοτομοσ pro φινεεσ
γηρσων ... ιεταμαρου γαμηλοσ ... om εκ ... om λαττουσ usque 30. εκ
των υιων 30. φαρεσ pro φοροσ ... AB απογραφησ 31. om υιων ... μααθ
... ελιαλωνιασ 32. ειεχονιασ pro σεχεν. ... ιεζηλου ... διακοσιοι pro τρ.
... om εκ ... ουβην pro ωβηθ 33. ύ. λαμ εσιασ 34. σοφοτιου 36. βανειασ 40
... εκατον εξηκοντα 37. εκ των βαιηρ ζαχαριαι βημαι 38. υίοι pro εκ
τ. υιων ... ιωανησ 39. αδωνιακαιμ ... (ταυτα τα τα) 40. ύ. βαναιου
του ισταχαλκου 41. συναγαγων ... om θεραν ... AB αυτοθι ημερασ τρεισ
43. AB om και μαια ... AB μαασμαν ... ενααταν pro αλναθων ... μεσολα-
βων pro μοσολλαμον (n. pr.?, post ζαχαριαν dist.) 44. λααδαιον ... τοπω 45
γαζοφυλακιου 45. διαλεγηναι λοδαιω ... AB¹ ίερατευσαντασ 46. om
και ηγαγον usque κυριου ημων ... ανδρα επιστημονα ... om αυτου
... om οντασ ... om και οκτω usque 47. ωσαιαν αδελφον 47. οι εκ
τ. ύ. 48. ίεροδουλοι διακοσιοι εικοσι ... om η 50. om συνουσιν ημιν

V. 70. και δημαγ.] b habuerat και, calamo delevit, Ti om και
(Proleg. xxxviii: „5, 69")
VIII. 23. φοινεικη] b φινικη, Ti φοινικη

SEPTUAGINTA.   e

51. om αιτησαι τον βασιλεα ... γαρ ιππεισ και πεζουσ προπ. ... εναντιουσ 52. AB οτι ϊσχυσ 54. ασσαμιαν ... AB ανδρεσ δεκα 55. AB ουτωσ pro α ... αυτου χ μεγιστανεσ (χ add. i. f. l.) 56. και παρεδωκεν αυτουσ στησασ ταλαντα αργυριου ... ταλαντων εκατον· χρυσωμ. ... χαλκα 5 απο χαλκου χρηστου ... om χρυσοειδη ... δεκα 57. τ. αργυριον κ. τ. χρυσιον 58. AB αυτα ϋμασ ... AB κυριου pro θεου 59. ηνεγκαν 60. τοπου pro ποταμου ... εωσ ηλθοσαν ... ερυσατο ... ηλθεν 61. om τη ημερ. τ. τεταρτη ... om ημων 62. AB μετ. αυτων ... ϊωσαβεεσ· ϊησουσ· ... AB σαβαννου οι λευειται ... παντα ... om αυτων 63. om ταυρουσ usque 10 κριουσ ... αρνασ· εβδομηκονταεξ τραγουσ· ... δεκαδυο 64. om κοιλησ 65. και των τελεσθ. 66. ουκ ... om το εθν. τ. ισρ. ... και pro τα ... om και τασ ... om απο τ. εθγων των 67. ξυνωκισαν τασ (= τινασ?) των θυγατ. 68. ερρηξα ...· εσθητα κατετεινον του 69. επεκεινουντο τω ρ. ... om θεου 71. AB om και. 72. αι δε pro και αι 73. om ετι 15 74. αδελφ. ημων συν ... βασιλευουσιν τ. γησ· ρομφ., omisso εισ 75. ημιν εγενηθη ... τοπω τουτω αγιασμ. ... om σου 76. AB φωστηρα ημων ... οικ. του κυριου ημων 78. om του κυριου 79. εχοντεσ αυτα παρεβησαν τα προσταγ. 81. AB συνοικισητε 82. ϋιοισ pro τεκνοισ 83. αμαρτιασ· συ 84. (επιμηγηναι) 85. 86. τ,μων κυριε i. m. 87. om νυν 88. om και extr. 20 89. κυριον· και κατωκησαν γυναικεσ 90. γενεσθω ... π⁶ιθαρχησουσιν ... του κυρ. 92. κ. των λευειτ.
IX. 1. ϊωνα του νασειβου 2. (αυλισθεισ) ... πενθ. ϋπερ 4. απαντησουσιν 5. om παντεσ ... AB ενατοσ 6. εν τη ευρυχ. ... om δια 7. συνοικησατε ... om του ... αμαρτιαν 9. om γυναικων των 10. AB εφωνησαν ... παν 25 11. εισχυσομεν ... αιθριοι και ουχ ευρομεν κ. τ. ... ημιν ουκ εστιν 12. (στητωσαν) 13. om δε 14. εξειασ θοκανου 17. επισυναχθεντασ 19. μαεηλασ ... ϊωδανοσ 21. εμηρ ... θαμαιοσ pro σα. 22. ελιωναισ ασσειασ (unius literae spatium = μασσειασ?) ... ωκαιληδοσ ... σαλθασ 23. ϊωζαβδοσ κ. σενσεισ κ. κωνοσ ουτοσ καλειται σκεπαθαιοσ· ... AB ωουδασ ... ϊωανασ 30 25. θυγατερων (!) ... AB σαλλουμοσ 26. ϊερμα ... μιηλοσ pro μαηλ. ... AB βανναιασ 27. AB ηλα και ... ματαν και ζ. ... AB om και post ζαχ. ... ϊεζορικλοσ ... AB ωαβδειοσ (A -δι-) ... AB αηδειασ (A -δι-) 28. AB ζαμοθ 29. ζαβδοσ pro ϊωζ. ... εμαθθισ 30. και εκ ... AB ασαηλοσ 31. AB και εκ των ϋ. ... αδδειν λαθοσ ... μοοσσειασ (A ex Ti μοοσ σιασ) ... ναιδοσ· 35 και βεσκασπασμυσ και σεσθ. κ. βαλνουσ ... AB μανασσηασ 32. αυναν ... ελιωδασ ... σαββαιασ ... χοσαμαοσ 33. μαλτανναιοσ ... σαβανναιουσ ... μανασση 34. μαηροσ pro ισμ. ... ϊουνα ... μαμδαι ... AB καραβασειων (A -σι-) ... μαμταναιμοσ ... εδιαλεισ pro ιαλιλι ... εξρειλ ... φοσηποσ pro ιωσηφ. 35. om και ab initio ... om υιων ... οομαζειτιασ pro 40 εθμα μαζιτιασ ... ηδοσ ... ουηλ 36. συνωκησαν γυναιξιν αλλογενεσιν 37. του εβδομου μηνοσ 38. om του ante ιερου 39. μωσεωσ ... ϋπο του θεου ϊσρ. 40. εδοκιμασεν pro εκομισεν ... ϊερευσιν ακουσ. τον νομον 41. ευρυχωρου ... εωσ μεσημβρινου ενωπ. ... om τε ... παντα τον νουν (omisso πληθοσ) 43. εστησεν ... om παρ ... σαμμου 44. φαλαδαιοσ 45 ... AB om και sec. 45. β. του πληθουσ ενωπιον ... AB προεκαθητο· γαρ επιδ. 46. αζαριασ pro εσδρασ ... om κυριω θεω ... om σαβαωθ 47. εφωνησεν ... αμ. αμην ... θεω pro κυρ. 48. om και ante et post ϊαδεινοσ ... ϊαρσουβοσ σαβταιοσ ... κατεθζαβδοσ pro και ϊωζ. ... om και ante αννιασ (sic) ... AB εδιδ. τ. νομον κυριου 49. ατταρατη εσρα 50. τον 50 νομον 51. om και πιετε γλυκασματα 53. εκελευον τω δημω παντα λεγ. 55. οτι και ενεφυσ.

Subscriptio: εσδρασ α

VIII. 66. ουκ] ita et Ti, b ουχ
IX. 12. στητωσαν, ita et Ti, b στητωταν

ΕΣΔΡΑΣ Β.

Inscriptio: εσδρασ β
λογου

I. 1. τελεσθηναι απο...: om κυριοσ 2. om τησ γησ ... om κυριοσ ... επεσκεψ. με επ εμε οικοδ. ... AB αυτω οικον ... εν ιερουσ. την (sic) εν ιουδα 3. om την εν τη ιουδ. usque ο εν ιερουσαλημ 4. AB καταλειπομενοσ ... AB² και ᵉᵛ αποσκευη ... θεου του εν 5. τω ϊουδα ... om κυριου 6. αργυροιου 7. om κυριου 8. AB κυροσ βασιλευσ ... AB² μιθρι- 5 δατου ... τασβαρηνου ... σαβανασαρ αρχοντι 9. αυτων κυριω ... om ψυκτηρεσ bis ... παρηγμενα 10. κεφφουρησ ... εξ pro διπλοι τετραχ. δεκα, quod et A om ... (σκευη ᵉτερα) 11. και τετρακοσ. ... om μετα σασαβασαρ ... απο'κιασ
II. 1. κ. ουτοι υιοι ... εκ τ. αιχμ.... απο'κιασ ... AB αποικισεν ... 10 επεστρεψεν ... (πολιᵛ) 2. νεεμιοσ· αραιασ· ρεελεια· μαραθχαιοσ· βασφαμ· μαλσαρ· βατουσι· βαλλεια· ανδρων αριθμοσ ισραηλ 4. και ϋ. ασαφ τετρακοσιοι εβδομηκοντα δυο 5. ηρα 6. φαλαβ μ.... ϊωβαβ 7. μαλαμ 8. ζαθουα 10. βανου 11. βαβει 12. τρεισχειλιοι δ. 13. αδωνικαν 14. βα-
ογει 15. αδιν ... τεσσερασ, it. 64. 16. ενᵉνηχονταδυο 17. βασου 18. ουρα 15
α
19. ασεμ 20. ταβερ 21. βαρθαλεεμ 24. ασμωθ ... AB τεσσερακονταδυο 25. καριωθϊαρομ ... AB καφειρα 26. υίοι αραμ κ. 28. γαιθηλ ... διακοσιοι 30. μαγεβωσ 31. δισχειλιοι 32. AB ηραμ 33. λοδαρωθ κ. ωνων εξακοσιοι 34. ϊερεια 35. σαανα 36. ϊεουδα 37. (͞α pro χιλιοι) 38. φασσουρα (sic in f. lin. = -ρ ͞α) δ. 39. om tot. vers. 40. ϊησουε ... σοδουϊα 20
α
41. εκατ. τεσσερακοντα οκτω 42. πυλων pro πυλωρων ... σαλουμ ... AB ακουμ ... ατητα ... αβαου 43. ασουφε ... ταβωθ 44. σωηλ 45. ακαβωθ pro ακουβ 46. σαμααν pro σελαμι 47. κεδεδ pro γεδδηλ ... γαελ ... ρεηλ 48. νεχωδα 49. ουσα ... φισον 50. μανωεμειν ... ναφεισων 51. βακκουχ ... αφεικα 52. βασαδωε ... αρησα 53. βαρχουσ ϋιοι | ϋιοι 25 θεμα 54. νασουσ 55. αβθησελ pro δουλων σαλωμων ... σατει ... ασεφηραθ 56. γεδηα 57. ατεια ... φασραθ ... ασεβωειν 58. ναθεινιν ... ασεδησελμα τοθ 59. και ουτ.... θερμελεθ ... θααρησα ... χαρουσ ... εμηρ ... ηδυνασθησαν αναγγ.... εν ισραηλ 60. λαχεα pro δαλαια ... τωβεια 61. ακουσ· ϋ. ζαρβελθει·... AB απο θυγατερων ... AB εκληθη 30 ... εν ονοματι 63. αθερσαα 64. om ομου 65. om και pr. et αυτων sec.
....
... τριακοντα τεσσερεσ ... αδοντεσ και ωδαι 66. τριακοντα και διακοσιοι ημιονοι 67. αυτων ,ς επτακοσιοι 68. AB εν τω ελθειν 69. AB αργυριον μναι πεντακισχειλιαι ... ερεων pro ιερ. 70. και απο ... οι θανιεμ
III. 1. και οι ισραηλ 2. ο ϊησουσ ... om ιερεισ usque αδελφοι αυτου 35 3. om οτι εν usque γαιων 4. om αυτου 5. om τω κυριω pr. 6. AB ο οικοσ κυριου 7. τοισ σηδαμειν κ. τ. σωρειν 8. AB εισ ϊερουσαλημ ... om αυτων ... om τουσ ποιουντασ ... om εν οικω 9. ηνααθ ... AB om οι
ο
ante αδελφοι αυτων ... εν κυμβαλοισ i. f. l. add. 11. ανθωμολογησει ... εση-

---

II. 59. και] ita et Ti, b κἀν, quod editoris non typothetae esse videtur, quum bis, in fine et ab initio paginae ita express. sit. 61. εκληθη] ita Ti, b εκκληθη

e*

68   III. 12.   ΕΣΔΡΑΣ Β.   VII. 18.

μαινον φωνην μεγαλην ... om τη ... AB θεμελιωσει οικου 12. και οχλοσ 13. ουκ ην λαοσ ... om του λαου ... om η φωνη
IV. 1. οτι οι υιοι 2. ειπαν ... ασαρεαθων 3. om αυτοι ... κυροσ βασιλευσ 4. om τασ ... om του 5. βουλομενοι διασκεδασαι 6. ασθηρου
5 εν ... AB εγραψεν ... om επιστολην 7. ασαρθαθα ... om αρθασασθα sec. ... ερμηνευμενην 8. ραουλ βαδαταμεν κ. σαμασα ... αρσαρθα, it. 11. 23.
9. ραουμ βααλ κ. σαμεε ... φαρεσθαχαιοι ταραφαλλαιοι αφρασαιοι. αρχουσι βαβυλωνιοι σουσυναχαιοι οι εισιν ηλαμαιοι 10. ασενναφαρ ... σωμωρων ... καταλοιπον 12. AB ϊουδαιοι αναβαντεσ ... απο κυρου · εφ ημασ ... ϊερου-
10 σαλημ ✗ την αποστατιν, i. m. ✗ πολιν ... om ην ... κατηρτισμενοι 13. οικοδομηθη 15. AB εν βιβλιω ... AB φυγαδεια ... om γινονται 16. γνωριζομεν ουν ημεισ ... AB οτι εαν 17. ραουμ βαλγαμ κ. σαμεαισ ... AB φασιν
19. φυγαδεια 20. AB γεινονται (Α γιγν-) επι ϊερουσαλημ ... AB εσπερασ pro περαν ... AB διδοται 22. om οπωσ ... περι τουτου μη π. 23. ραουμ
15 ... AB om βαλταμ ... σαμεσα ... AB γραμματεοσ συνδουλων ... αυτων· ... εν σπουδη 24. θ. του εν ... AB αργων ... ετουσ δευτερου ... om τησ βασιλειασ ... AB του βασιλεωσ
V. 1. AB επροφητευσεν ... αδω 2. ϊησουσ ο υϊοσ 3. θανάναι ... σαθαρβουζανα, it. 6. 6, 6. ... AB τοια ... om τουτον 5. αιχμαλωσιν ...
20 απενεχθη ... υπερ του αυτου 6. θανθανασ επαρχοσ ... om του ποταμου ... αφαρσακκαιοι. εν τ. ... δαρ. τ. β. c. seq. conj. 7. AB ρησιν 8. τοιχοισ
9. γνωμην του οικοδομ. την χ. τ. και κατ. 10. γραψαι τα 11. κ. τουτο το ... οικοδομημενοσ 12. om του χαλδαιου ... οικον ελυσεν τουτον 13. κυροσ βασιλευσ εθηκεν 14. om οικου του ... τ. αργυρα κ. τ. χρυσα ... (εξηνεγ-
25 χεν) ... AB απο οικου ... AB εισ ναον ... om εξηνεγκεν usque βασιλεωσ ... βαγασαρ pro σαβαν. 15. λαβε· πορευου ... εν οικω ... εισ τον εαυτων τοπον· 16. σαρβαγαρ ... θεου του εισ ϊερ. 17. εν οικω ... (βαβυλων°σ) ... κυρου εγενετο γν.
VI. 1. om ταισ 2. (κεφαλεισ) 3. πρωτου ... om ο ... om οικοσ
30 οικοδομηθητω ... τοπου ... om πλατοσ αυτ. πηχ. εξηκοντα 4. om κραταιοι 5. οικου θεου ... AB απο οικου ... om και εκομισεν usque ιερουσαλημ ... AB om ου 6. αφάρσαχαιοι εν περα ποταμου 7. om νυν ... om οι αφηγουμ. τ. ιουδαιων ... και πρεσβυτεροι 8. ετεθη γνωμη ... μετα πρεσβυτ. ... AB οικοδομησαι 10. AB προσφεροντεσ ενωδιασ 11. και καθαιρεθησ.
35 ... πληγησεσται ... κατ 12. καταστρεψει ... αφανισαι οικον θεου 13. τανθαναι επαρχοσ (et Α om ο) ... σαθαρβουζαν ... AB δαρειοσ ο βασιλευσ ... επιμελωσ εποιησαν 14. οικοδομουσιν ... αδω ... ωκοδομησαν ... ασταρθα 15. οσ pro ὁ ... τη βασιλεια 17. χιμαρουσ ... AB αιγων περι α.

18. διαιρεσει ... AB επι δουλεια θεου του ... AB βιβλιου 19. τεσσαρεσκ.
                                                                              α
40 20. AB εκαθερισθησαν ... AB και οι λευειται 21. AB οι υιοι ... πασχα απο ... χωριζομενοσ εισ ακαθ. 22. om κυριοσ ... καρδια ... οικου θεου
VII. 1. om ταυτα ... αρθασεσθα ... εσρασ (ut semper in textu) ... ζαρειου ... ελκεια 2. σαλουμ 3. μαρερωθ 4. σαουϊα pro οζιου 5. πατρωου pro πρωτου 6. om αυτοσ εσδρασ ... om κυριου 7. AB απο υϊων ... ασαρ-
45 θαθα 9. AB om πρωτου usque του μηνοσ του 10. κριμα 11. αρσαρθαθα
12. αρσαρθαθα ... om κυριου 13. om ο 14. νομου θ. α. του 15. AB χρυσιον ο βασιλευσ ... ηκουσιασθησαν ... τ. κυριω τ. ϊσρ. του εν 16. ακουσιαζομενων 17. AB παν ... AB επι θυσιαστηριου 18. ετι pro ει τι ...

III. 13. ουκ] ita et Ti, b ουχ
IV. 10. καταλοιπον] ita et Ti, b καταλιπον 16. γνωριζομεν] ita et Ti, b γνωριζωμεν
VI. 11. κατ] ita et Ti, b καθ

VII. 19.   ΕΣΔΡΑΣ Β.   Χ. 33.   **69**

ηγαϑυνϑη   19. ενωπιον ϑεου   20. om σου   21. εγω γ αρσαρϑαϑα (= γαρ σαρϑαϑα?)... om και post ιερευσ ... AB γραμματευσ του νομου του ϑεου 22. ταλαντων P και ... οινου αποϑηκων εκατ. ... om και εωσ ελ. βατ. εκατον   23. προσεχετε επιχειρησαι μη τι εισ οικον   24. ϑεου του φορoσ 25. ω pro ωσ ... om σου post ϑεου   26. om τε quater ... ζημιαν βιου   5 27. AB ουτωσ post εδωκεν pon. ... δοξασαντοσ οικον ... om κυριου
VIII. 1. αρϑασϑα   2. AB γηρσωμ ... τουσ pro αττουσ   3. σα|ναχια ... AB om και primum   4. ζαρεια   5. om tot. vers.   6. AB απο υιων 7. ηλα ιοσεια ... αϑελει   8. ζαβδεια   9. αδεια ϋ. ιεμα   10. AB om των ... om βαανι ... σαλειμουϑ   11. και αζαρια pro ζαχαριασ ... εβδομη- 10 κοντα οκτω   12. ασταδ ϊωναν ϋ. ακαταν   13. αδανεικαμ ... αλειφατ και ευεια ... om και μετ αυτων   14. ϋ. βαγοου|ϑι και μ. αυτου ογδοηκοντα τ. α. 15. ευειμ ... παρενεβαλομεν   16. σαμαια ... αρεβ ... μεσουαμ ανδρασ και τ. αρειβ κ. τ. εκναϑαν (sic ed.) συν ε ιοντασ   17. αρχοντοσ ... AB αϑανειμ εν αργυριω τοπου ... οδοντασ pro αδ.   18. σαχωχ ... ηλϑοσαν ϋιοι ..: 15 οκτωκαιδεκα   19. ωσαιαν ... AB απο ϋιων ... AB αυτων εικοσ.   20. διακοσιοι και εικ.   21. ϑους ... AB ενωπιον ϑεου   22. χειρ ϑεου ... AB² παντασ γ ενκαταλ.   24. τω σαραια ασαβια ... αυτων δωδεκα   26. εξακ. και π. 27. καφουδηϑ ... οδον χαμανειμ χειλιοι   28. σκευη τα αγια   31. ποταμου αουε ... AB ερυσατο   33. νοαδει απο εβανναια   35. διελϑοντεσ pro οι ελϑ. 20 ... εβδομηκ. και επτα ... χιμαρρουσ ... ολοκαυτωματων omisso τω κυριω IX. 1. ουκ εχωρ. ... φερεσϑει ... AB ο μωαβ ο ... AB αμορει   2. αυτοισ ... om εν αρχη   4. και εγω   5. om τασ ... om κυριον   6. om κυριε ... om ϑεε μου ... AB εισ ουρανον   7. αιχμαλωσια εν   8. επεσκευασατο ... AB ημιν pro ημασ. ... δουν. ημιν + σωτηρισμα, i. m. + στηριγμα   9. AB² 25 γ ενκατέλειπεν ... ABS εν ιερουσαλημ   11. om λεγων   12. ABS δωτε ... απο ϑυγατερων   13. BS εφ ϋμασ εν ποιημ. ϋμων ... πλημμελ. ϋμων   14. και γαμβρευσαι ... BS om των γαιων   15. κυρ. ο ϑ. ισρ. c. praec. conjg. ... BS¹ om ιδου ημεισ
Χ. 1. επροσηυξατο ... ι προσηγορευσεν, i. m. εξη ... BS κλαιων προσ- 30 ευχομενοσ ... ABS εκλαυσεν   2. ABS απο λαων   5. BS¹ om ιερεισ και 6. BS om τη   7. φωνην ϊουδα ... ABS¹ om πασι τοισ usque ιερουσαλημ 8. απο'κισσ   9. ουτοσ μην ... ABS ενατοσ   11. BS¹ αινεσ. τω ϑεω 12. om η   13. τοπoσ pro καιροσ   14. BS¹ απο συναγωγων   15. ασηλ ... BS¹ λαζεια ... BS ελκεια ... BS μεσουλαμ και σαβαϑαι   16. om μια 35 18. ευρεϑη ... μεεσσηλ ... ϊαρειμ   19. γυναικ. αυτων   22. BS ελιωνα ... BS μαασαια ... σαμαηλ   23. BS κωλεια ... BS¹ κωλιεν ... φαδαια ... ϊοδομ   24. BS ελεισαφ ... γελλημ κ. τελημ   25. BS αμαμειν ... om και ασαβια   26. BS μαϑανια ... om και post μαϑ. ... ϊαηλ ... ϊαρειμοιϑ 27. BS ζαϑοϋια ... ελιωνα ... αλαϑανια ... αμων ... ζαβαδαβ ... BS οζεια 40 28. AB βαβει ... ϊωανα|νιανα κ. ζαβου ϑαλει   29. B βανουει μελουσαμ ε αλουμ αδαιασ ουδ κ. σ. κ. μημων   30. φααδ μ. αιδαινε χαηλ βαναια ... μασηα ... μαϑανια ... AB βεσεληλ ... BS ϑανουει ... μανασεη   31. BS ϊεσσεια ... σαμαια   32. ABS¹ μαλουχ   33. om και ... ησαμ ... BS

VIII. 15. παρενεβαλομεν] ita et Ti, b παρεναβαλομεν
IX. 1. ουκ εχ.] ita et Ti, b ουχ   9. inde a κυριοσ ο ϑεοσ ημ. rursus incipit FA = S; S¹ = FA*, S² = FA**, S³ = FA*,*, S⁴ = FA*,*,*
X. 27 sqq. Saepe in his nominibus BS quoad consonantes conveniunt, non quoad distinctionem consonantium unum nomen formantium. In S plerumque singulae lineae singulis nominibus reservantur, B nomina plerumque non separat.

70   X. 34.   ΕΣΔΡΑΣ Β.   V. 7.

μαθανια ... BS αθαζαβελ ... B²S ελειφανεθ̇ ... ἱεραμειμ 34. BS¹ om και
... ανει ... μοδεδεια ... μαρει pro αμραμ 35. βαραια 36. ουϊεχωα
ἱεραμωθ 37. BS μαθανια ... μαθαναν 38. BS και ὑιοι σεμεει 40. μαχαδ·
... BS ναβουσεσει· 41. εζερηλ 42. BS σαλουμ ... BS μαρια ἰωσηφ 43. BS
5 θαμαθια ... BS σεδεμ ... ζανβιναδια pro ζεβεννασ ιαδαι
In eadem linea B ad librum sequentem pergit, nulla subscriptione
et inscriptione interjecta, ut AS

(NEHEMIAS.)

(XI.) I. 1. σεχεηλου 2. απο των αδελφ. ... κατελειπησαν 3. post χωρα
add. εν πολει ... BS καθειρημενα 4. AB ενωπιον θεου 6. ABS προσ-
ευχην δουλου ... εξαγορευων ... ABS ασ pro αισ 7. BS¹ om προσ σε
9. ABS ὑμων 11. ABS¹ om κυριε ... ABS αλλ εστω ... ABS ευοδωσον
10 ... BS¹ ευνουχοσ
(XII.) II. 1. αρσαθερθα ... BS¹(rursus⁴) ην οινοσ 2. ABS post μετρι-
αζων om και 4. AB τουτο συνζητεισ 5. ABS εισ ἰουδα 7. βασιλει ει επι
... επιστολασ δοτω μοι ... επι ἰουδα 10. και τωβ. ο. δ. αμμωνει i. m. ... ABS
ηκει ανθρωποσ 13. κ. προστομα (sic) 14. BS του αινα 15. BS χειμαρρουσ
                                                                                 οι
15 16. om και τοισ στρατηγοισ 17. ABS om ταυτην ... διωκοδομησωμεν
18. προσ λογουσ ... (εκραταιωθησαν) ... ABS εισ αγαθον 19. δουλοσ αμ-
μωνει ... BS ειπαν ... BS¹ om δ 20. ευοδ. ημασ ... οικοδομησωμεν
(XIII.) III. 1. ABS ελεισουβ (AS -λισ-) ... BS¹ πυργουσ των ... ανανεηλ
                                          ω
2. ζαβαουρ 3. οικοδομησαν ... ασαν και αυτοι 4. BS ακωσ ... om και
20 επι χ. usque μαζεβελ 5. θεκωειν ... BS αδωρηεμ 6. ἰσανα ... ἰοειαα ...
βαδια 7. ABS om tot. vers. et usque πυρωτων v. 8. 8. εκρατησαν ...
BS ἰωακειμ ... εωσ τειχουσ ... BS πλατεωσ 9. ABS ραφαια omissis υι.
σουρ 10. ερωμαθ' ... BS ατουθ ... ασβανεαμ 11. BS φααβ ... BS
ναθουρειμ 12. σαλουμ ... BS ηλεια 13. BS corr. εωσ πυλησ 14. βηθαχαμ
25 ... ABS οι ὑιοι 15. ABS om την δε πυλην usque μοχλουσ αυτησ 16. BS¹
om ημισουσ ... BS βησορ ... βηθαβαρειμ 17. βασουθ ... κεειλα τω περι-
χωρου 18. ABS om και ... βεδει ... BS ηναδαλατ 19. AB μασφε
20. βηθελισουβ 21. ακωβ ... βηθελισουβ ... βηθελεισουβ 22. αχεχαρ 23. AB
om και 1ert. ... ABS αζαρια ... BS μαδασηλ ... BS¹ ὑιοσ 24. ABS ηναδαδ
30 25. φαλαλ' ... BS ευει 26. καθεινειμ ... ο πυργοσ εξεχων 27. ABS
om και ... BS θεκωειν ... τειχουσ οφοαλ 28. οικου αυτου 29. ABS om
και ... αυτου εκρατησεν σαδδουκ' ... αυτου ... εχενια ο φυλαξ' οικου τησ
ανατ. 30. τελεμια ... BS ανουμ ... ὑιοσ σελε εκτοσ ... BS βαρχεια
31. σαραφει ... βηθαναθειμ ... BS¹ vid. ροβοπωλαι ... αναμεσον pro ανα-
35 βασεωσ 32. AB και αναμεσον αναβασεωσ τ. πυλ. ... BS¹ vid. ροβοπωλαι
IV. 1. BS ηκουσεν αναβαλλατ' 2. ABS om αρα θυσιαζ. usque καυ-
θεντασ 3. AB ειπαν ... ABS προσ εαυτουσ ... ABS θυσιασουσιν 8. ABS
om και ποιησαι α. αφανη 10. BS¹ και οχλοσ πολυσ 11. (φονευσωμεν)
14. BS¹ om προσ τ. στρατηγ. και 16. ABS τα τοξα κ. οι θωρακεσ 17. BS¹
40 αυτο το εργ. ... και μια 18. και οικοδομοι · ... επι οσφυν ... οικοδο-
μουσαν 21. αναβασεωσ εωσ του 22. ABS om εκαστοσ μ. τ. ν. αυτου
V. 1. ABS και ην κραυγη 5. BS om και ab initio ... BS. ὑι. ημων
                                                                              η
ὑι. αυτων ... δουλασ ... BS³ χειροσ 7. BS ο ανηρ ... ABS om α 8. ὑμεισ

———

(XI.) I. 9. υμων] ita et Ti, b ημων 11. ευοδωσον] ita et Ti, b ευωδοσον
(XII.) II. 18. εκραταιωθησαν] ita et Ti, b εκκρατ.
IV. 11. φονευσωμεν] ita et Ti, b φωνευσωμεν

V. 9. (NEHEMIAS.) IX. 17. **71**

κεκτ.... BS¹ πωλ. τ. αδ. ημων... ABS om και παραδοϑ. ημιν 9. om ο
... ABS¹ om των εϑνων 10. αυτοισ... δε 11. αυτοι ωσ... B om και
prim. et AB secund.... BS¹ ελαιασ... BS¹ om το ελαιον 14. αρσεναϑα
... αδελφ. ημων β. 15. BS διδραχμα... BS και εγω 18. om εξ ...
χιμαρροσ... BS δουλεια 5
VI. 1. B²S αραβει... εχϑροισ.... BS¹ ωκοδομηϑη 2. ενω pro ωνω
6. τουτο οικοδομεισ 8. απεστειλασ... BS³ ουσ συ λεγ. 10. BS και εγω
... δαλεα... ABS¹ υιον... BS μειταηλ (S μι-)... ⁂ αυτοσ 12. τωβια
14. και ⁕αναβαλλατ... BS νοαδια... BS¹ των ιερεων 15. εδουδ... AB
om μηνοσ 16. om παντεσ 17. BS¹ om αι 18. ενορκοι... ην του σ. 10
19. επεστειλεν οι
VII. 2. ABS βειρα 3. (ανυγησονται)... εγρηγορουντων... κλεισϑωσαν
ε
6. ABS om ο 7. αζαρια· νααμια· ναεμανει.... μαλδοχεοσ·... μασφεραν·
... βατοει (cf. S)... BS ναουμ· 8. υιου pro λαου 11. BS om και ...
ιωβαβ... BS διςχειλ. οκτακοσιοι δεκα οκτω 13. ABS τεσσερακοντα· 15
14. BS ζαϑου... BS οκτακοσιοι 17. εικοσιοκτω 18. αδεικαμ 19. βατοει
24. AB om υι. ασεν δ. εικοσιτρεισ 26. et 27. om hos vers. 29. καριϑιαρειμ
... βηρωσ επταχ. εικοσιεισ 30. καταμαλ pro και γαβαα... AB εικοσιεισ
32. BS βηϑηλ κ. αλεια 33. ναβια α·ρ· πεντηκ. 34. BS om δυο 37. BS
λοδαδια 38. σαναγατ' εννακοσιοι τρ. 40. om εμμηρ 41. φασεδουρ ασ 20
α
τεσσεραχ 43. οι λευει υιοι... ABS ιησου τω... καβδιηλ... ϑουδουια
45. ατηρ υιου ατηρ υι.... BS τελαμων... ακου (i. f. l.) 46. γαβαωϑ
47. κειρα 48. σαλαμει 49. BS om υι. γααρ 50. BS ραεα... AB ρασων
52. μεσεινωμ 53. βακβου·... BS αρουμ 54. βασαωϑ... ABS μεειδα
55. BS σεσειραϑ... BS ημαϑ 56. BS ασεια 57. AB σαφαραϑ 58. BS 25
γαδηλ 59. BS εγηλ 60. ναϑεινειν 61. BS αρησα... BS ηδυνασϑησαν
62. δαλεα 63. ελαβεν... ABS εκληϑη 64. BS συνοδειασ 65. ασερσαϑα
εξηκοντα
... ABS ο ιερευσ 66. τριακοσιοι οκτω __ 67. ουτοι ⋇ τριακοσιοι, i. m. ⋇ ϝ ...
(αιδοντεσ... αιδουσαι) 70. χρυσουσ α·... BS¹ μεχωνωϑ 71. εϑηκαν
... BS¹ ϑησαυρον... ετουσ του pro εργου, etiam S¹ ετουσ (εγουσ?) habuisse 30
apparet, tacet Ti... ABS χρυσιου δυο... AB om τριακοσιασ usque δισ-
χιλιασ (cf. S)... BS¹ μεχωνωϑ 72. ABS οι λευειται
VIII. 1. B¹ᵛⁱᵈ. S om εισ alterum, B i. f. l. ad.... ABS ο ενετειλατο
... BS¹ om κυριοσ 3. ε ημισουσ, i. m. ℓ μεσουσησ, sic S³ 4. ABS²⁽ˢ·³⁾ ματ-
ταϑιασ... ανανια... ουρεια (AS³ ουρια)... ελκεια... μαασσαια... BS¹ om 35
και ασωμ κ. ασαβαδμα... BS¹ om και μεσολλαμ 6. BS¹ om εσδρασ...
τον κυριον τ. ϑ.... BS¹ om επαραντεσ τ. χ. αυτων 7. βαναια... ABS
σαραβια 9. λευειται συνετιζον τον... Aᵛⁱᵈ.B εστιν κυριω, ABS τω ϑεω
10. μεριδα... ABS om κυριοσ 11. BS¹ om παντα... οτι η ημερα 12. πιειν
α
14. μωση 15. BS¹ σημαινωσιν... ενεγκετε 16. εν ταισ πλατ. 18. BS¹ 40
om κατα το κριμα
IX. 1. ABS om και σποδω ε. κ. αυτων 3. BS om τη... ABS om
κυριου... BS¹ om κυριω sec. 4. ABS om οι... καδμιηλ· σαραβια υιοσ·
αραβια ... BS¹ om υιοι χωνενι 5. και εωσ 6. AB om τον ουρανον και
οι
... συ προσκυν.... στρατειαι 7. om κυριοσ 11. ερρηξασ... ενωπ. αυτου 45
... BS καταδιωξαντασ... (ερρειψασ) 15. σειτοδοτειαν 16. BS¹ om και
αυτοι usque υπερηφανευσαντο 17. BS¹ ανεμνησϑησαν... ABS συ ϑεοσ

V. 15. BS διδραχμα] ita et Ti, Ab διδραγμα

18. (αυτων ημερ.) 19. B²S³ αυτοισ ⅔ την οδον 20. ABS om εν 21. AB²S ουχ
υστερησασ· ϊματια 22. βασιλεασ κ. λαουσ· και εμερ. ... AS¹ om βασιλ.
εσεβων ... και την ωγ (sic edit.) 23. (ABS εκληρονομησαν) 26. BS² vid., non ³
ηλαλαξαν 27. χειροσ Ͽλειβοντοσ 29. BS αλλα ... om εν ταισ ... BS και
5 εν τοισ κριμασι σ. ... ² α ποιησ., i. m. ² ₀ 30. ηνωτισαντο ... αυτοισ
31. οικτειρμοισ ... εποι. αυτοισ, corr. αυτουσ ... ABS om εισ ... BS¹
                              δι
om ει 32. (ολιγωϿητω) 34. α μεμαρτυρω 35. om σου sec. 36. ABS
εσμεν σημερον ... ABS om και τα αγαϿα usque 37. αυτησ πολλοι
       X. 1. ABS om αρϿασασϿα ... BS αχελια 2. ABS ϋιοσ σαραια ...
10 AB ϊερμια 4. 5. τουσεβα· (pro αττουσ σεβανι) νειμ· αλουχειραμ· αμερα-
μωσ· 6. τνατοϿ· pro γανναϿων 7. μιαμειμ· 8. ναδεια· βελσεια· 9. BS
ηναδαβ· 10. ABS¹ om καλιταν usque 11. ασεβιασ 12. κανταζαχωρ· ...
ζαραβια 13. BS βενιαμειν 14. φοροσ· φααδμωαβ· (sic dist.) 14. 15. BS
βανιασ· ... γαδβηδαιε· δανιαβαγοσι· 17. BS αδηρ· ... αδουρ· 18. ABS
15 οδονϊα· 19. αρειφα. ναϿωϿ βωναι· 20. BS βαγαφησ ... ABS μεσουλαμ ηζειρ·
21. BS σαδδουκ· ... BS¹ om ϊεδδουα 22. ανανεια pro αναν αναϊα 23. BS
ωσηϿα· ... BS ασουϿ 24. φαδαε ισσω· 24. 25. βηκραουμεσα· βαναμα-
ασαϊα 26. και αρα· αινανην· 26. 27. αμμαλουχηραμ· 29. BS om και
primum ... και φυλασσεσϿαι ... BS¹ εντολασ, ημων ... AB και κριμ. ...
20 ABS¹ om και τα προσταγμ. αυτου 32. ποιησομεν pro στησ. ... BS οικου
Ͽεου ημ. 33. οικου Ͽεου ημ. 34. om απο ... περι το Ͽυσιαστ. του Ͽ. η.
... γεγρ. εν βιβλιω· 35. (ABS πρωτογενηματα bis) ... om κυριου 36. om
των ante βοων 37. ϊερευσιν εισ γαζοφυλ. 38. BS¹ om υιοσ 39. οισουσιν
... και οι λευειται απαρχασ
25   XI. 1. BS¹ ελαβοσαν 3. BS³ εκαϿισεν ανηρ ... BS¹ om και οι ναϿιναιοι
4. αϿεα· ... αζεδ ... BS μαλελημ· ... ABS om των 5. BS ϋ. χαλεα ϋ.
οζεια ϋ. δαλεα ... BS corr. ϊωρειβ ... Ͽηζεια ... δηλωνε· 6. σερεσ pro
φαρ. 7. αμεσουλα ϊωαδ ... BS φαλαια ... κοδια ... μαγαηλ ... AB αιϿιηλ
8. γηβη 9. AB ϊουδασ ... BS επι τησ 10. δαδεια ... ϊωρειβ 11. BS
30 ελκεια ... μεισουλαμ ... απωβωχ pro αιτωϿ 12. ABS και αδελφοι ...
BS¹ om οκτακοσιοι usque φαλαλια υιου 13. ABS¹ om και αδελφ. αυτου
... ABS¹ om υι. μεσαριμιϿ υ. εμμηρ 14. ABS¹ om υι. των μεγαλ.
15. ABS σ. ϋιοσ ασουβ ϋιοσ 15. 17. εζερει· και μαϿανια ... BS ϋι. μαχα
... ωβηβ 22. ABS βανει οζει ... ασαβ τ. αιδοντ. 24. παϿαια 25. BS¹
35 καριαϿαρ 27. 30. βετροσαβεε bis 31. απο γαλαμαχαμασ
       XII. 1. BS¹ αναβαινοντεσ ... ABS ϊερμεια ... εσδραμ· 2. αριαμ· αλουλ·
7. ABS om οι 8. BS³ ϊουδα ... BS μαχανια ... BS³ αδ. αυτου 10. και
ελειασειβ'. 10. 11. ϊωδα bis 12. μαρεα pro αμαρ. ... BS¹ om ανανια
14. ABS μαλουχ ... ABS¹ om omnia inde ab ιωναϿαν usque v. 21. ναϿαναηλ
40 22. ϊαδου pro ιδουα ... BS αρχοντεσ πατριων 23. ABS ϋιοι λευει (A λευι)
24. AB και αρχοντεσ ... BS¹ αβια ... BS· και οι αδελφοι ... ϋμνειν (cf. AS)
... ABS om εν ... AB εφημερια προσ 26. ϊησου ειωσεδεκ ... BS¹ om
και prim., B et tert. ... ABS ο γραμμ. 27. AB εν ϿωλαϿα ... ABS¹ om
και κινυραι 29. οικοδομησαν 31. ABS¹ om και εστησαν usque κοπριασ·
45 32. ABS επορευϿη 33. BS ζαχαριασ pro αζ. ... ABS om και sec. ...
μεσουλαμ 34. ABS om και primum ... BS σαραια pro σαμ. 35. ABS
om των prius ... BS¹ ϊωαναν ... ναϿανια 36. ABS¹ om γελωλ usque
ανανι ... ABS om του pr. ... εμπροσϿ. αυτου 37. BS om και ante ανεβ.

IX. 23. εκληρονομ.] ita et Ti, b εκκληρον. 31. οικτειρμοισ] b οικτοιρμ.,
Ti οικτιρμ.
     X. 4 seqq. singula nomina in B plerumque punctis separantur 26. Ti
ηνάμ, b habuerat ηνάμ, sed cal. correxit ηράμ 35. πρωτογενηματα bis]
sic et b, Ti scripsit πρωτογεννηματα

XII. 39. (NEHEMIAS.) ΤΩΒΕΙΤ. V. 17. 73

... πολεων ... BS εωσ πυλησ 39. ABS¹ om την ... ABS ιχθυηραν ...
BS ανανεηλ 44. (επι τουσ λευειταισ) 47. BS¹ om κ. εν τ. ημερ. νεεμιου
XIII. 2. AB και εν υδατι ... BS εστρεψεν 4. (ενγειων) 5. AB εποιησ.
αυτω 5. γαζοφυλακιον μεγα usque 7. ποιησαι αυτω i. m. inf. cum var. seqq.
το προτερον ... μανααμ ... BS απαρχαι 6. αρσασαθα ... BS μετα τελοσ
ημερων ... ητησαμ. τον βασιλεα 7. εν πονηρια ... om η εποιησ. ελ. τ.
τωβια 8. (σφοδρα) ... om εξω 9. εκαθαρισα i. f. l. ... μαννα∈ιμ και
11. ABS¹ om τοισ στρατηγοισ ... εστησαν 12. ϊουδασ 13. BS σαδδουκ
                                                                α
... φαλαια ... ναθανια 14. εν αυτη 15. φεροντεσ bis, S¹ sec. loco ...
             α
B¹S¹ επιγεμιζοντεσ 16. BS³ εν τω σαββατω 17. ο πονηροσ ουτοσ 19. πυλαι 10·
ϊερουσαλημ ... om και ειπα prius ... εκλεισα ... ABS¹ om εωσ ... ABS¹
om. εκ τ. παιδ. μου 21. ου pro ουκ 22. αγιαζοντεσ ... προσ ταυτα·
c. praec. conj. 25. εκαταρασαμην ... ABS om κ. εμαδαρ. αυτουσ 26. (ABS
ουκ ην) 27. και αι ϋμων ... ABS³ ακουσομεθα 28. ABS¹ om του ουρανι-
του ... αυτουσ 29. ABS. διαθηκησ   15
Subscriptio: BS εσδρασ β

ΤΩΒΕΙΤ.

Inscriptio: τωβειτ
I. 1. τωβειτ (sic semper) τ. τοβιηλ ... ABS νεφθαλειμ, item 2. 4. 5.
2. δικαιοσυνη 6. et 7. (AB γενηματων) ... τασ | προκουριασ (sic i. f. et ab
initio lineae) 7. θυσιαστηριον παντων των γενημ. ... AB λευει ut semper
... AB εν ϊεροσολυμοισ 8. τοισ καθηκει 10. om μου post γενουσ 14. om
και ab initio ... μηδ∈ιαν etc. 15. et 18. αχηρειλ' pro σενναχηρειμ bis 20
... ηκαταστατησαν 17. ρεριμμενον 18. ABS απεκτεινεν . 20. τωβειτ'
21. ABS ημεραι ... AB ο υιοσ ... εκλογιστειαν . 22. σαχερδ. υιοσ εκ δ...
                                                η
II. 1. om και extr. 2. AB ον εαν 3. AB² εστραγγαλωμενοσ 6. verbis
citatis 7 7 7 ab init. lin. add. 10. λευκωμ. εισ τουσ οφθαλμοισ (sic) μ.
... ελλυμαϊδα   25
III. 3. om με 4. om και prim. 5. AB om και sec. 6. om ενωπιον
... ηκουσα λυπη 7. μηδειασ 8. ασμοδαυσ ... AB ωνασθησ 9. AB ημασ
                                                 χ
μαστειγοισ 14. αμαρτιασ και ανδροσ 15. ουκ υπαρχ. ... AB και ελεησ.
με κ. μηκετι αχ. 16. AB προσευχησ 17. ασμωδαυν
IV. 4. εορακεν 5. om και primum ... χ αμαρτανειν και i. m. 7. και 30
μη αποστρεψ. 8. AB ωσ σοι υπαρχει ... AB κατα το ολιγον 10. εασει
ελθειν pro εα εισελθ. 12. AB πατροσ pro πατεροσ 14. AB αλλα 19. AB
βουλαι ευοδωθωσιν ... AB αλλα αυτοσ ... ο pro ον ... βουλονται 20. επι-
δεικνυω ... γαβρεια ... μηδειασ   ...
V. 5. AB μηδειασ 11. πατριδοσ ... AB συ ει 14. AB² πατριαν σου 35
επιγν. ... AB ϊαθαν ... σεμεου ... (AB γενηματων) 15. αλλ ειπον 17. om
και ab initio ... AB om τουτου

XIII. 26. ουκ ην] ita et Ti, b ουχ ην
De ordine librorum in Codice Vaticano vide Prolegomena Tischen-
dorfii, de Sinaitico per librum Tobit non collato vide Monitum meum
I. 6. et 7. γενηματων] ita et b bis, Ti scripsit γεννηματων, it. V. 14.
7. εν ιεροσολυμοισ] ita et Ti, b εισ' ιεροσ.
III. 9. ημασ μ.] ita et Ti, b υμασ

VI. 3. ΤΩΒΕΙΤ. ΙΟΥΔΕΙΘ. I. 4.

VI. 3. καταπιειν 6. AB εωσ ηγγισαν 7. AB το ηπαρ και η καρδια 8. δε pro δει... ου μηκετι 11. ραγουηλω 12. AB γυναικα οτι... συ pro σοι 13. AB υποστρεψωμεν... ποιησωμεν... AB οφειλεσει (A οφιλ-) 15. ουκ υπαρχει 18. τον αιωνα sine εισ... αυτη σφοδρα
5   VII. 2. AB om ραγουηλ 3. ειπαν... νεφθαλει 4. om ειπον usque
5. οι δε 7. AB om υιοσ 8. εκλαυσαν 9. τωβειασ, item 12. 9, 6. 10, 7. 9. 13. 10. τωβειαν, item 8, 1. 4.... ὑποδειξω την αλ. 11. AB² απεθνησ-σα   ο
κον... om την... AB εχων 13. εσφραγισαντο 14. ηρξαντο 15. AB ταμειον... εισαγε
10   VIII. 4. ημασ ελεηση 7. αλλ επ 12. AB ειδετωσαν 15. καθαρα χ αγιά
                                                              ε
i. m.... κτισ. σου παντεσ 16. ηυφρανασ 17. εν ὑγιεια μετα ευφρ. 21. AB μετα pro μεθ... ὑγιεiασ   χ   ..
   IX. 2 μηδειασ 3. ομωμοχεν 6. ηλθοσαν.   ..
   X. 2. AB διδωσιν αυτω 7. διελιμπανεν... τωβειασ τω 8. εξαπο-
15 στελλω 9. λεγει ουχι εξαποστειλον (cf. A) 10. κτηνη αργυριον 12. αποκατα-
                                                                         ω
στησει... AB om και post παρακαταθηκη 13. AB ευοδωσεν... εγγισ. αυτον
   XI. 1. αφηκεσ 5. ερχομενον ειπεν 9. AB om αυτου 13. αγγελοι
σου οτι 14. AB μηδεια 15. τωβειασ pro τωβιτ, it. 16. pr. l. 18. AB επτα
20 ημερασ
   XII. 3. αγιοχεν 5. AB om και υπαγε υγιαινων 6. και pro τοτε...
                                                    χ
om και ante μεγαλωσυν... ὑψοιν 7. ουκ 9. om γαρ 10. AB εαυτων 12. AB συμπαρημην (A συν-) 18. AB θεου υμων 21. om ετι 22. AB χ εξομολογουντο (A εξωμολ.)
                ει
25   XIII. 2. AB ελεα 6. εν ολη καρδ.... om υμων sec.... AB κρυψη
... σωματι pro στομ.... AB εθνη αμαρτωλων (c. seqq. cj.)... η pro ει
                                    θ
10. οικοδομηθη σοι 13. AB χαρητι 14. om πασαισ... ευφρανθησεται 15. η ψυχ. μ. c. praeced conj. vid.... ευλογει... σαπτπειρω... om εν 17. AB om εν
30   XIV. 4. μηδειαν... μηδεια 5. οικοδομηθησεται Χ ενδοξωσ, i. m. add. Χ εισ πασασ τασ γενεασ του αιωνοσ οικοδομη, cf. A 6. om και ante κατορυ-ξουσιν 8. (πα|τωσ) 9. ην pro η 10. αδαμ' pro αμαν bis 11. AB αυτου η ψυχη... AB εθαψεν 14. om εικοσι 15. om και ante εχαρη
Subscriptio: AB τωβειτ

ΙΟΥΔΕΙΘ.

Inscriptio: ABS ἰουδειθ
I. 1. S τη μεγαλη πολει 2. S¹ ωκοδομ. εκβατανα, S³ εκβατανων (S² 35 ut b)... AS² contra ³ om και ante κυκλω... S πηχεων sec. et tert. loco... S¹ om και τ. πλ. α. π. πεντηκ. 3. S πυργ. αυτησ κατεστησεν επι τασ πυλασ α. πηχεων 4. S¹ διεγηγερμενασ... S εξηκοντα pro εβδομ.... ABS το πλατ. αυτησ... S πηχεων τεσσερακοντα (-σερ- et AB¹)... S¹ εξοδον

XII. 22. και εξ.] b habet και, Ti omisit.

I. 5. ΙΟΥΔΕΙΘ. III. 8. 75

... Β δυναμεωσ δυν. α., S¹ των αρματων αυτων omissis reliquis usq. ad f. v., S² δυναμεων δ. α. και αρματων αυτου ... Β και αι διαταξ., S² κ. εισ διατ. 5. BS om o ... AS εστιν πεδιον (A παιδ.) ... Β om εν, S om εν τ. οριοισ 6. S¹ om προσ. αυτοι .... S ante παντεσ add. εισ πολεμον ... S¹ om την οριν. κ. π. οι κατοικ. ... S¹ om και πεδιω, S² suppl. και τα παιδια. (cf. A) 5 ... ABS² αριωχ ο β., S¹ αριασε βασιλεωσ ... S συνηχθησαν ... ABS om σφοδρα ... S¹ χεσλαιουδα, S² χελαιουδ 7. ABS¹ om o ... S¹ ιαμνιαν, S² την περσιδα και ιαμν. ... S¹ om προσ δυσμ. τ. κατοικ., S² suppl. προσ δυσμ. και ... Β την κιλικιαν ... S¹ om δαμασκον τον, S² suppl. και δαμασκ. post λιβανον ... S om και. αντιλιβανον ... AS τησ παραλιασ 8. S και 10 τοισ εν ... Β εσρρημ, S εσ'δρηλων 9. S¹ εωσ εισ ιλμ ... Β βαιτανη, S βατανη ... AB χελουσ, S χεσλουσ ... S χιμμαρρουσ pro ποταμ. ... S την pro γην 10. S¹ om επανω usque ελθειν 11. S την γην (πασαν) το ρημα (sic) ... ABS om του ... S συνηλθοσαν ... AS ανηρ εισ και απεστρεψαν ... S ατιμ. προσωπων 12. S και κατα τησ β. ... S¹ εκδικησει ... S δαμασκου 15 ... S¹ om συριασ, S² suppl. συρ. και ... Β ρομφ. αυτουσ κ. ... S² om και ante παντασ ... Β εν τη μωαβ ... Β ιδουμαιαν ... S εωσ ελθειν 13. S τον βασ. ... S πασαν δυναμιν ... S¹ τα χρηματα pro παντ. τ. αρμ. 15. Β¹S¹ σιβυναισ ... ABS εξωλεθρευσεν ... S ημερ. ταυτησ 16. Β om και πασ usque αυτοσ 20

II. 3. AB (non S) ολεθρευσαι 5. S om συ ... S om του ... S om εισ ... S¹ om και πληθοσ ... Β¹ μυριαδασ, AB²S² χιλιαδασ (S χειλ-), S¹ χειλιαδεσ 6. S εισ ύπαντησιν πασησ τησ γησ επι δυσμαισ 7. Β απαγγελεισ αυτοισ i. m ... S² ετοιμαζ. μοι 8. AS φαραγγ. αυτων ... S πασ χιμμαρρουσ ... ABS om αυτων (sec.) 10. S¹ αυτουσ pro σοι εαυτ. 11. AS σου του 25 δουναι 12. S ζω ... S² οσα λελαληκα 13. Β αλλα ... S στρατ. κ. τουσ σατραπασ (S² add. και επιστατασ) τησ δυν. 15. AS καθ. προσεταξεν α. ... S δωδεκα 16. S πληθοσ πολεμου 18. S¹ om εξ οικου usque σφοδρα ... Β om πολυ, S² πολυν 19. S. και η δυν. αυτ. πασα 20. S om o ... S ωσ η ακρισ ... S συνεξηλθεν 21. Β επηλθον, S² εξηλθον ... S¹ βαιτου- 30 λια, S² βεκτιλεθ ... ABS επεστρατοπεδευσαν (A -παιδ-) ... S απεναντι pro απο βαικτ. πλησιον ... S ορουσ εν αριστ. 23. AS τουσ φουδ ... AS επρονομευσεν ... AB υιουσ παντασ ρασσεισ, S αυτουσ παντασ και τουσ υιουσ ρασσεισ ... S¹ μαηκ pro ισμαηλ ... S om τουσ ... Β χαλδαιων, AS χελεων 24. S κ. διεβη τ. ευφρ. κ. παρηλθεν ... AS κατεσκαψεν ... S 35 χιμαρ. χεβρων ... S επι την θαλ. 25. S προκατελαβετο τα ορη ... S ιαφεθ του προσ 26. ABS μαδιαμ 27. Β om και ante τα ποιμν. ... S εδωκαν ... S αυτων στοματι 28. AS επεσεν ... BS om o bis ... S φοβ. αυτου κ. τρομ. επι ... AS κ. εν τυρω ... Β¹ ασσουρ ... S¹ τουρ και αμμαν, S² σουρ κ. τουσ κιναιουσ κ. π. τ. κ. ιεμναα ... S κ. τουσ κατοι- 40 κουντασ ... S ασκαλ. και γαζη

III. 2. S¹ οιδε pro ιδου ... S παιδ. σου παιδεσ ναβ ... S¹ παρεκειμεθα ... S¹ om σου ... S om χρησαι ημ. καθ. αρεστον ... S εν προσωπω 3. S om και παν usque σκην. ημων ... S² χρησ. ημιν ... S καθο αρεσκει σ. 4. S om και pr. ... Β δουλοι σοι 5. S ανδρ. τησ πολεωσ 6. Β εφρουρωσε 45 ... Β ελαβον 7. S¹ περιχωρ. αυτησ 8. S οτι ην pro και ην ... ABS δεδομενον .... BS εξολεθρευσαι ... S τουσ φορουσ [= φοβουσ? Gen. 31, 54.]. pro παντ. τ. θεουσ ... S om μονω ... Β λατρευωσι ... S και πασ. αι φυλ. κ. αι γλωσσαι α. επικαλεσονται 9. Β εσδραηλων, S¹. εσδηρλων ... S¹ om

---

I. 11. S (πασαν) Ti: „Utraque signa a C^b posita videntur, nec aliud sibi volunt nisi vocem delendam esse. Neque enim solis punctis παν substitutum dixerim." Cur non? et primo παν cum sequenti το ρημα conjungi voluit corrector.

III. 9. ΙΟΥΔΕΙΘ. VI. 19.

η εστιν usque ιουδαιασ 10. ABS κατεστρατοπεδευσαν (S -παιδ-) ... S γαιβαν ... S στρατιαν pro απαρτ. IV. 1. S¹ om τοισ εθνεσιν ο ... S om παντα 2. AS om σφοδρα alter.... S κυριου του θεου 4. Β κωνα, S¹ κωλα ... Β βαιλμαιν, S αβελ-
5 μαιν ... S χαβα ... S¹ αρασουσια 5. AS ετιχισαν. 6. S¹ ηκουσεν pro εγραψ. ... S¹ om οσ ην ... ABS¹ om εκειναισ, S¹ et εν ... Β βαιτουλουα, S -λια ... S om και βετομεσθ. η εστ. επ. εσδρηλων ... Β βαιτομαισθαιμ ... Β εσρηλων ... S om του πεδ. τ. πλησιον 7. S ην οδοσ εισ ... S διακ. τουσ προβαινοντασ ... S om τησ ... S¹ αναβασεωσ, AS² διαβασ. ... S om τουσ
10 παντασ 8. S om ιωακιμ 9. S εβοησαν ... AB εκτενεια bis ... S εταπινωσαν ... S¹ om εν εκτεν. μεγ. sec. loco, S² suppl. νηστεια μεγ. 10. AS παρ. και μισθ. ... S αργυρ. και επεθ. 11. ABS γυνη και ... Β om τα ... BS om και ... S¹ om οι κατοικ. εν ιερουσ. ... S επεσαν 12. Β¹ περιεβαλλον ... S ανεβοησαν ... S om εκτενωσ ... S γυναικ. αυτων ... S¹ om
ω
15 αυτων post κληρον. 13. Β εσειδεν, S¹ εισϊδεν, S² ϊδεν ... S παση γη ϊουδα και οι εν ϊερ. επεσον κατα 14. S¹ om ο μεγασ ... S om ιερεισ usque κυριω ... S περιεζωσμ. σακκουσ ... S προσφεροντεσ ... S om και τασ usque λαου 15. AB παν οικον
V. 1. S τησ δυναμεωσ ... S¹ κατα τασ pro και τ. 2. S om και π.
20 σατρ. τ. παραλιασ 3. S om δη ... S οι υιοι ... S λαοσ ενκαθημενοσ ουτοσ ... S καθεστηκεν βασιλευσ επ αυτων ... S om ηγουμ. στρ. αυτ. ... AB στρατιασ (Α -ειασ) 4. S. απαντ. μου 5. ABS δη λογ. ο κυρ. μου 8. BS om και ab initio ... S δε εκ τησ οδου ... S om θεω sec. 9. S κατοικησαν 10. S ο λιμοσ τ. προσωπ. τ. γ. χαν. ... S om του 11. AS
25 κατεσοφισατο ... S πηλω pro πονω ... ABS και πλινθω ... AB om και ... AS εταπινωσεν (Α -πει-) 12. Β om πασαν την 15. S οικησαν γην αμ. ... AS τουσ εσεβων ... S ante εξωλεθρευσαν (sic ABS) add. και παντασ
*17. S εωσ ου ουχ ... AB ην μετ αυτων τα αγαθα, S μετ αυτ. ην τσ αγ. ... S οτι ο θεοσ 18. AB εξωλεθρευθησαν, S εξολεθρ. ... Β¹ ουχ ηδιαν, AS
30 ουχ ιδιαν 19. Β om και sec. ... S¹ οτε ην 21. Β ει δ' ουκ ... S εθνει τουτω ... AS παρελθατω ... AB om μου ... S om κυρ. αυτ. και ο ... AS εισ ονειδοσ 22. AS λαλων αχιωρ (Α -χει-) ... S¹ om περιεστωσ και ... S om παντεσ 24. AS εισ καταβρωσιν ... Β στρατειασ
VI. 1. ABS συνεδριασ ... Β om και ante ειπεν ... BS om ο ... BS
35 και πρ. π. υ. μωαβ post αχιωρ v. 2. pon. 2. S² post αχιωρ add. εναντιοσ (primo -ιον) παντοσ δημου αλλοφυλων ... Β¹ om του ante εφραιμ ... ABS επροφητευσασ ... Β οτι θεοσ ... S τισ θεοσ ... S αυτοσ εξαποστελει ... ABS εξολεθρ. 3. S αλλα ... S ουκ 4. S om εν αυτοισ ... Β ορια pro ορη ... S πληθηθησεται ... S om αυτων post νεκρων ... S απαντησεται ... S του
40 ποδοσ ... Β αλλ ... S απωλια ... S ναβουχοδ. ο βασ. ... Β om ο ante κυρ. ... S του στοματοσ pro των λογ. 5. ABS αμμων ... S ωσ ελαλ. ... ABS οψη ... S om ετι 6. BS στρατειασ ... S² εν ταισ τραυμ. ... Β¹ επιστρεψωσιν 7. Β οι δουλ. μ. εισ τ. ορ. κ. θησ. σε bis scripserat ... S om σε sec. 8. ABS εξολεθρ. ... S αυτω pro εν τ. σκην. αυτου ... S βαιτουλουα (sic
45 abhinc semper 11. 14. etc.) ... S παραδουσ. αυτον 11. S om αυτου sec. ... S εισ pro επι 12. S (και ωσ) ... Β εϊδαν ... BS επηλθον ... ABS εβαλλον 14. ABS οι υιοι 15. ABS οζειασ (fere ubique -ει-) ... BS μειχα ... ABS χαβρεισ ... S¹ γοθονιου ... BS χαρμεισ ... Β υι. μελχειηλ, S¹ ο του σελλημ. 16. Β συνεκαλεσεν ... S¹ πρεσβ. ϊσραηλ, S² πρ. τησ πολεωσ non deleto
50 ισραηλ ... S λαου και 17. Β συνεδρειασ ... ABS εμεγαλορημονησεν 18. S κυριω τ. θ. 19. S επιβλεψον pro κατιδε ... BS υπερηφανιασ

VI. 5. ABS αμμων] ita et Ti, b αμμωμ. 15. S¹ γοθονιου] sic Ti in textu, in Comm. mendose: „γοδονιου: Cᵃ γοδονιηλ"

VII. 1. ΙΟΥΔΕΙΘ. IX. 10. 77

VII. 1. ABS τη δε επαυρ.... BS στρατεια ... S και pro οι ... AB
βαιτυλουα, B abhinc semper exc. v. 6. 2. AS om ανδρων sec. ... S¹ οκτω,
S² ρκ pro εκατ. εβδομ. ... S ιππων ... B om και post αποσκ. 3. S om
επι pr. ... ABS δωθαειμ εως ... AB βελβαιμ, S αβελβαιμ ... B μηχ.
εωσ β. ... BS εσδρηλων 4. B ειπαν, S ειπον ... S πλησ. αυτων ... 5
S¹ πολεμικ. αυτου et om και ανακ. π. ε. τ. π. αυτων ... S¹ om οληv
... S om εκεινην 6. S om των ... S¹ om οι ησαν εν β., S² suppl. οι ησ.
εκ βαιτουλουα 7. BS om αυτων sec. ... S αυταισ ανδρασ πολεμιστασ
8. ABS om οι prim. ... ABS om των ... S om τησ 10. AS om αυτων
sec. 11. S πολεμ. μετ αυτων ... S² ωσ ανηρ 13. S οτι ... S ενοικουντεσ 10
... ABS πολ. αυτων ... S επ αυτασ εισ την προφ. 16. S ολοφερνουσ,
it. 26. ... B συνεταξε, AS -ξεν .. ABS καθα 17. S προκατελαβον 18. ABS
οι υιοι ησαυ ... BS εγρεβηλ ... S¹ μουχμουρ, S² μοκμουρ ... B στρατεια
... S επεκαλυψαν ... BS απαρτειαι 19. S κυρ. τον θ. 20. BS om τα
... B¹ τριακ. τεσσαρες (S λδ) ... B εξελειπεν ... S² εξελιπαν των κατοι- 15
κουντων ... B πιειν bis 22. ABS¹ ηθυμησεν ... ABS om αυτων sec. ...
S οδων pro πυλων 23. S και επι τουσ ... S παιδια ανεβοησ. ... B om
παντων 24. BS υμων κ. ημων ... ABS om των 25. BS εστιν ο ... S
βοηθων ημιν 27. AS γαρ ημασ γεν. ... S¹ ψυχ. ύμων ... S εκλιπουσασ
28. S διαμαρτυρομεθα ... S ως pro οσ ... S om μη 29. AS εμμεσω 20
30. S ημερασ πεντε 32. S οικ. εαυτων ... BS¹ απεστειλεν, S² -λαν
VIII. 1. S (cf. A) ελχεια ύιου ανανιου ύιου, γεδσων υιου ραφαειν υιου
αχιτωβ υιου ηλειου ... S εναβ ... S σαμαμιηλ ... S σαρισαδαι 2. S εκ
τησ φυλ. 3. AS επι τους δεσμευοντας τα δραγματα ... S¹ om και επεσ.
επι τ. κλιν., S² suppl. ut A κ. ε. ε. τ. κλινην αυτου ... ABS βαλαμων 4. AB 25
τεσσαρεσ, S δ 5. B εποιησ. αυτη ... S επ αυτη 6. AS ενηστευσεν ... ABS
τησ χηρευσεως ... B προνουμηνιων ξ νουμην. ... S om και ante εορτ.
7. BS post σφοδρα plenius dist. ... S ύπελιπετο ... S ο ανηρ αυτ. μανασσ.
... AS¹ εμειχεν 9. B ηκουσ. τα ρημ. ... AS εν τη σπανει ... B οσ pro
ωσ 10. S¹ ύπαρχ. αυτη ... ABS om οζιαν και 11. AS om εν prim. ... 30
B βοηθειαν, S βοηθειν ... ABS υμιν 12. ABS¹ ιστατε (B -αι) ... B εμ-
μεσω 14. AB διαληψεσθε, S καταλημψεσθε ... AS εποιησεν παντα ...
S εραυνατε ... B κυριον θεον 15. ABS ολεθρευσαι 16. BS ουδ ωσ 17. B
ην pro η 18. S ουτε πολισ ουτε δημος 19. S επεσαν 20. AS εγνωμεν
... S ουδε ... S¹ απο του εθνους, S² το εθνος voluit, εθνους non tetigit 35
21. AS εκζητησει ... S κυριος την ... ABS αιματος pro στομ. ... S παν-
των pro ημων 24. S¹ τ. αδελφ. αυτων ... BS επεστηρισται 25. S² δια pro
παρα ... S παντα ταυτα 26. B ίσακ ... S (cf. A) ποιμενοντος τα 27. S¹
om τησ 28. AS εν αγαθη κ. 29. S¹ ση μεριμνη (! „scribe σημερινή"
Fritzsche) pro σημερον ... B αλλ απ 30. ABS αλλα ... AS δεδιψηκεν 40
... AS ηναγκασεν ημασ ποιησαι ... BS επαγαγειν ... ABS εφ ημασ ορκον
31. S ει συ ... S¹ om κυριοσ ... S ημιν τον ... S² εις πλησμονην εις
πληρωσιν ... S σακκων(!) ... S εκλιψομεν omisso ετι 32. S τοις υιοις
33. S² post εν ταις add. ε (= πεντε) 34. S εξεραυνησεται ... AS αναγγελω
pro ερω 45
IX. 1. S² εθετο ... B εδεδυκει, S ενδεδυχει 2. B μητραν usque
εγυμνωσαν bis scrips. 3. S¹ om αρχοντας ... AS om αυτων sec. ... B
τ. απατ. αυτων απατηθεισαν, AS την απατην απατηθεισαν ... S επι δυναστασ
4. B θυγατερες ... S υιων ισραηλ των ηγαπ. ... S (non B) ο θεοσ prius
c. antecedd. conjg. ... AB om o ante εμοσ 5. S om και ante τα μετεπ. 50
8. S συνραξον pro συ ραξ. ... S και μιαναι ... ABS om και ante κατα-
βαλειν 9. S εισ την ύπερηφ. 10. S¹ post θεραπ. αυτου pergit (cf. v. 9.)

VIII. 7. BS post σφοδρα plen. dist.] b σφοδρα. και, Ti σφοδρα, και

ΙΟΥΔΕΙΘ.

θραυσον αυτων την οργην σου εισ κεφαλασ αυτων αποστειλον την οργην σου εισ κεφαλασ αυτων δοσ εν χειρι μου τησ χηρασ ο διενοηθην θραυσ. αυτ., S² θραυσον usque διενοηθην del. ... (BS αναστεμα) 11. S¹ το κρατοσ ουδε η δεξια σου ... S αφηλπισμενων 12. S θεε pro ο θεοσ 13. S λογ. 5 μοι 14. S² ειδεναι σε ... S ο θεοσ θεοσ
X. 2. S οικον αυτησ 3. S περιειλετο ... S τ. σακκον τησ χηρευσεωσ αυτησ ... BS εν°δεδυκει ... S om τησ χηρευσεωσ ... B αυτησ περιεκλυσατο ... S διεξανε pro διεταξε ... AB εν αισ ... S εκοσμειτο pro εστολιζ. 4. (ABS ψελια) ... A¹BS¹ εισ απαντησιν 5. S ασκον ... ABS καψακην 10 ... S om και παλαθησ ... ABS αγγεια ... ABS επεθηκεν αυτη 6. S ευραν ... B επεστωτα, AS εφεστωτα ... B επ αυτη, AS αυτη 7. S το προσωπ. αυτ. ηλλοιωμ. ... S αυτησ μεταβεβλ. ... B αυτησ post μεταβεβλ. i. m. 8. ABS om ο θεοσ alter. ... S το επιτηδευμα 9. AS καθοτι ελαλησεν 10. B δ pro δε ... S εθεωρων 12. S διδοναι 13. S om το ... AS απαγγειλαι 15 14. S ρημ. ταυτα και ... S θαυμαστον ... S om τω καλλει 15. S καταβην. προσ τον κυριον ημ. ... BS εωσ παραδωσι (B -ι) σε ... ABS εισ χειρασ 17. B¹S¹ απελεξαν ... S του ολοφ. 18. B παση i. m. ... ABS ειστηκει 19. S¹ om ου ... S om εστιν ... S ὑπολιπεσθαι ανδρα εξ αυτων 21. ABS κωνωπιω(-πι- semper) ... S καθυφασμενον 23. B om αυτησ
20 XI. 1. S και μη ... S ηκεν pro ηρετικε 2. S ο κατοικ. τ. ορινην (-ρι- et B) post εφαυλισ. με pon. ... AB αλλα αυτοι 3. AS ενεκα ... S απεδρασασ ... S ζωη ζηση 4. (S primo ποιεισ) ... S του βασ. 7. BS¹ om επι 8. AB² πανουργηματα ... AB² ψυχ. σου ᵃ και 9. B om ο ... S¹ λογ. σου ον ... AS συνεδρια ... S ελαλησεν pro εξελ. 10. S¹ διοτι ... ABS εστιν 25 αληθησ ... S ουδε κατισχ. 11. S¹ om και post απρακτοσ ... AS επι προσωπου ... S¹ τω pro ω ... AS εαν 12. AS επει παρεξελιπεν (A -λειπ-) ... B εξελειπεν ... S¹ κτησιν ... ABS om εν 16. B πραγμα 18. AB και εξελευση 21. AB εν καλω 22. AB απωλεια 23. B ποιηση ... B ναβουχοδονοσορ βασιλεωσ

30 XII. 3. B τα μετα σου οντα ποθεν (sic) 4. B om κυριοσ 8. AB αναστημα 9. AB μεχρισ ου 14. B τουτο μοι 15. B προηλθεν 16. B om και ante εσαλευθη
XIII. 1. B οφεια 2. AB κλεινην εαυτου 4. B καρδ. εαυτησ 5. B επιτηδ. μου 6. AB ακεινακην 8. B om απ αυτου 9. B¹ μεθ ολιγον 35 10. AS εθισμ. αυτων επι την προσευχην ... S¹ προσ pro το οροσ ... S ηλθον 11. B¹ εχθρ. ημων 12. S om αυτησ pr. ... S om του ... ABS επι τ. πυλ. 13. B¹ μεγαλου αυτων ... B¹ του ελθειν ... B¹ απεδεξαντο, B² επεδεξ., S εισεδεξ. (Ab υπεδεξ.) ... BS¹ om και ante αψαντεσ 14. S om αινειτε αινειτε τον θεον 17. S om ει ... S εξουθενωσασ 18. S θεοσ 40 σου οσ ... S primo om οσ ante κατευθ. ... B κεφαλην 20. S om σοι ... S αλλα ... AS τω πτωματι ... S πορευθεισα επ ευθειαν ... S ειπεν
XIV. 2. AB εαν ... S primo δωσ. αυτουσ αρχην, dein δ. εισ αυτ. αρχην, S² αρχηγον 3. S αυτοι pro ουτ. ... S om υμων 4. S καταστρωσετε 5. B επιγνοι 6. S εκαλεσεν ... S οζειου ... S² εξηλθεσ 10. AS εισ τον 45 οικ. 11. AS om ισραηλ 12. AB¹ επι τουσ στρατηγ. 13. S καταβηναι ... ABS εξολεθρ. 14. AS ὑπενοει 15. B ωσ δ ... AB ουθεισ ... B ερριμμενον ... S αφειρητο 17. S λεγων pro κραζων 18. S om του 19. BS om ταυτα ... AS διερρηξ. τ. χιτ. αυτ. ... BS αυτων η ψυχη

IX. 10. BS αναστεμα] ita et b, Ti scrips. αναστημα et adnot. „ed. Ro. invito cod. αναστεμα." Certe Cozza praebet αναστεμα, cf. 12, 8.
X. 4. ABS ψελια] ita et b ut plerumque, Ti ut plerumque ψελλια
XI. 13. post ουδε ταισ χερσιν deest folium in S
XIII. 9. cum verbis απο τησ στρωμνησ incip. rursus S

XV. 1. ΙΟΥΔΕΙΘ. ΕΣΘΗΡ. IV. 16. 79

XV. 1. S om οι ... S εν τω σκηνωματι 2. AS επεσεν ... S επ αυτοισ
... BS τρομοσ κ. φοβοσ ... S primo προσωπ. αυτου πλησ. 3. S παραβεβληκοτεσ ... AS om και ante ετραπησ. ... S om επ αυτουσ 4. S επεστειλεν ... S βαιτομασθεν και αβελβαιμ ... S¹ χωβα ... S¹ om και χωλα,
S² και χεειλα ... S¹ αποστελλοντασ pro απαγγ. 5. S επιπεσοντεσ επ. αυτ. 5
εκοπτ. ... S οι εν ιερ. ... S primo αυτοισ οι τα ... S πληγην μεγαλην
... S κατα τα pro και τα 7. AS αι πολεισ pro επαυλεισ ... S αι εν τη
8. S¹ om ηλθον ... S εποιη | κυριοσ (= εποιει?) ... S και του λαλ. 9. S
εξηλθαν ... S συ ει ... ABS ύψωμα ϊερουσαλημ 10. AS ταυτα παντα ...
AS ευδοκησεν ... S primo γινου τω παρα τω. 11. AS om πασ ... S επι 10
ημερασ ... S¹ ολοφερνουσ ... AS κατασκευασματα ... S λαβ. αυτα εθηκεν
12. S εξ εαυτών ... S primo ελαβον 13. S υμνουν 14. S om εν ...
ABS υπερεφωνει
XVI. 1. B om μου sec. ... BS και αινον pro καινον ... ABS επικαλεισθε (A -αι) 2. S¹ εξελευσεσθαι, S² εξελεσθαι pro εξειλατο ... S¹ εωσ 15
χειροσ ... ABS om των 3. B δυναμεων ... S¹ ωσ pro ων ... S εφραξε
4. B ορη pro ορια ... BS om εν ... B om μου ante σκυλ. 6. S
επεσεν ... S μαραρει ... S¹ om παρελυσεν usque 7. προσωπ. αυτησ
... S¹ και εν μυρ. 8. S² ανεδησατο 10. AS² εταραχθησαν pro ερραχθ. 11. B² om αι sec. ... S¹ επτοησαν ... S¹ φων. αυτου 12. AB 20
om αυτουσ sec. 14. S επεστρεψασ pro απεστειλ. ... S ωκοδομηθησαν
15. S¹ εσαλευθησαν σαλευθησεται πετρα απο, S² del σαλευθησεται ... B
δ' απο ... ABS ετι δε pro επι δε ... S¹ ειλατευσεισ, S² ϊλατευσεισ 16. S
ολοκαρπωμά 17. AS επανιστανομενοισ 19. S ολοφερνουσ ... ABS ελαβ.
εαυτη ... AS¹ αναθεμα ... AS τ. κυριω εδ. 21. S ανεζευξαν ... S εισ 25
τον οικον αυτησ εισ βαιτ. 24. S ο οικοσ ισρ. επι ημερ. ... S om μανασση
usque εγγιστα ... B i. f. add. αμην
Subscriptio: ABS ϊουδειθ

ΕΣΘΗΡ.

Inscriptio: ABS εσθηρ
I. [2.] νεισα ... σεμεειου [11. 12.] BS δικαιον παν εθνοσ [14.] BS
om και post πολυ [16.] om ο ante εωρακωσ [20.] AB¹S εξηραννησεν
[26.] αμαναδαθον v. 2. BS³ ο βασιλευσ αρτ. 10. BS¹ μαζαν ... βωραζη 30
11. (βασιλεισσαν) 14. ABS μαλησεαρ 18. ουτωσ 19. ABS³ (non ⁴) εισελθατω
20. ABS³ και ουτωσ

II. 4. προσταγμα 5. ABS αυτω ... BS σεμεειου 7. (τω ειδει) 8. AB
χορασια πολλα 9. AB²S αυτη δωναι ου ... AB αποδεδειγμενα 11. ABS ο
μαρδοχαιοσ περιεπατει 12. ABS αλιφομεναι 22. ABS ενεφανισεν 35

III. 7. τεσσαρεσκ., it. [22.] 9, 15. 17. 18. 21. 10. εισ χειρα 12. ABS δι
αρταξερξου (A αταρξ-) [6.] ABS ακυμαντουσ [9.] BS om ο [17.] παραλλασσον [18.] ABS ευσταθεισσ [21.] ολορριζει
IV. 2. BS εξον αυτω 5. BS παρεστηκει 7. μυριων ταλαντων 8. ABS
και ρυσαι 11. ABS ω εκτεινει (AS -τιν-) 14. ABS οιδεν 16. A?BS με η 40
pro με δεη [8.] ABS αλλα εποιησα [10.] ABS ύπερηφανια [16.] ABS

II. 7. τω ειδει] ita et Ti, b τὸ ειδει
IV. 3. Cozza ϊουχαιοισ

αινουντ. σοι ... BS om κυριε ... εκεκραξαν [20.] ABS επλησεν ... om αυτησ (ab initio pag.) [23] ABS ο βασιλευσ [30.] ABS αλλα [30. 31.] om επι τασ χ. τ. ειδ. αυτων [32. 33.] ABS θυσιαστηριον [41.] post σε· punctum i. f. lin., sed post κε latius spatium; ergo scriptor κε cum 5 praeced. conj., punctum correctori debetur [44.] ABS ὑπερηφανιασ

V. [2.] ABS περιεβαλετο [4.] επηρειδετο (S = B, A = B²) [9.] εν^ε|δυκει
2. ραβδον
VI. 1. ABS τω διδασκαλω αυτου 6. εαυτω ο αμαν 9. (ανθρωπω)
13. ABS om και post πεση

10 VII. 1. ABS συνπιειν 2. ABS εωσ του ημισουσ 3. ABS¹ λογοσ pro λαοσ
VIII. 8. (γραφετε του β.) 9. ABS νισα ... AB σατραπιαισ (S -ειαισ)
... AS εαυτων λεξιν 10. ABS¹ βιβλιαφορων 11. παση τη π. [31.] (με-
γιστου i. f. et ab init. pag. bis scrib.) [39.] om τα [42.] ABS om ἡ
14. εν σουσοισ
15 IX. 1. ABS³ μηνι τρισκαιδεκατη 6. αυτη pro σουσοισ 7. φαρσαν και
νεσταϊν κ. δελφ. κ. φ. κ. φ. κ. βαρσα κ. σαρβαχα 13. BS αμαν post
κρεμασ. pon. 18. BS οι εν σουσοισ ... BS³ και ουκ ανεπαυσαντο 19. i. f.
add. οι δε κατοικουντεσ εν ταισ μητροπολεσιν χ την ε χ ι του αδαρ ευφρο-
συνην αγαθην αγουσιν εξαποστελλοντεσ μεριδασ χ τοισ πλησιον, similiter AS
20 22. BS εξαποστελλοντασ
X. 1. om τε [11.—13.] και ηλθον usque εθνεσιν i. m. inf., sed ut AS
κληρον pro καιρον [14.] εαυτου [15.] ABS του αυτου μηνοσ [16.] ABS
κατα γενεασ [18.] AB δωσιθεοσ [19.] BS ερμηνευκεναι [20.] ABS των
εν ἱερουσαλημ
Subscriptio: ABS εσθηρ

ΙΩΒ.

Inscriptio: ABS ιωβ
25 I. 3. ABS πεντακοσια ονοι θηλ. 4. S¹ αυτου οι υιοι προσ εαυτουσ
... AS² εποιουν 5. (S συνετελεσθησαν) ... BS¹ θυσιαν ... S¹ καθαρισμον
pro αριθμον ... AS προσ τον θεον 6. BS και ωσ εγενετο ... S¹ ενωπ. τ.
θεου 8. ABS των επι ... S om τησ ... AS² post αμεμπτ. add. δικαιοσ
9. S εναντι ... BS δωρ. σεβεται ιωβ 10. AB οντων αυτω ... BS τα εργα
30 11. ABS ει μην ... S¹ προσωπ. σου ευλ. 12. S¹ εστιν αυτου ... AB αλλα
13. S¹ ωσ ημερα ... S¹ θυγατερεσ επινον, AS² θ. αυτου ησθιον και επ.
15. S οι αιχμαλωτευσαντεσ ηχμ. 16. S¹ ποιμ. κατεφλεξεν ... S και
σωθεισ εγω 17. S¹ om προσ ιωβ ... AS² αρχασ pro κεφ. ... S¹ απωλε-
σαν pro απεκτ. ... B om εν 18. S λαλ. ερχεται ετεροσ αγγελοσ 19. S¹
35 om επηλθεν ... S primo ετελευτησεν 20. ABS διερρηξεν ... AS αυτου
... AS² τ. κεφ. αυτου ... AS² προσεχ. τω κυριω 21. S²ᶜ·³ om εκει ...
S ο κσ ο αφ. ... B² αφειλετο ... S² ουτ. και εγεν. 22. AS εναντι
II. 1. S εναντιον του κυρ. ... S¹ om παραστη. εναντιον τ. κυριου 3. ABS
τα ὑπαρχ. 4. S ὑποερ ... S¹ παντα οσα, AS² και π. ο. 5. ABS ει pro η
40 6. S μονον c. praec. conjg. ... S¹ την δε ψυχην 7. S² μεχρι pro εωσ

V. 2. ραβδον] ita et Ti, b ραββδον 9. ανθρωπω] ita et Ti, b ανθροπω
VIII. 14. εν σουσοισ] ita et Ti, b εκ σουσοισ

II. 8. ΙΩΒ. IX. 16. 81

8. AS² και αυτοσ εκαθ. 9. S¹ om αναμενω ... S¹ σωτ. αυτου ... S¹ om καθησαι, S² suppl. καθη. ... AS² πλανητισ (A -τεισ) ... S² ad οικιασ add. περιερχομενη (A post τοπου) ... AS μοχθων και ... AS αλλ ειπον 10. S¹ οιποισομεν 11. S παρεγενετο ... BS ελειφαζ ... BS σαυχαιων ... ABS ο μειναιων (A μιν-) ... S¹ om του 13. S¹ και νυκτασ ... S om και ουδ. 5 αυτ. ελαλησεν ... B ουδ. αυτων ... S¹ om γαρ ... S ουσαν δεινην
III. 3. S και ση ... AS νυξ εν η 4. ACS³ ημερα pro νυξ 5. S¹ om καταραθειη usque 6. σκοτοσ ... AS² η ημερα εκινη 6. B¹ απενεγκαιτο 8. S primo εαυτην 9. S¹ φωσ 12. AS μοι γονατα 14. ABCS ηγαυριωντο 18. AS²ᶜ·³ δι αιωνοσ pro οι αιωνιοι ... AS φωρολογου 19. AS³ ου δεδοικωσ 10 21. ABCS ομειρονται (S -μιρ-) ... S²ᶜ·³ ανορυσσ. αυτον 22. S¹ εγινοντο 23. ACS² αναπαυσισ 25. S²ᶜ·³ εφοβουμην pro εφροντισα ... ABCS εδεδοικειν (S -κιν)
IV. 1. B ελειφασ, CS ελιφασ 5. ACS συ δε 6. B¹CS ουκ 7. ABCS ολορριζοι 8. AB ιδον 13. S² φοβοσ pro φοβω 14. AS φρ. δε μοι ... 15 A²S συνεσισεν 16. AB ιδον 17. AS εναντι κυριου 20. B μεχρισ εσπ., AS εωσ εσπ. 21. S¹ γαρ αυτουσ
V. 1. AS αγιων αγγελων 3. AS εορακα 4. S υιοι αυτου 7. AS² γυπων 8. AS αλλ εγω 13. S¹ πολυτροπων 15. (ABS απολοιντο) 17. AS²ᶜ·³ ο κυρ. επι τησ γησ 19. S σου αψηται 21. S επερχομενων 27. S¹ εξ- 20 ιχνιασα ... AB²S¹ om ει
VI. 4. S στοματι pro σωμ. 5. S¹ παθμησ pro φατν. 6. S¹ om ει βρωθ. αρτ. α. αλοσ ... AS καινοισ 7. AS² ψυχη pro οργη (C ευχη) ... S¹ οσμη 8. S²ᶜ·³ δοιη pro δωη priori 9. AS¹ om με prius ... S¹ om με sec. 10. S¹ απ αυτησ ... AS φεισωμαι (A φι-) ... S αγια ρηματα 25 11. S¹ μου ϊσχυσ 12. BS χαλκειαι (C -κιαι) 15. S εκλιπων ... S primo παρελθον 16. 17. B η κρυστ. usque τακεισα stichus 18. ABCS ουτωσ 19. S² εσεβων pro σαβ. 26. ABS ουδε ο ελεγχ. ... S φθεγμα το ρηματοσ 29. AS²ᶜ·³ αδικον εν κρισι ... S² ad συνεργεσθε add. νυν αρξασθαι „nisi fallor; rursus enim plane erasa sunt" 30. S² η ουχι ο, ipse rursus 30 delevit.
VII. 1. S ουχι β πιρατ. ... S του ανθρ. 3. S καινουσ 4. B πληρεισ 6. B¹S¹ ελαφρωτεροσ ... AS²ᶜ·³ δρομεωσ pro λαλιασ ... S καινη 7. ACS ο οφθαλμ. 10. AS ετι εισ τ. ... AS ουδε μη 11. S¹ om ουν ... AS²ᶜ·³ ων του πνευματοσ μου ανοιξω το στομα μου ... S² πικρια ... S primo 35 συνεχομενοσ φοβω 15. AS²ᶜ·³ add. δε post απαλλ. 16. AS καινοσ 18. S¹ om, ² suppl. εωσ usque κρινεισ (κρινι[σ]) 19. ABS in f. add. εν οδυνη 20. AS τι δυναμαι σοι πραξαι ... S ειδου 21. ABS και δια τι ... S νυνι
VIII. 2. S¹ om ταυτα 2. ABS πολυρημον 4. AS ει υϊοι ... S εν 40 χερσιν 8. S δε pro γαρ 12. S¹ om ετι ον usque θερισθη 13. S¹ ασεβων 14. AS εσται αυτου 16. S om αυτου prius 18. AB¹S² εορακασ, S¹ εορασ ... S ουχ εορ. usque 19. τοιαυτη stichus unus 20. B δεξται 22. S¹ ασεβων
IX. 4. S εναντιον αυτου γενομενοσ 5. B ορη ³ ουχ 7. BS post κατασφραγ. (S² cum ※) add. κατα δε αγγελων αυτου σκολιον τι επενοησεν 45 8. B χ extra lin. adscr. ... S επι εδαφ. ... S¹ om επι ante θαλ. 9. AB¹S ταμεια 11. S εαν ϋαρπερμβη με ... ABS και εαν παρελ. 13. S² add. δε post αυτου 14. S ϋπακουσηται 15. AS² εαν τε γαρ 16. S εαν δε κ.

II. 9. S² suppl. καθη.] Ti „σκωληκων: Cᵃ addidit καθη." sic = καθησαι?
III. 25. εδεδοικειν] ita Ti, b ενδεδοικειν
V. 15. απολοιντο] ita Ti, b απωλοιντο

SEPTUAGINTA.

82   IX. 18.   ΙΩΒ.   XVI. 21.

... AS om μη ... ABS om τησ φωνησ 18. S¹ αναπλευσαι ... S ενεπλησεν γαρ 19. S ἰσχυϊ κρατι 21. S ησεβηκα ... S¹ διο αφαιρ., AS⁴˙ πλην οτι αφ. 24. AS² om τισ εστιν 25. B¹ ελαφρωτεροσ 35. S¹ om μη ... S¹ αν pro αλλα ... BS² ουτωσ, S¹ αυτω ... AS² i. f. ad. εμαυτω αδικον
5   X. 1. S¹ om καμνων τ. ψυχ. μου, BS² c. praec. conj. ... S¹ πικριασ 4. S² ※ η καθωσ 8. AS εποιησ. με κ. επλασ. με 9. S παλιν με 11: AS om δε prius 13. S² εαυτω 14. AS¹ φυλαξεισ 15. ABS οιμμοι ... S εαν τε γαρ ω 16. S² παλιν δε μ. 20. B¹ ουχ ... S ολιγον pro μικρον ... S εασον usque 21. αναστρεψω stichus unus 21. S om με ... S ου ουκ
10   XI. 5. S λαλησει 6. S¹ τω pro των 8. CS¹ ὑψηλοσ ουρανοσ 13. S εθου καθαραν 14. S¹ απ εμου 15. ABS φοβηθησ 17. S ανατελλει 19. S¹ μεταβαλλομενοι
                                                                                                ουα
XII. 3. S και μοι 4. BS εγενηθη 5. S om γαρ ... B²S ὑπο αλλών 6. S ου μην δε stichus ... S μηθεισ 8. S¹ εκδιηγησαισ ... S¹ om σοι
15 sec. 10. AS² παντ. των ζωντ. 11. ABS νουσ 14. ABS κατα 18. S θρονων 20. (B διαλλασσων) 23. B stich. prior i. m. inf. 24. S¹ διαλλασσον ... S αυτουσ η οὐκ ηδισαν οδω 25. (B ψυλαφησαισαν)

XIII. 1. AB¹ εοραχεν 6. ABS om δε prius ... S ελεγχουσ ... AS om του 8. S κρινται ... ABS γενεσθε (AS -αι) 9. B om εαν 11. ABS ποτερον 20 ουχι δ. ... AS² φοβοσ sine o 12. S ὑμιν ... B αγαυριαμα ... S ἰσον 14. AS χερσιν pro χειρι 17. S ὑμιν ὑμων 18. S οιδα ο εγω 20. S om ου 22. B ειτ αν, S¹ εστ αν ... S¹ καλεση ... B²S¹ σου ὑπακ. 23. BS² και αι αν., S¹ και διανομιαι μου διδαξον 24. AS¹ et 3 σου 25. AS η ωσπερ ... S¹ ὑπο του αν. 27. S τον ποδα μου
25   XIV. 1. S¹ γεννητοσ γαρ γυν. 3. B εποιησω 4. (C)S αλλ ουδισ ... B αλλ ουθεισ c. praec. conj. 7. ACS² παλιν (pro ετι, Ti „adscripsit παλ., ut videatur παλιν ετι voluisse") ... AS εκλιπη 12. ABS μη pro μην 13. S¹ ωσ αν 14. BS cum ζησεται stichum claud. ... CS² τασ ημερασ ... AC vid. S εωσ αν παλιν, B εωσ παλιν 17. S τασ αμαρτιασ ... ACS εν 30 βαλλαντιω 18. AS¹ πιπτων 21. S¹ επισταντται
XV. 1. B ελειφασ ... AB¹S² πνευματοσ 3. ABCS om και 4. S²c.3 om και ... ABC σοι pro συ 5. S ουδεν διαεκρινασ ... B²S¹ ρημα 7. BS εγενηθησ 8. ABCS om η συμβ. σ. εχρησ. ο θεοσ 9. B συνιεισ συ ο ... AB²CS² vid. et 3 ουχι και 15. S² αγιων αυτου 16. B ανηρ stich. inc. 17. AS 35 αναγγελλω pro αναγγελω priori 18. B om και ... BS πατερασ 19. CS²c.3 αυτοισ δε μ. 22. S¹ αποστροφηναι 23. S ουδεν γαρ εν ... S πτωσιν 24. BS αυτον σκοτεινη ... S¹ δε θλιψισ ... S πρωτοστρατησ 26. S¹ om δε ... (BS ὑβρει fin. stichi) 27. AS μηρων 28. AS²(et 4) εκεινοσ ητοιμασεν 29. B²S¹ επι γην, CS² επι γησ 32. AS πυκασει (A -σι) 35. S¹ ουκ οισει 40 pro ὑποισ.
XVI. 5. S¹ et 3 χιλεων μου 6. AS² c.3 το τραυμ. μου ... S ελασσον 7. ABCS stichus και επελαβου usque 8. εγενηθ. 8. S¹ και εισ μ. ... AS εγενηθην 9. S επ εμοι τουσ ... S επ εμε ... ABS επεσεν 10. S δη pro δε 11. ABS¹ et 5(?) αδικον ... S εριψεν 13. BS βαλλοντεσ stich. inc. ... ABCS 45 ου φειδομενοι conjg. c. antecedd. ... AS εισ γην ... AS²c.3 ζωην pro χολην 14. S¹ om, 4(?) add. πτωμα ... AS εμε 15. AS²c.3 εριψαν (A ερρ.) ... AS² vid. επι βυρσησ μου 16. S¹ κλαυθμου μου ... AS² σκια θανατου 19. S¹ om hunc versum et sequentes omnes usque 17, 12. σκοτουσ, omissa S² supplet i. m. inf. 19. S[²] ουρανω 21. S[²] om και νιω usque αυτου

XIII. 6. b ελεγχον, Ti ut Codd. ελεγχ. 9. εαν in b postea typis margini illatum.
XVI. 11. Ti Comm.: „αδικου: Cc -κων, sed -λου restitutum

XVII. 2. ΙΩΒ. XXI. 23. 83

XVII. 2. AS[⁴] ποιησω 4. S[²]υψωσισ (= -εισ) 5. ACS[²] οφθαλμ. δε μου 6. ABS[²] θρυλημα ... S[²] γλωσσα (⁴ γελωσ) ... Β επεβην 7. AS[²] πεπηρωνται 8. S[²] θαυμα δε 10. S[²] κριναται pro ερειδετε et εστιν pro ευρισκω 13. S(¹) ὑπομινη οικοσ μου αδησ (² „αδησ μου, voluitque ante ο οικοσ μου poni") 14. S¹ προσεκαλεσα, AS² -αμην 15. S η ελπισ εστιν 5 XVIII. 3. BS om δε 4. S² ᶜ·³ κεχρηται σε δε ... S¹ τι συ γαρ εαν αποθ. ... Β ουρανον × εσται 6. Β λυχνοσ ᵉᵖ αυτω 8. ACS⁴ και εν δικτυω 9. S om δε 10. S γη ᵗᵒ σχοιν. ... ABS τριβων 11. Β ολεσαιαν sic 12. S ητοιμασται αυτω 13. S om δε ... BS τα ωραια αυτου 17. Β απωλοιτο, S¹ απολιται ... ABS ὑπαρχει 19. S¹ σεσωσμενον 10
 XIX. 2. AB ποιησετε, S εποιησατε 3. S οτι κυριοσ ... S¹ om ουτωσ ... (S επικεισθαι, ut καταλαλειται) 4. S¹ αυλισθησεται ... AS ρημα ο 5. S² μεγαλυνεσθαι (S¹ -σθε) 6. AB οτι ο κυρ. ... AS² ᶜ·³ ταραξ. με 7. AS² ᶜ·³ λαλω pro γελω ... ABS και ου λ. 8. S προσωπου 10. AS² ᶜ·³ διεσπ. δε με 11. S¹ om ηγησατο δε μ. ω. εχθρον 12. S ταισ οδοισ μου c. praeced. 15 conjg. ... S με ενκαθετοι 13. S απ εμου c. praeced. conjg. 14. S προσειδον pro προσεποιησαντο ... ABS² ειδοντεσ (A ιδ-) 15. (S θεραπαινε τε) 16. (S ᵉδεετο) 16. 17. BS στομα usque γυν. μου stichus 18. Β αιωνα ᵐᵉ απεποιησαντο με (et S με a prima manu suprascr. habet) 19. AS εβδελ. δε με ... S δε pro δη 20. S μου α εσαπ. ... S η αψενη (sic) 22. S¹ 20 om και ο 23. S¹ om αν ... ABS δωη ... S βιβλω 24. (ABS γραφιω) ... S σιδηριω ... Β η usque ενγλυφηναι i. m. 25. ABS αεναοσ ... Β οιδα usque μελλων, S οιδα usque 26. αναστησαι stichus 26. AS² ᶜ·³ αναστησι (A -σει) δε μου το σωμα (S² μου) το ... S¹ αντλουν ... S om γαρ 26. 27. S παρα usque συνεπιστ. stichus 27. S¹ α οφθαλμοσ ... Β¹ εορακεν ... S¹ παν 25 ... S¹ συντελεσται ... S¹ κοπω 28. ACS² εναντιον 29. AS¹ δε pro δη ... AS² ᶜ·³ απο κριματοσ (επικαλυμμ. non deleto) ... S π. αυτων η υλη εστιν
 XX. 1. (Β μειναιοσ) 2. S¹ αντερτ, ² -ιν ... AS² ᶜ·³ συνιεναι 3. ACS παιδιαν ... AS² ᶜ·³ εντρ. σου ... Β αποκριθησεται, S αποκρινετε 4. Β απ᾽ ου ... S om απο του ετι ... S αφπ ου 7. S ἰδοντεσ 8. S¹ θαυμα pro 30 φασμα 9. S¹ προσθησεται 10. S¹ πυρσαισαν, S² πυρσαιευσαν (sic) ... Β¹S¹ οδυναισ 11. S¹ ενεπλησαν 13. Β εμμεσω 15. Β εξαιμεσθησεται, AS¹ εξεμεσθησ. 18. (S καινα) ... S² ᶜ·³ στρυχνοσ 19. AS² αδυνατων ... AS² ᶜ·³ διαιτ. δε αυτων 20. AS² ᶜ·³ δια τουτο ουκ ... S σωτηρια αυτου ... S¹ om ου 21. AB¹CS ὑπολιμμα 23. CS² ᶜ·³ om ει sec. ... 35 (A)S² ᶜ·³ ρειψαι 25. CS εν διαιτη ... BS περιπατησ. c. praec. conj. 26. BS¹ ακουστον, S² ακαυστ. et i. m. adscr. ασβεστον, sic A 27. S¹ τασ νομασ ... S¹ om δε 28. S εκλυσαι
 XXI. 3. S καταγελασατε 5. AS¹ θαυμασατε, S⁴ θαυμα σχητε 8. S¹ om δε 9. S μαστιγξ ... B¹C εστιν αυτοισ, S εστ. επ αυτουσ 10. S¹ om 40 εχουσα 12. S αναλαβ. αυ ψαλτ. ... S¹ ευφρανθησονται 14. AS τω κυριω ... S ειδεναι οδουσ σου 17. S λυχνοσ ασεβων ... S ου σβεσθησεται ... BS εξουσιν αυτουσ 18. Β¹S ὑπο ανεμου ... S¹ om η ... ABCS ὑφειλατο (ACS -φι-) 19. BS εκλιποι 22. S ουχι κυριοσ 23. S απεθανεν ... ACS⁴

XVIII. 11. b ωδυναι, codd. ut Ti οδυναι.
XIX. 2. AB ποιησετε] ita et Ti, b ποιησητε 25. μελλων, επι] ita b, Ti μελλων επι

f*

αφροσυνησ 24. ABCS πληρησ... CS αυτων διαχ. 25. S¹ πικρια ... S¹ om ουδεν, S² ουδεν 26. S² i. m. οι υιοι αυτου quae videtur post κοιμ. addi voluisse 30. AS² vid. απαχθησεται 31. S απαγγελλει ... AS² vid επι προσωπον ... AB και α αυτοσ 32. ACS² om αυτοσ sec. ... S σωρω (eti A -ω) 5 33. S¹ χιμαρροι 34. S καταπαυσεσθε
XXII. 1. BS ελειφασ (S -λι-) 3. BS¹ απωσησ 4. ABCS ελεγξει σε 6. S om δε prius 8. ACS² προσωπα ... ACS² πτωχουσ pro τουσ, S⁴ τουσ ε. τ. γ. πτωχουσ 11. AS σοι εισ σκοτοσ ... S om σε 12. S¹ ϋψ. και νεων 14. S νεφη ... B αποκρυφησ ... AS διαπορευσεται 19. AS² εμυκτηρ. 10 αυτουσ 21. AS γενου δε ... BS ειτ ο 22. B εκβαλε, S¹ εκλαβοι (² -βαι) 23. S¹ κακον, AS⁴ το αδικον 24. AS²ᶜ·⁴ και ωσπερ ... AS¹ et ² om πετρα ... B aut ut b χειμαρρου σωφειρ, aut ut A [sec. Ti] χειμαρρουσ ωφειρ, S χειμαρρουσ σωφειρ 25. AS σοι ο 26. AS εναντι 27. AS² τ. ευχ. σου 28. S¹ οδουσ 29. S²ᶜ·³ ερειτε ... S² videtur ὑπερηφανευσαμην [= A] scrip-15 turus fuisse. 30. AS²ᶜ·³ διασωθηση
XXIII. 2. S¹ επ εμων στεναγμων 3. S om δ 4. S¹ ϊδοιμι pro ειπ. ... AS²ᶜ·⁴ επ αυτου pro εμαυτου ... S² εμπλησω 5. AB¹S¹ γνωην ... AS² ρηματα ... S¹ ατινα ... AS απαγγελλει 8. BS εισ γαρ πρωτα π. 10. S εδιεκρινεν 13. S²ᶜ·³ αντειπιπτων 15. S¹ et ³ κατασπουδασω 16. S¹ σε 20 pro με α
XXIV. 3. AS² ὑποζυγ. δε ... S(¹) ενεχυρασον 4. S¹ δικαιων ... S om δε 5. S om δε, AS²ᶜ·³ και απεβησ. ωσπερ ... AS² την εαυτων πραξιν ... S αυτ. εισ νεωτερ. αρτοσ 6. S² αδυν. δε ... S¹ αμπελωνα ... S¹ om ασεβων ... B¹S ηργασαντο 8. CS αυτουσ ... S¹ om πετραν 11. AS²ᶜ·³ 25 εν σκοτινοισ ... S¹ om δε 12. AS²ᶜ·³ om οι ... S¹ πολεων ... BS¹ et ³ εξεβαλλοντο, AS² εξεβαλλον αυτουσ 13. ACS² ατραπ. αυτησ 15. ABS² προσνοησει, S¹ προσθησει 16. S¹ διωρυξαν 17. AS² ταραχασ ... AS¹ σκια 20. AS om δε sec. ... AS²ᶜ·³ καθα pro α 21. ACS γαρ pro δε ... ABS¹ αγυναιον 24. CS¹ om δε ... S η extra lin. prima manu suppl. 30 25. S¹ θησισ, ² -σι
XXV. 2. B φοβοσ ο π. 4. ACS² εαυτον 5. B η pro ει 6. S¹ ανθρωπον
XXVI. 3. S¹ βεβουλευσαι ... ACS⁴ η τινι επαχ. (in B ante τινι unius literae spatium liberum) 5. S¹ μη γειτωνεσ ματαιωθησονται 6. S(¹) τησ 35 πτωχιασ pro τη απωλια (sic S²) 7. AB βορεα 9. S¹ om ο κρατων προσωπ. θρονου 12. S²ᶜ·³ εστρωσαι (C -σε, A -σεν) 14. S¹ λογου pro οδου ... S¹ ποτε
XXVII. 2. ACS⁴ ζη ο κυριοσ οσ 3. CS η μην ... CS² εν ρισιν 5. S κακιαν ... BS om μου posterius 6. ABS ου μη πρ. 7. AS αλλ ... ACS 40 επανιστανομενοι ... S ανομων 8. S ασεβει ελπισ ... S² πεποιθ. δε 10. CS μη εχειν (S εχι) ... S¹ τι ... AS²ᶜ·³ η πωσ ... S² επικαλ. αυτον 11. S¹ α δη ... S αναγγελλω 12. ACS ϊδου δη 13. AS²ᶜ·³ οργη pro κτημα 14. ACS οι ϋϊ. αυτου 15. B stichus οι δε usque τελευτησουσιν i. m. inf. ... BS ουδεισ (S -θισ) 17. S ταυτα δε πρ. 18. S αραχναι 19. ABS¹ κοιμη-45 θεισ ... S ου μη ... S οφθαλ. δε 20. S¹ σητεσ pro υδωρ ... ABCS υφειλατο (S -φιλ-) ... S λαιλαψ pro γνοφοσ 21. S και αναλημψεται αυτ. (eti A om δε) 22. BCS επιρειψει (C -ρι-) ... ABS¹ om επ 23. BC επ αυτου, AS²ᶜ·³ επ αυτου
XXVIII. 1. S¹ αργυριου ... ACS⁴ χρυσιω 3. B σκοτιασ 4. ABCS om 50 εσαλευθησαν 6. S και χ. usque 7. πετινον stichus ... S χρυσιουν, S²ᶜ·³ χρυσαιον ... S²ᶜ·³ αυτη 8. ACS² om και ... S ου κατεπατησαν ... ACS αυτην 10. ABCS ερρηξεν ... AS² αυτου pro μου 11. BS εαυτου 13. ACS² ουδε μη 14. ACS εστιν bis ... ACS και θαλασσα 15. B¹ σταθησεται αυτη ... S¹ ανταλλ. αντ αυτησ 17. AB¹S ουχ ... B ϊσωθησεται 18. S¹

XXVIII. 19.   ΙΩΒ.   XXXIII. 13.   85

ου μη μν.... S¹ om και 19. B¹S ουχ 22. AS²ᶜ·³ om δε 23. ACS² et ⁴ ο
κυριοσ 24. B om α 25. CS² υδατοσ τε 27. B εξηγησ. αυτη
XXIX. 4. S¹ επιτριβων... ACS² οδοισ... ACS² ο κυριοσ 6. ACS
μου αι οδοι 12. S διεσωσασ 13. S¹ ευλογησαι 14. AS¹ εδεδοικειν (S -κιν),
S² ενδεδοικιν 17. ABCS αδικων finis stichi... ACS εκ δε... CS μεσων... 5
ACS⁴ εξεσπασα 18. ACS om η... BS ωσπερ στελ. φ. c. seq. conj. 25. (S¹
ωσι βαλευσ)... S² ποθινουσ... B²S² παρεκαλουν, S¹ κ παρακαλων
XXX. 1. S νυνϊδε (= νυν ϊδε?), it. 9. ... BS ελαχιστοι c. seq. conj.
... S εξουδενων 4. AS αλιμμα ε. ... S² αλειμμα ... B οι και usque μεγαλου
i. m. inf. ... ABS εμασωντο 6. S¹ ᵉᵗ ⁴ om ησαν ... S² ωσ τρωγλ. 8. A?BS 10
ονομα c. praeced. conj. ... S¹ εσβεσμενων 9. ABS θρυλημα 10. S¹ om .
stich. απο usque πτυελον, S² suppl. ... ABS² om του ... S² πτυελο, ⁴ -λον
11. S τω προσωπω ... AB¹S² εξαπεστειλεν (S -στιλ-) 12. S. ποδ. αυτου
          ε
εξετινεν κ. ωδοποιησαν ... ABS? τριβ. απωλ. α. c. praeced. conj. 13. S
εξεδυσεν 14. S¹ βελοσ γαρ α. ... BS om δε 15. AS² επιστρεφ. δε μου 15
16. S² ᶜ·³ εκλυθησεται 19. S¹ om δε 20. S εισακουση 21. S επεβησ
23. (S πανθτι θν.) 24. AS¹ om γε 25. BS εστεναξα δε ϊδ. 26. S² ᶜ·³
επεσχον 30. S om δε prius ... S⁴ i. f. ad. συνεφρυγησαν 31. BS παθοσ
pro πενθοσ
XXXI. 1. S¹⁽⁻³⁾ αδελφοισ pro οφθαλμ. 2. BS⁴ και ετι εμερ., S¹ και 20
διεμερισεν, A και επεμερ., S² = b ... S² απανωθεν ... S⁴ εν υψιστω 4. ABS
εξαριθμηθησεται 6. S ισταμαι 7. AS² ᶜ·³ οδ. αυτου ... AS⁴ οφθ. μου 8. S¹
om αρα ... ABCS αριζου 10. S εταιρω 12. S⁴ λερων (pro μερ.), sed
vid. scribi voluisse μελων 13. AS προσ εμε 14. S ποιησηται 15. S και
εγω εγεν. 16. B¹S¹ ποτε ειχον 17. CS² μετεδ. εξ αυτου 21. CS μοι 25
πολλη ... AS παρεστιν 22. S¹ ωμοσ σου 23. B om κυριου ... ABCS και
απο του ... ABS ουχ (b ουχ) ... S¹ οιπο:σω δολον 25. S¹ ευφρανθη ...
B πλ. μου γεν. 26. AS¹ επιφ. και ... S εκλιποντα ... S¹ φθινιθουσαν
27. ACS ει δε και χ. 28. S¹ μοι η ανομ. ... ACS εναντι 29. S¹ επι-
χαρισ ... AS επι πτωματι 30. ABS θρυληθειην 32. AS ηνεωκτο 33. S εακου- 30
σιωσ 34. S¹ ενωπ. αυτου ... ACS² την θυραν 37. ABS χρεοφειλετου
39. S om μονοσ
XXXII. S¹ αυτον pro εαυτ. ... AS εναντι 3. S¹ om δε ... AS² φιλ.
αυτου ... S σφοδρα ωργισθη ... AS τω ιωβ ... S⁴ ευσεβη, cf. A¹ 7. S¹
om μεν 8. B¹S ουκ ο ... BC¹S ουκ οιδασιν 9. S¹ διδασκουσα σε 10. AS 35
ουδε οι ... S¹ εισιν, S² εισασιν 11. ABS ενωτιζεσθε usque ακουοντων
stichus ... BS¹ om ερω γαρ ... CS αχρι ου 12. S¹ om ανταποκριν. usque
νμων 15. S¹ επτοηθ. και ουκ 16. S¹ ουδε γαρ 18. ABCS ολεκει (C -κι)
19. S¹ δεμενοσ ... S¹ φυσητησ ... S¹⁽ᵉᵗ ²⁾ om ερρηγωσ 20. S¹ τα σα
χιλη, S⁴ i. f. ad. αποκριθω 22. S¹⁽ᵉᵗ ²⁾ επιστασαι ... AS προσωπον 40
                                                                μ.
XXXIII. 1. AS² και την λαλ. 2. S ο ηνυξα ... S στ. σου 3. B
συνεσιν ... S¹ om μου ... S νοηση 5. ABS υπομεινον c. seq. conj. (ut Ti)
... CS καγω 6. S¹ πηλου γαρ δ. ... S om συ ... AS² ᶜ·³ i. f. ad. πηλου
7. B¹S ουκ ο 8. AS² φωνην δε ... B om σου 9. CS¹ αμεμπτ. γαρ,
AS²⁽ᵛⁱᵈ·⁾ αμ. δε 10. S¹ ευρον 12. S¹ ο εστιν ο 13. ACS² τ. δικαι- 45

XXIX. 13. S¹ ευλογησαι] ita Ti in textu S, sed in Comm.: „ευλογη-
σαν: Cᵃ -γησεν"; prior lectio recta recipiendaque erit.
XXX. 10. S² πτυελο] sic Ti in Comm., pro πτυελον? ut A
XXXIII. 9. AS² ᵛⁱᵈ· αμ. δε] S² ᵛⁱᵈ· dixi, quia ex nota Ti in Comm.
pro certo cognosci nequit, utrum Cᵃ pro primo an pro secundo γαρ
voluerit δε

οσυνησ μ.... ACS om μου (sec.) 14. BS εν δε usque 15. νυκτερινη stichus 16. S¹ αυτου ... B² εξεφοβησαν 17. CS ερυσατο 18. AS² 3αν. του μη 19. CS εν μαλακια 21. (S καινα) 22. B ηδε η ζωη 23. B την καρδια ... CS επι κυριον (επι et A) ... CS² ᶜ·³ τ. δε ανομιαν ... S δειξει 24. ACS² ᶜ·³ αυτον εισ 3. 26. AS¹ om δε (prius) ... S² ᶜ·³ ευξαμενου δε αυτου ... S¹ εισακουσεται αυτου pro και δεκτα α. εσται, quod S² substituit sine και ... ABCS εισελευσεται (Α -τε) δε πρ. ... ACS² ᶜ·³ προσωπ. καθαρω ... S¹ απο pro αποδωσει 27. S¹ ητοιμασεν 28. S¹ om μου ... S και ηδ ζωη 29. BS οδουσ stich. inc. 30. BCS αλλ pro και ... BS ερυσατο ... AS² ᶜ·³ ϊνα η ψυχη μ. 32. BS ει εστιν ... BS¹ ᵉᵗ³ om σοι ... B λογοσ, S λογοισ (sic) 33. ACS i. f. ad. σοφιαν

XXXIV. 2. ACS² ᶜ·³ i. f. add. το καλον 4. AS¹ μεσ. αυτων 6. S¹ βιβλιον pro βιαιον 8. S¹ ᵉᵗ³ αμαρτανων ... CS² ουδ ολωσ pro η ουδ ου 9. S ειπησ εσται ουκ (i. e. οτι ex εσται a prima manu) 10. S εναντι κυριου ειη 11. B² αποδοι ... S εποιει 12. ABCS οιη ... S ατοπα ποιησ. τ. κυριον 13. S¹ ο εποιησ. ... S usque γην c. praec. conj. ... S τα οντα 14. C²S² συσχειν ... S¹ κατεσχεν 15. S¹ om και 16. ABCS ει δε(?) pro ιδε 17. AB ει δε(?) pro ιδε 18. S¹ ασεβεστατοισ αρχ., S² ασεβεστατοσ τοισ α. 19. S 3αυμ. προσωπον 20. S εκκλιομενων 21. S λεληθεν γαρ α. 22. CS² εστιν 23. B ο γαρ usque 24. ανεξιχνιαστα stichus ... ACS⁴ παντα 25. BS ταπεινωθησεται (S -πιν-) 28. ACS² πενητοσ 29. S¹ ομοιου 31. S¹ om ο λεγων 32. S¹ om οψομαι ... ABS¹ ηργασαμην 33. ACS παρα σου ... ABS om συ prius ... S εκδεξη 34. AS² καρδιασ 35. ACS² τα δε ρημ. 36. S¹ om δε 37. B αμαρτιασ

XXXV. 2. (S σοι) ... S¹ ει ο ειπασ 3. ACS² η ερεισ (S² ερισ) τι ποιησω αμαρτων 4. CS² εγω δε ... S¹ om σοι 5. S primo νεφελη 6. S¹ δυναμαι σοι π. 7. S² επειδη δικ. ... S διωσεισ 9. S βραχειομοσ 11. S¹ om ο 12. B κεκραζονται (Cozza?) 13. BS ο κυριοσ ϊδειν 14. B τα ονομα (Cozza?) ... BCS αινεσαι (C -σει) αυτον ... ABCS εστιν finis stichi

XXXVI. 1. ABS ελιουσ ετι 3. BS εργοισ usque 4. ρηματα stichus ... BS αδ. συνιεισ stich. 5. B γιγνωσκε 6. AS² ασεβων ... ABS ζωοποιησει 7. S¹ βασιλεωσ ... AS om και post 3ρον. 8. S¹ συχοινιοισ, S² σχοινιω οισ 9. S αναγγ. αυτων ... S¹ om και τ. παραπτ. αυτων 10. S¹ ακακιασ pro εξ αδικ. 12. BS ειδεναι αυτουσ 13. S¹ εδεησεν 16. S² προσετι ηπατησεν pro προσεπιηπατ. (eti S¹) 18. S δι ασεβειασ 19. S¹ ων των pro οντων 20. S¹ κρατουντασ 21. BS¹ αδικα ... AB επι τουτον, S² απο τουτων 22. S κραταιωσ 23. S om η .. BS ο ειπασ 24. S¹ ησ ηρξ. 25. S εν αυτω 26. S¹ om ου ... S αριθμητοσ 27. S¹ αναριθμητοι, S² αριθμητοι, ⁴ -ται ... S¹ επιχθησονται 28. S¹ θυμητα ω βροτω, AS² αμυνθητων βροτων ... 40 B διαλλασσεται 29. AS² συνησ επεκτασιν 30. AS επ αυτην ... BS¹ η ωδη, S² ηδω et i. m. τοξον (Α το τοξ.), ⁴ vid. ωρηδον 31. B ακουοντι pro ισχυοντι 32. S² ᶜ·³ περι αυτου 33. S² φιλοσ ... BS κυριοσ c. seq. conj. 34. BS om απο

XXXVII. 1. AS² ακουε ϊωβ ... S¹ ᵉⁿ οργη 2. BS om η 3. S¹ primo ανταλλαξη, dein -ξει ... ABS ακουση.... S¹ φωνησ 4. S¹ αυτου εν φωνη 5. BCS επι τησ γησ ... CS² om και χειμων υετοσ 7. BCS υπο σκεπην 8. B¹CS ταμειων (A -μει-) 9. S¹ οικιαζει 10. AS² καταπλησσει 11. S

XXXIII. 32. S λογοισ] utrum ita et C? Ti dedit λογοι ο
XXXIV. 8. pro μεταποιουντων (bTi) scripsi in textu editionis μετα ποιουντων 14. εστιν finis stichi] ita Ti dist., b post και νυν v. 15. punctum posuit.

XXXVII. 12.   ΙΩΒ.   XLI. 20.   87

διαστρεφει ... S¹ εθετο βουλαϑ εισ, S² ενϑα εβουλετο ϑεισ, postea εν ϑεεβουλαϑ εισ ... S εαν   12. B om τε ... ACS παιδιαν εαν τε   13. ACS νουϑετου   15. S διαϑεσιν ... B εξαισια usque 16. ϑερμη stich.   16. S² γησ απο νωτου, corr. νοτου, et ita C   17. BS στερεωσισ (-σισ et C)   18. CS παυσομεϑα   20. BS δ ουχ   21. B απο usque δοξα stichus (et in S δοξα 5 finis stichi) ... CS⁴ τιμη παρα παντοκρ.   22. S ουκ ευρισκ. ... S επακουσειν
XXXVIII. 1. S τω δϊωβ|(αϑολω)   2. S¹ om με   3. B om σε   6. S η επι ... S βαλλων   7. ABS οτε εγεν. α. c. seq. conj. ... S¹ αγγ. αυτου
8. S¹ εμαιμαξεν ... B αυτη   14. S αυτου   15. BS αφειλασ   16. S¹ ηλϑασ 10
17. (S αδονυ)   21. S⁴ οιδασ   22. S¹ ϑαλασσησ pro χαλαζ. ... AB¹ εορακασ
23. AS πολεμου   26. S επι την γην ... AB¹S ουκ ὑπαρχ.   29. AS om ο
30. ABS προσωπ. δε ... AS ετηξεν   31. B² (sic) βραγμον   34. B τρ. ὑδατοσ λαβρω, S τρ. λαβρω ὑδ. ... S επακουσεται   37. S δε ο αριϑμω νεφη (Ti?) ... S ουρανοσ   41. S κυριον finis strichi   15
XXXIX. 2. AS αυτων μηνασ ... B πληρησ ... ABS om αυτων sec.
3. BS¹ et 3 ωδεινασ αυτ. ... S¹ εξαποστελλεισ   4. BS γενηματι ... S² C.3 εξελευσ.
δε ... AS² ανακ. εαυτοισ   9. S¹ δουλευειν ... S¹ παϑμη, S² φατνη   10. S δεησεισ   11. S¹ τ επ, S² δ επ ... B om η   12. AS¹ et 3 δε αυτω οτι   13. BS om νεελασσα, AS⁴ νεελασα ... S συνλαβη η ασειδα   14. AS ωτα pro ωα 20
15. B επελαϑοντο, S¹ επελϑοντοσ ... S² που scribi voluit   16. AS τεκν. αυτησ   17. S¹ κατεπηξεν pro κατεσιωπησ. ... S¹ om ουκ ... ABS εμερτσεν ... AS² αυτη ... S¹ et 3 εν τη συν.   18. S¹ ὑψωσει ὑψει, S² ὑψ. εν ὑ.
... S¹ αυτου pro ιππου   21. S² C.3 ποδι pro πεδιω   22. AS⁴ συναντ. βελει
... ABS ου μη   23. S γαρ γαυρια   24. ABS πιστευση   25. S αιματι ӿ 25 κραυγησ   26. ABS tot. vers. stichus unus   27. B γυψ usque 28. αποκρυφω stichus unus   29. S¹ ζησει   32. S¹ et 3 εκκλινιν, S² κρινισ ... AS om δε ... S¹ et 3 ὑποκριϑησεται ... S² C.3 αυτω   34. S¹ om ετι ... B δωσω
XL. 1. S om δε ... S ο κσ, ο ex ϑ ipsa prima manu factum videtur 30
2. AS αποκριϑητι   3. S² C.3 η αποποιη ... S οιη   4. AS² C.3 κατα κυριον ... AS κατ αυτον ... S¹ φροντισ pro βροντασ   5. B αμφιεσαι   6. BS παν δε ὑβρ.   8. AS² C.3 κρ. δε αυτουσ ... AS γην εξω ομ.   10. B δη ἰδου δη ϑ. ... AS εσϑιει   11. B δη ἰσχυσ ... B om αυτου sec.   14. AS² C.3 τουτο εστ.   17. S¹ ραμνοισ ... AS² vid. αγνου   20. BS¹ αγγιστρω ... ABCS 35 φορβεαν   21. BS ει pro η ... ABS ψελιω   22. S δεησ. η ἱκετ. ... S¹ μαλακη
23. B om δε prius ... BS διαϑηκην μετα σου   25. S¹ μεριουτευονται, S² C.3 μεριουνται   26. S¹ μιασ   27. B επιϑησει ... AS επ αυτω ... BS¹ et 3 om και μηκετι usque 28. αυτον, S² supplet   28. S² ουκ ... ACS² εορακασ
XLI. 1. BS ουδε δεδ. ... AS² C.3 αυτον οτι ητ. : .. S¹ τισ δε   3. ABS 40 ἰσον αυτου   5. AS² C.3 πυλασ δε   6. B χαλκειαι, S -και ... AB om δε ...
BS συνδεσμοσ usque 7. κολλωνται stichus ... ABS σμιρτησ (A -τοσ)   7. S¹ δι αυτον   8. S εαυτου ... S¹ παϑωσιν, S² αποσπαϑωσιν (sec. Ti)   10. ABCS om ωσ bis (sec. loco hiat C) ... AS² διαριπτουνται   14. S om σωματοσ
17. AS² ουδεν ου μη ... AS² C.3 ποιησ. αυτω ... BS δορυ κ. ϑ. stichus 45
... CS² δορυ επηρμενον   18. AS² C.3 ωσπερ αχυρα   19. BS χαλκειον ... S² πετροβολ. μεν   20. CS καλαμην ... S ελογισατο ... CS² σφυραν, S⁴

XXXVII. 21. Ti in Comm. τι μη (non τιμη) scribit
XXXVIII. 1. Ti in Comm.: „δ: prima manu notatum"; de ceteris tacet.   7. οτε εγεν. α. c. seq. conj. et Ti, b cum praeced.
XL. 17. AS² vid. αγνου] Ti in Comment: „αγρου: Cᵃ αγνον" (sic, A αγνου)

σφυραι 21. S¹ στρωμη ... S primo πυλοσ 22. AS χαλκιον 24. B ουκ usque μου stichus ... S πεποιημενον ad praec. trahit, cum ενκαταπεζεσθαι stich. inc. ... S¹ om μου
XLII. 2. S σοι δε ... BS ουθεν 3. S¹ om stich. τισ γαρ usque βουλην 5 ... S αναγγελλει ... AS ηπισταμην 4. B om σε 5. AB¹ εορακεν 6. B δε εγω εμαυτ., S¹ δε εμαυτ. εγω 7. BC ελειφασ (C -λι-) ... B om δυο 8. BS καρπωσεισ ... ABCS περι ὑμων ... S¹ om μου ... S² c. ³ om ει μη pr. ... ABCS υμασ ... S¹ ελαλησατε et μου ιωβ bis scripsit, S² alterum delevit ... B αληθεσ post ιωβ ponit 9. B ελειφασ ... S¹ συνετ. αυτω ... ACS¹ et ³ 10 αμαρτ. αυτων, S² αμ. αυτοισ ο κυριοσ 10. BS om αυτου sec. ... S¹ εδωκεν ο 11. S¹ παρεκαλεσαν ... ABCS επηγαγεν αυτω ... S¹ ο θεοσ ... S¹ τετραδαχμον ... ACS χρυσουν ασημον 12. ACS ηυλογησεν ... S εμυρια τετρακισχιλια („τετρα factum ex πτα ut vid.", ε = ̄ε?) ... S θηλιαι ονομαδεσ 14. B αμαλθειασ, S αμαλθιασ (-θιασ et C) 15. S ὑπο τον ουρ. 16. ACS² 15 τεσσερακονταοκτω 17. S πρεσβυτησ 18. S παλιν αυτον [2.] S γη τη αυσειτιδι κατοικων [4.] ACS om εκ [7.] S βαιωρ [8.] BS ασομ [9.] C¹ S¹ βαραδ' (δ' prima manu suppletum) [10.] ABCS γεθθαιμ [11.] AB ελειφασ (A ελι-) [12.] S σωιφαρ
Subscriptio: ABCS ιωβ
Numerus stichorum: A 2021 (7 cum ※), B 2153 (3 i. m.), S¹ 2126 (2 cum ※)

ΨΑΛΜΟΙ.

Inscriptio: B ψαλμοι, S nihil
I. 1. BS επι καθεδραν 5. AS² om οι ABS stichi 15.
20 II. 2. ABS i. f. add. διαψαλμα 6. B om βασιλευσ 9. AS² σκευη 12. S παιδιασ ABS st. 27.
III. 1. BS δαυειδ, B semper, S plerumque; non notatur 2. S² επανισταντο 3. B om αυτω 6. S¹ αντελαβετο 7. AS συνεπιτιθεμενων μοι AS 15, B 16.
25 IV. 5. B εν ταισ καρδιαισ ὑμων επι 7. ABS ημιν 9. B επι ελπιδ. ABS 16.
V. 3. BS τησ φωνησ 4. S² εποψη [εποψη με? ut A] 5. S² ου παροικ. 6. BS¹ ου διαμεν. ... S om κυριε 8. B ελεου, A ελαιου, S ελαιουσ 9. S¹ ενωπ. μου τ. οδ. σου 10. S¹ εν στοματι 11. ABS εξωσον stich. inc.
30 12. S¹ επι σε π:, S² om επι ... AS καυχ. εν σοι ... S² om παντεσ 13. AB ευλογεισ ABS 30.
VI. 3. B om κυριε sec. 7. ABS εν τω στεναγμω 9. S¹ om φωνησ usque 10. τησ 10. AS² ηκουσεν 11. S² om σφοδρα prius ... AS αποστραφειησαν εισ τα οπισω και ... AS² καταισχυνθειησαν AS 20, B 21.
35 VII. 3. (B μη °ντοσ) 5. B αποπεσοιμ¹, AS¹ αποπεσοιν 7. S² ᷾ εξεγερθ. ... S primo om κυριε 12. S² c. ³ ᷾ μη επαγ. 15. B ωδιν. ανομιαν ... B ετεκ. αδικιαν 18. AS¹ τω κυριω ... ABS και ψαλω AS 37, B 38.
VIII. 7. B εργα χειρων 8. AS² απασασ 10. ABS το ονομα ABS 18.

XLII. 8. ABCS υμασ] ita et Ti, b ημασ 11. b. mendose φαγ. δε και και
II. 13. b πεποιθοθεσ, Ti ut Codd -θοτεσ
V. 11. b, non Ti, εξωσον αυτουσ c. praeced. conj.
VI. 2. Ti ut Codd ελεγξησ, b ελλεγξ.
VIII. 4. ad α συ S (ut ABb) Ti in Comm. adnotat: „sic, nec mutatatum est"

IX. 1. ΨΑΛΜΟΙ. XVII. 49. 89

IX. 1. S¹ om διηγησομαι π. τ. θαυμ. σου 6. S² ονομ. αυτου 7. S² καθειλασ... ABS μετ ηχουσ 10. S εν θλιψεσι 11. S² εγκατελιπασ 13. S²ᶜ·³ οτι ο εκζητ.... S κραυγησ pro δεησεωσ 15. S²ᶜ·³ αγαλλιασομαιθα 19. AS² ουκ απολ. εισ τελοσ 21. Β οτι οι ανθρ. 22. S θλιψεσιν 24. S¹ επι τ. επιθ. 29. ABS om του 32. AS εν καρδια 33. AS² θεοσ μου 34. S 5 παρωργισεν... AS ουκ εκζητησει 35. Β κατανοησεισ... S² αυτον... ABS¹ σοι ουν (A συ)... AS¹ βοηθων 36. ABS¹ ευρεθ. δι αυτην 37. S κυριοσ βασιλευσει... AB¹ απολεισθαι 38. S² εισηκουσασ κυριε 39. AS του μεγαλ. AS 80, Β 81.
Χ. 1. Β τω δαυειδ ψαλμοσ... Β αρειτε 2. Β¹ εν σκοτομενη 3. AS(²?) 10 οτι α συ κ. αυτοι καθ. 5. AS³ την αδικιαν 6. S¹ πακιδασ, AS² (vid.) c.3 παγιδα 7. S¹ δικαιοσυνην... AS² ευθυτητασ ABS 17.
XI. 3. S ελαλησαν pro -σεν... AS²ᶜ·³ i. f. add. κακα 4. S² om και... ABS μεγαλορημονα 5. Β τισ usque 6. πενητων, S usque 6. πτωχων stichus 6. S² ενεκεν pro απο priori... S² om απο sec. ... BS¹ 15 σωτηρια... (Β παρρησιασομαι) A 19, Β 17, S 18.
XII. 3. AS² ημερασ και νυκτοσ 4. S om μου pr. ... B om μου tert. 5. ABS ειπη 6. AS επι τω σωτηριω A 14, BS 13.
XIII. 1. S τω δαυειδ ψαλμοσ... AS² διεφθαρησαν 2. (Β τουσ υιουσ) 3. A²BS ηχρεϊωθησαν... S¹ ο ποιων... S² ταφοσ ανεωγμενοσ usque οφθαλ- 20 μων αυτων uncis inclusit. 4. Β την αδικιαν... S εσθιοντεσ 5. S¹ φοβον pro -ω ... S² κυριοσ ο θεοσ ... AS² δικαιων 6. S² ο δε pro οτι 7. AS αγαλλιασεται... AS ευφρανθησεται A 17, BS 24.
XIV. 1. AS² η τισ κ. ... AS² om τω sec. ... S² om τω tert. 3. S² και ουκ pro ουδε 4. S¹ om αυτου sec. 5. Β¹ αθοοισ ABS 13. 25
XV. 1. S¹ ο θεοσ pro κυριε 2. S¹ κυριω θεοσ μου... B om οτι usque εχεισ 4. (Β των ονοματων) 5. ABS¹ η μερισ 6. S επεσαν 8. AB¹S προορωμην 9. S ευφρανθη 10. S¹ εισ τον αδην 11. AS⁴ᵛⁱᵈ· τερπνοτησ A 23, BS 24.
XVI. 1. AS² om τησ ... B¹ τησ προσευχησ 2. S¹ κριμα μοι ... S¹ 30 om οι οφθαλ. usque ευθυτητασ 5. AS σαλευθωσιν 6. S¹ οτι εισηκουσασ 7. B σου, σε, σου, AS σε et σου fin. stich. 8. S² με κυριε... B¹S¹ κοραν 9. S¹ ταλαιπωρισαντων 11. ABS¹ εκβαλλοντεσ 12. S¹ ωσ σκυμν. 13. S² ρομφαιασ 14. AB i. m. S απο ολιγων pro απολυων (Β i. textu απολυων) ... B κεκρυμενων 15. Β τω προσωπου... AS² οφθηναι μοι την AS 34, 35 B 36.
XVII. 1. AB ερρυσατο 2. AS η ισχ. μ. 3. Β om μου post βοηθοσ et σωτηριασ ... ABS και ελπιω ... ABS¹ om και ultimum 4. S² τον κυριον 6. S¹ πακιδεσ 8. ABS και εσαλευθ. stich. inc. 9. Β πυρ εναντιον αυτ. ... S² καταφλεγησεται 10. S² ουρανουσ 11. ABS² χερουβειν (S² 40 -βιν), S¹ χερουβ ... S¹ και επετ. και επετ. 14. AS² ο κυριοσ 15. AS² om και primum 17. Β προσελαβετο με εξ 19. S αντιστηριγ. μοι 21. AB ab initio add. ρυσεται με εξ εχθρων μου δυνατων και εκ των μισουντων με, S ρυσεται usque δυνατων, quae S² uncis circumscripsit. ... S¹ μου αποδωσει μ. 26. S² οσιοσ εση 30. (Β εν συ) 32. S παρεξ pro πλην pr. 45 ... S² η τισ 34. S om ο ... BS¹ ωσ ελαφ. 36. S¹ om εισ τελοσ usque διδαξει 38. BS εκλιπωσιν 40. S¹ om παντασ ... ABS επανιστανομενουσ 42. ABS¹ εισηκουσεν 43. ABS γνουν 44. S² αντιλογιασ 45. S¹ υπηκουσαν ... S² υπηκ. μου ... S² εψευσ. με 47. S² om μου pr. 49. S¹ και

X. 3. S¹ ut Bb οτι α κ. καθ., Ti in Comm. de correctore tacet.
XII. 6. b επι τὸ ελεει
XVI. 7. b interp. σε. εκ et δεξ. σου;, Ti σε εκ et σου.
XVII. 21. Ti in Comm: „ρυσεται με usque δικ. μου: Cᵃ uncis circumscripsit"; in textu primo tantum sticho usque δυνατων unci additi apparent.

απο τ. ... BS επανιστανομενων ... AS² ᶜ·³ ρυσαι με 51. S² om αυτου pr.
... (Β αιωνοσ) A 115, B 116, S 112.
XVIII. 3. AS η ημερα 6. S² om αυτου extr. 7. S¹ om του sec.
9. ABS ευθεια 14. S¹ απ αλλοτρ. ... AB κατακυριευσουσιν A 30, BS 31.
5 XIX. 5. AS² δωη σοι κυριοσ 6. B¹ αγαλλιασωμεθα ... S κυριου θεου
8. S¹ αγαλλιασομεθα, S² επικαλεσομεθα pro μεγαλυνθησ. 9. AS ανορθω-
θημεν 10. BS¹ βασιλεα σου A 19, BS 20.
XX. 3. S² καρδιασ pro ψυχησ ... S² θελησιν pro δεησ. 5. Β αιωνα
η εισ αιωνα του αιωνοσ, S¹ αι. και εισ τον αιωνα του αι. 7. S¹ εισ τον αιωνα και
10 εισ τον αιωνα του αι. 8. S¹ σαλευθω 10. S¹ οτι θησεισ ... ABS¹ κυριε εν
οργη σου συνταραξεισ α. 11. S² απο τησ γησ 12. AS² βουλασ ασ ου μ.
δ. στηναι 13. ABS εν τοισ stich. inc. ABS 26.
XXI. 3. S² om προσ σε 4. ABS¹ εν αγιοισ ... ABS¹ ο επαινοσ ισραηλ
5. AB ερρυσω 7. AB ανθρωπου pro -πων ... Β εξουδενημα 8. S και
15 ελαλησαν 9. B¹ ηλπισαν 10. (Β μαστρων) 11. ABS επεριφην ... S² απο
γαστροσ pro εκ κοιλιασ 12. S² ᶜ·³ ο βοηθ. μοι 15. S² εξεχυθη ... S¹ διαβη-
ματα pro οστα 16. AS ωσ οστρακον 17. AS² ποδασ μου 19. S¹ διεμε-
ρισαν 20. S¹ βοηθιαν σου, S² add. απ εμου 22. (Β με ᵉκ) 24. S² τον
κυριον ... S² φοβηθητω δη απ αυτου 26. ABS εν εκκλησ. μεγ. fin. stichi,
20 S² add. εξομολογησομαι σοι ... S² ᶜ·³ τω κυριω αποδωσω 30. S² εισ γην
... S και η ψ. usque 31. αυτω stichus 32. AS om ο A 66, B 68, S 65.
XXII. 1. AS¹ ποιμανει ... S με ου μη υστερηση 5. S² μεθυσκον με
ωσει 6. S² καταδιωξει AB 14, S 13.
XXIII. 1. S om τησ μιασ σαββ. ... Β σαββατων 3. S² η pro και
25 4. AS¹ i. f. om αυτου 6. S² ᶜ·³ τον κυριον pro αυτον 10. AS² om ουτοσ
sec. loco A 22, BS 24.
XXIV. 1. 2. ABS ο θεοσ μου ad praec. trah. 2. S² ᶜ·³ καταισχυνθ. εισ
τον αιωνα 3. AB² αισχυνθητ. παντεσ οι 5. AS¹ εν τη αληθεια (A -αν) σου
6. Β om κυριε 7. S¹ και τασ αγν. ... BS¹ om μου (sec.) ... S² μν. μου
30 συ ... ABS ενεκα 9. Β διδαξει usque αυτου i. m. inf. 14. AB post φοβουμ.
αυτου add. και το ονομα κυριου των φοβουμενων (A επικαλεσαμενων) αυτον
... S² δηλωσει pro του δηλωσαι 15. S πακιδοσ 21. S om κυριε A 45,
B 44, S. 43.
XXV. 1. AS ασθενησω pro σαλευθω 2. S¹ om δοκιμασον usque
35 πιρασον (S²) με 6. Β om κυριε 7. ABS¹ ᵉᵗ ³ φωνην, S² την φ. 10. S¹
ανομια, AS² αι (A ε) ανομιαι 11. AS² λυτρ. με κυριε 12. ABS¹ ο γαρ
πουσ μ. A 25, B 24, S 23.
XXVI. 1. (S χριστη) 4. AS¹ το κατοικειν ... BS¹ τερπν. του κυριου
... S¹ λαον pro ναον 5. BS¹ om αυτου pr. 6. S² om την ... S² ᶜ·³ θυσιαν
40 αινεσεωσ και αλαλαγ. ... S ασω 7. 8. ABS¹ σοι ειπεν η καρδ. μου c.
praec. conj., S² ᶜ·³ add. κυριον ζητησω 8. S¹ εζητησεν, S² εξεζητησεν
σε ... S το προσωπ. μου pr. loco 9. S² ᶜ·³ και μη εκκλ. ... B²S² απο-
σκορακισησ pro εγκαταλιπησ ... S² ενκαταλιπησ pro υπεριδησ 11. ABS¹
om εν prius 13. BS πιστευσω 14. (Β κραταιου·θω) A 33, BS 34.
45 XXVII. 1. AS κεκραξομαι ... (A²S²) Β ο θεοσ μου c. praec. conj. ...
AS παρασιωπ. απ εμου bis ... (Β καταβα|νουσιν) 2. S² ᶜ·³ εισακουσ. κυριε
... Β με αιρειν, S¹ om με ... AS² προσ ναον 3. S με μετα αμαρτωλων

XX. 13. εν τοισ stich. inc.] ita et Ti, b οτι-νωτον ad seq. trahit
XXI. 9. Ti Prol.: „correximus σωσάτω pro σωσάτο; sed b (et Ess)
habet σωσάτω! 27. b ἐκύκλωσάν (sic) κύνεσ: codd. ut Ti
XXII. 26. b, non Ti, εν εκκλησ. μεγ. c. seqq. conj.
XXIV. 1. 2. ο θεοσ μου] de A tacet Ti
XXVI. 4. Ti in Comm. „το κατοικειν: Cᵃ του τατοικειν [sic]" 7. 8. ABS¹
σοι ειπεν etc.] de A tacet Ti

pro μετα αμ. την ψυχ. μ. ... S¹ κ. μετα ανδρων εργαζ. την ανομιαν (την et A) 4. S² c.³ δοσ αυτ. κυριε κατα 9. S¹ εωσ αιωνοσ AB 25, S 24. XXVIII. 5. S² και συντριψει 8. B¹ συνσιοντοσ, S συνσει- ... B¹ συνσισει, S και συνσισει 9. S² καταρτιζομενη 10. B¹S¹ καθιεται A 23, BS 24.
XXIX. 1. AS om εισ το τελοσ ... (S ψαλ. τ ωδησ) ... AS τω δαυ. 2. AB¹ ηυφρανασ ... AS επ εμοι 4. S¹ με εκ των 5. B ψαλλατε 8. ABS παρασχου 10. S² καταβαινιν AS 23, B 25.
XXX. 1. S om εκστασεωσ 2. S¹ και εν τη δ. ... S om και εξελου με 4. AS κραταιωσισ, S sine μου 5. S πακιδοσ ... BS¹ om κυριε 7. B¹ εμιμησασ ... BS φυλασσοντασ ... S² ματαιοτητα 13. (B επ°λησθην) 14. AS επισυναχθηναι 15. B¹ επι σα, S¹ επι σε 18. AS² om οι 19. B γενηθητωσαν 20. S om κυριε 21. S¹ αποκρυφοισ ... S¹ ανθρωπου 23. BS¹ απερριμαι αρα ... S¹ om προσωπου ... AS om κυριε 24. S¹ om οτι 25. S επι τον κυριον A 62, B 63, S 59.
XXXI. 1. S τω δαυειδ συνεσεωσ ... S αφειθησαν 2. ABS¹ ου pro ω 5. AS² ανομιαν pro αμαρτιαν ... AS² αμαρτιαν pro ανομιαν pr. loco ... B αμαρτιαν pro ανομιαν sec. loco 6. BS¹ et³ πασ οσιοσ προσ σε ... (B¹ ενγιουσιν) 9. AS² εν κημω και χαλινω τασ ... S² αγξησ A 26, BS 25.
XXXII. 1. S² εν κυρ. 3. S² c.³ καλ. ψαλ. αυτω 5. AS² c.³ κρισιν ο κυριοσ 6. AS τω λογω κυριου 7. BS¹ et³ ωσ ασκον ... S² c.³ αβυσσοισ 10. S¹ om και αθετ. βουλ. αρχοντων 11. AS² αυτου εισ γενεαν και γενεαν (A γεναιαν) 12. B¹ μακαριοσ 13. S ιδεν usque 14. αυτου stichus, conj. ergo εξ ετοιμ. κατοικητ. α. c. praec., de AB incertum 15. B² συνιων, S² c.³ συνιεισ εισ 20. S² c.³ η δε ψυχη 22. AS² γενοιτο κυριε το ελεοσ σου εφ AB 44, S 42.
XXXIII. 3. ABS¹ επαινεσθησεται. 5. AS² θλιψεων pro παροικιων ... B ερρυσατω, it. 18. 7. S¹ εισηκουσ. αυτων 8. S² c.³ ο αγγελοσ 10. S¹ et³ om παντεσ 13. B ιδειν ημερασ 14. BS¹ om σου sec. 16. BS¹ οτι οφθαλμοι 20. 21. BS¹ et³ κυριοσ sine o c. seq. conj. 21. AS² c.³ φυλασσει κυριοσ 23. S πλημμελησωσιν AS 42, B 43.
XXXIV. 2. AS βοηθ. μου 4. AS αισχυνθητωσαν κ. εντραπητωσαν ... AS αποστραφητωσαν ... AS καταισχυνθητωσαν 5. ABS χνουσ ... S αγγ. ο κυριου 7. S πακιδοσ 8. S² αυτω, γινωσκι et εκρυψεν ... AS² αυτον ... S πακιδι ... AS² πεσιται (A -σει-) 9. S¹ εν τω κυρ. 11. AS ηρωτων 15. AB ηυφρανθησαν 17. AS² c.³ μονογενην 18. B κε i. e. κυριε pro και, AS om και 20. AS επ οργην 21. B ειδαν 23. S² om κε 24. S om κυριε pr. ... S¹ ελεημοσυνην pro δικαιοσ. ... S¹ επιχαρ. μ. οι εχθροι μου 25. B¹S¹ ειπεσαν, B² ειπαιαν, S² ειποισαν bis ... S² η ψυχη 26. ABS μεγαλορημονουντεσ 27. AS μεγαλυνθητω ... S ο θεοσ A 64, B 59, S 60.
XXXV. 4. ABS εβουληθη ... S¹ συνειναι 5. AS διελογισατο ... AS² αγαθη κακια δε ου 7. B¹ και η δικ. ... B om σου (pr.) ... BS¹ ωσει ορη ... AS om ωσει 8. S¹ εισ σκεπην 9. BS¹ του οικου σ. 12. AS² αμαρτωλου ... AS² σαλευσι (A -σει) 13. AS² επεσαν ... S¹ om παντεσ ABS 26.
XXXVI. 1. BS του δαυειδ 5. S¹ om και prius 7. BS¹ ζωη pro οδω ... AS² παρανομιαν 8. S¹ παραζηλ. εν τω πονηρ. 9. AS, non B, εξολεθρευθησονται, it. 22. 10. AS ο αμαρτωλοσ ... S¹ om και ante ζητησεισ 15. S¹ εισ ψυχην αυτων, S² εισ τασ καρδιασ α. ... BS¹ συντριβειησαν 17. BS¹ et³ om o 18. AS² εισ αιωνα 20. BS εκλειποντεσ 21. AS² c.³ διδωσιν 23. S¹ κατευθυνεται τα διαβηματα ανδρι και 26. B¹S ελεα 27. S¹ om

XXXIV. 26. ABS μεγαλορημον.] Τι μεγαλορρημονουντεσ, b μεγαλορρημουντεσ

92 XXXVI. 28. ΨΑΛΜΟΙ. XLIII. 23.

αιωνοσ 28. AS² ανομοι δε (dl.³) εκδιωχθησονται... AS εξολεθρ., it. 22. 29. S¹ om δε 30. S¹ μελετησει pro λαλησει 31. B¹S ουκ υποσκελ. 32. B κατανοησει 33. AS καταδικασηται 34. B²S om. την ante γην ... AB¹S οψη 35. BS¹ et 3 om τον 38. B¹ εξωλεθρευθησονται bis ... S ασεβ. εξ-
5 ολεθρευθησεται 39. BS¹ παρα κυριω ... S¹ om εστιν 40. S¹ om και βοηθησει usque ρυσεται αυτουσ AS 86, B 88.
XXXVII. 3. ABS επεστηρισασ 4. Β και ουκ εστ. ἴασ. ... S¹ om εν 8. S² οτι αι ψυχαι μου επλησθησαν εμπαιγματων (cf. A) ... S¹ om εν 10. AS κυριε (pro και) εναντιον ... AS απο σου ουκ εκρυβη (εκρυβη et B) 10 11. AS¹ οφθαλμ. μ. και αυτο ουκ 12. AS² απο μακροθεν 13. AB εξεβιασαντο ... S¹ ματαιοτητα ... S¹ δολιοτητα 15. BS¹ om τω 16. S¹ om οτι ... Β επι σε ηλπισα κυριε σοι εισακ. ... S¹ om οι εχθροι μου 17. ABS εμεγαλορημονησαν 18. AS² εστιν δια παντοσ 19. AS² c.³ ανομ. μου εγω ... S αναγγελλω 21. AS² μοι κακα ... S² αγαθωσυνην pro δικαιοσ. 22. BS
15 ο θεοσ μου c. seqq. conj. (A incertum) 23. (Β βοηθειαν μ μου sic) Α 44, Β 45, S 42.
XXXVIII. 2. AS² c.³ αμαρταν. με 4. BS ελαλησα usque 5. περασ μου stichus 6. B²S² παλαιστασ, Α παλεστασ ...: ABS και η υποστασισ ... BS¹ ουδεν 7. BS¹ ταρασσονται 8. S² om ο ... AB¹S παρα σου ... ABS om
20 διαψαλμα 9. S¹ καθαρισον pro ρυσαι 10. AS² συ εποιησασ ... S² om με 11. AS² απο γαρ τησ 12. AS om ταρασσεται 13. Β om κυριε ... BS ενωτισαι τ. δακρ. μου stich., S² ut A δεησ. μου ενωτισαι, sed rursus delevit ... S παρασιωπησησησ (sic) ... S¹ ειμι εγω ... AS παρα σοι pro εν τη γη   Α 33, Β 32, S 30.   π
25 XXXIX. 3. ABS ὕλεωσ ... AB κατηυθυνεν 5. AB ενεβλεψεν 6. ABS om σοι 7. AS εζητησασ pro ητησ. 9. B¹S εβουληθην ... AS κοιλιασ pro καρδιασ 11. AS² τ. δικαιοσ. σου 13. (Β ηδυνασθην), AS ηδυνηθην 15. AS² c.³ καταισχυνθιησαν pro εντραπησαν sec. (A bis -ει-) 17. B i. fin. add. διαπαντοσ 18. Β συ ει   Α 47, Β 43, S 42.
30 XL. 2. S om ο 33. AS διαφυλαξαι ... Β om και ζησαι αυτον ... AS παραδων ... AS εχθρων 7. Β και η εισεπορ., AS² om ει ... AB η καρδ. αυτου c. seqq. conj., S incertum ... BS εξεπορευετο usque 8. κατ εμου stichus ... Β εψιθυριζ. usque κατ εμου stich. ... S¹ om κατ εμου (sec.) 11. (B¹ αναστησον μαι) 12. S¹ ηθελησασ 13. Β om των   AB 26, S 24.
35 XLI. 3. AS² θεον τον ἰσχυρον τον ζωντα 4. BS¹ om εμοι, S² μοι 5. AS² εορταζοντοσ 6. Β η ψυχη και ... S¹ προσωπ. σου ο, AS² π. μου και ο 7. AS¹ σου κυριε εκ γ. 8. BS καταρακτων 9. AS² νυκτ. ωδη αυτω (Α -του) 10. AS² και ινατι ... S² om μου extr. 11. ABS¹ καταθλασαι ... AS² ωνειδιζον με οι εχθροι μου ... S κατ εκαστ. 12. Β ἡ ψυχη ... BS om
40 μου (pr.) ... AS² αυτω σωτηριον ... BS¹ om και sec.   Α 30, BS 25.
XLII. 1. S τω δαυειδ ψαλμοσ 2. AS² om ει ... S ο θεοσ μου ... S¹ om και ... S² om μου extr. 4. Β σοι κυριε ... ABS¹ om ο θεοσ ... Β ο θεοσ μου εν κιθαρα 5. BS¹ ει ψυχη και 5. AS² και ο θεοσ μου ΑΒ 14, S 13.
45 XLIII. 1. S om ψαλμοσ 6. Β εξουθενωσομεν, S¹ εξουθενησομεν ... ABS επανιστανομενουσ 8. Β tot. vers. minut. lit. in fine col. add. ... (Β κατηχηνασ) 9. BS¹ επαινεθησομεθα 10. AS² εξελευσιν ο θεοσ 13. AS² αλαλαγμ. ημων 14. S¹ om μυκτηρισμον usque 15. εθνεσι ... AS² χλευασμον pro καταγελωτα 17. AS² καταλαλουντοσ ... S¹ φοβου pro
50 προσωπου 19. Β τουσ τριβουσ 23. AS ενεκεν ... S ωσ προτα   Α 57, Β 55, S 53.

XXXVIII. 4. 5. ελαλησα etc.] ita b, Ti post γλωσση μου plenius interpungit 18. BS ενωτισαι etc.] ita b, Ti cum AS² ενωτισαι ad praeced. trahit

XLIV. 3. BS¹ η χαρισ 4. ABS δυνατε et 5. βασιλευε fin. stich. 7. AS εισ τον αι. του αιωνοσ 9. S² σμυρναν κ. στακτην κ. κασιαν ... ABS ηυφραν. σε fin. stich. 10. S πεποικιλμενοισ 12. AS² και επιθυμησει pro οτι επεθυμ. ... S οτι usque 13. αυτω stichus ... S² ο κσ 13. S² προσκυνησισ ... S θυγατηρ (sic), S² και θυγατηρ, usque λαου stich. ... AS om 5 τησ γησ 14. AS² τησ pro αυτησ ... BS¹ om του ... AB²S² εσωθεν ... ABS¹ κροσωτοισ ... S¹ πεποικιλμενοισ 17. S εγενηθη (et A -ενη-) ... S² υιοι σου 18. AS¹ και μνησθ., S² μνησθησομαι ... S σου του ονοματοσ AB 41, S 39.

XLV. 1. S τελ. ὑπ. τ. κρυφιων τοισ υιοισ κορε ψ. 3. S δια τουτο 10 usque οργη, εν καρδιαισ usque 4. τα κυματα (sic S¹ pro τα υδατα αυτων) stich. 4. S¹ κραταιοτ. αυτων 6. S² και ου ... S βοηθησαι ... AS² τω (A το) προσ πρωϊ πρωϊ pro τω πρ. 7. AS²ᶜ·³ φω. αυτου ο υψιστοσ 9. BS¹ om και ... B om του ... AS² θεου pro κυρ. 12. S κυριοσ ο θεοσ των AB 23, S 22. 15

XLVI. 5. AS εαυτου 8. AB ψαλ. συνετ. usque 9. εθνη stich. AB 16, S. 17.

XLVII. 1. S ωδη ψαλμου 2. BS¹ et ³ om εν sec. (Ti: „ορέι: Cᵃ op. εν [sic], sed εν erasum est") 5. A²S διηλθοσαν 6. ABS εταραχθ. usque 7. αυτων stich. 9. ABS¹ om και ... ABS εν πολει bis stich inc. 11. B¹ 20 πληρεισ 12. AS² και αγαλλ. ... AS ενεκεν ... S¹ om κυριε 13. B¹ περιβαλετε ... B¹ διηγγησασθαι 14. B¹ θεσθαι ... S¹ om και usque αυτησ ... B¹S² καταδιελεσθαι 15. B om. αυτοσ usque αιωνασ AS 28, B 29.

XLVIII. 2. (B¹ ενωτισασθαι) 4. B² συνεσεισ 8. ABS εξειλ. αυτου 10. ABS 25 τελοσ fin. stich., BS οτι usque 11. αποθνησκ. stich. ... S² om οτι ... B¹ ουχ 11. B ανουσ και αφρων 12. S² om αυτων i. f. 13. AS² παρεσυνεβληθη 14. AS² ευδοκησουσιν 15. S εθετο ... B ποιμαινει ... S¹ επαλαιωθη ... AS² in fin. add. εξωσθησαν 17. AS² η pro και 18. S¹ om versₙ suppl. S² ... S² η δοξ. του οικου αυτ. 19. S ᵖʳⁱᵐᵒ εξομολογηθησεται 20. B¹ ουχ 21. AS και ανθρωπ. A 42, B 40, S 38. 30

XLIX. 1. S απ ... ABS¹ και μεχρι 5. AS² του διακρ. 6. S οτι ο θεοσ 7. S² διαμαρτυρουμαι ... S² οτι θεοσ θεοσ σ. 9. ABS χιμαρρουσ (A χειμ-) 10. AS²ᶜ·³ αγρου pro δρυμου 15. AS² θλιψ. σου 16. AS²ᶜ·³ εκδιηγη 17. B εξεβαλλεσ 19. S² δολιοτητασ, cf. not. 23. BS¹ του θεου B 48, S 46. L. 14. BS στηρισον 17. BS κυριε cum praeced. conj. 19. B εξουθε- 35 νωσει BS 39.

LI. 3. BS δυνατοσ et ημεραν fin. stich. 4. BS¹ εξηκονημενον 7. BS καθελει ... BS εκτειλαι 9. BS αλλα ... B¹S¹ ενεδυναμωθη B 19, S 20.

LII. 2. B εστιν ο ποιων 4. BS ηχρεὶωθησαν 5. BS¹ ᵉᵗ³ εσθοντεσ 6. BS¹ ᵉᵗ³ φοβηθησονται 7. B²S επιστρεψαι BS 15. 40

LIII. 2. B ειπειν ... B¹ ουχ' ἴδου 8. B om κυριε 9. B ερρυσω BS 15. LIV. 3. B αδολεσχεια 3. BS εταραχθην fin. stich. 6. B vers. i. m. inf. 11. B τειχη σαυτησ 12. BS¹ κοποσ pro τοκοσ 13. BS εμεγαλορημονησεν 16. BS πονηριαι 18. BS¹ om και ante απαγγ., BS init. stich. 23. BS επιρειψον B 40, S 42. 45

XLIV. 4. ABS et 5. etc.] ita et b, non Ti
XLVIII. 10. et 11. b non Ti ut ABS et BS distinguit
XLIX. 19. Lectiones codicis S ab hoc versu usque LXXIX. 10. deficiente codice Alexandrino Ti textui editionis adscripsit. 21. Ti⁴ adnot. „S² i. f. add. τασ αμαρτιασ σου, S³ rursus del.", sed in Comm.: „σου: Cᵃ addidit τασ αμαρτιασ σου. Quae quum super rasuram scripserit, videtur primum aliquid perperam scripsisse." Utrum verum? 23. S¹ του θεου legere Ti adnotare omisit
L. 17. BS κυριε etc.] de S tacet Ti

LV. 1. (BS τ. λαου του α.) 2. Β κυριε pro ο θεοσ 4. BS επι σοι (S σε) ελπιω 5. Β (S om) ολην την ημεραν c. praec. conj. 7. BS αυτοι c. seqq. conj. 11. Β θεω pro κυριω 13. Β om σου 14. Β ερρυσω ... Β[i.m.] S²[c.3] post εχ θαν. add. τουσ οφθαλμουσ μου απο δακρυων Β 26, S 25 (*¹).
5   LVI. 5. Β ερρυσατο BS 30.   αι
LVII. 2. Β ευθεια‾ κριναται, ²-τε 3. Β εργαζεσθαι 6. Β φαρμακουτε φ. 7. B²S² συντριψει ... BS¹ et 3 κυριοσ sine ο 9. BS¹ επεπεσε 10. Β συνιεναι, S συνειναι = B¹ ... BS την ραμνον c. seqq. conj. BS 22.
LVIII. 1. (Β εισ στηλογραφ.) 2. (B¹S εξελουμαι) ... BS επανιστανο-
10 μενων 6. BS¹ ο θεοσ ισρ. 8. BS οτι usque 9. αυτουσ stich. 10. BS¹ et 3 om σν ... Β om ο 16. BS¹ om μη 17. BS om μου sec., Β et tert. 18. BS οτι αντιλημπτωρ BS 39.
LIX. 1 (Β εισ στηλογ., Cozza Γ pro Τ) 2. BS σωβαλ 4. Β εσαλευθησαν 12. BS¹ χ. ουχι εξελ. 14. BS¹ εν δε τω BS 26.
15 LX. 2. Β εισακουσον ο θσ τησ ... Β τησ προσευχησ 3. Β. απο usque μου, S usque εκεκραξα et εν τω usq. μου, BS ωδηγησ. usq. 4. μου stich. 5. BS post αιωνασ add. διαψαλμα et om post σου 7. BS¹ om τα ... BS ετη αυτου c. praec. conjg. Β 16, S 17.
LXI. 3. Β ο θσ μ. ... et 7. BS αντιλημπτωρ init. stich. 5. BS¹ ευλο-
20 γουσαν 6. Β om η pr. 9. (Β αυτου τασ χ.) ... BS¹ om οτι 11. Β επι αδιχ. 12. BS οτι usque 13. ελεοσ stich. Β 28, S 25.
LXII. 4. Β χρεισσων 7. B¹ εν τω ορθρω ... Β μου εμελ. 12. BS επαινεσθησεται Β 23, S 24.
LXIII. 3. Β tot. vers. i. m. inf. 7. B¹ εξεραυν. ter, S sec. et tert. loco
25 9. B²S εξησθενησαν επ αυτουσ αι 11. BS¹ επι τω κυρ. ... BS επαινεσθησονται BS 23.
LXIV. 3. (Β σαρξ) 4. B¹S¹ υπερηδυναμωσαν 5. BS αγιοσ usque 6. δικαιοσ. stich. 6. BS¹ om των sec., Β χ εν θαλ. μαχρ. min. lit. i. f. add. 8. Β υδωρ pro χυτοσ 9. (Β τερψισ) 10. BS¹ η ετοιμ. σου 11. BS γενηματα BS 30.
30 LXV. 5. B¹ δευτε τεχνα χ. 7. Β δυν. του αιωνοσ αυτου 8. B²S¹ αχουτισασθε (B¹ -αι) 10. Β και επυρωσασ 11. BS¹ ενωπιον η. pro επι τον νωτον η. 15. Β om σοι pr. ... B²S² ανοισω pro ποιησω ... BS χιμαρρων 16. BS¹ τον χυριον 18. Β om μου Β 38, S 40.
LXVI. 3. BS¹ χαι εν πασ. 4. BS σοι bis suprascript. 7. BS ευλογησαι
35 usq. 8. ο θεοσ stich. Β 14, S 15.
LXVII. 4. Β post ευφρανθ. i. f. l. add. : διαψαλμα: 7. BS ανδρεια 8. BS την ερ. 9. Β θ. του το σινα 11. (BS¹ ο θεοσ c. seqq. conj.) 13. Β του αγαπ. sec. init. stich. ... (B¹ διελεσθαι) 14. BS post χρυσιου add. διαψαλμα 17. B¹S υπολαμβανεται 18. BS¹ ο κυριοσ 19. B²S² ανεβησ
40 ... B²S εν ανθρωποισ 22. B¹ πλημμ. αυτου 29. Β εντειλαι ο θεοσ ... BS om εν 31. Β δαμαλεσιν 36. BS¹ χαι ευλογ. Β 84, S 80.
LXVIII. 3. B¹S εισ υλην β. 4. BS¹ εβραγχνιασεν ... Β εγγιζειν pro
                                                                                                  ε
ελπιζειν, hoc. i. m. ... BS om με 7. BS επ εμοι bis 10. BS¹ καταφαγε-

---

LV. 1. BS του λαου του] ita et b et vE, Ti om του sec. 2. S η ψυχην μου (sic, non correctum)
LVII. 7. BS¹ et 3 κυριοσ sine ο] S¹ articulum omittere Ti⁴ non notavit.
LX. 6. Ti⁴ „S* τησ προσευχησ, S² των ευχων", in Comm. „τησ προσευχησ: Cª των προσευχων" utrobi veritas?
LXII. 12. Β επαινεσθησεται] ita et b, Ti (Prol.: correximus) επαινεθησεται.
LXV. 8. S αινεσεσεωσ (fugit correctorem)
LXVII. 8. BS την ερ.] ita et Ti, b τον ερ. 11. BS¹ ο θεοσ etc.] ita et b, non Ti 29. S om εν ex Ti⁴ cognosci non potest
LXVIII. 5. b ουκ ηρπασα

ται ... BS επεπεσαν 11. BS¹ ονειδισμον 14. BS επακουσον μου (μου in B suprascript.) c. seq. conj. ... B τησ σωτηριαεμου (sic = -ιασ μου) 15. BS σωσον init. stich. 16. B συνσχετω 18. B και μη usque σου i. m. sup. 19. B ενεκα usque 20. ονειδ. μου stich. 31. BS¹ om μου B 76, S 75.
LXIX. 2. B i. m. inf. S post προσχεσ add. κυριε εισ το βοηθησαι μοι 5 σπευσον (σπ. S², S¹ θελησον) 3. BS¹ μου την ψυχην B 9, S 10.
LXX. 1. B ο θεοσ επι σοι ηλπ. 3. B om και pr. 4. B om μου 5. B κε κσ 9. B απορριψησ 9. B εκλειπειν, S εκλιπειν 10. B και et εβουλευσ. init. stich. 12. B²S² ο θσ μου μη ... B om ο θ. μ. εισ β. μ. προσχεσ 13. B εκλειπετωσαν ... BS περιβαλεσθωσαν 15. B ι πραγματιασ, 10 B i. m. S ι γραμματιασ (S -ειασ) 17. B αναγγελω 18. B² γηρωσ 20. BS¹ οτι pro οσασ ... BS και κακα 21. B πλεονασασ et c. praec. conj. ... B om τησ γησ 22. B εγω suprascr. ... S την αληθ. init. stich. ... B om ο θεοσ post σου et add. post ωσ B 53, S 51.
LXXI. 1. B¹ σαλομων 4. B σωσεισ 6. BS¹ και καταβησ. 12. B ερρυ- 15 σατο ... BS¹ εκ χειροσ δυναστ. 18. BS ο θεοσ ισραηλ 19. B κ. εισ τον αι. B 41, S 40.
LXXII. 2. BS¹ τω ισρ. ο θεοσ ... BS τη καρδια 10. (B δια τουτο) ... B om εν 12. B ουτοι i. m. ... BS om οι ... BS¹ ευθηνουνται 16. B¹S¹ om εστιν 17. BS και συνω 18. B κατεβαλεσ usq. fin. i. m. inf. 22. et 23. BS 20 και εγω 26. BS ο θ. τ. καρδ. μου c. praec. conj. 27. BS εξωλεθρευσασ 28. B τ. κυριω pro τ. θεω BS 55.
LXXIII. 3. B²S¹ οσασ 4. B stich. εθεντο usque εγνωσαν i. m. inf. 6. BS επι το αυτο c. sqq. conj. 7. B εισ τ. γην c. sqq. conj. 8. B¹S² δευτε και 12. B ο δε θσ βασ. 14. B ου usq. δρακοντοσ i. m. inf. 15. B om συ 25 εξηραν. ποτ. ηθαμ 17. B θεροσ usque 18. κτισ. σου stich. 18. B ονομα αυτου 20. B²S εσκοτισμενοι 23. B¹ επιλαθε B 45, S 44.
LXXIV. 1. BS τω ασαφ ωδησ 3. BS οταν λαβ. καιρ. c. praec. conj. 6. (B του θυ αδ.) 7. B om ορεων 9. B¹ και πιοντ. 10. B² συνθλασω BS 20.
LXXV. 4. B post πολεμον ante διαψ. add. et uncis appositis delevit 30 (εχει συνκλασει τα κερατα) 9. B¹ ηκοντισασ ... BS γη usque 10. θεον stichus 10. B i. m. S² ι τησ γησ pro τη καρδια B 24, S 22.
LXXVI. 1. B ι εδιθουμ ... BS τω ασαφ ψαλμοσ 5. B παντεσ i. m. 7. B εσκαλεν 10. BS¹ τουσ οικτειρμ. α. εν τη οργη α. 14. B εν τη αγιω (sic) 15. B¹ ο θεοσ ημων ο ... B λαοισ σου 18. BS πληθ. ηχ. υδατοσ (sic BS¹) 35 c. praec. conj. 19. B¹ εφαναν usq. οικουμενη i. m. inf. BS 40.
LXXVII. 5. (B ενετειλατο τοισ) 7. BS εκζητησουσιν 8. B κατηυθυνεν 9. B²S τοξοισ 10. B¹ εφυλαξαντο 11. B¹ επελαθεντο 23. B¹ ηνεωξεν 26. B¹ και επηρεν (² κ. απ.) 31. BS πλειοσιν pro πιοσιν 34. BS απεκτεννεν 51. B om γη ... B των πονων 52. B και ηγαγεν (και et S) ... BS¹ ωσ 55. B 40 ταισ. φυλαισ 57. B¹S επεστρεψαν ... BS¹ και μετεστραφησ. 59. B τον ισραηλ σφοδρα 61. B καλλον. αυτου ... BS χειρασ 64. BS επεσαν 65. B δυνατοσ $ κεκρε(²-αι-)παληκωσ 66. BS² εχθρ. αυτων 68. B om ο B 162, S 159.
LXXVIII. 9. BS κυριε ρυσ. ημασ c. praec. conj. 11. B¹S εισελθατω 45 13. BS¹ τησ νομησ BS 30.

LXVIII. 15. BS σωσον etc.] ita et Ti, b σωσον c. praec. conj. 20. Ti⁴ „S¹ παρακαλουντασ (² -ντα)", Ti ed. (et Comm.) S¹ „παρακκλουντα" (Cᵃ „-ντασ") 24. b συγκαψον
LXX. 9. Ti⁴ om notare S ψυχην pro ισχυν
LXXVII. 1. b προσεσχετε 4. S primo εποιησεν 18. Cozza ψυχ. αυτω, nullum apparet vestigium lineolae ν indicantis 42. S εκ ροσ θλ. sic, non correct.

LXXIX. 12. Β¹ τα σληματα ... AS² ποταμων 14. AS corr. υσ ... BS¹ ονοσ pro μονιοσ 15. AS²c.³ και επιβλεψον Β 39, S 38. LXXX. 1. Β τω ασαφ ψαλμοσ 4. ABS¹ ημων 8. (S επικαλεσω μαι) ... BS ερυσαμην 9. AS² om και λαλησω σοι et pon. ισραηλ ante εαν 5 13. (S εξαπεστεστειλα) 14. BS¹ om μου prim. ... Β μου: ϊσραηλ (Β¹ ισρ. c. praeced., Β²S ut b c. seqq. conj.) ... Β om αν bis, S¹ sec. loco ... S 𝔏λιβ. αυτου ABS 34. LXXX. 1. Β εμμεσω 3. S¹ πτωχον κ. ορφανον, AS² ορφανω κ. πτωχω 4. S²c.³ ρυσασθε αυτον 5. S² σαλευθητωσαν 6. Β δε αν ωσ, S¹ δε δη 10 ωσ ... S αρχων 8. S¹ εξολεθρευσεισ pro κατακληρονομ. Α 15, BS 16. LXXXII. 5. ABS εξολεθρευσ. 6. S¹ και pro οτι 7. ABS αγγαρηνοι 8. BS¹ ναιβαλ, S² γαιβ. ... S² om και extr. 10. ABS ωσ ο ϊαβειν 11. ABS εξολεθρευσ. (ΑΒ² -ω-) ... Β ωσ κοπρ. 12. Β σελμανα 13. AS το αγιαστηριον 14. S¹ πυροσ pro ανεμου 19. Β μονοσ ει ὑψ. Α 36, BS 34.
15 LXXXIII. 3. S¹ θεου pro κυριου 4. Β νοσσειαν et -εια ... S¹ om εαυτη ... BS¹ αυτησ 5. ΑΒ μακ. παντεσ οι 6. AS εστιν αντιλημψ. ... S² om κυριε 7. BS¹ εν τη κοιλαδι ... ABS εισ τοπον 11. Β κρεισσω ... AS παραριπτεσθαι ... AS² θεου μου ... ABS¹ om με ... AS² εν pro επι 12. ABS² κυριοσ ο θεοσ conjg. (c. praeced.) ... S¹ ουκ ... S² ου 20 στερησει ... ABS τουσ πορευομενουσ 13. S² κυριε ο θεοσ Α 26, Β 24, S 25. LXXXIV. 3. Β om πασασ 4. Β πασαν i. m. 6. AS²(c.³¹) εισ τουσ αιωνασ ... BS¹ οργισθηση ... (S απο γενεαν) 8. ΑΒ κυριε δωησ ημιν 9. S¹ om και επι sec., Β επι sec. ... S² καρδιαν επ αυτον 14. AS² ενωπιον ... S¹ πορευσεται Α 28. BS 27.
25 LXXXV. 1. S του δαυειδ ... AS επακουσον 2. ABS ο θεοσ μου 4. S¹ om κυριε, i. f. add. ο θεοσ 7. AS² επηκουσασ 9. (S προσκυνησου sic) 10. AS om ο μεγασ 11. ΑΒ om εν bis, S pr. loc. 12. S² εν ολη τη κ. 14. (S επανεστηστησαν) ... S¹ και κραταιοι εξητ. ... BS¹ om και sec. ... S προσεθεντο 15. S² ο θεοσ μου 17. Β² μεισουντ. σε ΑΒ 36, S 35.
30 LXXXVI. S² των αιθιοπ. ... S¹ om ουτοι εγενηθ. εκει Α 11, BS 10. LXXXVII. 1. S om εισ το τελοσ 3. AS εισελθατω ... S om κυριε 5. AS ωσει ανθρωπ. 6. AS² om ερριμμενοι 7. S εθεντο ... S² om εν extr. 8. Β ο θυμουσ σ. ... Β επ εμε επηγαγεσ 10. AS om και 11. S ολ. τ. ημ. c. sqq. conjg. ... Β¹vid. S¹ om προσ σε (Β "τασ χειρ. μ. 'προσ σε) 35 12. S² εν τω ταφ. 13. S²c.³ γνωσθητω 14. AS και εγω ... Β κυριε προσ σε 15. AS απωσ. τ. ψυχην μ. 16. S¹ εγω εν κοποισ και εκ 17. A¹S² om και ... Β εταραξαν 18. S² ωσει ... ΑΒ ολ. τ. ημ. c. praeced. conjg., S incert. 19. AS² post φιλου add. και πλησιον ΑΒ 38, S 37.
LXXXVIII. 1. ABS αιθαν ... (Cozza ϊσραπλειτη) 4. S¹ post εκλεκτοισ 40 μ. scripsit υψωσα εκλεκτον εκ του λαου μου, S² omnia punctis superpositis et uncis additis del. 6. AS² και γαρ την 7. AS² om και τισ ... S¹ τ. θω 8. AS² φοβεροσ εστιν 10. BS¹ και τον σαλ. 11. AS² om και 13. BS¹ θαλασσα, AS² την θαλασσαν ... ABS ερμωνιειμ τω 15. Β προπορευσεται 18. AS² οτι καυχημα ... ABS ει συ 21. AB²S² Β εν ελαιω ... AS² αγιω μου 45 23. A¹S¹ ου κακωσει αυτον 24. ΑΒ τουσ εχθρουσ αυτ. (Α μου) απο προσωπ. αυτ. 28. AS και εγω 32. ABS βεβηλωσουσιν 33. Β om τασ pr. ... AS αδικιασ pro αμαρτιασ 34. S² απ αυτων 35. S¹ εν τη διαθηκη 39. S¹ εξουδενωσ. ημασ 41. S καθειλασ 42. S² διηρπαζον 43. AS² δ. τ. θλιβοντων αυτον 46. AS χρονου ... S²c.³ αυτω αισχ. 47. Β αποστρεψεισ,

---

LXXIX. 11. a verbis τασ κεδρουσ του θεου rursus incipit Alex. LXXXII. 7. b ἰσμαηλῆται] BS -λειται, Ti -λῖται LXXXVIII. 1. b ισραηλιθη 4. b ωμωσαν, it. 50. ωμωσασ 31. b εγκαταλιπ., BTi εγκ.

LXXXVIII. 48.   ΨΑΛΜΟΙ.   XCVII. 8.   97

AS -φεισ 48. ABS μου η υποστ. 49. B ο ανθρωπ. 50. AS² που εισιν
51. BS υπεσχου A 102, B 103, S 104.
LXXXIX. 1. BS¹ ημιν εγενηθησ 2. S¹ εδρασθηναι pro γενηθ....
AS² και εωσ ... S¹ om συ ει 4. AS²ᶜ·³ σου κυριε ... S ωσ ημερα
5. (S² ανθησοι) 8. S² εναντιον pro ενωπ. 9. S² om και ... AS ωσει ... 5
BS¹ αραχνην 10. B εν:αυτοισ pro αυτοισ ... S¹ εφ ημασ πραϋτησ 11. BS
και απο usque 12. γνωρισον stich. ... AS² τον θυμον σ. 12. BS¹ om
ουτωσ ... AS² γνωρισ. μοι ... AS² πεπαιδημενουσ (A πεπεδ.) 14. BS¹
om ευφρανθειημεν, AS² hab. ευφρανθημεν 16. BS¹ om επι sec. 17. BS¹
om του ... AS i. f. add. και το εργον των χειρων ημων κατευθυνον A 38, 10
B 35, S 34.
XC. 2. B¹S¹ τ. θω ... BS κ. καταφυγ. μ. c. seqq. conj. 3. B om σε,
AS ρυσετ. με ... S πακιδοσ 5. S¹ και απο βελ. 6. S² εν σκοτει διαπο-
ρευομενου ... (Cozza ευμπτωματοσ) 8. AB¹S οψη 11. B om πασαισ
12. S¹ και επι 13. AS² επι ασπ. 15. AS² κεκραξεται (A καικ-) pro επι- 15
καλεσ. ... BS om προσ ... AS² επακουσομαι ... S² om και ante εξελουμ.
... BS¹ᵉᵗ³ om αυτον pr. B 35, AS 33.
XCI. 1. S τ. προσαββατου 4. S¹ μετα 6: B¹S¹ εβαρυνθησαν 8. AS²
om τουσ ... B ωσ ... ABS εξολεθρ. 10. A²S ante οτι add. οτι ιδου οι
εχθροι σου κυριε 11. AB²S εν ελαιω 12. AS επανιστανομενοισ ... B πονη- 20
ρευομ. init. stich. ... BS¹ εισακουσεται 15. S¹ om τοτε, AS² επι pro τοτε
16. (A)S² post τ. αναγγειλαι duplex punctum posuit ... AS ο θεοσ ημων
AB 27, S 24.
XCII. 1. B om ο 3. AS² i. f. add. αρουσιν οι ποταμοι επιτριψεισ (A
-ψισ) αυτων 4. B απο φων. ϋδ. c. seqq. conjg. (AS incert.) A 15, B 11, S 10. 25
XCIII. 1. BS σαββατων ... B ο θεοσ (bis) ... AS² om ο 7. S¹ οψετ.
ο κυρ. 9. BS¹ πλασασ οφθαλμουσ ου 12. AS om ο ... AS² om συ
14. S¹ ενκατελιψεν 16. BS¹ om τουσ 18. BS¹ βοηθει 19. AS² om κυριε
... AS² ηυφραναν pro ηγαπησαν ... S¹ καρδιαν pro ψυχην 20. AS² συν-
προσεστω ... AS² επι προσταγμα 23. AS² αυτοισ κυριοσ ... AS² και 30
κατα την A 44, B 41, S 40.
XCIV. 1. BS αγαλλιασωμεθα 3. AS² επι πασαν την γην 4. AS om
οτι ουκ usque λαον αυτου ... S¹ om τη ... S¹ παντα τα περ. ... AS²
εισιν pro εστιν 6. S¹ ενωπιον 8. ABS πειρασμου 9. ABS¹ om με ...
B ειδοσαν ... AS² με κ. ιδον 10. AS καρδ. αυτοι δε 11. A²S η pro ει 35
A 22, B 25, S 23.
XCV. 1. AS ωδη τω δαυ. οτε ... B¹ οικοδομειται, B²S -ειτο 7. S¹
stich. ενεγκ. τ. κυρ. δοξ. κ. τιμην ante stich. ενεγκ. τ. κ. αι πατρ. τ.
εθνων posuit. 10. AS² οτι κυριοσ 13. AS² απο προσωπ. ... ABS om
του ABS 29. 40
XCVI. 1. BS¹ αγαλλιασεται ... S² νησσοι sic 3. (B τουσ εχθ.) 5. AB
ετακησαν ωσει κηροσ ... S om κυριου sec. 6. S¹ om και ... A²S¹ ιδοσαν,
A¹S² ιδον ... S¹ πεποιθοτεσ επι pro προσκυνουντεσ 7. ABS παντ. οι αγγ.
9. AS² om ει ... AS om ο ... S επι pro υπερ 10. AS² πονηρα 11. AS¹
ευφροσυνην 12. BS¹ επι τ. κυρ. AB 27, S 26. ον 45
XCVII. 1. BS om ο prim. ... B εσωσ. αυτω 2. BS εναντ. τ. εθνων
c. praeced. conjg. ... S¹ om τω ιακωβ 4. AB²S τ. κω 6. AS φωνησ
... AS² βασ. κυριου 7. AS² κ. παντεσ οι ... AS κατοικ. εν αυτη 8. AS²
i. f. add. απο προσωπου κυριου οτι ερχεται A 22, BS 19.

LXXXIX. 1. b ανθρώπω 14. BS¹ om ευφρανθειημεν] Ti Prol. „εὐφραν-
θείημεν intactum reliquimus cum Waltono, Bosio etc. Sed ed. Rom.
calamo confossum habet nec agnoscit in notis."
XCIV. 8. ABS πειρασμου] sic b calamo ex πικρ. corr. sec. Ti, non
in ex. meo

SEPTUAGINTA. *g*

XCVIII. 1. BS¹ om ο pr. ... AS χερουβιν (A -ειν) 3. S¹ et 3 εξομολογισθωσαν ... Β παντεσ τω 4. S¹ om και τιμη βασ. κρ. αγαπα 5. BS¹ om οτι et αγιοσ εστιν c. seqq. conj. 6. Β επηχουσεν αυτοισ, AS εισηκουσεν αυτων 7. AS² οτι εφυλ. ... S¹ το προσταγμα ο, AS² τα προσταγματα 5 αυτου α 8. S¹ επηκούσασ ... AB²S συ ενειλατοσ ... S⁽²⁾ εγε'νου A 24, BS 22.
XCIX. 2. S¹ εισελθετε, it. 4. 3. AS² ο θεοσ ημων ... AS² ημισ ημισ δε λαοσ (A bis -εισ) ... AS² om τησ 4. AS εισ τ. αυλ. ... (S εξομολογεισθαι) A 11, BS 12.
10 C. 1. Β τω δαυειδ ψαλμοσ ... S² ελεον, A ελαιον 2. Β ωδη pro οδω ... AB εμμεσω ... S¹ τω οικω 3. S² προετιθεμην ... S¹ ποιουντα ... S¹ παρα βασιλεισ pro παραβασεισ 6. S¹ οφθαλμ. αυτου 7. Β εμμεσω ... AS ενωπιον 8. BS² απεκτεννον, S¹ απεκτινον ... ABS εξολεθρ. ... AS την ανομιαν A 17, BS 16.
15 CI. 1. S ενωπιον 2. Β εισακουσον κυριε ... ABS² ελθατω 3. Β θλειβωμαι ... Β το ουσ σου προσ με (προσ με addit. vid.) ... S επακουσον 5. S¹ επληγη 8. AS² εγενομην 11. S¹ κατεραξασ 12. S² σκιαι ... ABS και εγω ... S⁽¹⁾ εξηρανθησαν 16. S¹ om τα εθνη ... S το ονομ. κυριου ... AS βασιλ. τησ γησ την 18. S¹ πτωχων pro ταπειν. ... S εξωδενωσεν 20 19. (S εταιραν) 20. B¹ εξεκυψαν ... S¹ υψου 21. ABS τον στεναγμον 22. S¹ αναγγεληναι 23. AS² επισυναχθηναι ... BS¹ βασιλειασ, 26. AS² συ κυριε την γην, S¹ om συ κυριε ... S om των 27. S¹ αλλαξεισ A 56, Β 54, S 55.
CII. 2. S αποδοσισ pro αινεσεισ (cf. A) 4. S¹ οικτιρμω 5. Β εμπιμ- 25 πλωντα 7. S¹ om τω 13. BS¹ και καθωσ ... AB¹S οικτειρησεν 14. AS² εμνησθη οτι 15. (S ημεραι|ραι) ... S¹ οτι ει ανθ. (S² ωσ ει) 20. ABS² παντ. οι αγγ. 21. AS² το θελημα 22. AS² τ. δεσποτιασ α. A 47, Β 46, S 45.
CIII. 1. Β κυριε κυριε ... BS¹ ωσ εμεγαλ. ... AS² μεγαλοπρεπιαν 3. S¹ νεφελην επιβ. 5. BS¹ εθεμελιωσεν pro ο θεμελ. ... (S¹ κληθησεται) 30 7. S¹ φωνησ σου βρ. σ. 8. S εισ τον τοπ. ... S¹ αυτουσ 9. Β αποστρεφουσιν 10. Β αποστελλων 12. S⁽¹⁾ πτετρων 14. BS¹ om ο ... AS δουλια 16. S¹ κυριου pro πεδιου ... AS² εφυτευσασ 17. Β εννοσσευουσιν ... Β αυτω 18. AS² λαγωοισ pro χοιροιγ. 20. S διελευσεται 21. S ορυομενοι ... AS² του αρπασαι 22. AS συνηχθησαν ... S¹ επι τ. μ., AS² εισ τασ μανδρασ 35 23. S¹ μεχρι εσπ. 26. Β εχει πλ. διαπορ. i. f. l. add. 27. AS² τ. τροφ. αυτων 28. S¹ τα παντα ... Β εμπλησθησεται 31. AS² εισ τουσ αιωνασ 32. S² om των 35. BS εκλειποισαν ... BS γησ fin. stich. AS 77, Β 76.
CIV. 1. (S εξομολ. κα τω κυρ.) ... S¹ μεγαλια pro εργα 9. S ϊσακ 10. S¹ αυτον ... BS¹ om εισ sec. 11. ABS υμων 13. Β om και sec. 40 14. S¹ om και 15. AS απτεσθαι 16. S¹ αυτου pro αρτου 20. BS¹ εξαπεστειλεν (S -στιλ-) ... S¹ post ελυσ. αυτ. stich. 19 b το λογ. usque αυτου repetivit, sed ipse scriptor uncis del. 21. Β κτησεωσ 25. AS² om και ... AS² τ. καρδ. αυτου 26. AS² εαυτω pro αυτον 27. B¹S¹ εθετο αυτοισ ... AS² τερατ. αυτου 28. S¹ και ου παρεπικρανεν, AS² οτι παρ-αν 30. BS² 45 βασιλειων 31. A¹S σκνιφεσ 33. S¹ om παν 35. AS² παντα χορτ. ... S¹ χορτον pro καρπον, AS² παντα τ. κ. 36. AS εν τη γη αυτ. 37. ABS¹ et 3. om ο 39. S¹ νεφελη ... S¹ om αυτοισ sec., S² αυτουσ (sic?) 43. Β εγλεκτουσ 44. AS² c.³ κατεκληρονομησαν ABS 89.
CV. 2. S ακουστα 5. S¹ εν τη κληρονομια σου 7. AS om και pr.

XCVIII. 7. Ti in Comm. „Cᵃ τo [sic] προσταγματα αυτου α": mendum typographicum?
CI. 4. b συνεφρυγισαν 28. b εκκλειψουσιν, it. CIII. 29.
CIV. 21. Β κτησεωσ] ita et b ex corr. cal., vE Ti κτισεωσ retin.

CV. 10. ΨΑΛΜΟΙ. CXI. 10. 99

... S primo παραπικραναν 10. B χειρων μεισ.... AS² μισουντοσ ... S²
εχθρων 11. BS και εκαλυψ. 12. ABS¹ επιστ. εν τοισ, S² επιστ. τω λογω
... S² ησαν pro ηνεσαν 15. AS² εισ τασ ψυχασ α. 16. AS τον μωυσην
(A μωσ-)... AS² om και sec. ... AS τον ααρων 18. AS om και sec. 20. AS²
δοξ. αυτου 21. AS om του prim. ... S¹ κυριου pro θεου 22. AS² c.³ 5
θαυμασια ... AS om και 23. ABS εξολεθρ. bis ... B¹ εγλεκτοσ ... S¹
om τη ... S¹ του μη αποστρεψαι την οργην αυτου, AS² τ. αποστρεψ τον
θυμον αυτου 24. AS om και sec. ... (S επιστρευσαν) 26. B χ. αυτ.
αυτοισ 29. S¹ επ αυτουσ 32. S¹ om αυτον ... S εφ υδατ. 33. S¹ om εν
34. AS εξωλεθρ. ... S¹ om αυτοισ 38. S¹ om ων ... S² εθυον (et S¹ εθυσαν 10
c. praec. conjg.) 38. S primo εφονοκτηνηθη 41. Avid. S εθνων pro εχθρων
43. S¹ om αυτον 44. S ιδεν (sic et A) εν omisso κυριοσ 46. S om των
... AS αιχμαλωτισαντων 47. S τω αγιω σου 48. S om γενοιτο alterum
A 104, (B 54), S 100.
— CVI. 2. S² εχθρων 3. AS¹ om και prim. 4. S¹ πολιν 5. S πινωντ. 15
κ. διψ. c. praec. conjg. 9. AS κ. ψυχην πινωσαν 10. S¹ και εν σιδ.
14. S¹ εν σκοτουσ ... S και εκ σκιασ. 16. S συνεκλασεν 22. S om αυτω
23. AS εισ την θαλ. 24. S ειδοσαν 27. S² και εσαλευθ. 29. S¹ και
εστησεν καταιγιδα αυτησ κ. εσιγ., S² επετιμησεν pro επαταξε, cetera ut b
30. S¹ επιμελια pro επι λιμενα ... AS θελ. αυτου 32. S¹ εκκλησιαισ ... 20
AS¹ καθεδραισ 33. S¹ εξοδουσ 35. S λιμενασ ... S¹ om και γην usque
υδατων 36. S¹ πολιν 37. AS γενηματοσ 40. S om αυτων 43. AS συν-
ησουσιν A 87, S 83.
CVII. 2. S² in f. add. εξηγερθητι (sic) η δοξα μου 3. S¹ εγερθητι
4. S¹ και ψαλω 8. S τ. σκηνωματων εκμετρησω 9. S μανασση 10. S¹ 25
εκτενω pro επιβαλω ... S¹ οι αλλοφ. 11. S¹ om η 12. S¹ κ. ουχι εξελ.
A 29, S 27.
                                    ε
CVIII. 1. S τω δαδ ψαλμοσ 4. S(¹) ενδιαβαλλον ... S προσευχομην
11. A²S¹ add. και ab initio ... AS εξεραυνησατω ... S om και ... S¹
παντασ τ. πον. 12. S(¹) τοισ (φοβουμ) ορφαν. 13. AS εξολεθρ. ... AS¹ 30
εξαλιφθητω 14. S¹ αμαρτια pro ανομια 15. S¹ εναντι ... AS εξολεθρ.
16. AS¹ του ποιησαι ... S¹ om ανθρωπον 18. S ωσ υδωρ ... S¹ ωσ ελ.
19. AS¹ ζωην ... S¹ ζωννυται 20. AS παρα κυριω 21. AS¹ μετ εμου
ελεοσ ... S¹ ενεκα 22. S εγω ειμι 23. S¹ αντανηρεθη 25. AS και εγω
26. S om και ... S¹ το μεγα ελεοσ σ. 28. AS επανιστανομενοι 29. S 35
περιβαλεσθωσαν ... S¹ αισχυνην ωσει διπλοιδαν (ωσει et δ-αν et S²) αυτων
30. S² om τω pr. ... S¹ om εν pr. 31. S¹ διωκοντων AS 64.
CIX. 1. S τω δαδ ψαλμοσ 2. AS¹ om σοι ... AS και καταχυρ. 3. S¹
om η ... S¹ εν τη λαμπροτητι τ. αγιων (sine σου) ... S¹ εξεγεννησα 4. S
συ ει ιερ. 6. S¹ κρινιν τοισ ... S πτωμα ... S¹ επι γην πολλην, S² ε. 40
γησ, „sed πολλην non attigit." A 15, S 14.
CX. 1. AS εν β. — 2. κυριου stich. ... AS ευθιων 3. S εξομολογησεισ
6. S¹ εαυτου bis 9. S² απεστιλεν κυριοσ ... S² διαθηκηα 10. S¹ et ³ om δε
AS 21.
CXI. 1. S¹ θελει 2. AS ευθιων (A -ει-) 5. S οικτιρμων 7. S επι τον 45
8. S¹ ου φοβηθησεται, AS² ου μη φοβηθη ... post φοβηθ. S¹ stich. sec. v. 7.
ετοιμη usque κυριον repetivit, ipse scriptor del. ... S εφιδη ... S¹ et ³ om
επι 10. AS επιθ. αμαρτωλων A 22, S 23.

CV. 11. ουκ υπελειφθη 33. Ti in Comm. „οργην: Cᵃ θυμον", ex quo
concludendum foret, S² legi velle την θυμον: suspicor τον θυμον ut A
24. S επιστρευσαν, sec. Ti, tacet in Comm. 27. post ερη[μω] deficit B,
usque CXXXVII. 6. εφορα
CIX. 6. Ti in comm.: „κρινιν: Cᵃ reponi voluit κρινει (per incuriam
κρινιε dedit)"; opinor S² κρινιεν i. e. κρινει εν voluisse vel dedisse

*g**

CXII. 1. S¹ αυτου pro κυριου 3. S¹ αινειται (= -τε) pro αινετον
5. S τισ usque 6. εφορων stich. 9. S¹ μητερα τεκνων ευφραινομενων, S²
(μ. επι τεκνοισ) ευφραινομενη (sic Ti) A 17, S 11.
CXIII. 1. S οικοι 2. S¹ η ιουδαια ... S η εξουσια 4. S ωσ κριοι
5 5. S¹ om σοι ... S¹ ανεχωρησασ pro εστραφησ 6. S¹ om οτι ... S¹ ωσ
κριοι ... S¹ om και οι β. usque προβατων ... S¹ ουρανου ανω εν τοισ
ουρανοισ και επι τησ γησ παντ.... S¹ ηβουλετο 13. S λαλουσιν 17.18.19. S¹
ter βοηθοσ αυτων 19. S ηλπ. επ αυτον 20. S¹ κυρ. εμνησθη ημ. και
ευλογ. 23. S ϋμισ, S¹ add. εσται 26. AS ευλογησωμεν A 54, S 48.
10 CXIV. 1. S¹ ο θεοσ pro κυριοσ 2. S¹ ημερ. αυτου επεκαλεσαμην 3. S
θλιψιν usque 4. επεκαλεσ. stich. 5. S¹ ελαιημων κ. δικαιοσ ο κυρ. κ.
κυριοσ ο θ. ... S ελεα 7. S¹ η ψυχη 8. AS εξειλατο 9. S¹ εναντιον
A 18, S 15.
CXV. 2. AS om δε 3. S¹ om παντων 5. AS om versum 8. S¹ om
15 και εν usque επικαλεσομαι, S² suppl. κ. εν ο. κυρ. και επικαλ. 9. S¹ απο-
δωσω τω κυριω A 16, S 14.
CXVI. 1. S¹ αινεσατωσαν pro επαινεσατε AS 4.
CXVII. 4. S om versum 5. S εν θλιψει ... S¹ επηχ. μοι 6. S¹
om και 9. A¹S¹ επ αρχοντασ 12. AS ωσει πυρ 13. S¹ om ο 16. S¹
20 om δεξ. κυρ. εποιησ. δυναμιν 17. AS¹ εκδιηγησομαι 18. S¹ καιδευων
... S om ο 24. AS αυτη ημερα ... S om ο A 59, S 48.
CXVIII. 2. AS οι εξεραυνωντεσ ... S¹ εκζητουσιν 4. AS om του
6. AS¹ επεσχυνθω (A -αι-) 7. AS¹ σοι κυριε 9. S¹ ο νεωτεροσ ... AS
φυλασσεσθαι 10. S¹ om μου 15. S¹ εκζητησω pro κατανοησω 18. AS
25 τα θαυμασ. σου 19. S¹ om εγω ... S¹ αποστρεψησ 20. S¹ εισ τα δικαι-
ωματα pro τα κριμ. 23. S¹ om και sec. 24. AS² η συμβουλια 25. S
ζησομαι pro ζησον με ... A²S κ. το λογιον σ. 26. AS τ. οδ. σου 27. S¹
και οδον 30. AS om και 34. S¹ εκζητησω pro AS² εξεραυνησω 35. AS¹
εν τριβω ... S¹ αυτον 36. (S κλινον ταην κ.) 37. S primo εισ το λογ. 39. S¹
30 το ονειδοσ μ. ο υπ. τα γαρ κρ. 41. S¹ το ελεοσ pro τον λογον 42. AS¹
με pro μοι ... AS επι τουσ λογουσ 43. S¹ επι τα κριματα 47. S ηγα-
πησασ 48. S αισ (S² del ι) ηγαπησασ ... AS¹ ηγ. σφοδρα 49. AS¹ τον
λογον ... S¹ των δουλων ... AS ω pro ων 50. S¹ ουκ εξεκλινα pro εζη-
σεν με 52. S¹ κυριε απ αιωνοσ 55. S¹ το ονομα σ. 56. S¹ om οτι
35 57. S¹ om ει ... AS¹ om του ... S¹ τασ εντολασ pro τον νομον 59. S¹
οτι διελογ. ... AS¹ κατα τασ οδ. ... S απεστρεψα 60. S¹ om του 62. S
εξηγειρομην 63. S¹ om των sec. 64. S¹ πασα η γη ... S¹ δικ. σου κυριε

65. AS¹ κ. το λογιον σ. 67. AS¹ εγω εφυλαξα 69. S(¹) καρδια σου ...

AS εξεραυνησω 70. S(¹) αυτουων 72. AS¹ αγαθον ... S¹ στομ. μου
40 73. S¹ αι χ. σ. επλασαν με κ. ητοιμασαν με 75. S¹ δικ. και αληθια τα
κριματα σου εταπινωσαν μ. 76. S¹ και pro κατα 77. S¹ μελετ. μοι 79. S¹
om με 81. S¹ και εισ ... AS¹ τον λογον σ. 84. S λεγονται παρεκαλεσαν,
post ex emend. ipsius prim. man. λ. ποτε παρακαλεσεισ ut b 87. AS εν-
κατελειπον 88. S ζησομε κ. ... S(¹) μαρτ. τσου στ. σ. 91. S τη διαταξ.
45 σ. c. praec. conjg. ... AS η ημερα ... S¹ δουλ. σου 93. S με κυριε
94. S¹ κυριε pro εγω 95. S¹ om εμε usque με ... S τα δε μαρτ. 98. S¹
τασ εντολασ σ. ... AS¹ μοι εστιν, S² εμοι ε. 100. S εξητησα 102. S¹ κλιμα-
των ... S μοι 103. AS² γλυκεια (A -κια) ... S¹ μελ. και κηριον 104. AS¹
i. f. add. οτι συ ενομοθετησασ μοι (A με) 106. S ομωμοκα 107. AS κυριε
50 init. stich. ... S¹ το λογιον 108. S¹ ευλογησον κυριε 109. S¹ om σου pr.
... S¹ τον νομον 112. S¹ δια παντοσ αμιψειν 113. S¹ και τον νομ.

CXVIII. 107. AS κυριε etc.] ita et Ti, b κυρ. c. praec. conjg.

CXVIII. 114.   ΨΑΛΜΟΙ.   CXXXI. 12.   **101**

114. S¹ και εισ τον λαον σ. ηλπισα ... AS² εφηλπισα 115. S οι πονηρευομ.
... AS εξεραυνησω   116. S¹ om μου pr.   119. S¹ i. f. add. διαπαντοσ
122. AS εκδεξαι ... S αγαϑα   124. AS¹ λογιον pro ελεοσ ... S και κατα τα
127. S εντολασ το υπερ το χρ. (το et A)   129. S εξηρευνησεν   131. AS¹ ηνυξα
(S -υ- fere ubiq.) και ηλκυσα   134. S primo φυλαξαι 136. S¹ εφυλαξαν 137. S 5
ευϑησ η κρισισ σ.   139. AS¹ ο ζηλ. του οικου σ. ... AS¹ τ. εντολων σ. 141. S
νεωτεροσ ειμι εγω   142. S¹ λογοσ pro νομ.   143. S αναγκη ... AS αι εν-
τολαι   144. AS κ. ζησον με   145. S¹ om μου pr.   146. AS¹ εκεκρ. σε
147. S¹ προεφϑασαν με εν   148. S¹ προσ σε ορϑρουν του 149. S primo το
λογιον pro ελεοσ   152. S¹ om εγνων   153. S¹ τον νομον   155. S¹ η σωτηρια 10
156. S¹ κυρ. σφοδρα ... S¹ κατ. τα κριματα   157. AS¹ εκϑλιβοντεσ 158. S¹
ασυνϑετουντασ   163. S(¹) εμισ. ⁊ εβδελ.   164. AS ηνεσ. σοι 167. S¹ και εφυλ.
168. S¹ om κυριε   169. AS εγγισατο, S¹ add. δη ... S¹ κυριε κυριε 170. S¹
om κυριε   171. S εξηρευξαντο   172. S² φϑεγξοιτο ... AS¹ το λογιον ... S¹
δικ. εστιν   173. S om με   174. S επεποϑα   176. S¹ ωσει ... S ζησον 15
A 330, S 241.
CXIX. 5. AS οιμμοι   A 11, S 9.
CXX. 1. AS ποϑεν   3. S¹ δωσ ... AS νυσταξει   4. S εξυπνωσει 6. S¹
ουκ εκκαυσει σε και η   7. AS κυρ. φυλαξει σε ... S φυλαξαι την ... S¹
om ο κυριοσ   8. S(¹) φυλαξεισ   A 13, S 8.   20
CXXI. 1. S αναβ. τω δαδ   2. S¹ om σου   4. S¹ om φυλαι alt. ...
S του ισρ.   6. S¹ stich. ερωτησατε — τη (sic) ιερουσ. post stich. και ευϑην. τ.
αγ. σε ponit.   7. S ειρηνην σου ... S¹ εν τοισ π.   8. AS ελαλ. δε   9. S¹
om αγαϑα   A 18, S 13.
CXXII. 3. S¹ επληϑυνϑημεν   4. S επληϑυνϑη   A 11, S 10.   25
CXXIII. 1. S αναβ. τω δαδ   4. AS¹ et 3 om αν   7. (S ω στρουϑ.) ... AS
ερυσϑημεν   8. S om η   A 15, S 11.
CXXIV. 2. AS και κυριοσ   3. AS¹ om κυριοσ ... AS εν ανομια   4. S primo
κυρ. τ. ευϑεσ αγαϑ.   A 14, S 10.
CXXV. 1. AS¹ ωσ pro ωσει   4. AS¹ ωσ ο χιμμαρρ. (A χει-)   6. AS¹ 30
αιροντεσ pro βαλλοντεσ   A 15, S 14.
CXXVI. 1. AS¹ οικοδομουντ. αυτον   2. S¹ εστιν ϋμιν ... AS του ορϑ.
... (S ορϑιζιν) ... AS εγειρεσϑαι ... AS¹ εσϑοντεσ   3. S¹ γαστρ. αυτησ
5. S¹ κατεσχυνϑησεται ... AS¹ εν πυλη   A 14, S 12.
CXXVII. 2. AS¹ τουσ καρπουσ των πονων   3. AS¹ εν τοισ κλιτ.   4. S¹ 35
ο ανϑρ, S² πασ ανϑρ.   6. S ιδησ   A 14, S 11.
CXXVIII. 3. AS επι του (A τω) νωτου   4. S¹ αυχενα   6. S¹ ωσ   8. S εφ
ημασ ... S¹ ευλογησομεν   A 13, S 14.
CXXIX. 1. AS¹ εκεκραξα σε   3. AS παρατηρηση ... S υποστησητε
5. S¹ om σε ... S¹ νομον pro λογον ... S αυτου pro σου   6. S¹ om 40
ελπισατο usque κυριον, S² ante απο φυλ. suppl. απο φυλακησ πρωϊασ ελπι-
σατω ιηλ επι τον κν   A 16, S 11.
CXXX. 1. AS αναβ. τω δαδ ... AS μου η καρδια   1. 2. S¹ stich. ουδε
-εν μεγαλοισ post stich. ουδε εν ϑ. usque 2. εταπεινοφρον. ponit, sed
ipse scriptor literis β α appositis transponendos eos esse signific. ... S¹ 45
και pro αλλα ... S¹ εως ανταποδ. ... S¹ επι ψυχ.   AS 9.
CXXXI. 1. S i. m, ρλε pro ρλα ... AS πραϋτητοσ   5. (S¹ τω ×ω) 6. AS¹
εν ταισ δασεσι (A -σει)   7. S¹ εισελευσομε, AS² -σομεϑα ... S προσκυνησομεν
9. S¹ ενεδυσαντο   11. AS¹ επι τον ϑρονον   12. S¹ εως αιων. ... A¹S¹ επι

CXVIII. 127. Ti adn. „ipsa prima manus το [pr.] notavit delendum
esse; C* vero συ [σου?] ex του fecit et ὑπερ ex περ, praetereaque το [sec.]
improbavit."

102 CXXXI. 13. ΨΑΛΜΟΙ. CXLI. 8.

τον θρονον σ. 13. (S primo εξελαξατο) 15. AS¹ τ. χηραν α. 17. S χριστ. σου
Α 39, S 34.
  CXXXII. 1. AS αναβ. τω δαδ ... S¹ om αλλ 2. AS¹ επι κεφαλην ...
S καταβαινων sec. loco 3. AS¹ και ζωην Α 8, S 6.
5   CXXXIII. 1. S¹ om et minut. lit. suppl. εν οικω κυριου 2. S¹ om
τασ 3. S ευλογησει Α 8, S 5.
  CXXXIV. 4. AS¹ αυτου pro εαυτω sec. 5. S¹ om εγω ... AS¹ εγνων
... AS μεγασ κυρ. 6. S¹ ηθελησεν εποιησεν ο κυριοσ, S² om ο κυρ. ...
AS¹ om πασαισ 7. S om τησ 10. S¹ om οσ ... S¹ απεκτινεν εθν., i. m.
10 adscr. επαταξεν 12. AS δουλω pro λαω 13. AS¹ et 3 κυριε pro και pr.
14. S¹ οικτιρι pro οτι κρινει 16. S λαλουσιν 18. AS¹ παντεσ οι ποι. ...
S¹ εν pro επ 20. AS λευει 21. AS εκ σιων Α 51, S 41.
  CXXXV. 1. AS¹ οτι χρηστοσ οτι 4. S¹ ποιουντι 6. S¹ επι το υδωρ
9. AS¹ κ. τα αστρα 11. S¹ om τον 14. S¹ εν μεσω α. 16. S¹ om τη
15 22. S² λαω pro δουλω 23. S¹ om versum 24. S εκ χιροσ εχθρ. η.
26. AS¹ τ. κυριω τ. ουρ. Α 16, S 25.
  CXXXVI. 1. AS om ιερεμιου 3. S¹ ηρωτησαν ... S¹ ύμνησατε pro
υμνον ασατε 6. AS¹ om ωσ 7. AS¹ ο θεμελιοσ εν αυτη Α 16, S 14.
  CXXXVII. Inscriptio: τω δαδ 1. S¹ stich. και εν. — σοι post stich. οτι
20 — μου ponit ... S om παντα 2. S¹ om το pr. 3. S¹ om σε 3. S¹ εν
δυναμι πολλη, et Α εν δ. omisso σου 5. S¹ η δοξα κυριου μεγαλη 7. Α¹Β¹
εμμεσω ... Α¹ΒS¹ om μου ... S¹ εξετινα ... Β χειρ. μου 8. AS² κυριοσ
(S² ανταποδωσεισ intact. reliquit) 8. BS¹ κυριε τα εργ. .1. . Β παρησ AS 20,
(Β 7).
25   CXXXVIII. 2. BS¹ παντασ τ. διαλ. 3. AS συ εξιχνιασ. 4. S² δολοσ
pro λογοσ αδικοσ 5. S¹ δικαια pro αρχαια 6. S primo προσ αυτον 7. S¹
κ. που απο τ. πρ. σου φ. 8. ABS¹ συ ει εκει 9. S¹ λαβοιμι, S² αναλα-
βοιμι 12. Β οτι usque φωτισθησ. i. m inf. ... AB οτι το σκοτοσ 13. S¹ συ
κυριε ... S om κυριε 14. S¹ εθαυμαστωθην 15. AS κατωτατοισ 16. ABS¹
30 το ακατεργ. σου ειδοσαν οι οφθ. μου ... BS ουδεισ (S. -δισ) 18. S¹ μετα
σου εγω 19. S¹ εξαμαρτωλουσ 20. Β ερεισ, S² ερεισται εσται ... S²
διαλογισμουσ 21. ABS επι τοισ εχθροισ 23. S¹ ab initio scrips., S² del.
δοκιμασον με και γνωθι τασ τριβουσ μου 24. Β²S¹ είδεσ pro οδοσ (cf. Α)
Α 47, Β 46, S 48.
35   CXXXIX. 2. (AS εξελου μαι) ... (S ανδικου) 3. AS² αδικιαν 5. S
om κυριε ... Β αμαρτολου ... ABS om του 7. S „ante ειπα τω rubro
pictus erat ρμ numerus, sed exstinctus est" ... Β ενωτ. κυριοσ 11. AS²
εν πυρι pro πυροσ ... S¹ επι τησ γησ post αυτουσ ponit, S² hoc loco del.
... ABS¹ εν ταλαιπ. conj. c. seq. ... S² και ου 12. Β ανηρ usque γησ
40 i. m. inf. ... S¹ ου μη κατ. ... AS εισ διαφθοραν 13. S² των πτωχων ...
S¹ του πενητοσ 14. Α²BS και κατοικησ. ... BS¹ εν pro συν ... S τω προσ-
ωπου σ. ABS 28.
  CXL. 1. BS προσ σε εκεκραξα ... S τησ φωνησ ... S om με 3. S¹
εθου 4. S πονηρουσ ... BS¹ om την sec. ... S¹ ενδυασω, Α²S² συνδυ-
45 5. S¹ om δε ... Β ετι και ετι η 6. S² κριται pro κραταιοι ... S¹ om
τα ... BS² ηδυνηθησαν 7. S² ερραγη pro διερρ. ... S¹ διεσκορπισθησαν
                    οι
... Α²Β²S² τ. οστα αυτων 8. Α¹S¹ om κυριε alter. ... Β¹S¹ επι σε
10. AS² οι αμαρτωλ. ... AS om αν AS 23, Β 24.
  CXLI. 3. AS² εχχ. ενωπιον α. 4. S εκλιπειν ... BS¹ μοι παγιδα 5. S²
50 και ουκ pro οτι ουκ 6. AS² εκεκραξα προσ σε κυριε ειπα.... S² μερ.
μου ει 8. S² om κυριε Α 20, BS 19.

CXXXVII. 6. και τα υψ. incip. rursus B

CXLII. 1. ΨΑΛΜΟΙ. ΠΑΡΟΙΜΙΑΙ. I. 10. 103

CXLII. 1. BS καταδιωκει 2. S$^{(1)}$ μ. των δουλων σ. 3. B οτι usque
μου i. f. lin. add. ... S εκαϑισαν 5. S^2 om και 6. BS^1 τασ χειρασ μ.
προσ σε 8. S^1 μοι ποιησ. μοι ... S^2 προσ σε κυριε 9. S^2 („C") om οτι
... S^2 κατεφυγα 10. S^2 οτι συ ει ο ϑεοσ μ. ... ABS^1 το αγιον 11. ABS
εν τ. δικαιοσ. σ. conjg. c. praeced. 12. ABS εξολεϑρ. ... AS^2 εγω δουλ. 5
σ. ειμι A 30, B 31, S 29.
CXLIII. 1. S om προσ τ. γολιαδ 2. S^1 om ο ... S^1 τ. λαον σου 3. S
εγνωρισϑησ 4. A^{1}S^2 σκιαι 10. BS εκ ρομφ. πον. c. seqq. conjg. 11. S^1 om
εξελου με 12. S om οι ... AS^2 ϋϊ. αυτων ... ABS^1 ηδρυμμενα, S^2 ϊδρυμμ.
... B(?) ομοιωα 15. S primo εκ τουτου του εισ ... S^2 πλατιαισ pro επαυλεσιν 10
15. S^1 εμακαρισα ... S^1 ο λαοσ σου κ. ... S^1 αυτ. εστιν A 36, BS 35.
CXLIV. 1. AS αινεσεωσ ... S^1 σε ϑεε μ. βασιλευ μ. 2. B om εισ τον
αιωνοσ 3. AS^2 μεγασ κυριοσ 4. (S.^{1} γενεα α επαιν.) 5. S^2 om και
ab init. 6. S^1 om κ. την μεγαλ. σ. διηγ. ... B διηγησομαι αυτην ..
ABS^1 i. f. add. και την δυναστειαν (AS -τιαν) σου λαλησουσιν 9. S^2 συνπασιν 15
pro υπομεν. 10. S εξομολογεισϑωσαν 13. BS σ. βασιλεια sic uterque
hoc loco 14. S^2 κυρ. εν πασιν τ. λ. 16. S^2 την χειρα ... (S^1 οσιοισ)
18. A^{1}S^1 om πασι τ. επικαλουμ. αυτων alter. 19. S^1 επακουσει, S^2 εισακουσει
20. S εξολεϑρευει (-ε- et AB) A 46, B 42, S 36.
CXLV. 3. S^2 om και ... S^2 επι ϋϊουσ 4. S^1 γην αυτοσ 5. S^1 σου 20
pro ου ... ABS^1 om αυτου pr. 8. ABS^1 κυρ. ανορϑ. κατερραγμ. κυρ. σοφ.
τυφλ. A 22, BS 23.
CXLVI. 1. S om τον ... S^1 αγαϑοσ 2. S^2 om και 3. S^2 τη καρδια
9. S^2 om και ab initio ... BS^1 νοσσοισ 11. S^2 om πασι A 20, BS 25.
CXLVII. 1. (S^1 αιπαινι) ... S αινεισ 2. B^1 μοχλουσ 3. S^2 σοι pro σε 25
4. S^1 om ο ... S^1 ωσ ταχυσ 5. S^2 χιονα αυτου ... S^1 ομιχλη 7. S^1
πνευσαι 8. S^2 ο απαγγ. ABS 18.
CXLVIII. 1. (S primo ταν κυριον!) 2. S om οι 9. AS^2 παντ. οι βουν.
10. S^1 ερπετινα 12. S πρεσβυτεροι 13. B ϋμνοσ usque αυτου i. m. ABS 31.
CXLIX. S „Rubricator oblitus est versum explere. Scribere debebat 30
psalmi titulum (αλληλουϊα) una cum numero ρμϑ." 2. S και οι ϋϊ. 4. S^2
εν τω λαω 6. S om αι ... S^1 om του ... AS εν τω λαρ. 9. S^1 om εν
... S^1 εστιν αυτη ... S^1 οσ. αυτων ABS 18.
CL. 5. S^1 ευηχοιοισ ... BS i. f. (S inscriptio ps. 151?) add. αλληλουϊα
ABS 11. 35
B Subscriptio βιβλοσ ψαλμων ρν et versa pagina Ps. 151.
[3.] ABS οργανον οι ... S αναγγελλει [4.] S αυτ. παντων εισακ. [5.] S
om εν [6.] AS ελεει A 17, BS 16.
B om βιβλοσ ψαλμων ρν., S praeb. ψαλμοι δαα („ita errore rubri-
catoris") ρνα 40
Stichi: S 5059.

ΠΑΡΟΙΜΙΑΙ.

Inscriptio: ABS παροιμιαι
I. 5. S^1 om γαρ 7. B$^{i.\,m.}$ β̄ ... BS φοβ. ϑεου ... S εξουϑενουσιν
8. B$^{i.\,m.}$ γ̄ ... ACS νομουσ pro παιδειαν 9. S^1 στεφανοσ 10. ABS dist.

CXLIII. 12. ABS^1 ηδρυμμενα] b in textu ιδρουμενα, in Corrigendis
ιδρυμενα et ita Ti
CXLIV. 13. b οἱ δεσποτεία
CXLIX. 1. b ἡ αἴνετισ

ante μηδε βουλ. 13. S¹ πολυτελην ... S ημετερων 14. ABCS βαλλαντιον
... S εν pr. m. supr. lin. suppl. ... (S γενηθηθητω) 15. S² υϊε μη πορ..
16. AS² οι γαρ ποδεσ αυτων εισ κακιαν τρεχουσιν και ταχινοι εισιν (A om
εισ.) του εκχεαι αιμα 20. B i. m. $\overline{5}$ 22. ABCS εχωνται 23. S¹ ϋπευθυνοντο ελ.
5 24. B¹ ουκ ... AS υπηκουετε 25. S¹ ελεγχ. και ... AS ου προσειχετε 26. ABC.
ηνικα αν, S ην. εαν 28. S primo επικαλεσασθαι 29. CS² φοβον pro λογον ...
ACS² om του 33. AS εν ελπιδι
II. 1. B i. m. $\overline{z}$ 3. AB i. m. C² i. f. add. την δε αισθησιν ζητησησ μεγαλη.
τη φωνη 4. AB¹S¹ εξεραυν- 7. S² ϋπερασπ. δε ... ACS ποριαν 10. S¹·
10 om η pr. ... B την pro σην 13. B i. m. $\overline{z}$ ... S εγκαταλιποντεσ 16. B i. m. $\overline{z}$
ante υιε 17. AB απολειπουσα 19. (S πορευοιμενοι) 20. ABS λειουσ 21. AS·
ab initio add. χρηστοι εσονται οικητορεσ γησ και οσιοι (AS² ακακοι δε)
ϋπολιφθησονται (A -ει-) εν αυτη ... B i. m. $\overline{η}$ ante οτι ... S¹ om και οσιοι
υ. εν. αυτη
15 III. 1. B i. m. $\overline{9}$ 3. (AS πιστισ) ... BS εκλειπετωσαν ... S primo τε.
pro σε 5. AS² om τη 6. S² i. f. add. ο δε πουσ σου μη προσκοπτη 10. S¹·
πιμπλωνται ... BS ταμεια ... AS² σιτου ... (S⁽¹⁾ εκβλυζωσιν) 12. AS παι-
δευει pro ελεγχει 13. B i. m. $\overline{7}$ 14. ABS κρειττον (S κρι-) 15. AS² αντιτασ-
σεται 17. ABS παντεσ οι (B² αι) τριβοι ... S om εν 18. BS¹ om ασφαλησ·
20 19. AS² εν φρονησ. 20. S² εν αισθ. αυτου ... S² δροσω 21. ABS παρα-
ρυησ 22. AS² τοισ οστ. σου 27. B i. m. $\overline{ια}$ 28. S¹ επανηκαι αυρ. (= Bb)·
AS² επανηκε και α. 29. B. i. m. $\overline{ιβ}$ ... AS² τεκτενε 30. S¹ om σε, AS²·
εισ σε 31. B i. m. $\overline{ιγ}$ ' 32. S om γαρ 33. B i. m. $\overline{ιδ}$ 34. B. i. m. $\overline{ιε}$
35. B i. m. $\overline{ις}$
25 IV. 1. B i. m. $\overline{ις}$ 4. S διανοιαν pro καρδ. ... B i. m. $\overline{ιη}$ ante φυλασσε·
... S² εντολ. μου ... S² post επιλαθη add. κτησαι σοφιαν και συνεσιν
9. S¹ τρεφανω pro στεφανω 10. B i. m. $\overline{ιθ}$ ... AS² πληθυνθησ. σοι 15. S¹·
om τοπω ... B στρατοπεδευσωσιν 16. AS² απ αυτων 20. B i. m. $\overline{x}$ ...
BS παραβαλε 21. AB² εκλειπωσιν, S¹ λιπωσιν ... AS² εν ση καρδ. 22. B·
30 αυτην ... AS² σαρκι αυτου 24. AB απο σου μακραν 26. B τροχειασ (B
ubique -ει- 11. 27. 2, 15 etc.) 27. S om αι ... S ποριασ·
V. 1. B i. m. $\overline{xα}$ ... S παραβαλε 2. AS² c. 3? αισθησιν et εντελλομαι σοι·
6. B τροχειαι 7. S¹ μακρυνησ pro ακυρουσ ... ABS¹ ποιησησ, ipse S¹·
vel Sª corr. -σαι 8. S² και μη εγγ. 11. (S μεταμεληθηση) ... S² εσχατ.
35 σου 13. S παρεβαλον 14. AB εμμεσω 15. B i. m. $\overline{xβ}$ ... S¹ αγιων, AS² αγγι-
16. AS² om μη 17. B μονα 19. S¹ ηδια 20. S¹ ισθι μη πρ. ... B συνερχου·
21. AB τροχειασ 22. B i. m. $\overline{xγ}$ ... S εκαστοσ των εαυτ. αμαρτιων 23. ABS·
εξεριφη ... AS δια
VI. 3. B¹ εγλυομενοσ ... B² παρωξυνε ... S τον σον φιλον ... AB¹S
40 ενεγυησω, B² ενηγγ- 6. BS ϊδθι pro ϊθι 7. S² εκεινοσ ... S¹ γεωργιου γαρ
8. ABS υγιειαν (S ϋγειαν) 9. (S¹ εξ οϋπνου) 11. S om σοι ... (S ησ ω
ηξει ωσπ.) ... S¹ αμητ. σοι ... S απαυτομολογησει 12. B i. m. $\overline{xδ}$ 14. AS
διεστρ. δε καρδ. ... BS εν παντι καιρω c. praec. conjg. 15. AB²S² δια·
δε τουτο ... S διακοπη δε 16. AS μισ. ο κυριοσ ... S¹ συντριβη 17. AS²·
45 αιμ. δικαιον 19. BS κρισισ ... S⁽¹⁾ αδελφουων 20. B i. m. $\overline{xε}$ 21. (S⁽¹⁾·
αφασψαι) ... S¹ αυτασ ... BS¹ επι pro περι 22. S ηνικ. εαν 23. BS και·
φωσ c. sqq. conj. ... AS² και οδοσ ... AS ζωησ ελεγχ. 24. S¹ φυλασσειν·
... S αλοτριασ 27. S ou suprascr. 29. AB¹S ουκ αθοωθησεται. (init. stich.)
30. AS² om την 33. (S⁽¹⁾ εφξαλιφθησ.) 34. S¹ om μεστοσ usque αυτησ·
50 35. S¹ αταλλαξεται

IV. 15. B στρατοπεδευσ.] ita et Ti, b ut S -παιδ-

VII. 1. ΠΑΡΟΙΜΙΑΙ. XI. 21.

VII. 1. S⁽¹⁾ ϋιε μου φυλ.... B i.m. χς ante ϋιε τιμα 2. S¹ λογουσ εμουσ 3. S⁽¹⁾ περιθου δε ... S¹ πλαθοσ 4. S¹ primo τη σοφια 5. ABS εμβαλπται 9. S εν σκοτ. εν σπεριω (sic Ti, tacet in Comm.)... S νυκτερινη η και 10. S primo ει δε 11. AB¹S ουκ ήσυχ. 13. S om δε ... S¹ ειπεν 14. S¹ primo ειρηνικοι 15. B¹ εισ υπαντησιν 16. B κειρεια, S¹ 5· κιρια 17. S διερραχα ... AS² κροκω 18. S ορθου 21. S βροχ. τε των απο 23. S¹ om δε 25. S¹ om εισ τασ οδουσ ... AS² i. f. add. και μη πλανηθησ εν ατραποισ αυτησ 27. S¹ primo καταγ. τα εισ ... AS² om τα ... BS ταμεια ... S² om του

VIII. 1. B i.m. χς 2. (S⁽¹⁾ αναβμεσον) 3. S⁽¹⁾ δυναστων 6. S¹ πολλα 10· pro σεμνα 8. S¹ primo στομ. σου ... ABS ουδεν εν αυτοισ ... ABS¹ στραγγαλωδεσ 10. B i.m. inf. i. f. add. (cf. A) αντερεισθαι δε αισθησει χρυσιου καθαρου 12. ABS και γνωσιν c. sqq. conjg. ... B i. fin. stich. 11ᵃ κρισσων—πολυτελων repetivit, sed uncis appositis del. 13. S¹ ύπερηφανιαν ϋβρ. τε κ. αδικιαν 17. S ζητουντασ pro φιλουντασ, quod ipse S¹ suprascr. ... 15· AS² ευρησ. χαριν 19. ABS γενηματα ... S κρισσων 20. S¹ οδων pro τριβων ... AS² δικαιοσυνησ, cui S², per errorem ut vid., κ praeposuit 21. (B θυσαυρουσ) 23. BS (A om) εν αρχη c. praeced. conjg. ... BS προ του usque 24. ποιησαι stich. 25. S post εδρασθηναι add. και πλασθηναι την γην 26. S¹ ϋπο τον ουρανον 28. AS ηνικα ϊσχυρα ... AS² add. εν τω 20· τιθεναι αυτον τη θαλασση ακριβασμον αυτου κ ϋδατα ου παρελευσονται στοματοσ αυτου 29. AS om ώσ 31. BS ευφραινετο pro ενευφρ. sec. 32. S² i. fin. add. (cf. A) μακαριοι οι οδουσ μου φυλασσοντεσ· [33.] ακουσαται παιδιαν και σοφισθηται και μη αποφραγηται 34. S¹ θυραν pro θυραισ καθ ημεραν 36. AB εισ εμε αμαρτανοντ. ... BS¹ om εισ sec. 25· ... S¹ om με

IX. 1. B οικοδόμησεν 5. S ελθετε 6. S² ζησεσθαι pro εισ τ. αιωνα βασιλευσητε ... AS² φρονησ. ϊνα βιωσηται (A -τε) 7. B i.m. χη ... S μωμησετε αυτον 8. ABS μεισησωσιν σε ... AS² i. f. ad ασοφον και μισησι σε 10. S¹ βουλημα ... AS² το δε γνων. 12. S¹ om αποβησ ... S om αν 30· ... B² αντλησησ ... AS¹ ποιμανει ... S om ο δ αυτ. usque πετομενα 13. B i.m. χδ 14. BS επι διφρου c. praeced., εμφανωσ etc. c. seqq. conjg. 16. S¹ αφρων ... ABS με ενδεεσι (S -σει, A -σιν) δε 18. S² ολουνται ... AB¹S¹ πετευρον ... S² τοπω αυτησ ... S¹ διαβησεται ... AS² post υδ. αλλοτρ. add. και υπερβηση ποταμον αλλοτριον ... S σοι δε pro δε σοι 35·

X. 1. B i.m. λ ... S om τη 3. S² δικαιαν 5. S ϋϊοσ σοφοσ πεπαιδευμενοσ 6. AS¹ επι κεφαλησ 10. S οφθαλμω 11. BS απωλεϊά 12. (ABS νεικοσ ... BS φιλονεικουντ.) 13. B om οσ usque σοφιαν ... S⁽¹⁾ σκαρδιον 15. S¹ κτισισ 16. S¹ αμαρτιαι 17. AS² om δικαιασ ... B ανεξελεϊκτοσ 19. B i.m. λα 21. S¹ om εν ... S¹ τελευτησωσιν 22. AS επι. κεφαλησ 40 ... BS (A om) αυτη πλουτιζει stich. inc. 25. S¹ om παραπορευομ. usque ασεβησ ... AS² ο ασεβησ 26. B αυτην 28. AS ολλυται 30. ABS om κοι σ
εισ ... B ουκηκουσιν (B¹ ουκ ηκουσιν, B² ουκ οικησουσιν); S ουκηοικηκουσιν 32. S¹ δικαια ... S¹ αποστρεφεται, S² καταστρεφεται

XI. 2. S ου αν 5. AS αμωμοι ... S¹ om ασεβεια usque 6. ρυεται 45· αυτουσ 6. AS² ρυσεται ... S² ασεβια pro απωλια 9. S¹ αμαρτων, S² αμαρτωλων pro ασεβων 10. (S¹ διων pro δικαιων) ... AB i. m. sup. S² i. f. add. και εν απωλεια (S -λια) ασεβων αγαλλιαμα εν ευλογιαισ (S -για, A -γεια) δικαιων (S ευθιων, A -θει-) ϋψωθησεται πολισ 12. S¹ δε ο φρον. 14. S¹ φυλλον ... S¹ om δε 17. S² εξολλυσι δε το εαυτου σ. 21. S¹ χ. 50·

IX. 12. S¹ om αποβησ] Ti Comm.: „κακοσ: Cᵃ αποβησ", ex quo concludendum foret, S² αποβησ pro κακοσ voluisse, non illud post hoc inseruisse.

χειρα 22. S² ενωτιον χρυσουν 24. BS¹ om δε ... S² τα αλλοτρια ελαττονουνται (S¹ -τττ-) 26. Β ὑπολιποιτο 29. S τω οικω εαυτου 31. B i. m. λβ̄
... S ο αμαρτωλοσ κ. ασεβησ
XII. 5. (S λογοισμοι) ... S¹ λογοισ pro δολουσ 7. Β om ο ... (S
5 ασεβ. ο αφ.) 9. S περιθεισ 10. S¹ εαυτου 11. Β εμπλησθησηται ... S(¹) καταλιψωει ... S¹ αμαρτιαν pro ατιμ. 12. Β ασεβων pro ευσεβ. 13. S δια αμαρτ. ... S¹ ο αμαρτωλ. ... S¹ εκφευει 16. S εξαγγελει ... ABS om ανηρ ... S² ο πανουργ. 23. S¹ καρδιαι („ι alterum erasum, sed postea inepte instauratum") 25. AS¹ ευφρανει 26. S² αμαρταν. usque κακα
10 uncis inclusit
XIII. 1. S¹ μητρι pro πατρι 2. S ολλυνται 5. BS και ουχ 8. S¹ primo υπισταται 9. BS ελεωσιν (Β ελαι-) 12. Β εναρχομενοισ = εν αρχ.?
... AS² βοηθειν ... S¹ om αγαθη 13. S¹ δουλιω ... S¹ εστ αγαθον 16. (S εξεπετασε εαυτ. sine ν) 17. S¹ πιστοσ pro σοφ. 20. B i. m. λβ̄, cf. XI. 31.
15 ... AS² ο συμπορευομ. σ. σ. εσται ... S¹ αφρονι 25. S² εσθιων
XIV. 2. S¹ om δε 4. (ABS γενηματα) 5. S¹ εκκαει 6. B i. m. λγ̄
13. S εν ευφροσυνη 16. S¹ εν εαυτω 22. (S πιστισ pro [=] πιστεισ)
26. S² καταλιψι 28. ABS εκλειψει (S -λι-) 29. S¹ primo ολιγοσχοσ ... B¹S¹ ισχυροσ 31. ABS ελεα 33. S¹ „ανδροσ: Cᵃ αναπαυσεται"
20 XV. 1. S om δε sec. 2. Β αναγγελει 3. BS κυριου fin. stich. 4. S¹ πιοτητοσ, S² των καρπων αυτησ, pro πνευματοσ 6. ABS ολοριζοι ... S² ολουνται ... S¹ om οικοισ usque απολουνται 7. S¹ primo χειλη δ σοφ. δ.
8. S αμαρτωλων pro ασεβων 9. S¹ απατα pro αγαπα 13. Β¹ ουσαισ
14. S¹ ασεβων pro απαιδευτ. 15. Β ησυχασουσιν 16. ABS κρεισσων (S κρι-)
25 21. S ο δε φρονιμ. ανηρ 22. S¹ υπερτιθονται ... S¹ τιμωτεσ 23. AS υπακουση ... S² ακακοσ pro κακοσ 25. S¹ εστησεν (16, 6.) S¹ ελαιημοσυναι (S² -αισ) ... S¹ primo πιστισιν 28. S(¹?) καρδιαι 29. S υπακουει (16, 8.)
(ABCS γενηματα)
XVI. (9.) BS καρδ. δε ανδρ. 15, 33. BS φοβ. θεου ... S² post αυτη
30 add. (cf. A) προσπορευεται δε ταπινοισ δοξα 2. Β¹ οι δε ασεβησ sic 5. AB¹CS αθοωθησεται ... S δεκται δε π. τω θεω 10. B i. m. λ̄ε̄ 15. S¹ οψιμοι
16. B i. m. λ̄ε̄ ... (Β νοσσειαι bis et χρυσειου) 17. S εκκινουσιν ... S επ αγαθ. 22. S¹ και παιδια δε 23. S¹ om του 26. ABCS εκβ. εαυτου (CS αυτου) την απωλειαν (S -λι-) 27. S¹ θησαυριζεται 28. S χολου pro
35 δολ. ... AS πυρσευει 30. Β διαλογιζεται, ACS λογιζεται 32. AC²S² post ισχυρου add. και ανηρ φρονησιν εχων γεωργιου μεγαλου 33. S¹ δικαιοισ ... S² πασιν pro παντα (sec.)
XVII. 1. ACS πληρησ πολλων 2. S¹ primo δεσποτην 3. S¹ καρδια εκλεγεται, S² καρδιαι εκλεκται 4. S² γλωσση 5. ABS αθοωθησεται 7. S
40 om πιστα usque χειλη, S² pro ψευδη corr. πιστα 8. AB²S χαριτ. η παιδεια (S -δι- ut plerumque) ... S αδικηθησεται pro ευοδωθ. (ουδ' αν [εαν] pro οὗ δ' ἀν legisse vid.) 14. S¹ αρχην (ᵉᵗ ³ „inepte") ... (S¹ ενδιαστασισ) 15. S τον δικαιον pro τ. αδικον 17. B i. m. λ̄ς̄ ... S² ο φιλοσ
18. BS¹ εγγυην ... AS² τον εαυτ. φιλον 21. BS επι ὑιω 23. ABS δωρ.
45 εν κολποισ (AS -πω) αδικωσ 25. BS¹ πατρ. εστιν ... AB¹S¹ τ. τεκ. αυτου 27. S¹ προελεσθαι 28. (S σοφιαν: ν erasum, sed sequens σοφια intactum, cf. A)
XVIII. 8. S¹ ανδρογυναιων 9. AS² εαυτον pro αυτον 10. S¹ κυριω
... S¹ om δε ... S προσδραμουντεσ 11. S² μεγαλα 18. S² ad σιγηροσ
50 i. m. notavit. κληροσ 20. S πλησθησεται 22. AS² παρα κυριου

XIII. 5. BS και ουχ] ita et Ti, b (ut A) και ουκ ἕξει (sic)
XIV. 4. ABS γενηματα] ita et b, Ti γεννημ. 28. ABS εκλειψει] ita et Ti, b εκκλειψει
XV. (16, 8.) ABCS γενηματα] ita et b, Ti -νν-

XIX. 5. CS ο δ εγκ. 6. S¹ πολλοι δε ... AS² om ο 7. S¹ ποιει pro μισει 9. S¹ απολιπεται pro απολειτ. 13. CS² και ουχ αγν. 14. BS παρ. δε Θεου. 15. BS¹ ανδρογυναιον 17. B¹ ανταποδωθησεται 19. BS om πολλα 20. B i.m. λζ ... S¹ επ εσχατω σ. 21. B²S μενει εισ τον αιωνα 22. AS² ψευστησ 23. S² οισ pro ου 24. B προσενεγκη, ACS προσαγαγη 5 27. S απολιπομενοσ 28. ABS καθυβριζει ... (AS κρισισ = -σεισ) 29. S¹ ακολαστοι
XX. 1. (ABS υβριστικον) ... S² (cf. A) post μεθη add. πασ δε ο συνμιγνυμενοσ αυτη ουκ εσται σοφοσ. ... S(¹) τοιουτοισ 4. S ου καταισχυνεται 9. S¹ om την 20. S εσονται pro οψ. 22. B. i.m. λη ... AB αλλα 10. S 10 κυριου αμφ. 11. ABS και ο. ποι. etc. conjg. c. εν τ. ε. α. συμπ. 13. AS διανοιξ δε τ. ... S¹ αυτων pro αρτ. 27. B¹ εραυνα ... BS ταμεια, it. 30. 30. S¹ εισ τα τ.
XXI. 1. AS ου δ αν ... AS² νευση 4. ABS εφ υβρει ... AS² αμαρτιαι 6. AS² διωκ. και ερχεται επι 9. S¹ εν γωνιασ ... S¹ κοινω κοιν. 15 pro οικω κ. 11. B o ªκακοσ 13. BS om αυτου ... S εστιν ο επακουων 15. S¹ δικαιω ... B ποιει 17. S¹ φιλου 19. B κρεισσων ... B γυν. γλωσσωδουσ κ. μαχιμου ... S¹ οργιλουσ 25. S¹ οκνηρουσιν ... S² αποκτενvουσιν 26. B² ελεει 29. ABS ευθησ
XXII. 1. S χρυσιον κ. αργυριον 3. (S¹ primo παροελθοντεσ) 10. B i.m. λϛ 20 11. B dist. post αμωμοι plene, non post βασιλευσ (S incert.) 13. S οκνηροσ και λεγει 14. S¹ ενωπ. π ανδροσ 15. AB²S¹ καρδιασ, S² εν καρδια 16. AS² τα εαυτ. κακα 17. B i.m. μ ... AS² παραβαλε ... S¹ γνοια ... S αυτουσ οτι 18. S om εαν ... S² και ευφραν. 19. S¹ κ. γνωρισοι τ: ... ACS οδ. αυτου 20. BS ψυχησ 21. BS om σε sec. ... S λογον αλη- 25 θιαν (S² -ιασ) 23. S¹ om κυριοσ ... S¹ ψυχην pro κρισιν (δικην) ... S σην ψυχην ασυλον 27. AS² αποτεισησ (sed εχη S² non mutavit)
XXIII. 1. BS δυναστων 4. S¹ παρεκτιγησ 5. S¹ επ αυτων ... BS¹ πεσειται pro φαν. ... S¹ πτερυγασ (S²-γαισ) 11. BS κραταιοσ εστ. stich. inc. 12. B i.m. μα 17. B¹ ζηλωτου 19. B γενου ... S² εννοιαν 20. (ABS 30 οινοποτησ) ... BS¹ om τε 21. S¹ primo και πτωχευσ. ... S² ρακκωδη 22. B i.m. μβ 26. (S¹ ο εμασ οδ.) 27. S εστιν τετρημενοσ 29. ABS τινι κρισισ ... AS² om δε ... B. αηδια ... B²Sᵉ πελιδνοι οι, AS¹ πελι(Α -ει-)οι οι 31. AS om εν prius ... AS και εισ τα ... S¹ γυμνοσ ὑπεροησ 35. ABS ηδειν fin. stichi ... S ορθοσ 35
XXIV. 1. B i.m. μγ 4. S εμπιπλανται ... BS ταμεια 6. S! βοηθει 10. S¹ om εωσ 13. B i.m. μδ (Cozza μα) 14. B αισθηθηση, AS αισθηση ... (S τελευτη σου: τελτ raso σου ut vid., pr. man. rescrips., et ευ supra add.) 15. S ασεβην ... B νομην 16. BS επτακι 18. S¹ ὑποστρεψει 19. S¹ κακοτητι pro κακοποιοισ 21. B i.m. με ... (BS μηθετερω) 23. B 40 κ. ουδ. ψευδ. αυτου απο γλωσσησ μη ... (S¹ συνευροισ) ... S εκκαιει ... S¹ ωσ τα pro ωστε 24. B i.m. μϛ ... S¹ δεξαμενουσ ... S¹ τι δε pro ταδε ... S¹ παυσομαι 25. ABCS παντων 26. CS ο θεοσ ... S εδιδαξεν 27. BS om παντων 29. S εξελεγξη 31. S² om και extr. ... AS¹ om τα sec. 33. S¹ καταρησηται 35. ABCS την δε ... S εξοδ. εαυτου 37. AS στομιδασ ... 45 BS αναλισκειν fin. stich. 38. B i.m. μζ ... S om αιδεισθαι — καλον 40. ACS² ευλογια αγαθη 41. ACS² λογουσ σοφουσ 42. S² αγρον σου 46. (ABS χερσωθ. fin. stich.) 47. B i.m. μη ... BS¹ απεβλεψα 48. S om δε pr.

XX. 1. ABS υβριστικον] ita et Ti, b -στηκον
XXII. 11. B dist. plene post αμωμοι, non post βασ.] ita b, non Ti
XXIII. 20. ABS οινοποτησ] ita et Ti, b οἰνοπόθης 29. S² corrector E saeculi duodecimi. 35. ABS ηδειν fin. st.] ita Ti, b post ηδειν non dist.
XXIV. 14. AS αισθηση] ita et Ti, b αισθητηση 21. BS μηθ ετερω] ita et b, Ti μηδετερω

49. S ποιησισ 51. ABCS ante και γη inser. και ταρταροσ 52. Β οκκοψεσαν, ²-ψαισαν (sic ?) 54. S² νηωσ 58. (ABS¹ οικετισ) 59. AS²δε εστιν ελαχ. 61. Β χοιρογυλιοι (S² χυρογυλλ. sic) 62. AS εκστρατευει 63. AS βασιλεωσ 64. S¹ om δε ... AS και το τετ. 66. (S² επολιου pro αιπ.) 67. Β i. m. μβ 5 ... AS εισ ευφροσυνην 68. S¹ εσθε pro εσται ... S μυκτηρα ... S εξελκυσησ ... (S κρισισ) 69. ABS βασιλεωσ stich. inc. 70. S¹ om τι pr. ... S² τηρησεισ punctis notavit (sic) 72. (Β θυμωδεισ εισ.) ... S¹ ινον pro οινον 73. BS² επιλαθωνται, S¹ επιλαθων 75. S primo ποδων! ... (Β μνησ|σθωσιν) 77. S διακρινε pro κρινε ... S om δε
10   XXV. 1. Β i. m. γ ... AS² παροιμιαι pro παιδειαι ... S σαλομωντοσ 6. Sᴾ δυνατων 7. AS το ρηθην. σοι ... S ταπινωθηναι ... Β i. m. να ante α ειδον 8. Β επ εσχατω 9. ABS μη καταφρον. c. praec. conjg. 10. S μαχη κ. η εχθρ. σου ... ABS αλλ εσται 11. S² λογον επι αρμοζουσιν 12. AS² om και 13. Β om χιονοσ 14. AS² επιφανεστατοι ... AB²S οι καυχωμενοι
15 16. Β i. m. γβ ... S εμπλησθεισ 17. S εισαγαγε ... AS πρ. τον σεαυτ. 18. S¹ ροπανον ... AS² ακηλιδωτον ... S² ουτωσ ανηρ 20. AS om εν post σησ ... S¹ βαπτει 21. Β i. m. γη ... AS τρεφε pro ψωμιζε 22. S¹ ποιησασ ... S¹ επι τησ κεφαλησ 23. Β βορρεασ 24. BS κρειττον (S κρι-) 25. S¹ ζωση pro διψωση 28. S¹ πολι (= -λει?)
20   XXVI. 4. Β i. m. γδ 6. ABS εαυτου (S αυτου) οδων ... S¹ ο omiss. ab init. lin. suppl. 7. S¹ πορνιαν, S² ποριαν 8. S διδουντι 9. AS του μεθυσου 11. S αναστρεψασ κακια 12. Β i. m. νε ... ABS παρ εαυτω 13. Β εν δε τ. πλ. φον. minut. lit. i. f. l. add. 15. AS δυναται ... AS² το στομα 18. S² πιρωμενοι pro ιωμενοι 19. S² φοραθωσιν pro οραθ. (cf. A)
25 20. AS² οξυθυμοσ 22. Β κεκωρπων ... BS ταμεια ... S² κοιλιασ pro σπλαγχνων 23. S δολια pro λεια ... BS εχθρουσ ... S om τη ... Β τεκτ. ⅹ ² λογουσ, i. m. ⅹ δολουσ ² 25. Β ⅹ εισιν i. m. 26. Β¹ ενκαλυπτει, ² εγκ-, S¹ συν- ... ACS² εν συνεδριω 27. S ο ορυσσον (corr. -ω-) βοθυνον
XXVII. 1. Β i. m. νς 4. BS ουδενα 7. BS¹ εν ενδεει ... ACS γλυκια
30 (C· -εια) ... S¹ φερει pro φαινεται 9. S θυμιασιν ... BCS καταρηγνυται 10. AS κρισσον ... S¹ om η ante αδελφ. 11. Β i. m. νζ ... AS ινα ευφραιν. σου 13. ABCS post γαρ dist. ... (ABCS λοιμαινεται, οι = υ ut saepius Β in hoc libro et hoc verbo) 15. (Β ημερα χειμ.) ... BS om αυτου ... S απο pro ex sec. 16. Β βορρεασ 17. S¹ πιροξυννον pro -ει 19. ACS²
35 καρδιαι pro διανοιαι ... S¹ ομοιαι τ. ανθρ. (cf. C) 21. BS αργυρω ... Sᴵ om αυτον ... ABCS ευθησ ... ACS εκζητι (-ει) 22. ACS² τον αφρονα ... Β εμμεσω 23. ABCS ου τον αιωνα 25. Β i. m. νη ... S των σων θερ.
XXVIII. 4. BS εγκαταλιποντεσ ... S¹ νομ. και εγκωμ. 5. S ου νοησουσιν κρ. 6. S¹ om εν αληθεια ... S primo πλουσιουσ 7. S primo νομους ...
40 AS² πατερα αυτου 8. S⁽¹⁾ και με πλεονασμων 8. AB²S ελεουντι 10. S διελευσ. εισ αγαθ. 13. S αυτου 14. S¹ om' δι 16. S² χρηματα pro προσοδων 17. Β i. m. νθ ante παιδευε ... Β υπακουσησ, S¹ -σεισ 18. S¹ δικαιοσ 25. S¹ ο pro οσ
XXIX. 1. AS ουκ εσται 2. S⁽¹⁾ δ ασεβουων 3. AS² ο πατηρ α. 5. S¹
45 παρασκευεται ... S περιβαλει 7. AS² ου συνησει γν. ... S ουκ υπαρχ. γνους 8. S απεκρυψαν 10. S μεισησουσιν 12. BS επακουοντοσ 13. AS χρεοφειλετου (A -φι-) ... AB²S ποιειται αμφοτερων 17. Β i. m. ξ 19. S³ σκληροτραχηλοσ 20. Β τραχυν ... Β om ο 22. AS ορυσσει νικοα (νι- et Β¹) ... ABS αμαρτιασ 23. Β εριζει, S² εγιρι pro ερειδει 24. S¹ εριζεται, S²

XXIV. 58. ABS¹ οικετισ] ita et b, S² Τι οικετησ. 69. ABS βασιλεωσ etc.] Τι βασιλεωσ, b βασ. χρηματ. c. praec. conjg.
XXV. 3. b in textu ανεξελεγ-τοσ, in notis ut Τι et MSS -εγκτ-
XXIX. 7. S ουκ υπαρχ.] ουκ et b, AB Τι ουχ

συνμεριζεται 25. S σωτηρι pro δεσποτη 27. B ʍ ανδρι i. m. 28. B i. m. ξα
... S om η τοιαυτη 29. S ϡαρρει ... AS επ αυτην 30. ABS om εισ
32. S¹ ωσ η ναυσ ... S¹ εαυτη τ. βι., AS² εαυτησ (A αυτ.) τον πλουτον
33. ABS και ανιστ. εκ (S primo εν) νυκτ. c. antec. conjg. 36. AS ολ. τ.
νυκτ. ο λυχν. αυτησ 37. AS² τασ χειρασ pro τουσ πηχεισ, sed ipse S², 5
ut vid., rurs. del. ... S¹ εκτενεισ ... S εριζει εισ αδρακτον 39. ABS εν-
διδυσκονται 40. S om δε 41. ABS εν πυλαισ (S ρυμαισ) ο ανηρ αυτ. ...
AS² μετ. τ. πρεσβυτερων τ. γησ 42. S¹ απεδετο, ABS¹ απεδ. fin. stich.,
S² απεδοτο τοισ φοινιξιν ... AS περιζωμ. δε 43. S στοματα 45. AS om
το ... BS¹ σοφοισ et om και ... S¹ νομοϡεσμουσ 47; AB¹S¹ εποιησαν 10
δυνατα ... ABS ὑπερκ. και ... S ὑπερηρεσ
Subscriptio: B παροιμιαι, S παροιμιαι σαλομωνϊοσ
Stichi: A 1924, B 1930, S 1915.

ΕΚΚΛΗΣΙΑΣΤΗΣ.

Inscriptio: ABS εκκλησιαστησ
I. BS i. m. α̅ ... S hic ιηλ, 12. ισλ 2. (S. τ. π. μανταιοτησ) 3. S
εν ω μ. 5. ACS ανατελλων αυτοσ 7. ABC ουκ εσται ... ACS εμπιπλαμενη
... ABS εισ τοπον ... B om ου ... S om του 8. ACS ουκ εμπλησϡησεται
... S ουκ εμπλησϡησεται pro ου πληρωϡ. 9. S¹ ποιησομενον pro πεποιημ. 15
10. S² αυτο ηδη γεγ. 11. S ουκ usque γενομενοισ stichus 12. B i. m. β̅
13. S¹ ὑπερ pro περι ... S² ηλιον pro ουρανον ... S περισπασϡηναι 14. BS
συνπαντα (= συν παντα: cf. 3, 10) ... S¹ om τα ποιηματα ... S(¹) τα
πεποιημενα 15. AS² post δυνησ. pr. add. του 16. ABS εν τη καρδ. ... S
του λεγειν ... AB εγω ἴδου ... S προεϡηκα ... S π. οισ ... ABS και εδωκα 20
usque γνωσιν post σοφ. κ. γνωσ. v. 17. pon. ... S του επιγνωναι 17. S¹
καρδιαν ... ABS παραβ. κ. επιστ. c. sqq. conjg. ... B τουτ εστιν 18. S
ο προσϡεισ
II. 3. S i. m. β̅ (ad ϊ και κατεσκεψ., quod in medio stich.) 3. S² ωδηγησ.
με ... S² κρατιν ... ABS επ (S επι) ευφροσυνη ... S² ηλιον εν αριϡμω 25
(4. 5. 6. S stichus unus) 6. B om ξυλα 7. S¹ om πολλη ... S¹ primo
μοι εισ ὑπερ π. 8. S om γε secundum ... B om και post αδουσασ ...
B¹S¹ εντρυφηματα ... AS ὕϊων του ανϡρωπου ... AS² οινοχοουσ pro
χοον 9. AS om απο 10. AS ευφροσυνησ οτι 11. AS² εν πασιν τοισ ...
S τα παντα παντα ... S περισσεια pro προαιρεσισ 12. AS περιφοραν ... 30
S² απελευσεται ... S² post βουλησ add. συν, τα punctis not. et eras. ...
S εποιησ. αυτη 13. S οτι περισσια εστιν 14. B i. m. γ̅ ante και εγνων 15. S¹ et 3
εωσ pro ωσ 15. S² om μοι ... ABS εγω c. seqq. conjg., S² εγω alt.
add. et ut A τοτε ante περισσ. ... AS διοτι αφρων (sic sine ο) εκ περ.
λαλει ante οτι και γε τ. μ. pon. ... S¹ ματησ (pro ματαιοτησ) 16. ABS² om η 35
... AB²S εισ αιωνα ... AS² ταισ ημεραισ ταισ επερχομεναισ ... S om ο
17. AS οτι τα παντα 18. AS συνπαντα ... S τον μοχϡ. ... AS ον εγω μοχϡω
19. ACS οιδεν ... AS η σοφοσ ... BS¹ και ω εσοφισ. 20. B i. m. δ̅ ...
AS τη καρδια μ. 21. AB ανδρεια ... S² οσ pro ω 22. ACS om εν prim.
... S¹ εν τη προαιρεσει ... S¹ om ω 24. S εν ανϡρωπω ... S² πλην ο 40
φαγ. ... B i. m. ε̅ ante και γε τουτο 26. S και συναγαγειν

III. 1. S i. m. γ̅ ... S¹ om ο ... B καιρ. τω π. πραγμ. τω ... S² ηλιον
2. S¹ και καιρ. τ. τεκ. ... ABC εκτειλαι ... BS¹ om το 3. ACS οικοδο-

II. 21. AB ανδρεια] ita et Ti, b cum CS ανδρια, similiter 4, 4 BTi
ανδρειαν, ASb -ριαν

μησαι 4. (S primo κεαροσ του γελαλησαι) 8. S¹ κ. του πολεμου 10. ACS om παντα ... (S¹ -δωκεν ο θεοσ τοισ υιοισ bis scrips.) ... ACS υἴ. του ανθρωπου ... S¹ περισπασθηναι omisso του 11. ACS² om τα ... S¹ om α ... S¹ ενωπιον pro εν καιρω ... S² αυτων pro αυτου ... AS κ. γε συν τον αι. 5 12. S εν αυτοισ αγαθον ... S¹ πιειν pro ποιειν 13. ACS om ο ... S¹ om οσ ... AS τουτο δομα 14. B i. m. ζ ... ACS επ αυτων ... ACS απ αυτων 15. S² του γενεσθαι 17. S ειπον pro και ειπα (cf. AC) ... S ασεβην ... AS παντι ποιηματι ... B και pro εκει, quod, ut ACS εκει (S εκι), c. seqq. conjg. 18. S¹ επαγω pro ειπα εγω ... S¹ και διξαι, 10 AS² και τουτο δ. 19. B αυτοισ ου συναντ., S αυτ. ωσ συναντ. ... S² συναντ. εν τοισ πασιν ... ABC om και post ουτωσ ... S¹ πν. εν αυτοισ π. ... S² και τισ περισσεια τω ανθρωπω 20. ACS² τ. π. πορευεται εισ ... ACS επιστρεφει (S -φι) 21. ABS (C hiat) οιδεν ... AS² το πνευμα ... ABCS εισ ανω ... ABC και πνευμα 22. AS ευφρανθησεται ανθρωπ. ... 15 AS εν ω αν ... S¹ μετ αυτων
IV. 1. B i. m. ζ ... S πασασ ... BS² γινομενασ (S² γει-) ... B om και tert. ... ABS συκοφαντ. αυτουσ ... BS¹ ισχυν, S² ισχυ (praetermisit σ) ουκ εστιν ... AS i. f. ο παρακαλων 2. AS εγω συν τουσ 3. S¹ om vers., S² suppl. et om παν ut A 4. B i. m. η ... S συνπαντα ... AS συνπασαν ... BS οτι 20 αυτο ζηλ. ... B ανδρι ... AS ετερου 5. AS om ο ... AS περιελαβεν 6. B υπερ πληρωμα 7. (S επεστρεψα εγω) 8. S¹ om και γε υιοσ ... S¹ om αυτου sec. ... ABS εμπιπλαται 9. S i. m. ς ... B om οι 10. AS εγειρει ... ACS του εγειραι (S¹ -γι-) 11. B γε αν ... AS οι δυο 12. S¹ om εαν ... S¹ και οι δυο ... B ταχυ 14. AS δεσμων ... AS om του 15. B i. m. β ... 25 ACS αναστησεται 16. S πασιν οτι εγενετο εμπρ. ... AS εν αυτω 17. S¹ om τον ... AS¹ εν ω αν πορ., S² εν τω πορευεσθαι ... S οικον θεου ... S² εγγισον ... S² υπερ το δουναι αφροσυνησ ... S θυσιασ pro θυσια σου ... B ποιειν ... S το καλον pro κακον (cf. 9, 12.)
V. 1. S σπευσησ ... AS ταχυνετω ... S om ο ... AS om ανω ... 30 S¹ γησ κατω ... ACS¹ επι τουτω εστωσ. 2. S¹ om ενυπνιον 3. ACS καθωσ αν ... B om οτι 4. S primo om μη sec. 5. S¹ εξαμαρτανειν, ACS² εξαμαρτειν ... S ειπησ το προσωπον τ. θ. ... S² om τα ... B χειρ. σων 7. (S¹ κριμαπτοσ) ... S δικαιοσυνην ... B om οτι ... S² φυλαξει ... B επ αυτουσ, ACS επ αυτησ 8. ABS κ. περισσεια (S -σια) γησ c. antecedd. conjg. ... 35 S¹ om του 9. B i. m. ζ ... ACS² εν πληθ. αυτου ... (ABC γενημα), S γενηματα 10. B εν πληθ. αγαθωσ. c. antecedd. conjg. ... ACS οι εσθοντεσ ... S¹ τι ανδρι, S² τισ ανδρια ... S² αλλ η pro αρχη ... B¹ οφθαλμον. 12. (B αρρωστειαν, semper -ει-) ... ACS εισ κακ. αυτου 13. S εν πιρασμω πον. 14. S πορ. εχει ωσ 15. B om τισ ... B αυτω 16. S¹ om πασαι 17. B i. m. 40 ια ... S¹ ιδου εγω ο ειδον ... S ω αν ... ACS μοχθηση ... S¹ ην pro ων 18. B εξουσιασ. αυτων, AS εξ. αυτον ... ACS του φαγειν 19. B¹ ουκ αλλα pro ου πολλα, ACS ου πολλασ
VI. 1. ACS² επι τον ανθρ. 2. S¹ ξεν. καταφαγεται ... AS² φαγ. αυτα ... S οτι και γε τουτο (cf. AC) 3. BS om αι ... ACS η ψυχ. α. ουκ εμπλη-45 σθησεται απο (C om απο) αγαθωσ ... S αφη pro ταφη 5. S¹ τουτο pro -ω 6. ABCS και ει εζησεν ... S πορευσεται ... B om τα παντα 7. B i. m. ιβ ... ACS του ανθρωπ. 8. ACS² οτι τισ περισ. 9. S ad αγαθον lineola nov. sect. indicat 10. S².το ονομα ... S και ο εγνωσθ. ο ... AS του κριθηναι ... ABC ισχυρου 11. S ολιγοι pro λογοι (cf. 10, 1. B)
50 VII. 1. S¹ οτι περισσον ... S¹ τισ αγαθον, AS² τι αγ. ... AS ζωη αυτου ... ABS ημερων ζωησ ... S² εωσ σκιασ pro εν σκια 2. S¹ γενεσεωσ, ACS² γενεσ. αυτου 3. (S¹ πενθουσ ε η) ... S² παρα το pro η οτι

IV. 17. b vid. ποιειν pro πιειν
V. 9. ABC γενημα, ita et b, Ti -νγ-

... CS παντ. του ανθρ. 4. S αγαθοσ θ.... B om καρδια 7. ACS φ. των
ακανθ.... S και γε τ. ματαιοτησ ad seqq. trah. 8. ACS απολλυει ... S¹
ευτονιαν, AS² -ιασ pro ευγενειασ 9. BS¹ πνευμα τιμησ 12. ACS κληρο-
δοσιασ 13. S² τησ σοφιασ ... ACS του αργυριου ... S¹ τη σοφια ... S
ante ζωοποιησει add. η σοφια ... S² ζ. τον εχοντα αυτην 14. B i. m. $\overline{ιγ}$ 5
... ACS² του κοσμησαι·... S διαστρεψει 15. S αγαθωσυν. αυτου et ad
antecedd. trah. ... S¹ ζηθ. εν αγαθωσυνη ... S² om ιδε sec. ... ACS και
γε τουτο συμφωνον (C -νει) τουτω (A -το) ... S ο εποιησεν ... B ο ανθρωποσ
... ACS μηδεν 16. B τα παντα, CS¹ συν τα παντα, AS² συν παντα ...
S² α ειδον 19. (A)CS φοβουμενοσ 20. S om οντασ 22. S om ουσ ... 10
ACS² om ασεβεισ ... S δωσ pro θησ 23. S¹ (καθ οδουσ?) πολλα ... B
καρδια ... S¹ ωσ και γε ωσ συ, S² ωσ prius improb. 24. B i. m. $\overline{ιδ}$ ... ACS
εν τη σοφ. 25. S¹ ευρ. αυτην 26. B και ζητησαι 27. S² ad εγω
αυτην i. m. adscr. χ ευφροσυνην πλανασ(?) ... S² ειπα pro ερω ... S συν τ.
γυν. nov. stich. inc. ... AS θηρευματα ... S και ο αμαρτ. 15
VIII. 1. B i. m. $\overline{ιε}$ ... S το προσωπ. 2. AS om θεου 3. ABCS θελησει
4. S¹ και ωσ pro καθωσ ... ACS² εξουσιαζ. λαλι (-ει) ... ACS τι ποιησισ
(-εισ) 6. S¹ παντι πραγμα 8. ACS εξουσιαζων pro εξουσια ... S ad και
ου διασ. lineola nov. sect. indicat. 9. B i. m. $\overline{ιζ}$ ante και εδωκα ... ACS παν
ποιημα ... S² om τα et ο 10. S² post αγιου add. επορευθησαν et improb. 20
και ante επορευθ. 11. S αντιρησεισ 12. S² post το πονηρον add. απε-
θανεν και μακροθυμι επ (inepte instaurator απ) αυτω ... ABCS οτι και
γε γιν. ... S¹ οτι και εστε, ACS² οτι εστε (-αι) ... S primo απο προσωπ.
αυτων 13. S¹ ωσ εν σκια 14. S ad εστιν lin. nov. sect. ind. ... ACS
προσ αυτ. pro επ αυτ. ... S ειπα καιγε 15. B i. m. $\overline{ιζ}$ ... B¹ ωσ δ ουκ 25
... ABCS του φαγ. ... B και αυτοσ ... S ημερα ... AS ασ εδωκεν 16. B
μου γνωναι ... ACS εν οφθαλμ. 17. AS συνπαντα (συν π.?) ... (S δηνησε-
ται) ... S το πεποιημα το πεπ. ... S ο ανθρωπ. ... ACS ο σοφοσ ...
AS συνπαν bis ... S οτι συνπαν usque 9, 1 ανθρωπ. ειδωσ stich. ... B i. m. $\overline{ιη}$
ante και καρδια 30
IX. 1. ACS² οτι pro ωσ ... S¹ om και οι post δικαιοι ... BS om αι
... S αγαπη ... S εστιν ανθρωποσ ειδωσ ... S¹ προσ προσωπον 4. S om
οτι sec. 5. AS οτι επλησθη 6. S απατη pro αγαπη (saepius) ... ACS²
και μερισ ... ABCS εισ αιωνα 7. B i. m. $\overline{ιθ}$ ... B om τον 8. CS τα
ιματια ... ABC επι κεφαλην 9. BC πασασ ημερασ ... B post ηλιον add. 35
πασαι ημεραι ημεραι ατμου σου, CS repet. πασασ ημερ. ματαιοτ. σου (S primo
σοι) ... S αυτοσ μερισ ... S και τω μ. 10. S οσα εαν ... S¹ ωσ αι ωσ
η δυν. 11. S ad υπεστρεψα (sic) lin. nov. sect. ind. ... B om ο bis
... ACS τοισ σοφοισ ο αρτοσ ... B αρτ. και ου ... ACS ο πλουτοσ ...
ACS τοισ πασιν αυτοισ 12. ACS και γε ουκ εγνω ... (S¹ οι θηρευομ. ω 40
εν) ... B καλω pro κακω (cf. 4, 17) ... S „οι υιοι: Cᵃ [S²] ουτωσ κρατηθη-
σονται οι υιοι" 13. B i. m. $\overline{κ}$ ... S¹ μεγαλ. εστιν εστιν προσ με (14.) π. μ.
(et B πολισ μ. ad antecedd. trah.) ... S οικοδομησει 15. S⁽¹⁾ ευρησει ... ACS
διασωσει 16. ACS και λογ. α. ουκ εισιν ακουομενοι 18. S ad και αμαρτ.
nov. sect. ind. 45
X. 1. S¹ σκευασιν ... BS¹ ελαιον ... B i. m. $\overline{κα}$ ante τιμιον, usque ηδυ-
σματοσ ergo c. cap. anteced. conjg. ... B ο λογοσ pro ολιγον (cf. 6, 11.) ...
BCS μεγαλησ 3. S αφνω pro αφρων ... S και καρδ. 5. ACS α. προσωπ.
του εξουσ. 6. S om ο ... S πλουσιοι μεγαλοι 7. S¹ om επι τησ γησ,
S² suppl. επι γησ 8. S ad ο ορυσσ. lin. nov. sect. indic. ... ACS εν 50

VII. 29. b ουκ ευρον priore loco
VIII. 1. b usque ρηματοσ ad cap. VII. trahit

112   X. 9.   ΕΚΚΛΗΣ.   ΑΣΜΑ.   I. 17.

αυτω εμπεσ. 9. S κινδυνευει 10. AS δυναμισ... S του ανδρι 12. S² λογοισ
... AS καταποντισουσιν 13. B om στοματοσ sec. 14. B i. m. $\overline{\text{χβ}}$ ante ουκ
εγνω ... ACS ο ανθρωποσ ... S(¹) γενησομενον ... B τι pro οτι ... S απαγγελλει
15. AS του αφρονοσ ... CS κοπωσει pro κακωσ. ... S αυτον 16. S πρωϊασ
5 17. B μακαρια συ γη ... ACS ελευθερου 18. ABCS αργεια ... ACS και
οινοσ ... ACS ευφραινει pro του ευφρανθηναι ... ACS² om ταπινωσει ...
S² τα συνπαντα (sic, AC συν τα παντα) 20. BS ταμειοισ ... B σου την
φωνην, S¹ om σου ... B om εχων ... ACS om τασ
XI. 1. B αποστειλον usque υδατοσ i. m. inf. (hic $\overline{\text{κγ}}$ om vid., cf. 10, 14.
10 11, 9) ... ACS των ημερων 2. (B $\overline{\text{η}}$, i. m. $\not\times$ οκτω) ... S το πονηρον 3. ACS
πληρωθωσιν ... 3. S om εαν sec. ... AB (S?) τοπω c. βορρα conjg. 4. BCS
σπερει 5. S usque πνευματοσ c. antecedd. conjg. 5. ACS τησ κυοφορουσ.
6. ACS πρωϊα ... S εισ εσπεραν .. S στοιχηση 7. (AB οφθαλμοισ fin. stich.)
... B ηλιον ουει (= ?) ... S ad παν lin. noc. sect. ind. 9. B i. m. $\overline{\text{κδ}}$ (cf.
15 v. 1.) ... B om καρδιασ σου ... ACS² om μη ... S¹ γνωση 10. S¹ primo
απαγαγε, dein παραγαγε ut AC
XII. 1. ACS εωσ ου μη ελθ. ημεραι ... AS κακιασ σου ... ACS φθα-
σωσιν ... S¹ om ετη ... S¹ μοι αυτοισ 2. ACS επιστρεψωσιν 4. S¹
θυραι ... S κ. αναστησονται (ante hoc plen. dist.) 5. ACS και γε απο
20 υψουσ οψοντ. ... S² κυκλωσουσιν 6. S om μη ... ACS om το prius ...
AS συνθλιβη το ανθ. ... ACS η υδρια επι την γην (sic S; AC πηγην)
7. S επι την γην ο χουσ ... S¹ ωσ εδωκεν 8. B i. m. $\overline{\text{χε}}$ 9. ACS σοφοσ
και οτι ... CS² εδιδασκεν ... S² ουσ αυτου εξϊχνιασατο 10. S² ο εκκλησ.
11. ACS ηλοι πεπυρωμενοι ... AS¹ συναγματων, S² συνταγ- 12. ACS usq.
25 αυτων c. antecedd. conjg. ... ACS. φυλασσου ... S¹ om του ... AB πολλα
fin. stich. 14. AS συνπαν ... ACS αξει ο θεοσ ... S εαν τε αγαθ. εαν τε πον.
Subscriptio: ABCS εκκλησιαστησ
Stichi: A 667, B 735, S (cola) 257.

ΑΣΜΑ.

Inscriptio: B ασμα, CS ασμα ασματων
I. 1. S i. m. $\overline{\text{α}}$ .. ABS εστιν τω ... S σαλομων 2. B $\overline{\text{α}}$, AS (minio)
praemitt. η νυμφη 4. S ειλκυσαν σε c. seqq. conjg. ... B $\overline{\text{β}}$ ante οπισω
... B $\overline{\text{γ}}$, S (minio ubique talia) ταισ νεανισιν η νυμφη διηγειται τα περι
30 του νυμφιου α εχαρισατο αυτη ante εισηνεγκ. ... B $\overline{\text{δ}}$, S minio: τησ νυμφησ
διηγησαμενησ ταισ νεανισιν αιδε επαν. ante αγγαλλιασ. ... B²C αγαπη-
σωμεν ... S ante ευθυτησ min. αι νεανιδεσ τω νυμφιω βοωσιν το ονομα τησ
νυμφησ ευθυτησ ηγαπησεν σε 5. B $\overline{\text{ε}}$, AS praem. η νυμφη ... ABCS om
εγω ... B θυγατ. ισραηλ (plene) ... ABC δερρισ ... S σολομων 6. S βλεψ.
35 μοι 7. S praem. προσ τον νυμφιον χν ... B επ αγελασ ... (CS ετερων)
8. B $\overline{\text{ς}}$, S pr. ο νυμφιοσ προσ την νυμφην ... S¹ om και, suppl. ᵃ 10. S pr.
αι νεανιδεσ προσ την νυμφην ... ABS τρυγονεσ 11. B $\overline{\text{ζ}}$ ... S⁽ᵃ⁾ ομοιωματα
12. B $\overline{\text{η}}$ ante ναρδοσ, S η νυμφη προσ εαυτην και προσ τον νυμφιον 13. B
om αναμεσον usque 14. μου εμοι 14. ABCS ενγαδδει (AC -δι) 15. B $\overline{\text{θ}}$,
40 S ο νυμφιοσ προσ την νυμφην et i. m. $\overline{\text{β}}$ 16. B $\overline{\text{ι}}$, S η νυμφη προσ τον
νυμφιον ... AS ο αδελφ. ... B και γε ωρ. c. sqq. conjg. 17. S⁽ᵃ⁾ $\not\times$ οικων i. m.
... S¹ πατμωματα (sic saepius)

I. 12. B $\overline{\text{η}}$ ante ναρδον, S etc.] ut BS dist. b, non Ti 14. b εν γαδδί,
Ti 'Εγγαδδί. 16. B και γε ωρ. etc.] ita b, non item ACS Ti

II. 1. ΑΣΜΑ. VI. 8. 113

II. 1. B ι̅α̅, S ο νυμφιοσ προσ εαυτον 2. S pr. και προσ την νυμφην 3. B ι̅β̅ (cf. ad 3, 6), S η νυμφη· προσ τον νυμφιον 4. S pr. ταισ νεανισιν η νυμφη φησιν 6. S pr. προσ τον νυμφιον· η νυμφη 7. S pr. ταισ νεανισιν η νυμφη ... AC vid. S εν ταισ δυναμ. κ. εν ταισ ισχ. ... S εωσ αν θελ. 8. S pr. ακηκοεν του νυμφιου· η νυμφη 9. S om τα ... S ante ιδου pr. 5 η νυμφη προσ τασ νεανιδασ σημαινουσα αυταισ· τον νυμφιον ... S² post ημων add. εστηκεν (cf. AC) 10. S om μοι ... S om η 11. S¹ om ιδου 12. S εφθασεν ... ABS¹ του τρυγονοσ 14. B εχομ. τ. προτειχ. c. seqq. conjg. 15. S pr. τοισ νεανιαισ ο νυμφιοσ· ταδε ... S¹ om και ... ACS κυπριζουσιν 16. S pr. η νυμφη ταδε 17. B om μου ... S primo ολαφων 10 III. 3. S ante μη ον pr. η νυμφη τοισ φυλαξιν ειπεν ... BS ειδετε 4. S ante εκρατησα pr. min. ευρουσα τον νυμφιον ειπεν et in textu ευρουσα αυτον 5. S pr. τασ νεανιδασ ορκιζει η νυμφη τουτο δευτερον 6. B ι̅ς̅ (desunt ι̅γ̅, ι̅δ̅, ι̅ε̅, inveniuntur lineae sectiones indicantes post 2, 3 ad 4. 6. 7. 9 [ante ιδου]. 10. 14 [ante εχομενα]. 15. 16. 17 [ante αποστρεψον]. 15 3, 1. 5.), S pr. ο νυμφιοσ προσ την νυμφην et i. m. ζ̅ ... S ζμυρναν ... S¹ μυρεψικου 7. S σολομων, it. 9. 11. 8. CS ρομφαιαν pro -αια 9. AS φοριον ... S ξυλου 10. S χρυσιον ... AS επιβασεισ 11. BS¹ om θυγατερεσ σιων, S² add. post σολομων (cf. A)

IV. 1. B ι̅ζ̅ ... B om η ... S¹ οι απεκαλ. εκ του 4. S οικοδομη- 20 μενοσ ... S¹ εν θαλπ. ... S πασαι αι βολ. 5. S „νεβροι: post C^a repositum est νεβλοι (sic)" ... (S¹ primo διδυμοι δι δορκ.) 6. ABS² η ημερα ... S ζμυρνησ ... B² προσ βουνον 7. S ει καλη ... AS η πλησιον 8. AS απ αρχησ ... S σανειρ (AB -νειρ) ... AS αερμων 9. S² εν ενι ενθεμ. ... AS τραχηλου 10. B αδελφη usque μαστοι σου postea inserta ... S primo αδελφ. 25 νου ν. ... S οτι εκαλλιωθη sec. loc. ... S μυρων pro ιματιων ... AS παντα τα αρ. 13. S² η super αι in αποστολαι notaverat, rursus erasit ... A²BS¹ om ροων 14. S¹ καλαμον κ. κιναμμωμον ... S ζμυρνα (S² add. και) αλοη μ. 15. AS κηπων φρεαρ 16. B ι̅η̅

V. 1. S pr. η νυμφη αιτειται τον π̅ρ̅α̅ ινα καταβη ο νυμφιοσ αυτου 30 ... B ι̅θ̅ ante εισηλθον, S pr. ο νυμφιοσ προσ την νυμφην ... BS¹ om μου post κηπ. ... S σταφυλην pro σμυρναν ... S ante φαγετε praem. τοισ πλησιον ο νυμφιοσ ... AS² οι πλησιον, S² +μου 2. B x̅ ... S ante φωνη pr. η νυμφη εσθετε [i. e. αισθεται] τον νυμφιον κρουοντα επι την θυραν ... B κ̅α̅ ante ανοιξον, S ⁽η νυμφη ταδε⁾ ο νυμφιοσ ... ABS αδελφη μ. η 35 πλησιον μ. ... S¹ και βοστριχοι ... S ψεχαδων 3. B κ̅β̅, S pr. η νυμφη ταδε ... ABS ενδυσωμαι 5. S ανοιξαι εγω ... BS επι χειρασ usque 6. αδελφιδω μου stich. 6. S απηλθεν pro εξηλθ. 7. S om μου 8. S¹ αδελφον ... S om τι ... S απαγγειλατε ... S αγαπησ τετρωμενησ (S² -νη) ... B εμι εγω, S ειμι εγω 9. B κ̅γ̅, S pr. αι θυγατερεσ ι̅η̅λ̅μ̅ και οι φυλακεσ ⁽πυν⁾ 40 των τιχεων πυνθανονται τησ νυμφησ ... S¹ τι αδελφ. μου απο αδελφ. μου pr. loco 10. B κ̅δ̅, S pr. η νυμφη σημαινει τον αδελφιδον οποιοσ εστιν ... S¹ εκ μυριαδ. 11. AB καιφαζ 12. S οι οφθαλμ. ... AS λελουμεναι ... AS i. f. add. υδατων 13. S ζμυρναν 17. B κ̅ε̅, S pr. πυνθανονται τησ νυμφησ αι θυγατερεσ ι̅η̅λ̅μ̅ που απηλθεν ο αδελφιδοσ αυτησ 45

VI. 1. B κ̅ς̅, S pr. η δε νυμφη αποκρινεται ... B αδελφοσ μ. 2. AS και ο αδελφ. 3. B κ̅ζ̅, S pr. ο νυμφιοσ προσ την νυμφην et i. m. δ̅ ... S om ει ... B om η 4. S απεναντ. μου οφθαλμ. σου ... S ανεβησαν pro ανεφανησ. 5. S¹ et ³ ατεκνουσαι ... S om το 6. B λεπυρ. τησ ροασ 8. S¹

IV. 14. S¹ κιναμμωμον] sic Ti in textu, in Comm. κιναμμωνον

SEPTUAGINTA. h

VI. 9. ΑΣΜΑ. ΣΟΦΙΑ ΣΑΛΩΜ. II. 22.

om εστιν tert.... ABS¹ τ. τεχ. αυτησ ... S om και exlr. 9. S pr. θυγατερεσ και βασιλισσαι ειδον την νυμφην και εμακαρισαν αυτην ... S εκλεκτη c. ωσ σεληνη conjg. ... S ωσ ηλιοσ 10. S pr. ο νυμφιοσ προσ την νυμφην ... S χαροιασ ... Β γενημασιν, AS γενηματι ... Β χη ante ιδειν ει 5 ... S ante εκει δ. pr. η νυμφη ταδε προσ τον νυμφιον 11. S om η 12. Β xϑ, S pr. ο νυμφιοσ προσ την νυμφην ... Β σουμανειτισ, AS σουλαμιτισ VII. Β λ, S pr. ταισ βασιλισσαισ και ταισ θυγατρασιν ο νυμφιοσ ταδε ... Β σουμανειτιδι, AS σουλαμιτιδι ... Β λα ante η ερχομ. 1. ABS om 10 σου sec. ... ABS μηρων σου 2. AS κραματοσ ... AB θιμωνια, S θει- 4. AS om ο ... AS om οι 6. S ηδυνηθησ (sic et alias) ... BS αγαπη usque 7. μεγεθοσ σου stich. 7. S ομοιωθητι 8. Β λβ ... S¹ και κρατησω ... Β λγ ante και εσοντ., S¹ om και 9. A¹S om ο prius ... Β λδ ante πορ., S pr. η νυμφη 13. S οσμην αυτων 15 VIII. 1. BS αδελφιδον μ. ... AS² (et jam a vid.) με pro μοι 2. S¹ om εισαξω σε, Sᵃ suppl. ante εισ ταμιον ... Β¹ ροων σου 4. ABS εν ταισ δυγαμεσιν και εν ταισ ... AS τι εγειρητ. ... BS και σαν εξεγειρ. (S -γι-), AS² και τι εξεγ. 5. Β λε, S pr. αι θυγατερεσ και αι βασιλισσαι και οι του νυμφιου ειπαν ... Β λελευκαθισμενη ... Β λς ante υπο, S pr. ο νυμ- 20 φιοσ ταδε προσ την νυμφην ... BS τεχ. σου 6. S¹ πυρ. φλογοσ, S² πυροσ ανθρακεσ πυροσ φλογεσ 7. AB τον παντα βιον ... S εξουθενησουσιν 8. Β¹S¹ αδελφ. ημιν μ. ... AS η αν 9. S¹ και η θυρ. 10. Β λζ, S pr. η νυμφη παρρησιαζετε ... S οι μαστοι ... Β μου πυργ. ... AS οφθαλμ. αυτου ... S χαριν pro ειρηνην 11. S σολομων, it. 12. ... Β βεεθλαμων, S βεελλαμων 25 ... S¹ αργυριουσ αυτου 12. Β ληθ sic ... S χειλιοι τω σολ. ... S¹ χ. οι δισχιλιοι τοισ 13. Β μ, S pr. η νυμφη ... S ετεροι προσεχ. stich. ... S την φωνην σου (sic) c. sqq. conjg. 14. S¹ om μου ... AS¹ νεβρω ελαφων ... AS επι τα ορη ... ABS om των post ορη ... AS¹ κοιλωματων pro αρωματων

Subscriptio: Β ασμα, AS ασμα ασματων
Stichi: A 357, BS 351.

ΣΟΦΙΑ ΣΑΛΩΜΩΝ.

Inscriptio: Β σοφια σαλωμωνοσ, S σ. σαλομωντοσ
30 I. 3. S δε pro τε 5. S² αποστησεται 6. AB¹S αθοωσει 8. AS ουδε μη ... S² παροδευσι (= -σει) 9. S ακοη αυτου 10. S⁽¹⁾ ουˁ ζηλωσ. 11. Β λαθρεον ... S¹ om ου πορευσεται i. f. p. 14. S⁽¹⁾ ου γαρ εκτισεν εισ γαρ εισ το 16. S⁽¹⁹⁾ προσεκαλεσαντο II. 1. ABS εν εαυτοισ 2. Β εγεννηθημεν ... Sᵃ υπαρχοντεσ ... S¹ εν 35 ρισιν η πνοη η. 3. S σβενθεντοσ 4. S¹ μνημονευει 5. A¹B²S καιροσ pro βιοσ ... S ανταποδισμοσ 6. AS¹ νεοτητοσ 7. S¹ με pro ημασ 9. S εστε 12. AS¹ om δε ... S ονιδ. ημιν τα 16. S¹ εγενηθημεν pro ελογισθ. 17. S¹ και ειδωμεν (ειδ. et S²) 19. Β δικασωμεν pro δοκιμ. 21. S¹ ελογισθησαν ... S ετυφλωσεν 22. Β μυστηρ. ᵊ αυτου, i. m. ᵊ θεου ... 22. S¹ ψυχαν (plane 40 sic) 23. S επι αφθαρσ.

VI. 10. Β γενημασιν etc.] b γενημασι, Ti -νν-
Sequitur in B post librum Jobi

ΣΟΦΙΑ ΣΑΛΩΜΩΝ.

III. 2. S² εδοξαν γαρ 3. Β η αφη ημων 7. Β αναλαμψουσ. stich. inc. ... S οσιοσ α. pro εκλεκτοισ α. et add. και επισκοπη εν τοισ εκλεκτοισ αυτου (cf. A) 11. S¹ δε pro γαρ ... S κοποι αυτων ... B¹S ανωνητοι 12. S και αι γυν. ... S¹ η γεννησεισ 13. S¹ om η 14. S¹ om ο 15. B¹ ο καρποσ 17. S¹ εισ ουδεν λογ. usque 18. οξ. τελευτησ. bis scripsit. 5 18. AS¹ εαν τε γαρ ... S τελευτησουσιν ... Β ουκ εχουσιν IV, 1. S¹ κρισσων γαρ 3. S¹ μοχευματων 4. S¹ και pro καν ... S¹ βεβιωκοτα 5. S¹ περικλασθ. αυτων 7. (S φθ. ε τελευτησαι εν). 9. S² εν ανθρωποισ 10. ΑΒ² ευαρεστοσ θεω 11. S η κακια ... S¹ om αυτου pr. ... S απατησει 14. S om ην ... S¹ εν κυριω 15. S om εν pr. 16. ΑΒ² 10 θανων ... S¹ om ταχεωσ 17. S ησφαλισα 18. S⁽¹⁾ οψονται αυτον κ., S² οψ. γαρ κ. ... S¹ εξουδεν. αυτουσ αυτ. 20. S² δηλοι V. 2. S σωτηρ. αυτου 3. ABS² εν εαυτοισ ... ΑΒ στεναξονται, S -ξουσιν et add. οι (² improb. οι) και ερουσιν (cf. A) 4. ABS οι αφρονεσ c. antecedd. conjg. ... S¹ ατιμιαν 6. S επελαμψεν 7. S επεγνωμεν 10. S² η ωσ ... 15 Β εστινι (sic) ιχνοσ ... Β² τριβων, S¹ τροπιασ, AS² τροπεωσ 11. AB²S διαπταντοσ .. S¹ πονηριασ, S² ποριασ .:. Β¹ μαστιζομενον ταρσων ... Β¹ ουκ ... Β σημειον ... S¹ επιβασ. αυτου 12. S¹ οδον 13. Β γενηθεντεσ 15. ABS χνουσ ... S¹ ωσ μνιαν omisso και, S² η ωσ μνια ... S μονημερον ... S¹ διωδευσεν 17. S οτι δεξια κυριου σκεπ. ... S¹ 20 υπερασπισει αυτου 18. S¹ το ζηλοσ ... S¹ οδοποιησει 19. S θωρ. δικαιοσυνησ 21. S συνπολεμησει 22. S νεφελων 23. S¹ om και ab initio ... S πληρησ ... S¹ τε pro δε 24. Β πασαν

VI. 1. S¹ βασιλευσ 2. S¹ οχλουσ 4. Β¹ διεραυνησει, S¹ εξεραυ-, S⁴ εξερευνησει 7. S¹ ευγνωστοσ, AS² συγνωστοσ 8. S προνοειται 9. Β 25 επιστατει ... Β¹ εραυνα 13. S¹ τα οσια οσιωσ 13. Β χ ευρισκ. usque αυτην i. m. 14. S επιθυμ. αυτην pr. 15. S¹ πλουτων pro πυλων 16. S περι αυτησ ενθυμηθηναι 17. S om αυτη ... AS απαντα 18. S² om η 19. S παιδιασ επιθυμια αγαπη (sed ipse S¹ signis ~ ~ appositis αγαπη pro επιθυμ. substituendum significavit) ... S¹ αφθαρσια 21. S¹ επι- 30 θυμιασ γαρ αναιρει επι βασιλιαν, S² γαρ pro αρα, cetera ut b 24. S¹ τισ δε ... S¹ απογρυψω

VII. 1. B¹S om ανθρωποσ ... S¹ απογονον 2. S ύπνου 3. S κατεπεσα ... S ομοιαν απασι κλαιων 4. S και φροντισιν 6. S κοσμον pro βιον ... S εισηι 7. Β ευξαμην 9. ABS ωμοιωσα ... S² α. ωσ ψαμμοσ 35 10. BS υγιειαν 11. S αγα ×, i. m. × θα ... Β¹ εν ταισ χ., S εν χερσι 12. AS επι πασιν ... S²ᶜ·³ ηγνοων ... BS γενεσιν 13. S αδολ. δε 14. S εστιν θησαυροσ ... AS²ᵛᵒˡ· κτησαμενοι 15. AS των λεγομενων 19. S¹ ενιαυτου (-ου et A) κυκλου και αστρων θεσισ (-ισ = -εισ et S²) 20. BS φυσισ ... S¹ νομουσ και pro θυμουσ 22. S¹ ευεργετον 23. AS² ᵉᵗ ⁴ παντε- 40 πισχοπον 24. S¹ καθαριοτητα 25. S¹ αποροια 27. S primo προσφητασ 28. AS ουδεν ... S primo ευπρεπρεστερα 30. S (cf. A) σοφια (²-ιασ) δε ου κατισχυει κακ.

VIII. 1. Α²S επι περασ 2. B¹S αγαγεσθε 5. S τιμιωτερον pro πλουσ. ... S¹ περιεργαζομενησ 6. BS τεχνειτισ (S -νι-) 7. Β ανδρειαν 8. AS² 45 εικαζει 12. S χειρασ ... S¹ επι το στ. 14. S² υποταγησονται 17. AB²CS αθανασια εστιν ... S¹ om εν 18. S¹ τερψισ pro πλουτεωσ ... S αγαγω pro λαβω 21. CS¹ δη, S² δε pro δ᾽ ην

IX. 2. AS κατασκευασασ 6. CS¹ om εισ ..: S¹ λογισθησονται 7. S προειλου 8. S¹ ειπα σοι οικοδ. 11. S¹ εαυτησ 12. S primo τ. εργα αυτου 50 ... S¹ θρονου 14. S primo και αι επισφαλισ αι 16. AS μογισ ... S ποσιν pro χερσιν 17. S¹ υψηλων 18. CS διορθωθησαν 19. S τ. σοφ. σου

VIII. 7. Β ανδρειαν] ita et Ti, b ut ACS ανδριαν 9. Cozza ατυτην pro ταυτην

h*

X. 2. ACS¹ παντων, S² απο παντων 4. CS¹ διο pro δι ον ... ACS εσωσεν 5. ACS εγνω τ. δικ. ... S¹ τεκνουσ 6. S¹ φευγοντα ... ACS καταβασιον πυρ 7. ABS ησ ετι μαρτυριον ... S¹ εστηκυϊη 8. S¹ μνημην 9. ACS¹ θεραπευοντασ 10. AS τ. κοπουσ αυτ. 12. S και εφυλαξεν ... 5 S¹ παντωσ, S² -ων 13. S αλλ ... CS ερυσατο 14. CS² τυραν. αυτον 16. S¹ ανεστη ... S βασιλευσ 17. CS¹ κοπ. αυτου ... S φλογασ ... ACS² αστερων 18. CS εισ θαλασσαν ... S δια υδ. 19. S¹ κατεπαυσεν ... S¹ εκθαμβουσ pro εκ βαθ. ... S om αβυσσου ... S α^{νε}βρασεν ... S¹ i. f. vers. 16. εισηλθεν usque σημιοισ repetivit, hic αντεστη et βασιλευσιν 20. CS χειραν 10 XI. 1. AB¹CS ευοδωσεν 3. AB²CS εχθρουσ ημυναντο 7. ABC vid. S αεναου ... AS ταραχθεντοσ 9. BS δειξασ c. antecedd. conjg. ... B του υπεναντ. ... S¹ κολασασ 10. (S¹ εν ε|ει i. f. p.) ... CS πωσ μετ οργησ 13. AS των παρελθοντων 14. ACS ευεργετημενουσ ... S² σου κυριε pro του κυριου 15. ACS εν εχθεσει (C -σι) ... S² om παλαι ... S² απειπαν 15 ... S τοισ δικαιοισ 16. S¹ εθνησκευοϋ 17. S και κολαζετ. 18. S² χειρ η και 19. S θυμουσ πληρησ ... S¹ θρασυγνωστουσ pro θηρασ αγν. ... S πυρπνεον ... ACS βρομον ... S¹ πινθηρασ 20. AS εδυνατο ... ACS² εκτριψαι 21. S¹ om δικησ 22. AB²CS σοι παρεστιν 23. B πλαστιγγ., S πλαστιγων ... CS² επι γησ 26. CS διεμεινεν ... S¹ εναντι pro αν τι 20 XII. 1. S απασιν 2. S¹ αυτου pro πιστευσωσιν 3. S τ. παλαι οικητ. ... ABCS μισησασ c. seqq. conjg. 5. B² εκ μυσου ... BS¹ μυστα-θεια(S -θια)σου, AS² μυστασ θ. 6. S¹ εαν βουληθησ pro εβουλ. 7. S¹ κατα προ.ινα ... S¹ om η ... S² παντων 8. BS τουσ στρατοπεδουσ σ. ... ABC (non S) εξολεθρ. 9. S διδοναι 10. S¹ κεινων γαρ ... S¹ om 25 οτι sec. 11. S κεκατηραμενον 12. S ελευσεται σοι 13. S²c.⁴ διξη 14. ABS εκολασασ pro απωλεσ. 15. S¹ τα παντα δικαιωσ ... (S οφιλοντα λ κολ.) ... S¹ ηγουμενον 16. AS² φ. σε ποιει 17. S¹ ισχυσ γαρ ενδεικ-νυσο ... S¹ σε ειδοσιν ... S² σου το κρατοσ pro το θρασ. ... S¹ εξ-ελεγχεται 19. S¹ om δει τον ... AB διδοισ 20. S διεσεωσ pro δεησ. 30 21. S² ab init. και μετα πασησ ... S¹ υποσχησ 23. S αφροσυναισ ... AS² αδικωσ 26. S κρισιν θεου 27. S¹ ουν pro ουσ ... S ιδοντεσ δε ... S om ειδεναι ... S¹ επ αυτων, S² επ αυτων XIII. 1. S¹ om μεν ... S φυσι ανθρωποι ... S ουδε ... AS προσ-εχοντεσ ... S εγνωσαν 2. S² αστερων 3. S¹ ταυθ, ² τουθ pro θεουσ ... 35 B βελτειω, S¹ -τειον, S² -τειων ... S² κοσμου pro καλλουσ 4. S¹ ει omisso δε, S² εισ δε ... B δυναμει κ. ενεργεια ... S¹ ενεργιαν και 5. BS¹ καλλονησ και, S² και καλλονησ ... S¹ ο γενεσιουργοσ bis scrips. 7. B¹S¹ διεραννωσιν 8. BS δ ουδ 10. S² εμμελετηματα 11. B¹ φλυον ... S ευτρεπωσ 12. S αναλωσεωσ 13. S¹ συμπεφυκωσ ... S¹ ιαβων pro λ. ... AS om εν ... 40 AS² εργασιασ pro αργ. ... ABS¹ ανεσεωσ 14. S αφωμοιωσεν ... S¹ ερυθημα ... B² S¹ χροασ ... S²⁽ᵉᵗ ⁴⁾ i. f. add. γη 15. S om αυτου 17. S ευχομενοσ ... B¹S υγιειασ 18. ABS ητο νεκρον ... S¹ εμπ^{ει}ριασ pro επεικουριασ (sic S²) ... AS το απειροτ. ... S om ικετευει ... S ποριασ (= -ειασ) pro οδοιπ. 19. S και περι δε (S² om δε) πορ. ... S om και ante χειρ. ... 45 S¹ αδρανεσ ... S¹ αδρανιαν επικαλειται XIV. 2. ABS τεχνιτισ 4. S εκ παντοσ δυνασαι ... S² om ινα 5. S om σου 6. S¹ υπελιπεν ... B¹S τω αιωνι 7. S¹ εν δικαιοσυνη 8. S το

X. 7. S¹ εστηκυϊη] Ti in Comm.: „εστηκυϊησ: Cᵃ -κυϊασ" (σ bis delen-dum: ad sequentem vocem στηλη pertinet) XII. 5: Fritzsche: „II. [= B] a. sec. m.: μυσουμυσταστεθειασου" 20. S διεσεωσ] bene, Ti adnot.: „non mutatum" XIII. 10. Fritzsche „ουδεν III. X. [= S]", sed S ουθεν idem 16. „εαυτω] αυτω X. 106.", sed S habet αδυνατι εαυτω, non -τει αυ- 17. Ti υγιειασ, b ηγιειασ

XIV. 11. ΣΟΦΙΑ ΣΑΛΩΜΩΝ. XVII. 16. 117

δε χειροποιητον ... S¹ και pro οτι ... ABS, ηργαζετο (S primo -ζενητο)
11. S om και pr. ... S primo ενισ βδελ. 12. B ευρεσεισ ... S αυτω 14. S²
δε pro γαρ ... AS¹ θανατοσ εισηλθεν .., AS εισ τον κοσμ. 15. BS του
ταχ. αφ. τεκνου c. seqq. conjg. ... B ετιμησαν 16. S¹ εθνοσ ωσ νομον
17. S ωσ παροντα τον αποντα 18. AS θρησκιασ, -ια et 27. 19. S primo 5
οι μεν ... ABCS om τω 21. S¹ ενεδρα ... CS² περιεθηκαν 22. B ειτ^α
ουκ ... S om το ... S¹ μεγαλωσ, ACS² εν μεγαλω 24. ACS δε ετερον
... S² λοχευων 25. ABCS παντα ... AS δε ... S¹ επιμιξιν (= επι μ.),
S² επιμιξιαν ... S² om εχει ... ABCS ταραχοσ 26. ACS² αμνηστια 27. S
primo ανυωνυμων 30. S¹ τα δικια ... S¹ οτι και κακ. ... ACS προσ- 10
εχοντεσ 31. S¹ om η pr. ... ABS ομνυμενων
XV. 1. ABCS¹ και ελεει, S² κ. ελεημων 2. S¹ αμαρτανωμεν ... S¹
κριμα ... B¹ om δε 3. S² και το ειδ. ... ABCS σου το κρατοσ 4. S² σκιογρα-
φων ... S¹ σπινωθεν ... S¹ διηλλαγμενοι 5. S² η οψισ ... A¹ vid. S¹
αφρονι ... ACS εισ ορεξιν 7. ACS εν εκαστον ... S² sticho αλλ—ανεπλα- 15
σατο praepon. ※ ... AS παντα ... BS² ετερου, S¹ ετερων ... S¹ et 3 om η
8. BC γενηθεισ 10. S¹ ευτερα 11. C¹ vid. S² αυτω πνευμα ζ. 12. B¹S²
ελογισατο ... S om οθεν δη 13. ACS ευθραστα 14. ABCS δε ... CS
αφρονεστεροι ... B¹S² οι καταδυν. ... BS¹ ειμεερουτο ... S¹ om ζωα ... ACS παντα τα ... S
χρησεισ 16. S² και ο το πν. ... AB¹CS² δεδανισμενοσ, S¹ -νον ... S¹ ουδ. 20
γαρ ανθρωπων πλασαι θεον ομοιον ισχυει, S² ut b, nisi αυτων 17. S
κρισσον ... S¹ om αυτου ... S ανθ ων αυτ. ... S primo εκεινα ο δε ουδ.
18. S εκθιστα
XVI. 2. S¹ ευηργετησεν, S² -σαν ... S¹ γευσεωσ, S² -σειν 3. S επιθ.
τροφησ ... ABS δειχθεισαν (A δειχ-, S διγθ-) ... ACS ουτοι δε 4. B¹ om 25
μεν 5. S¹ εφθειροντο 6. S¹ εταραχθη ... B συμβολον ... S om σου
8. S¹ εχθρ. σου 9. S¹ om γαρ ... S¹ δηματα ... S ευρηεθη ... S¹ υπο
τουτων 10. S σου γαρ ... S ιατο 11. S¹ om ινα μη εισ βαθ. 12. S ο
λογ. ο ... S² δυναμενοσ pro ιωμ. 14. S¹ ανθρωπ. μεν αποκτενι τη, S² α.
δε αποκτ. μεν τη ... S² το πνευμα ... S αναλυσει 17. S τα παντα ... S 30
πλεον ... S εστιν ο κοσμ. 18. BS¹ ειμερουτο ... S¹ om ζωα ... ACS αλλα, S²
αλλ ινα ... S¹ om αυτοι ... B ειδωσιν, S¹ ιδωσι 19. BC γενηματα ... AS
καταφθειρη ... AC vid. S αρτ. απ ουρ. παρεσχεσ αυτοισ ακοπ. ... S τ.
σην προσ τεκνα γλυκυτητα ενεφανιζεν ... S primo την δε ... S² et 4 μετε-
κρινατο 22. S² γνωμεν ... S φλεγον ... S² ξενοισ pro εν τοισ 23. S 35
om δ ... ACS επιλεληται 24. ACS των επι σοι πεπ. 25. S om εισ
παντα ... S² δεομ. σου 26. S² τον ανθρωπ. 27. S¹ om μη ... S διαφθει-
ρομενον 28. B γν. ην ... S οτι διαφθανιν ... S επι ευχ. ... S² προ ανα-
τοιλησ του φ. 29. AS¹ χειμερινη (A χιμ-)
XVII. 2. S¹ ανομον ... S¹ δεσμιοισ ... B πεδη|ται 3. S διεσκορπι- 40
σθησαν 4. S¹ μοιχοσ ... B δεκ^αταρασσοντεσ i. e. B¹ δ' εκταρασσοντεσ,
B² δε καταρ. ut b, S δε ταρασσοντεσ ... S¹ κατειφη ... S² ουτε πυρογενισ
(S⁴ -νεισ) ... S¹ καταυαζειν 6. S δε αυτ. ... S πληρεισ ... AS¹ εκδιματ.
τε ... S τεησ 7. S¹ τησ επιφερομενης φρονησι ... S¹ αλαζονια, AB¹CS²
-γειασ 8. S¹ κατ αρχασ pro ταραχ. ... S¹ ευλοβιαν 9. S² τερατωδεσ pro 45
ταραχ. ... ACS¹ συρισμοισ .., S¹ και το μηδ. αφευκτον. (a- prima litera
seq. vocis αερα) 10. S² ιδ. πονηρ. ιδιω ... AS μαρτυρι ... S² προειληφεν
11. A¹CS ουδεν γ. ... S προσδοκια 12. S αναλογιζεται αγνοιαν 14. S¹
ηλαυνετο ... S αποσδοχ. ε φοβ. επεχυθη 16. S τισ ην ... S¹ om η

XVI. 2. Ti in Comm. „ευηργετησεν (sic in codice est, non -γετετησεν)";
ita enim mendose in textu exhibet, unde corrigendus Fritzsche.
XVII. 4. de B δ εκταρ. „a sec. m." corrige Fritzschium

118 XVII. 17. ΣΟΦ. ΣΑΛ. ΠΡΟΔΟΓΟΣ. [22.]

ante ποιμ. ... S κατ ερημιασ ... AS¹ et 3 δυσαληκτον 17. S primo διασυριζον
... S¹ αμφισ κλαδουσ ... ABS καταριπτομενων 18. S τ ζωων ... S 9ηριων
απηνεστατων ... ABS εκ κοιλοτητοσ ... S² εκφοβουσα 20. S επκεινοισ
... AB επετατο, S επεκειτο ... S¹ αυτου
5 XVIII. 1. S² ην pro ων ... B¹ om μεν pr. 2. B¹S¹ δ' ου ... S¹
βλαστουσιν, S² βλεπουσιν ... S¹ οδοντων pro εδεοντο 3. S¹ ολιγον pro
οδηγ. ... S¹ φιλοτιμιασ παρεσχεν 4. AB¹S om εν ... S¹ σκοτουσ ... S
φυλασσοντεσ ... S εμελλεν ... S¹ φωτοσ 5. BS om δ ... S¹ αποκτινειν
(S² -ναι) ... S(¹) το αυτ. ... S¹ τουσ δε εχ9ρουσ του λαου ομο9. pro και
10 ομο9. 6. S επι9υμησωσιν 7. BS om δε 8. ABS ωσ γαρ 9. S οσιοτητοσ
pro 9ειοτ. ... S² om και ante αγα9. ... S² πατερ ... AS² προαναμελποντεσ
10. BS¹ η βοη ... AS φωνη 9ρην. παιδ. 11. S βασιλεια ταυτα 12. S¹
ομο9υμοαδον παντεσ ... S² om εν ... S¹ om η ... AS διεφ9αρτο 14. B¹
μεσαζουσησ τα παντα 16. S¹ δε γησ 17. AS δεινων 18. AS¹ ε9νησκον
15 19. S om τουτο 20. S¹ δικαιων τοτε, S² δικ. ποτε ... S¹ η οργη σου
21. S² προσευχησ ... (S⁴ εξειλασμ. ut B fere ubique) ... S¹ om τω 22. B¹
om δε 23. S² διεκοψεν pro διεσχισ. 24. S¹ γλυφη ... S² και η μεγαλ.
25. S² om δε ... AS² εφοβη9η ... S οργησ σου ικ.
XIX. 2. S primo επεστρεψαντεσ, dein επιστρ., AS² επιτρεψαντεσ 3. S¹
20 om ανοιασ 4. BS om το ... S λιπουσαν ... ACS προσαναπληρ-, S -σουσιν
5. B¹S πειρασση 6. „S² ad γενι adnot. ταχι" [= ταξι?] ... AS σαισ pro
ιδιαισ 7. S² εκ γαρ ... AS¹ ε9εωρειτο (A -ρι-) ... S³ και εξ 8. S primo
δι η ου ... AB²CS¹ παν ε9νοσ 10. B σκνειπα, S¹ σκνιφα, AS² σκνιφασ
... S¹ βατραχουσ omisso πλη9οσ, quae vox in m. suppl. 11. ABCS οτε
25 12. S εκ 9αλασσησ ανεβη αυτοισ ... ACS προγεγονοτων ... S² βια κεραυν.
... S πονηριαισ αυτων 13. S om γαρ pr. 15. S om των αυτων ... S
των δικ. 17. S διαλασσουσιν ... S² παντα μεν. εν ηχω 18. S¹ ενεδρα
... S¹ εισ γην 19. ACS ισχυεν ... ACS φυσεωσ pro δυναμεωσ sec.
20. AB²CS κρυσταλλοειδ. ευτηκτον ... S¹ τρυφησ 21. S¹ τοπρωι pro τοπω
Subscriptio: A σοφια σολομωνοσ, B σ. σαλωμωνοσ, C σ. σολομωντοσ,
S σ. σαλομωντοσ
Stichi: A 1092, B 1124, S 1121.

ΠΡΟΛΟΓΟΣ.

Inscriptio: AB προλογοσ, S nihil
30 [2.] S δεο|μενων [3.] ACS παιδιασ, it. -δι- [8. 17.] [4.] CS γενεσ9αι
[5.] S ειναι λεγοντ. [6.] B ισ ... S επι πλεον [7.] S τ. αλλ. των δεοντων
πατρ. β. ... S¹ ικανον εστιν [7. 8.] S περιποιησαμενον [8.] S περιοσηχ9ην
... S περι pro τι [9.] S¹ και οι τουτ. ... AS² ενηχοι [10.] S ετι προσ-
9ησουσιν ... S¹ τησ εκ νομου β. [11.] B ποιεισ9ε ... S εαν [12.] B¹S¹
35 om αδυναμειν [14. 15.] AS προφητιαι [15.] S om εν [16.] S¹ δε pro γαρ
[17.] S¹ αναγεννη9εισ κατ αιγ. [18.] CS αναγκ. ουν ... S¹ προε9εμην ...
ACS και αυτοσ ... S¹ εγω προενεγκασ9αι σπουδ., ACS² τινα προσενεγκ· σπ.
[20.] S² εισ pro προσ [21.] S¹ αγαγοντασ, ACS² αγαγοντα ... B τον βιβλιον
[22.] ABC¹S² προκατασκευαζομενουσ, S¹ -αζοντασ ... CS βιωτευειν
Subscriptio: B προλογοσ, (AC) S nihil.

XVII. 20. Fritzsche praebet „αὐτοὺσ] αυτου X. (= S)"; unde punctum?
in meo exempl. certe deest, S² αυτουσ (non αυτο) sec. Ti
XVIII. 5. Fritzsche: „αποκτινει X." 16. S¹ δε γησ] Fritzsche „δε
επι III. X. (= AS)"; sed S¹ δε γησ certe sec. Ti et S² ut b δ' επι γησ

ΣΟΦΙΑ ΣΕΙΡΑΧ.

Inscriptio: Β σοφια σειραχ, ACS σοφια ιησου υιου σειραχ (AC σι-)
I. 2. S¹ ημεραν 6. ACS πανουργηματα 8. ABCS κυριοσ c. seqq. conj.
13. S¹ επ εσχατω ... ACS ευλογηθησεται pro ευρησ. χαριν 14. B¹ φοβεισθε, it. 16. 20. ... AS τον κυριον 15. AS om και pr. ... S¹ εμπιστευει
16. S¹ αυτην pro αυτουσ 17. AB¹C αποδοχια ... ABCS γενηματων
18. B¹CS υγιαν ... S² αιωνοσ pro ιασεωσ 19. CS κρατ. αυτην 20. S¹ 5
μακροημερευσουσιν 22. S¹ οργη pro ροπη ... S¹ om αυτου 23. S² et 4
αναδιδωσιν ... ACS¹ ευφροσυνην 24. S καρυψει ... AS πολλων pro πιστων
25. S παραβολαι 26. ABCS επιθυμησασ ... S και ο κυρ. 27. ACS παιδια
... S¹ ευδοξια ... ACS πραυτησ 28. S απιστησησ 29. S στοματι 30. B
εμμεσω   10
II. 1. AS om θεω 3. S¹ και αυξηθησεται pro ινα αυξ. ... S¹ om
σου 5. S οτι ... S² i. f. add. εν νοσοισ και πενια (⁴ -ια·) επ αυτω πεποιθωσ
γεινου (⁴ -νου·) 6. AS¹ και ευθυνον 7. S¹ om ινα 8. S τον κυρ. 9. CS
τον κυρ. ... S² i. f. add. οτι δοσισ αιωνια μετα χαρασ το ανταποδομα αυτου
10. S² επιστευσεν ... S¹ τω κυρ. ... B κατησχυνθηι ... S primo επεκαλε- 15
σατι 11. S² ο κυρ. μακροθυμοσ και πολυελεοσ 13. S ουκ εμπιστευει
14. S ο κυριοσ 15. CS² τον κυρ., it. 16. et S² 17. ... S¹ των ρηματ.
... S² εντολασ pro οδουσ 16. CS om του 18. S² και πολυ το
III. 3. ACS² εξιλασκεται (S -ει-) 7. S² om εν 10. ABCS δ. προσ ατιμιάν
(S -ειαν) 12. S¹ αυτ. εν παση ισχυι σου, cf. v. 13. 13. ACS και εαν ... 20
S απολιπη 14. S¹ πατρ. σου ... S προσανοικοδομησεται 15. S θλιψ. σου
... B ευδεια ... S¹ εν pro επι ... S¹ αναφθησονται 16. CS και κατηραμενοσ (= κεκατ.?) 17. S¹ διεξαγαγε 18. S² i. f. add. πολλοι εισιν υψηλοι
και επιδοξοι· αλλα πραεσιν αποκαλυπτι (⁴ -πτει) τα μυστηρια αυτου . 20. ACS
η δυναστια κυριου 21. S² βαθυτερα pro χαλεπωτ. 24. S¹ om και ... A²S 25
διανοιαν 26. S² stichos invertit ... ACS εν αυτω απολειται 27. B (χ. σκλ.
βαρ. επ εσχατων) χ. σκλ. etc. (cf. v. 26. et rasuram in C) ... S¹ εφ αμαρτιασ 29. S¹ εν παραβολη 31. ACS πτωσ. αυτου
IV. 2. B απορεια 3. AS παρωργισμενην 5. S¹ απο προσδεομένου
6. CS εισακουσεται 7. S² πρεσβυτερω pro μεγιστανει (sic S¹) 9. S κρινε- 30
σθαι 11. ACS υιουσ αυτησ 13. ACS ευλογει 14. CS om ο 15. S ο
εισακουων ... ACS προσεχων (cf. I. Ti 6, 3) 16. ACS εμπιστευση (C ενπ-,
AC -σει) κατακληρονομησει ... S¹ γεν. αυτησ 17. ACS² πορευσεται (C -εσται)
... ACS om δε ... S¹ βασανιζει ... (ABCS παιδια) ... ABCS² πειρασει
(S πι-), S¹ πιραξεισ 20. ABCS φυλαξει 23. S² και μη κωλ. 24. S παιδια 35
... S¹ γλωσσωδουσ 25. S² post αληθια (S) add. κατα μηδεν ... S α παιδευσιασ ... ABC εντραπητι 27. ACS ανθρωπ. μωρ. σεαυτου 28. ACS
om του 29. AS¹ ταχυσ, S² θρασυσ ... S¹ εν ακροασει σ., S² εν τοισ
λογοισ σ. 30. S εν τη οικια σ. 31. S (και φ) μη, cf. 30ᵇ ... ABCS
εκτεταμενη   40

I. 8. ABSC κυριοσ etc.] ita et b; non Fr, Ti
II. 8. S, 9. CS τον κυρ.] ita sec. Ti; sec. Fr. 8. CS, 9. S τον κυρ.
10. S in textu τισ ενεπιστευσεν τω κω και κατησχυνθη, in Comm. Ti „ενεπιστευσεν: Cᵃ επιστ. Idem και [sic] improb."
III. 5. B post 5ᵇ repetivit stichum 4ᵃ (hic ο δοξαζ.), sed uncis del.
IV. 17. ABCS παιδια] ita et b (παιδιᾳ), Ti παιδεια 20. ABCS φυλαξαι]
ita et Ti, b φυλαξε 31. ABCS εκτεταμενη] ita et Ti, b εκτεταγμενη

V. 2. 3.   ΣΟΦΙΑ ΣΕΙΡΑΧ.   X. 26.

V. 2. 3. S¹ om μη εξακολ. usque δυναστευσει, S⁴ ᵛⁱᵈ· suppl. ... BS⁴
om του ... S⁴ επιθυμια ... Β καρδιαισ σου ... S⁴ „καρδια (omissum σ)
σου μη επησ (sic)" ... AS om σε   6. ACS παρ αυτω ... S¹ καταπαυσεται
7. S επι κυρ. ... S¹ η οργη αυτου, S² η οργ. κυρ. χ ωσ μελισσαι εκτριβηση
5 ... S¹ εν τω καιρ.   8. S¹ ωφελησει, AS² ωφελησει σε   10. S¹ εισθι pro
εισ 12. CS τω στοματι   13. S¹ λαλλα ... S πτ. αυτου   14. Β ενεδρευθησ
... S πονηρα
VI. 1. Β αισχυνη   2. S αρπαγη   3. S¹ αφ. αυτον, ² αφ. σε ... S¹ ωσ ξ. ξ.
σεαυτον   4. S εχθροισ   6. S¹ σοι εστωσ. σοι   9. 10. S¹ om hos vers.   11. S
10 επι τουσ οικεταισ   16. CS τον κυρ.   17. S κ. οι πλησ.   18. S om σου ...
Β¹S παιδιαν   19. S om o bis, S² suppl. sec. loco ... ABCS των γενηματων
20. Β ταχεια   21. S¹ ίσχυσ, ² -υοσ ... S² εστιν ... Β απορειψαι   22. S¹
om εστι pr.   23. AS εκδεξαι ... ACS την γν. μ.   24. S om και ab init.
25. S¹ εν τ. δεσμ.   26. AS τηρησον   27. S² ζητησ. αυτην   29. BS κλαδοι
15 pro κλοιοι   31. S¹ ενδυσεισ, S² -σει   32. S¹ εαν γαρ θ. ·... ACS επιδωσ
33. S εκκλινησ   34. S¹ αυτων   35. ACS ακροασθαι ... AS¹ εκφυγετωσαν
36. Β τριβων. pro θυρων   37. ACS om σου sec.
VII. 1. S primo κα μη π. κ. ... S om σε   3. ACS θερισ. αυτα   4. S
ηγεμονιαν παρα κυριου   6. ACS ισχυσεισ (C εισχ-)   8. AS om τη   9. S¹
20 κυριω pro θεω   11. S ανθρωπον εν π. ... S² κ. ο ανυψ.   12. S² μ. επι
φιλω   17. AS μνησθητι usque χρονιει ante ταπειν. pon. ... AS εκδικησειο
18. AS om ενεκεν ... ABS μηδε αδ.   19. AS η (S χ) γαρ χαρισ   20. AS
την ψυχ.   21. Β οικ. αγαθον α.   24. S ίλαρυνησ ά πρ.   25. S¹ τετελιωκωσ ...
S¹ i. f. add. και μισουμενω (² μισουση σε) μη εμπιστευσησ σεαυτον, quae
25 ² i. f. 26. poni vult   26. S κατα την ψυχ.   27. S καρδια σου ... (S τον πατ.)
28. AS εγεννηθησ   30. S δυναμ. σου ... S¹ λι(⁴ λει-)τουργουντασ αυτω   31. Β¹
απαρχησ κ. ... S¹ βραχιονοσ ... Β om αγιων   33. S χαρισμα δομ.   35. S
αρρωστον ανθρωπον   36. S ουκ αμαρτ.
VIII. 2. Β αντιστησηση .. S¹ την ολκην σου   5. AB¹S¹ επιτιμοισ
30 6. AS γηρα   8. AB παρειδησ ... S σοφιαν pro παιδειαν   10. (Β εκκεαι)
... S¹ ανθρακα   13. Β¹ αποτιζων   15. Β καταβαρυνηται, S¹ βαρυνη τα
(² = b) ... S αφροσυνη   16. S¹ καταβαλλει   19. AS εκφ. καρδιαν σου
IX. 1. S ε καρδιαν πον.   5. S σκανδαλιση σε εν   6. S¹ pro membro
sec. ίνα μη ατιμαζωνται οι προγονοι σου, cf. 8, 4.   7. S¹ ρυμαισ pro ερη-
35 μοισ   8. CS² οφθ. σου   9. S² εν οινω μετ αυτησ ... CS ολισθησ   10. S¹
ετ pro μετ   11. AS¹ τισ   12. ACS om εν ... CS ευδοκιαισ (C -χει-)
13. S¹ εξουσιασ ... Β φονευσαι ... S¹ φοβω ... S¹ και μην pro καν ...
ABC εμμεσω ... CS¹ πολεωσ   14. AS βουλευου   15. ACS om και pr. ...
ACS² πασα η διηγ.   17. ABS¹ επαινεσθησεται ... S¹ λογοισ
40   X. 2. S² om αυτου pr. ... ACS¹ ουτωσ οι   4. AS η εξουσια   5. S²
ad γραμματεωσ adscr. δοξησ (= δοξ. γραμμ.?) ... S² om αυτου   6. C²S
μηνισησ   7. S²ᵉᵗ⁴ η ύπερηφ. ... S¹ πλημμεληση, S² πλημμελια ... AS αδικια
9. S² οτι και εν γη αυτου εκριψι pro οτι εν ζωη ερριψα   10. S² ιατρον
... Β om και ante σκωληκασ, S¹ om και σκωλ., S² suppl. χ σκωληκεσ
45 15. S¹ εξειλεν ... S om o   16. CS² εκ pro εωσ   17. ACS εξηρεν ... AS²
εξ. αυτουσ ... S εκ γησ   18. S⁴ εν γεννημασι   19. S¹ om ποιον extr.
20. BC εμμεσω   23. ABC καθηκεν   24. S τισ αυτων   25. S¹ συνετω   26. S

V. 2. 3. S⁴ „καρδια (omissum σ) σου μη" sic Ti; suspicor S⁴ καρδίασ
ού μη (non καρδια σου) voluisse

IX. 1. S ε καρδιαν) Ti adn. „ε erasum et jam antea notatum; καρ
vero ex πι factum"; ex παι suspicor, cf. ABC .

X. 10. S² ἰατρον] vide Hitzig ad Dan. p. 142.

δοξασου 27. AS¹ εργαζ. η (AS² om η) και περισσευων εν πασιν, S² εργ. εν πασ. και περισσ. 28. S τιμην 29. S δοξαζει 30. S² επιστημησ 31. S om δε ... S εν πλουτω και εν πτωχια ποσαπλωσ ... Β εν πλ. ↨ εν πτ., S¹ εν πτωχια εν πλουτω, CS² εν πτ. και εν πλ. ... S² ποσαπλωσ XI. 1. AS ανυψωσει ... ACS κεφ. αυτου ... BC εμμεσω, it. 8. ... 5 CS¹ καθιση 2. ABCS αινεσησ ... S ανον ... CS βδ. ανδρα ... S εν (καλλ) θρασει (cf. Cod. Syr. Hex. Dan. 4, 8) 3. CS η μελισσα ... S² i. f. add. εστιν 4. AS ανθρωποισ sine εν 6. S¹ δυναστοι ... BS εταιρων 7. AS πριν η 8. ACS πριν ακουσ. 9. ACS om χρεια 10. S εαν γαρ ... AB¹C αθοω(S²-ωο-)θηση, S¹ αθωοσ εση 11. B²S¹ τοσουτω 12. AS¹ om και pr. 10 ... S² et 4 εν ισχυϊ ... S περισσευων ... S¹ κ. ο οφθαλμοσ κυρ. επεβλεψεν 14. Β αγ. και κακα (habuerat primo αγ. κακα?) 17. S² ευλαβεσιν ... S ευδοθησεται 18. S¹ μερισ απο του 19. ABS φαγομαι (A -με) 21. AS πιστευε δε κυριω 23. S¹ εστ. μοι αγαθα 27. S αποκαλυψεισ 30. S¹ καρτ. αυτου ... Β επιβλεπτει 32. B¹S² πληθυνθησεται 33. S¹ τεκταινεται 34. S 15 ταραχη
XII. 2. Β παρα αυτου ... AS παρα του ύψ. 3. AS ουκ εσται ... S¹ κ. τω μη ελαιημοσ. μη 4. S om του 5. AS om τω ... S² τω ασεβει ... S¹ om αυτου ... AS οισ εαν ... S¹ ποιησ 7. AS om του 8. S² ου γνωσθησεται pro ουκ εκδικηθ. 11. ABS φυλαξαι ... S¹ καθιωσεν 12. AS 20 παρα σεαυτω ... AS αναστρεψασ ... S² επι του τοπου ... AS επ εσχατων ... Β i. f. add. i. m. sup. μη δεσμευσησ δισ αμαρτιαν εν γαρ μια ουκ αθωωθηση, cf. 7, 8 13. S ελεηση ... Β παντεσ τουσ 16. S¹ γλυκαινει ... Β post γλυκ. ο εχθροσ add. i. m. inf. και πολλα ψιθυρισει και ερει σοι καλα λεγων, cf. v. 18. ... S¹ om τη ... S αναστρεψαι ... S¹ om εν ante οφθ. 17. AS εαν ... 25 ABCS υπαντηση (C -σει) ... ABS¹ προτερ. εκει σου, CS² προτερ. σου εκει 18. ACS την κεφ. αυτου κινησει ... S¹ om αυτου sec.
XIII. 1. S¹ ου μολυνθησεται [;] 2. AS πλουσ. σου ... S αυτι κοιν. κυθρα 3. S i. f. προσαπιληθησεται 5. Β συμβιωσετα 6. S om σοι ante καλα 7. AS αποκενωσει ... S²(c.3) επ εσχατων ... S κ. καλυψει σε 8. S om μη sec. 30 9. S σε προσκαλεσεται, cf. A 10. ACS om ινα prius 11. S επεχεε ... ABCS εξετασει σε 13. Β post περιπατεισ ping. ✕, sed nil i. m. 17. BS ευσεβην 18. AS ύενη 21. S¹ πτωχοσ pro ταπειν. 24. S² προσεστιν ... S πτωχια ... AS στοματι ... Β ευσεβοσ 25. AS εαν τε bis 26. AS μ. κοπων XIV. 1. AS αμαρτιων 4. S² εντρυφησουσιν 6. S εαυτον 7. S εκ- 35 φαινει 9. Β αναξηρα|νει 10. S² ο φθονερ. 11. ABCS εχησ 12. S² ο θανατ. ... ABS ουχ pro ουκ ... S² υποδιχθησεται 14. AS παρελθετω 15. AS ετεροισ ... AS² διαιρεσισ 16. S απαιτησον, S² αγιασον 17. S(¹) αποθανιταη 18. AS δασεωσ ... S primo stich. τα μεν—φυει post ουτωσ —αιματοσ posuerat ... ACS ουτωσ (S ουτω) και γεν. 20. S² μελετησει 40 pro τελευτ. 21. AS εννοηθησεται 22. Β εισοδοισ, AS οδοισ 24. S² om και ... S¹ οικοισ pro τοιχοισ 26. ACS¹ και στησει pro θησει ... S¹ σκηνην pro σκεπη 27. S¹ και σκεπ. ... AS¹ απ αυτησ XV. 2. AS υπαντησει ... Β παρθενειασ 3. ACS ποτιει 4. ACS στη- ρισθεται ... S¹ επ αυτου ... S κλισθη ... S² επ αυτη 5. ACS το στομα 45 6. AS¹ αγαλλ. ευρησει ... ACS ονομα αιωνοσ ... S² i. f. add. αυτον 8. S¹ μνησωνται 9. S ουχ ... S¹ αινοσ αινοσ 11. S¹ απεστη 12. S om οτι 13. ACS εμισ. ο κυρ. 15. S¹ θελησησ ... S² συντηρησε 18. AS² η σοφια ... AS δυναστια 19. S¹ εργ. ανθρωπων 20. ACS om και pr.

XII. 11. ABS φυλαξαι] ita et Tj, b φυλαξε, cf. 4, 20.
XIII. 7. Codd. et Ti εν τοισ βρ., b εν τίσ βρ.
XIV. 12. ABS ουχ] ita et Ti, b ουκ

XVI. 1. S² τεκνον... ABS μηδε ευφρ. 2. S² πληθυνθωσιν... Β ει μη etc. c. v. seq. conjg.... AS το πληθοσ αυτ. pro τον τοπον αυτ., S² add. στεναξισ γαρ πενθι αωρω και εξεφνησ αυτων συντελιαν γνωσεται· κρισσων γαρ εισ δικαιοσ ποιων θελημα κυ η μυριοι παρανομοι... S² sticho κρεισ-5 σων—χιλιοι signa ※ et)(metobelus?) adpinxit... S² δικαιον αποθανιν pro και αποθ. 5. Β¹ εορακα... S εορακεν ο οφθαλμοσ μ. 9. S² χανααν pro απωλιασ ... S² i. f. add. ταυτα παντα εποιησεν εθνεσιν σκληροκαρδιοισ και επι πληθει αγιων αυτου ου παρεκληθη 10. S² ambobus stichis ※ ※ adposuit 11. ΑΒ¹S αθοωθησεται... AS¹ παρ αυτω, S² παρα κυριου 10 12. S¹ ο πολυσ ελεγχ. 13. AS αρπαγματι... S καθυστερηση... AS υπομονη 17. AS και pro μη sec.... S¹ υψιστου pro υψουσ τισ μου... AS ου μη γνωσθω 18. AS om του θεου... S κ. η γη... AS εν τη επισχ. α. σαλευθ.... S² σαλευονται 20. S² i. f. add. και καθο ποιει ανοσ οψεται ο οφθαλμοσ αυτου 21. S¹ πασ ανθρ.... S² post ανθρ. add. επελευσεται 15 αυτω 22. S αναγγελλει 25. AS εκφανω... S¹ om εν pr.... AS παιδιαν ... AS ακριβια... AS απαγγελω 26. BS¹ διεστελλεν 27. S εργ. αυτων ... S εκοπ. ουτε ησθενησαν κ. 28. S¹ om αυτου... AS εξεθλιψεν... S² των ρηματων 30. S ψυχη
XVII. 3. Β¹S¹ καθ εικονα... AS εαυτου 4. AS om και pr. 6. S¹ δι-20 αβουλιαν... S² αυτουσ 8. S οφθαλμ. αυτων 10. S² ab in. add. και καυχασθαι εν τοισ θαυμασιοισ αυτου 11. S και προσεθηκεν... AS² αυτουσ pro αυτου sec., quod S² "statim restituit" 13. CS φων. αυτου 15. CS ενωπιον 17. Β post ηγουμενον habet ✗, sed nil i. m. 19. ACS παντα... CS¹ εργ. αυτου... S¹ οδουσ των ανθρωπων 20. S¹ ante εναντι scripserat 25 απ αυτου 22. S κοραν 23. S¹ και μετα τ.... CS ανταποδωσει i. fine 24. CS εκλιποντασ 25. S¹ καταλιπε, ² και απολιπε 26. CS επαναγαγε 27. Β αδουσ, S¹ αδη (BS fin. stich.)... ACS om και ζωντων 29. S¹ εξειλασμον, S² ο εξειλασμοσ 31. S¹ το pro τι... ΑΒ² πονηρον, S² τι πονηροτερον... Β ενθυμησεται, S² ενθυμιται... ΑΒ²C σαρξ (S habet 30 signum correctoris, sed nil additum) 32. S¹ και αυτοσ... AS om οι
XVIII. 4. ACS² ουδενι... Β αξαγγειλαι (sic Cozza)... ACS εξιχνευσει 5. S¹ εαυτου pr. loco... S primo εξαριθμηθησεται 6. S om του 7. Β συντελεσηται, S -ση 8. S primo τισ ανθρ. 10. S¹ om εν 11. S ο κυρ. 12. S² ambobus stichis ※ ※ praeposuit 13. CS² om και extr. 14. ACS 35 παιδιαν... ΑΒ¹CS ελεα 15. S praem. εγκρατεια ψυχησ (neque om ante 30., intermedia unius columnae spatium occupant) 17. ΑΒ¹S ουχ 19. S om η ... Β αρρωστειασ 23. CS² ante ετοιμ. add. σε... S² την ευχην σου pro σεαυτου... (CS γεινου) 24. S¹ θεου pro θυμου... C²S ημερα 29. S¹ ακριβωσ 31. Β χορηγησεισ... AS¹ ποιησεισ επιχ. 32. ACS¹ προσδεηθησ 40... S² τη συμβ. 33. (ΑΒ¹CS δανισμου)... BS¹ μαρσιππιω, S² βαλλαντιω
XIX. 1. S primo μεθυσοι πλουτ.... S² και ο εξουθ. 2. CS τολμηροσ 3. ΑΒ¹CS² σηπη, S¹ σηπεσ... S¹ την γην pro αυτον... S¹ τολμηρασ 4. S ο ante ταχυ extra lin. add.... S¹ πλημμελει 5. S¹ πονηρα pro καρδια 6. S ελαττουται 7. S μηποτε... S² λογ. εν ευχη 8. ACS και 45 εχθρω 9. S ακηκοαεν 10. S¹ λεγων 12. BCS πεπηγωσ 13. S² om τι ... S ινα μη προσθη 14. CS τ. πλησιον... ACS η pro ει 16. ABS¹ ολισθανων... S ουκ... ΑΒ¹C ημαρτεν 17. S om σου 22. ACS¹ om οπου 24. Β² ελαττωμενοσ 26. S¹ πληρη 27. Β¹S² συνκρυφων 28. S¹ om και ... S κωλυθησ 29. S¹ νοημων pro ανηρ 30. S² βημα (sic et C) ποδοσ 50 ανθρ.... ACS αναγγελει

XVIII. 7. b ut A συντελεσει, Ti ut S -ση 33. in Comm. Ti μαρσιππω (ita AC) ut scripturam S¹ exhibet (mend. typogr.?), in textu μαρσιππιω: quid verum?

XX. 4. S¹ om εν 6. S¹ om και 7. S σιωπησει ... S¹ καιρω sec. loco 12. S επταπλασια 13. AS λογοισ 15. ABS δανιει 16. B¹ ουκ υπ. ... S¹ αγαϑ. αυτου ... S¹ γλωσσησ 19. S απαιδευτου 24. S² το ψευδ. 25. AB¹ om ο 26. AB² ψευδοσ 27. S¹ αρεσκει 28. BS ϑιμωνιαν (A ϑει-) 31. AS κριττων ... S αποκαλυπτων sec. loco   5
XXI. 2. S¹ λεοντεσ 4. AS² ὑπερηφανων 7. ABS¹ ολισϑανειν 8. AB ωσ συναγων ... AS τουσ λιϑουσ αυτου 9. BS στιππυον 10. S επ εσχατου 11. S κατακρατησει ... S¹ om του εννοημ. αυτ., S² τ. νοηματοσ α. 12. ACS π. εστιν δε 16. S¹ om ωσ ... S² παραβολη pro χαρισ 17. S¹ στομα δε φρ. ... ACS διανοηϑησονται 18. S¹ συνετου 19. S ανοητου παιδια 10 (-δι- et AC) ... S¹ om ωσ 20. ACS την φων α. ... ACS¹ μηδιασει, S² μιδ- 21. ABCS χρυσουσ ... ACS παιδια 24. S ακροασασϑαι ... ACS ατιμιαν 25. S² αλλοτρια ... S¹ εν ταυτοισ ... S διηγησονται pro βαρυνϑ. 26. Β μωρ. εν καρδ. 27. CS τον ασεβη
XXII. 1. S² ελιϑοβοληϑη pro συνεβλ. 2. AS κοπριω ... S² εβληϑη 15 4. S εαυτησ ... S¹ ευγεννησαντοσ 6. ACS μαστιγεσ δε κ. παιδια ... S¹ σοφια 7. S οστρακων ... BCS βαϑεοσ 11. ABS εξελιπεν. (A -λει-) γαρ φωσ ... AB¹CS συνεσιν ... AS¹ του γαρ μωρ. 13. Β φυλαξε ... S ακηδιασεισ 14. ABCS μολιβον (A βολ-) ... S ονομα αυτω 15. AS¹ σιδηρουν 16. BC συσεισμω (C -σι-), S συνσισ- ... S εν καιρ. ου διλ. c. seqq. conjg. 20 17. AS² επι διανοια ... S² ξεστου 18. S¹ μινωσιν. 19. BS¹ om ο sec. 20. S¹ ο βαλλων 21. BS αφελπισησ 22. BS εστιν γαρ usque. ὑπερηφανιασ stichus 23. S¹ πιστον ... AS αγαϑ. αυτ. ευφρανϑησ 25. S¹ ου κατεσχυνϑησομαι 26. B¹ συμβησεται, S¹ συνεβη, S² συνβεη (= -βαιη), A˙ συμβεβηκεν 27. AS om μοι ... S² επι τω. στοματι (A sine τω) ... AS πανουργων   25
XXIII. 1. AS² και μη αφησ ... S επιστησει: „it posterius eras." (-σαι?-ση?) 2. ABS φεισωνται (A φι-) ... S² ultimo sticho ✕ praeposuit 3. AS πληϑυνϑωσιν 6. AS om παιδεια στοματοσ 7. AS παιδιαν ... ABS¹ εν τοισ, S² ουτε εν τ. usque 8. καταλειφϑησεται stichus 8. S¹ λοιδοριαι ... Β σκανδαλισϑ. stich. inc. 9. AS² ονομ. τ. υψιστου 10. AS και ο ονομαζ. ... 30 AS² δ. παντ. τω ονομα κυριου απο 11. S μαστιγξ (ut saepius) ... S και εαν pro καν 13. S² απαιδευσια ... S¹ εϑιστησ 14. AS πατρ. σου ... Β συνεδρευει, S -ευσεισ ... ABS μη ποτε ... Β μή καταραση 16. S² καταπιη τι pro καταποϑη (fin stichi) 18. S¹ om τη ... S¹ om οι ... S² sticho και ουϑεισ — ευλαβ. ✕ praeposuit ... S ψιστοσ (S⁴ demum ὕψιστ.) 19. S² 35 επι πασασ 23. AS ανδρα αυτησ ... AS και εξ αλλ. 24. Β τεχν. αυτη επισκ. 25. AS ουκ οισουσιν καρπ.
XXIV. titulus: AS σοφιασ αινεσισ 2. S το στομα 6. S¹ om και ante εϑνει ... S² ηγησαμην pro εκτησ. 8. S primo και ο κτιστησασ με 9. AS εωσ αιωνων 11. S om με 12. S² δεδοκιμασμενω 14. S² εν εναγδοισ pro 40 εν αιγιαλ. ... AS και ωσ ελαια 15. S² και ωσ ασπαλ. ... S² οσμη ... S¹ ζμυρναν εκλεκτην (eti S² ζ pro σ) ... AS¹ δεδωκα 16. AS τερεβινϑοσ 17. AS εβλαστησα 19. AS προσελϑατε ... S¹ προσ εμε ... S παντεσ οι ... S¹ επιϑουντεσ ... ABS γενηματων 20. AS ὑπερ το μελι το γλυκυ, S² del το sec. 21. AS εσϑοντεσ 22. S¹ ου κατεσχυνϑησεται ... B¹S ουκ 45 αμαρτ. 23. AS ενετ. ημιν ... S μωσησ 25. S οσ πειπλων (A πιπλ.) ... AB φεισων 26. S κ. ωσ ο ιορδ. 27. AS παιδιαν, it. 32. 31. AB² ποτισω 32. Β ορϑον ... S¹ᵉᵗ³ εκφαινω 33. AS γενεαν 34. Β αλλαπασιν, S¹ αλλα απασιν (ABS² vel αλλα πασιν vel αλλ απασιν)
XXV. 1. S¹ ωραϊσϑην εκοιμηϑην (= εκοσμηϑην? sed cf. sequens ανε- 50

XX. 2. b ανϑολογουμενοσ, Ti ut Codd. ανϑομολογ.
XXII. 11. b mendose om εξελιπε γαρ ante φωσ, habet Ti
XXIII. 2. ABS φεισωνται] ita et b ex corr. calami, Ti φεισονται retinuit 16. b, non Ti, καταποϑη c. seqq. conjg.

στην) και 2. S² γερ. μωρον και μοιχ. και ελασσουμενον 3. Β συναγιοχασ, AS -γει- 6. Β πολυπειρια 7. S² ad ὑπονοηματα adscrips. ανυπονοητα... AS καρδ. μου 8. S¹ et ³ αξιω 9. S¹ μακαρ. ανηρ οσ 14. AS και πασ. επαγ. 16. AS² ευδοκησαι (Α -σε) ... AS² συνοικησαι 17. AS ωσ αρκοσ 5 18. S primo μεικρα pro πεικρα, cf. 19. 21. S² επι καλλουσ ... AS κ. γυν. εν καλλει 25. AS παρρησιαν pro εξουσιαν 26. S χειρασ
XXVI. 1. S γυναικ. ο αγ. 4. S² om δε 5. AS ηὑλαβηϑη ... S¹ εδοϑην, AS² εφοβηϑην pro εδεηϑ. 8. AS ου μη σ. 10. Β αδιατρεπτωσ, S αδιαστρεπτω ... S ευρηουσα 11. S¹ οφϑαλμων 12. S² om το ... AS² ανοιξει 10 ... S¹ κατεναντι pro και εναντι 13. AS om τον ... S πιαινει 15. S² ψυχ. αυτησ 16. AS οικ. αυτησ 17. Β λυκνιασ 18. S¹ επι πτερνοισ ευσταϑμοισ 29. Β καμηλοσ!
XXVII. 1. S¹ διαφορου ' 2. S² λιϑινων 4. BS σησματι ... S¹ κοκκινου 5. S¹ δοκιμα ... AS² εν λογισμω 9. S κ. η αληϑια 10. Β ϑυραν ... AS 15 αμαρτια ... S¹ αδικια, S² -κιαν 12. Β διανοουμενου 13. AS προσωχϑισμα ... S αυτ. ωσ σπαταλη 14. AB(S) πολυορκου, S primo πολορκου ... S¹ στεναγμοσ pro ενφραγμ. (AB) 15. S² πονηρα pro μοχϑ. 16. S¹ om την 17. AS² om ου 18. S¹ απωλεσεν pro -σασ ... ABS του πλησιον 20. S² βροχων pro παγιδοσ 21. ABCS τραυμα ... CS μυστηριον ... AB¹C αφηλ-20 πισεν 22. S² τεκταινεται 23. S¹ γλυκαινει ... ACS το στομα αυτου (bis) 24. S ουκ ... Β¹ ομοιωσα ... CS¹ μεισει (C μι-) 26. S¹ εν ταυτη 27. AS² εισ αυτα 28. S ονιδοσ 29. S¹ om του 30. S om και sec.
XXVIII: 1. ABCS διαστηριων διαστηρισει (S -ρισει, C -ρησει) 2. S αδικηματα ... S¹ εδεηϑεντοσ 4. S¹ τον ομοιον 7. S τ. πλησιον σου 8. S² 25 απολιπε απο μεϑησ pro αποσχου α. μαχ. 9. BC εκβαλλει, AS εμβαλει 10. S² του πυροσ ... ACS stichum και κ. τ. στερεωσ. τ. μαχησ (S add. σου ουτωσ) εκκαυϑ. post ουτ. εκκαυϑ. pon. ... S και κ. τ. ἰσχ. ... S πλουτ. αυτου 11. S εχχεαι 12. S¹ φυσησησπινϑ. ... AS εξελευσεται 13. ACS¹ καταρασασϑαι (Α -σϑε) ... AS απωλεσεν 14. S¹ απο εϑνοσ 15. AB¹S εστερε-30 σεν (Α -σαν) 17. ACS μωλωπα 19. S² και οσ ου ... CS ουκ ειλκ. 20. Β¹ S² χαλκιοι (Β² -κειοι, C -κοι, AS¹b -κεοι) 22. S κρατησει ... ACS ου μη κα ησ. 23. S καταλιποντεσ ... S εκκαησονται ... ACS επαποσταλησεται αυτοισ ... BS λοιμανειται (οι pro υ saepius Β in hoc vocabulo) 24. S στομα pro κτημα ... CS χρυσιον σου 25. B¹ μοχλον 26. AS¹ ολισϑησ, 35 S² -ϑησισ
XXIX. 1. AB¹S δανιει 2. AB¹S δανισον ... AS om τον 4. AS κοπον pro πονον 5. AS χιρασ (Α χει-) ... S² ad αυτου adscr. σου 6. S και εαν ... BS¹ ου δωρεαν 7. AS¹ πολλοι ουν, S corr. π. ου 8. AS ελεημοσυνη ... Β παρελκυσεισ pro μη π—σησ 13. AS ολκησ 14. AS ενκατα-40 λιψει (Α -λει-) 19. AS² αμαρτ. εμπεσιται (Α -σει-) 21. S² ασχημ. ανδροσ 22. S¹ et ³ χρισσον ... Β αιδεσματα (ut saepius) 23: S² add. και ονιδισμον οικειασ σου μη ακουσησ 24. AS παροικησεισ et ανοιξεισ 25. AS¹ om εισ ... S¹ ακουειν 27. (S παροικε) ... Β¹ ξενιασ pro οικ. 28. S επιτιμησεισ ... S¹ ονιδισμον ... AB¹S δανιστου
45 XXX. 1. B¹S επ εσχατων α. 2. S² αινεϑησεται pro ον. 3. S¹ τ. εχϑρ. αυτου 4. AS και ουχ' (Α ουκ) ωσ απεϑ. 5. AS κ. ηυφρανϑη 7. BS¹ ὑιων ... S¹ τρ. αυτων 8. ACS εκβαινει (S -νι) σκλ. 9. ABS συνπαιξον (Β² S συμ-, S -πεξ-) 12. ACS απιϑησει (AC -σι) 13. ACS ασχημ. αυτου προσκοψησ 11. 12. (sec. loco) ABCS om hos versus et titulum περι υγιειασ

XXVII. 14. πολυορκου] sic et Ti, b πολιορκου
XXVIII. 14. ad γλωσσα τριτη (Bb etc.) b adnot. „in margine Vaticani codicis [= Β?] adscriptum est γλωσσα τρητη, τετρηπημενη"; nihil ejusmodi apud Cozzam
XXX. 9. b συνπαιζον (ita C nisi -πεζ-), Ti ut ABS συμπαιξον

XXX. 15. ΣΟΦΙΑ ΣΕΙΡΑΧ. XXXVI. 6.

15. B ὑγιεια, S ὑγεια ... S ευεξεια ... ABC βελτιων 16. B(C)S praemitt.
titul. περι βρωματων ... B ὑγιεϊασ, S υγειασ ... AS¹ χαριν 17. S² post
πικρο (sic?) add. χ αναπαυσισ αιωνιοσ 17. ACS ενμονον 18. B ϡεμά
19. S καρπωσεισ 20. B post στεναζων sec. i. m. inf. add. ουτωσ ο ποιων εν βια χριματα 22. S¹ μεγαλοημερευσεισ 23. S² απατα pro αγαπα ... B stich. και 5
λυπήν — σου bis scrips. i. f. et ab init. col. ... ACS απωλεσεν pro απεκτειν.
24. S και α προ ... S² γηρουσ ... S μεριμνα 25. S¹ καλαμενοσ 26. S²
αλλα και π. τ. εκτηζουσιν ... AS παιδιαν, it. -δι- ACS 33. 27. S om οι
29. ACS² εν παση 31. S² και μη 32. ABC¹S om περι δουλων 33. S¹
πεδια εργον 34. A¹C¹?S¹ ζητησεισ 35. A(C)S τραχηλον καμψουσιν 10
38. AB²CS¹ om αυτου ... AS επι παση 39. S¹ om ει sec. ... ACS
αδελφον pro σεαυτον ... ABCS επιδ. αυτω
XXXI. 2. S¹ ο επεχων ο ενυπν. 3. S τ. κατα τουτο 6. S αποσταλη παρα
ὑψιστου 7. S εξεπεσαν ... S¹ εν αυτοισ 9. S ανηρ πεπλανημενοσ 10. S
επιρασϡη 12. AS εορακα ... S και τα ... S¹ πλεονα 16. S κυρ. ουδεν 15
ευλαβ. ... ABS δειλειασει (AS διλι-) 17. S¹ φοβουμενω 18. AB²S και τισ
αυτου στηριγμα (B¹ = b) 22. AS² μωμηματα, S² i. m. δωρηματα 24. S om
του ... S προσαγαγων 25. AS επενδεομενων ... S² αυτον 26. AS εμβιωσιν (A εν-) 28. B κοπου 30. AS ωφελ. εν τω
XXXII. 1. B συμφορασ 4. S¹ ϡυσια 5. S¹ ειλασμοσ (BS² εξειλ-) 10. S 20
τ. κυρ. ϡεον ... ABS¹ μικρυνησ 11. S τον προσωπον 12. S καϡ αιρεμα
13. B επταπλα ... S² ανταποδιδωσειν 17. S χηρα 18. S σιαγονασ 19. S
καταπτωσισ 22. AS¹ δικαιοισ ... AS μακροϡυμηση 23. B συντριψει 24. S¹
ανταποδοι 25. S² εωσ αν 26. S ωσ ωραιον ... S om αυτου ... S¹ εωσ νεφ.
XXXIII. 3. S¹ επι εϡνη ταν pro ιδετωσαν την 4. S¹ εϡαυμασϡησ pro 25
ηγιασϡησ ... CS¹ μεγαλυνϡησ 5. AS επεγνωμεν σε 10. S ορισμου 11. S¹
ο μη σωζομενοσ, S² del μη et praep. ο ασεβησ ... A¹?B αδικουντεσ pro
κακουντεσ 13. ABS των βρωμ. init. stichi
XXXIV. 2. BC ὑπνο 3. B εμπιμπλαται 5. S ουτοσ 6. S η απωλια
7. S¹ ουδε προσταγματοσ pro ξυλον προσκομ. ... S¹ ενϡουσιαζουσιν 10. S² 30
κ. εσται αυτω εισ 12. S¹ ανοιξασ ... S επ αυτη ... B¹ τον φαρ.
14. S(¹ et 3) επιβλεψησ ... CS εν τω τρ. 16. S¹ διαμασου 17. ACS παιδιασ 20. B¹CS ὑγιασ ... S πονοσ δε ... S¹ στρεφομενοσ 21. S¹ μεσοπωρον, S² μεσοπορων 22. B εξουδενησησ ... S² εσχατων 23. AS² και η
μαρτ. 26. S¹ δοκιμα 27. BS εφισον ... AS ανϡρωποισ ... S² εν μετρω 35
... S² ελασσ. εν οινω ... S¹ ευφρ. ανϡρωπων 29. B αιρεϡισμω ... S¹
αντιπτωμα 31. B εξουϡενησησ
XXXV. titul. ABS om περι ηγουμενων 1. S om εν ... AS ουτωσ 2. AS¹
τον στεφ., S² δι αυτων στεφ. 3. S¹ ακριβη επιστημη μη 6. S ζσμαραγδου
8. S om λογον 9. S εξουσιαζου 11. S χ εν ωρα 12. S¹ αμαρτια και λογ. 40
14. S τον κυρ. ... B² εκλεξεται ... B¹S (non A) παιδιαν 15. S¹ επιληοϡησεται 16. S¹ χαριν pro κριμα 18. S² sticho και μετα — βουλησ ⋇
praepos. 24. S εντολη
XXXVI. 1. S τον κυρ. ... S² i. f. add. αυτον 2. S ενυποκρινομενοσ
3. S επερωτημα ... AS δηλων 4. AS παιδιαν ... S και ουτωσ 6. AS¹ 45

XXX. 15. b ὑιγεια, Ti υγιεια, it. 16. b ὑιγειασ, Ti υγιειασ 17. S πικρο]
sic Ti in textu, sed in Comm. πικρα (mend. typogr.?)
XXXI. 22. Ti in Comm. „μωκηματα: Cᵃ μ super. α [sic, κ?] scripsit
ut esset μωμηματα, praetereaque in margine adposuit δωρηματα"
XXXIII. 4. Ti in textu S μεγαλυνϡησεναυτ., in Comm. „μεγαλυνϡησαν [sic]: ι potest prima manu suppletum credi"
XXXIV. 2. b υπνοσ et adnotat: in plerisque libris est υπνον idque
alia manu adscriptum est in libro Vaticano

126   XXXVI. 9.   ΣΟΦΙΑ ΣΕΙΡΑΧ.   XXXIX. 14.

οχειον (Α -χι-) ... S² om ωσ ... S²· μωροσ   9. S ηγιασεν κ. ανυψωσεν
10. S εκτισθη εκ γησ   11. S εμ πληθει   12. AS ηυλογησεν   13. S¹ πηλον
14. S του ευσεβ.   15. S om εν   17. S om κυριε ... S¹ και ϊϊσλ ... S²
πρωτοτοκω   18. ABS ιερουσαλ. c. seqq. conjg. ... AS τοπον pro πολιν
5 19. Β πλησίον ... Β αρε(²-αι-)ταλογιασ σου, S αρεταλογια σ.   20. S¹ om
τασ   21. AS εμπιστευθησονται   22. AS τ. οικετων σ. ... S¹ υϊου pro λαου
... AB om συ ... S ει κυριοσ ο 24. S γευσεται 26. S θυγ. θυγατηροσ
... Β κρεισσον 29. ABS αναπαυσεωσ 31. AS αφαλλομενω ... BS νοσσειαν
XXXVII. 1. S² εφιλησα (sic, incuriose, S¹ -λι-) ... AS om αυτω
10 3. B²S² μενει (S²-νι) pro ενι ... S ετεροσ (ABS init. st.), it. 4. 5.   4. S⁴
απεναντει (sic, S¹ -τι)   5. S ετεροσ φιλοσ συνπονει (συν- et ΑΒ¹) φιλω χ.
6. S ψυχη ... ABS² αμνημονησησ, S¹ μνημονευσησ   7. S¹ εξαρει ... S
εστιν σοι συμβ. ... Β εισ ᵉαυτον   8. S¹ om την et και pr. ... S εν εαυτω
11. Β om περι ... ABCS τησ αντιζηλ. ... Β¹ και μετα εμπ. ... S μετα-
15 βοησ ... S¹ om και ante μετα μισθιου ... Β αφεστιου, S² επετιου (A
επαιτιου)   12. S ον εαν   13. S¹ καρδιαν   14. S καθημενοι επι μετεωρου
επισκοπησ (= επι σκ.?)   17. Β ιχνοσ usque 18. ανατελλει stichus ... Β¹S¹
καρδια   18. (AB¹CS τεσσερα) ... S κυριευσα   19. ACS om και pr. ...
ABCS εστιν αχρηστοσ   20. S¹ σοφιασ pro τροφησ   22. S επι στοματι
20 27. ACS om τη   30. AS εστ. νοσοσ ... Β απληστεια, it. 31.-ει-   31. ACS δια
XXXVIII. 1. AS χρειασ αυτου ... S² om τιμαισ αυτου ... CS ο κυριοσ
2. S primo om γαρ   3. S¹ καιρου pro ιατρ. ... S την κεφ.   6. S ενδοξαζεσθε
7. S² αυτων   8. ACS συντελεσθη   13. AB ευοδια   14. S¹ om γαρ 16, S καταγε
... ABS εναρξαι   18. S απο γαρ λυπησ ... S¹ καμπτι   19. AS εν επαγωγη ...
25 S¹ παραμενε, AS² παραμενει ... S² om και pr.   22. Β¹ οτι το κριμα αυτου
ουτω ... S om αυτου ... AS ουτωσ και το ... ABS εχθεσ   23. S¹ πρσ
pro πνσ   25. AS om και pr. ... B¹S¹ διηγ. αυτων   27. AS ημερασ ...
S¹ γραμματα ... AS η επιμονη ... S² om εισ ... ABS om το ... S²
συντελεσαι   28. Β ακμωνοσ ... AS εργα (Α -γον) σιδηρου ... AS τηξει
30 ... S σφωνη σφυρ.   29. ABS ουτωσ ... S συνστρεφων ... S² πηλον pro
τροχον   30. S οσ εν βραχεισιν αυτ. ... S καρδιαν αυτου δωσει ... Β χαρι-
σμα (cf. I Jo 2, 27)   32. S¹ οικηθησεται ... S² i. f. add. αλλ' εισ βουλην
λαου ζητηθησονται 33. S¹ om και ab init. ... S ουκ υπεραλ. ... Β stichum
και διαθ. usque διανοηθ. bis, ante et post stich. επι—καθ. exhibet, sec.
35 loco uncis inclusum ... S κριματοσ σου ... S εκφανουσιν ... AS παιδιαν
pro δικαιοσυν.   34. Β στηρησουσιν, S ου στηριζουσιν, S² ᶜ·³ στηριουσιν ...
S om εν (pr.)
XXXIX. 1. S¹ αρχοντων   2. Β διηγησεισ, AS -σιν   3. Β αποκρυφια
4. S ηγουμενων ... S¹ om γαρ   5. AB om το   6. AS² ο κυρ. ο μεγ. ...
40 AS² εμπλησι (Α -σει) αυτου ... Β² add. αυτοσ ab initio lin. ... Β¹ σοφ.
αυτοσ, i. m. ⁓ του ... S¹ om κυριω   7. S om αυτου pr.   8. ABS εκφαινει.
... ACS παιδιαν, sed BS διδασκαλειασ   9. ACS και εωσ ... ACS και
το ον.   10. ACS διηγησεται ... Β¹S primo εθνει ... S¹ παινον ... S εξ-
αγγελλει   11. ACS παυσηται ... S¹ εμποιησει   12. S ετι δε διαν. ... S δι-
45 χοτομηνια   13. ABS εισακουσατε ... ACS ρευμ. υγρου   14. S λιβανον ...

XXXVI. 19. b αραι τα λογια σου, Τι αρεταλογιασ σου
XXXVII. 6. αμνημονησησ] ita et Ti, b ἀμνημοσύνησ   11. S om και,
ante μ. μισθιου] Ti in Comm. μισθου pro μισθιου in textu
XXXVIII. 16. εναρξαι] ita et Ti, b εναρξε
XXXIX. 8. ABS εκφαινει] ergo v. 7. κατευθύνει retinendum cum b;
non cum Ti Fr in κατευθυνεῖ mutandum   13. ABS εισακουσατε] ita et Ti,
Cb εισακουσετε (C -ται)

AS² εργ. αυτου 15. Β ερειται 16. S¹ κω i. e. κυριω pro καιρω (Ro 12, 11)
17. ABCS ab init. add. ουκ εστιν ειπειν τι τουτο εισ τι τουτο (cf. 21.) ...
AB Βιμωνια, S Βει- ... B¹C αποδοχια 18. S² om η 20. S¹ επι pro εισ
... S¹ ουκ, ACS² ουδεν ... ACS Βαυμαστον ... S¹ εναντιον των οφβαλμων
αυτ. 21. ACS χριαν 23. S² οργη ... Β εβνει 26. AS² ϋδωρ και πυρ 5-
... S om και ante σιδηρ. ... CS¹ σεμιδαλιν ... AB πυροσ ... S κ. γαλα
κ. μελι 27. S παντα τοαυτα τοισ 28. S¹ πνα α ... S² Β. αυτου εστερε-
ωσεν 30. S²(c·3) εκδιωκουσα 31. ACS om τοισ 32. S¹ εστηρισβην 34. S
δοκιμασβησεται 35. Β ϋμνησαμεν
XL. 1. S ϋϊοισ ... S¹ εωσ ημερα (sic) ... S² επιστραφη (= έπι- 10.
στραφῇ) pro επι ταφη 2. S¹ προσδοκια 3. ACS Βρον. ενδοξου 4. AS ϋακιν-
βινον 5. CS om και sec. ... AS μηνιμα ... S¹ ϋπνοσ και νυξ 7. S² απο-
βαυμαζοντων 9. S κ. ερισ κ. αιμα ... B stich. επαγωγαι—μαστιξ' i. m. sup. ...
S¹ μαστιγεσ 10. AS παντα ταυτα 17. S primo παραδεισον ... S¹ κ. εν ελε-
ημοσυνη 18. (A)S¹ om ο 20. S αγαπησεισ σοφιαν(super rasuram) 21. ABCS 15.
μελη 22. S¹ σποριμου 24. S¹ και αδελφ. ... ACS ρυεται 25. Β γυνη
pro βουλη ... (S ευδοκειμιται) 26. AS corr. ανουψουσιν ... S¹ Βεου pro
κυριου bis ... ACS εν φοβω 27. AS εκαλυψεν 28. Β κρεισσων, S² κρισ-
σον γαρ 29. S ανηρ τρ βλεπ. εισ τρ. ... S διαλογισμω ... S αληγησει ...
AS om την 30. S απαιτησιο 20.
XLI. 1. Β vers. primum ad. antecedd. trahit ... S αυτω ... S δεξασβε
2. S² ωσ καλον ... AS εν ίσχυΐ ... S¹ και περι παντ. 4. S¹ om εν pr.
5. ACS βδελυρα 8. AB εγκατελειπετε ... S om Βεου 11. S¹ σωματι ...
S² ονομα δε αγαβ. ουκ εξαλ. 12. S² ονοματ. καλου 14. ACS παιδιαν ... S²
om δε 16. S² αποκαλυψαι pro διαφυλαξ. ... S¹ παστει 17. S¹ απο 25.
πονηριασ pro περι πορνιασ (S²) ... S προηγουμενου 18. S φιλου κ περι
19. S πλοκησ ... (S αληβιασ: al prima manu ex δι factum) ... Β αρτουσ
20. S κ. περι ασπαζ. ... ACS ετερασ 22. S² περιεργασιασ και παιδ. ...
ACS λογου ... S¹ δουναι με μη (23.) S om και ... CS om απο sec. ...
ACS αποκαλυψεωσ (24.) S αισχ. και αληβινοσ 30.
XLII. 1. S τ προσωπ. του 3. CS κοινωνων ... AB¹ om και sec. ...
ACS ετερων 4. ACS και περι κτ. 5. ACS περι διαφορου πρασεωσ εμπο-
ρων (C -ρου) ... ACS παιδιασ, it. 8. 7. S παραδοσ ... ACS παντα 8. Β
εσχατογηρωσ, S -ρουσ ... Β δεδοκιςμασμενοσ, S¹ δεδοκιμασμενοι 9. S²
συνωκ. ανδρι 10. S και μετα ... ACS στειρωβη 11. S αδιαστρεπτω ... 35.
S¹ ποιησησ επιχαρμα ... ABC καταισχυνει 15. Β δε ... AB¹CS εοράκα
... S² i. f. add. και γεγονεϊ εν ευλογια αυτου κριμα· 16. ACS² τ. δοξ. κυριου
... BS πληρησ 17. S τ. αγ. κυριου και (S² om και) 18. AS¹ πανουργη-
μασιν ... Β διενοηβην ... ACS γαρ ο ϋψιστοσ π. ... CS συνιδησιν (C -ειδ-)
19. CS και απαγγ. ... ACS και τα εσομενα ... S¹ και ο αποκαλ. 20. S¹ 40
ου γαρ π. ... S² και ουξ 21. S ωσ (AC οσ) pro και εωσ ... AS ηλασσωβη
... ABCS² και ου, S¹ ουδε pro και ουδε ... S¹ ουδενοσ ανδροσ σ. 22. CS
και εωσ σπινβ. ... S επιβεωρησαι pro εστι β. 24. Β εκλειπον, S ενλειπον
XLIII. 1. S και καβαριοτησ ... S¹ ανου i. e. ανβρωπου pro ουνου (S²)
i. e. ουρανου 2. S² αγγελλων 3. Β μεσεμβρια 4. BCS¹ καμ. φυλασσων 45.
... ACS εκφυσων 5. S¹ ποιησ. αυτουσ ... S² κατεπαυσεν 7. AS¹ συν-
τελεια, S² -λειασ, S primo + αιωνοσ 8. ACS αυξανομενοσ ... S Βαυμαστοσ ...
Β παραβολων 9. S αστερων ... ACS² κυριου 10. Β αγιοισ 12. ABCS ετα-
νυσαν 13. S κατεπαυσεν 16. ACS οπτασια ... AS σαλευβησονται ...
ACS Βελ. αυτου. 17. BCS ωνειδισεν (S -νι-) 18. S ϋετ. αυτοησ 19. S¹ παχνη 50
20. ACS βορεασ ... Β εφ υδατ. ... S εκδυσεται 21. S¹ αποσβεσαι

XLIII. 12. ετανυσαν] ita et Ti, b εταννυσαν

ΣΟΦΙΑ ΣΕΙΡΑΧ

22. S² παγων pro παντων ... (Codd. ομιχλη ut Ti cum antecedd. conjg.)
23. S² αβυσσοσ ... (BS αυτηνισ) 24. S τοην θαλ. ... S διηγησονται
25. ACS κτησισ κτηνων 26. Β ευωδια ... S² τελουσ ... ACS τα παντα
27. ABS αφικωμεθα 28. S ισχυομεν 29. S οβεροσ κ͞ϋ (sic) 30. S² τον
5 κυριον ... ABS αφικησθε 31. S τισ γαρ ... AB¹S εορακεν (-ο- non 32.)
33. S¹ γαρ α εποιησ.
XLIV. 2. S πολλαην δ. ... S² τη μεγαλωσυνη 3. S βουλευονται ...
S¹ προφηταισ (² -τιαισ) 4. S και εν συνεσ. γραμματιαισ λ. ... AS παιδια
5. AS και διηγουμ. 6. AS εν ισχυει (Α -υι) ... AS κατοικιαισ 8. S¹ εν-
10 κατελιπον 9. Β ουκ εισ͞τιν μνημ. ... S¹ υπαρξοντεσ 11. 12. BS stichi
μετα — διαμενει, αγαθη — εκγονα αυτων, εν ταισ — σπερμα αυτ. 11. S τα
εκγονα 12. AS το σπερμα ... ABS τα τεκνα ... S² μετ pro δι 13. S
post 13ᵃ repet. stich. 12ᵇ i. f. pag., S² utrumque stichum uncis inclusit,
cum stichus 13ᵃ ab init. pag. iterum scriptus esset. 13. (sec. loco) S²
15 διαμενει ... AS ενκαταλειφθησεται (Α εγκ-) 14. AS τα σωματα 17. S¹
εγενοντο ... S¹ om δια τουτο εγ. καταλ. τη γη. ... AS² οτε pro δια τουτο
sec. 19. AB ουχ ... S² om τη 20. S εξητησεν pro εστησεν 21. AS
om τω ... S¹ om (⁴ᵛⁱᵈ· suppl.) πληθυναι usque σπερμα αυτου ... AS τησ
γησ 22. Β¹S¹ ισακ ... BS δι αβρααμ 23. S primo ευλογ. (ὑψιστου) αυτου
20 XLV. 1. S απο ... ABS ανθρωπ. fin. stichi ... AS μωσην 2. AS εν
δοξη 4. S αυτ. ηγιασ. αυτον 5. S om αυτου extr. 6. S ανϋψωσέν ...
BS λευει 7. BS εστ. αυτον ... ABS περιστολην (Α -η) 8. S εν σκευεσιν 9. S
om και ab init. ... ABS χρυσοισ c. seqq. conjg. ... S¹ κωδεσιν 10. S
στηλη ... BS εργων ... AB λογιω, S λογοι 11. S¹ ειδεσι pro εν δεσει ...
25 Β εργων λιθ. ... S μνημοσυνηον ... S κατα ... S¹ φυλασσων 12. ABS
ωραια c. seqq. conjg. 13. S¹ om ου ... ABS¹ εωσ αιωνοσ, S² χ εωσ αι.
c. seqq. conjg. ... S² ενεδυσ. αυτα αλλογ. 14. Β θυσιαν ... S αυτων
15. S² χιρασ (⁴ χει-) αυτου ... S αιωνοσ ... AS και τω σπερμ. ... ABS¹
om αυτου i. f. 16. S¹ εξελεξαντο ... S καρπωμα ... S¹ om σου 17. AS
30 αυτω ... S εντολασ pro εν εντ. ... S² μαρτ. αυτου ... BS φωνησαι ...
AS² τον ισλ 19. S εποιησ. εν αυτ. ... AS φλογ. αυτουσ 20. ABS πρω-
τογενηματων ... AS εμερ. αυτω ... ABS² αρτον πρωτοισ, S¹ αρτ. πρωτον
γενηματοσ (S² praeterea not. σ super v vocis ̦αρτον, sed rurs. exstinxit) ...
AS εν πλησμονη 21. S¹ om τε 22. AS² σου και κλ. 24. S² λαου 25. S
35 om τω ... (Β δαυειδ, S δαδ ut plerumque) ... S¹ υιων (dubitari potest
utrum ν an κ scriptum fuerit), AS² ᵉᵗ⁴ ὐϊω ιεσσαι ... S² ad εξ adnot. εξ
ιουδα quod pro εξ υιου vid. poni voluisse ... S αυτων (Α -τω) pro ααρων
26. AS¹ δοιη ... AS γενεαν
XLVI. 1. ACS εν πολεμω ... (BS ισ) ... S¹ ο ναυη, S² ο του ν. ...
40 AB μωση ... Β εν προφητειασ (sic i. f. l.) ... AS κατακληρονομηση 2. AS²
κ. εν τω ... Β εκκλειναι, AS εκτιναι (Α -ει-) 3. AS προτεροσ ... S² πολε-
μουσ ... AS² κυριου 4. S¹ ενεποδισεν 5. S τον κυριον ὑψιστ. ... AS
επηκ. αυτου (ABS κυριοσ fin. st.) ... AS om εν ante λιθοισ (c. κατερραξεν
v. 6. conjungendum?) 6. S¹ πανοπλιαν, AS² π. αυτου 7. S ουτοσ ... S¹ om
45 εχθρου 9. ACS επι το ὑψοσ 10. S καλον πορευεσθαι 11. BS¹ εκαστω
12. S και τα οστα ... ABS² αντικαταλλασσομενον, S¹ αντικαταλαξοι ξενον

XLIII. 29. οβεροσ κ͞ϋ] Ti adnotat „κσ: ita prima manu ex κυ factum";
tacet de οβεροσ
XLIV. 19. ΑΒ ουχ] ita et Ti, b ut S ουκ
XLV. 9. ABS χρυσοισ etc.] b non dist., Ti Fr χρυσ. ad antecedd. trah.
XLVI. 12. αντικαταλασσομενον] ita et Ti, b -αλα-

XLVI. 13. ΣΟΦΙΑ ΣΕΙΡΑΧ. L. 23. 129

13. B om σαμουηλ ... Β βασιλεα 15. ACS εγν..εν ρημασιν αυτ. 16. S¹
επεκαλεσα ... S¹ αυτου εχθρους 17. S ο κυρ. 18. S¹ τυρων 19. S¹ χυ
αυτου ... B²S² ειληφεν 20. ACS επροφητευσεν ... S¹ suppl. κ sec. extra
lin. ... S εν προφητειαισ εξαλιψει XLVII. 1. ABS τουτον 2. ACS om των 3. AB¹ επαιζεν (A -πε-), 5
B²S επαιξεν ... S¹ και λ εν αρκεισ 4. CS κατεβαλεν 5. Β δυνατον i. m.
... Β ανυψωσει 6. S¹ ηρεσεν, S² ηνεσαν 7. S¹ εχθρ. σου κ. 8. ABS
αγιω — δοξησ stich. ... S ύψιστου ... S ύμνησιν 9. S ψαλμωδουσ ... ACS
om του ... ABCS ηχουσ ... ABCS γλυκαινεις 10. S om εν ... Β εορταις
... S σου pro αυτου ... ACS πρωϊασ ... S² φωνη ηχειν 11. B² χσ i. e. 10
χριστοσ pro κσ (dogmaticus!) 12. ABCS τουτον ... S κατεπαυσεν 13. AS
σολομων, it. S 23. ... S¹ ως θεοσ 17. Β ερμηνεια 18. ABS μολιβον
19. ABC παρανεκλεινασ (AC -κλι-), S παρεκλινασ 20. S om εν 21. S²
τυραννιδοσ ... S¹ αιφραιμ ... S αρξασ 22. AS² διαφθιρη (A -ει-) ... BS
εκλεκτ. αυτου εκγ. ... S¹ ϊακωβ οσ εδ. ... AB¹S καταλιμμα 23. AS πατ. 15
αυτου ... S ελαττουμενον ... S¹ om οσ pr. ... S υιος 24. S om τησ
XLVIII. 1. S (non B) ηλειας, it. 12. et -ει- B (non S) 4. 2. AS ολιγο-
ποιησεν 3. S² om ουτως 4. AS om τοισ ... AS καυχησεται 7. ABS
om ο 9. S αρμ. π. ϊππ. πυρ. 10. S εν ελλεγμοιισ (sic) ... S¹ om εισ
... AS om και pr. 11. CS ειδοτεσ ... S¹ αγαπη, S² αγαπησι σου ... 20
AS primo ζωησ 12. S ουκ εδυναστευσεν 13. AB ουχ, S κυ pro ουκ 15. (B
α|αμαρτιων) ... S αμ. αυτων ... AS om τησ ... AS διεσκορπισθησαν ...
(C)S κατελημφθη (C -ληφ-) ... S² αρχοντες ... AS εν τω οικω 17. S¹
τον ηωγ', S² τον αγωγον (sic conjecerat Geiger ZDMG 12. 542) 18. S¹ απε-
τρεψεν ... S τον ραψ. ... S ϋπερηφανιαν 19. AS και αι χ. 20. S¹ επα- 25
νεκαλεσαντο ... S ϊησου (!) 22. S¹ om κυριω ... S¹ om δαυιδ
XLIX. 1. S εσκευασμενου 2. AS κατηιθυνθη ... S¹ αυτου pro λαου
6. Β ενεπυρισεν ... °ABS εν χειρι init. stich. 7. S¹ φυτευειν 8. Β χερου-
βειμ, AS -ειν 9. S¹ τας οδουσ 10. (BS ιβ) ... AS² γαρ pro δε 11. S
μεγαλυνομεν ... Β ως σφραγ. 12. S ουτως ιησ ... BS οικοδομησαν 13. BS¹ 30
νεμουσιν (S -σι) pro νεεμιου ... S ημων ... S¹ χειλη pro τειχη ... B¹
μοκλους 14. AS ουδ εισ εκτ. επι τησ γης τοιουτ. οιοσ ενωχ και 15. Β
ο δε pro ουδε ... ABS εγενηθη 16. S² om τη
L. 1. BS ϊονιου (ϊ erasum [a S²] sed ab instauratore restitutum) ...
AB υπεραψεν, S² υπεγραψεν ... S primo κ. εν ταισ ημερ. ... AS om τον 35
2. S¹ και ϋπ α. εξεμελιωθη bis scrips. ... S primo περιβ. (ϋψηλου) ϊερου
3. AS αποδοχεια (A -χια) 4. S¹ το ελεον pro του λαου ... S¹ πτοησεως
6. S νεφελων 7. S φωτιζων 8. Β ως pr. i. m. ... AS ωσει κρ. επ εξοδω
9. S¹ ολοφυρτον ... S stichum 10ᵃ ante stichum 9ᶜ κεκοσμημενω (sic) π.
Α. π. ponit 11. S αναβαλινμβανιν (i. e. primo scriptum erat αναβαλλιν) 40
12. S¹ ορεων pro ιερεων (cf. Judith 3, 9) ... S¹ εσχαρασ ... BS κυκλ.
αυτος στεφ. ... AS κεδρων 13. S om οι ... S εν τη δοξη αυτουων
15. S² θυσιαστ. σωτηριου οσμ. ... B¹S πανβασιλει 17. AB²S κατεσπευ-
σαν ... S¹ θεω pro κυριω ... S εαυτων ... AS² om τω 18. S² ηχω
pro οικω ... S¹ εμελυνθη, AS² εμεγαλυνθη 19. S¹ om ο ... S συν- 45
ετελεσθη ο κοσμ. ... S¹ ελιτουργησαν pro ετελιως. 20. S κυριου ... AS
καυχησασθαι 21. S² προσκυν. κυριου 22. AS παντων τω μεγαλα ποι. π.
23. AB ϋμιν ... S¹ καρδιαν ... S primo ημερ. νεων ημων ... S² εν τω

XLVII. 1. ABS αγιω etc.] ita conjg. b, non Ti
XLVIII. 13. AB ουχ] ita et Ti, Cᵇ ουκ 18. S¹ απετρεψεν] sic Ti in
textu, in Comm.: „απεστρεψεν [sic]: Cᵃ απεστιλεν"

SEPTUAGINTA. *i*

L. 26. ΣΟΦΙΑ ΣΕΙΡΑΧ. ΩΣΗΕ. XI. 12

ισλ 26. AS σαμαριασ ... S om ο pr. ... AS ο μωροσ 27. AS παιδιαν ... S σειραχ' ... ABS ελεαζαρ ο ... S¹ ιερευσ ο σολυμειτησ ... S¹ σοφιασ 28. ABS² om ο 29. S ισχυι
LI. Inscr. Β υίησου 2. ABS εγενου βοηθ. (sic omisso μοι ante βοηθ.)
5 usque 3. με stichus 3. Β ελεουσ, S² ελεουσ σου ... BS ετοιμοσ ... S και εκ χ. 4. ABS πυρασ κυκλ. ..., S¹ εν μεσω ... S σου pro ου 5. Β βαθουσ 6. AS διαβολησ ... Β ηνεσεν pro ηγγισεν ... S² κατωτατου 8. S¹ om και ab initio ... S εξερη = Α εξαιρη ... AS εχθρων pro εθν. 9. S ανυψωσεν ... Β¹ επι γην, AS απο γησ 10. S² του 10 κυριου μ. ... Β ύπερηφανιων 12. AS εξομολογ. σοι ... S² αινεσω σε 15. ABS ιχνευον 16. AS παιδιαν, it. S 23. 26. 17. S¹ τω διδοσιν μ. σοφιαν και δοξαν 19. ABS διαμεμαχισται ... Β¹S διηκριβασαμην 20. S κατηγυθυνα ... AS stichum καρδιαν—αρχησ post stich. και εν—ευρ. αυτην pon. 21. AS του εκζητ. 22. AS γλωσσ. μου ... S μισθ. μοι 23. S¹ αινεσατε, 15 S² ενγεισατε ... AB κ. αυλισθησεσθαι 24. Β και οτι, AS τι οτι ... AS¹ υστερ. λεγετε, S² ύ. η λεγετε 25. Β αυτοισ 26. S εγγυσ γαρ εστ. ... S¹ ειδετε 28. BS¹ παιδειαν 29. S² εν τη αινεσ.
Subscriptio: ABS σοφια ίησου υιου σειραχ
Stichi: Α 3090, Β 3224, S 3277.

ΩΣΗΕ.

Inscriptio: AB ωσηε
I. 1. αχασ 6. θυγατεραν 7. om ιουδα 11. AB οι ύιοι ιουδα
II. 1. i. m. β̄ ... ελεημενη 3. καθ. η ημ. 10. AB ουδεισ 18. ρομφ.
20 × πολεμ. ... Β¹ εφ ελπιδι 21. εν τη ημερα εκεινη
III. 1. i. m. γ̄ 3. om ετερω
IV. 1. i. m. δ̄ 3. μικρυνθησεται 5. AB om ο 6. om μη 11. πορνειαν· c. antecedd. conjg. 12. Β¹ απηγγ. αυτου 14. AB πορνευωσιν ... AB μοιχευωσιν 15. οικον, × ων, i. m. × τησ αδικιασ, sic A pro ων
25 V. 1. i. m. ε̄ ... Β¹ πακισ 3. απεστην (Α απεστιν) 8. i. m. ϛ̄ ... AB βενιαμειν
VI. 1. Β¹ ιασαιτε, ²-σεται ... Β² μωτωσει 2. τριτη και ... AB αναστησομεθα 3. AB διωξομεν ... AB¹ προίμοσ
VII. 1. usque ισραηλ c. antecedd. conjg. vid. ... Β¹ ηργασαντο 7. AB
30 ο επικαλουμενοσ εν αυτοισ προσ με (Α εμε) 11. εχουσαν 13. i. m. ζ̄ ... απεπε|πηδησαν 14. κατε|τετεμνοντο 16 AB ουθεν
VIII. 1. ησεβησαν i. m. 5. Β¹ παροξυνθη 7. Β¹ καταφαγ. αυτα 12. (νομ. αυτου)
IX. 1. i. m. η̄ 4. ουχ ηδυν. ... AB εσθοντεσ 6. αυτων extr. i. m.
35 10. Β¹ προίμον ... AB ειδον πατερασ αυτων 13. om ειδον 15. AB αυτουσ εμεισησα
X. 1. i. m. θ̄ ... om τα pr. 5. om οι 12. AB γενηματα ... ημιν 14. AB om του sec.
XI. 1. ορθρου απερρειφησαν· απερριφη 2. αυτουσ ουτωσ 4. εν διαφθ.
40 ανθρωπων· c. antecedd. conjg. 5. i. m. ῑ 6. AB om εν pr. 8. AB σεβωειμ' 10. ωρυσσεται 12. ασεβεια ... AB και λαοσ

Ll. 12. S² αινεσω σε] Ti in Comm: „σοι: Cᵃ σε" quod ad εξομ. σοι vel ad αινεσω σοι pertinere potest; suspicor ad secundum
IV. 11. Interpunctionis diversitatem inter ABbTi in libris propheticis perfrequentem non semper attuli
IX. 4. ουχ ηδ.] ita et Ti, b (ut Α) ουκ

XII. 1. (A)B πνευμα· εδιωξεν 2. κ. τ. οδ. αυτου c. antecedd. conjg.
8. B¹ ουκ 12. AB και εν γυν. εφ. 14. AB αυτω κυριοσ
XIII. 1. AB αυτοσ ελαβεν 2. AB om νυν 4. om ο sec. ... AB στρα-
τειαν 6. (πλησμ⁰νην) ... B¹ επελαθεντο 7. κ. τ. οδ. ασσυρ. c. antecedd.
conjg. 8. AB om η 14. παρακλησεισ 16. B¹ ϋποτιθθια   5
XIV. 1. i. m. $\overline{\iota\alpha}$ ... AB¹ επιστραφητι 2. μετ 'εαυτων 3. AB ειπωμεν
7. εξανθ. ωσ αμπελ. 9. AB διοτι
Subscriptio: AB ωσηε α

ΑΜΩΣ.

Inscriptio: AB αμωσ β
I. 1. i. m. $\overline{\alpha}$ ... εν pro εκ 4. AB εξαποστελω ... AB om τα, it. 7.
5. AB εξολεθρ., it. 8. 9. AB¹ ϊουδαιαν 12. AB θαιμαν 14. AB τα τειχ.
ραββα ... συντελει^{ασ} 10
II. 1. (ασεβεια'σ) 2. AB επι μωαβ' ... AB αδυναμεια 3. AB εξολεθρ.
4. i. m. $\overline{\beta}$ 6. (επι τεσ [= ταισ] τεσσ.) 9. ουν pro οὖ 10. ($\overline{\mu}$ ετη) 14. σω-
σει, it. 15. 15. AB ουδε ο ϊππ. 16. B² om ου μη
III. 1. i. m. $\overline{\gamma}$ 2. om των ... om τησ 5. ορν. επι την γην 6. ου
μη πτ. 7. ποιησει 9. AB απαγγειλατε 11. (εκ^{σ}παση) ... B¹ σκελη ο λοβον 15
... εκσπαθησονται 12. ϊερεισ nov. sect. inc. 15. om κυριοσ
IV. 3. απορριφησεσθε 5. AB κυριοσ ο θεοσ 9. AB συκωνασ 10. AB
ϊππων ... AB παρεμβ. ϋμων 13. ϊδου εγω i. m. ... ο ποιων ... om και
ante επιβαιν. ... AB ϋψη
V. 3. εξ ησ pr. i. m. ... ($\overline{ρ}$ bis) 4. (ϊσραηλ') 6. ζησατε ... αναλημψη 20
9. επ ϊσχυν 11. οιν. εξ αυτ. 12. καταπατουσαι ... ανταλλαγματα 13. B¹
σιωπησητε 15. AB ηγαπηκαμεν 16. i. m. $\overline{δ}$ 25. μοι εν τη ερ. $\overline{μ}$ ετη οικ.
ισραηλ' (cf. A)
VI. 2. εμαθραββα 5. AB επικροτουντεσ 8. συμ πασιν 9. om ανδρεσ
10. οι οικειοι οι αυτ. 14. AB επεγειρω ... AB εμαθ'   25
VII. 2. B¹ συντεληση 10. i. m. $\overline{ε}$ 15. προφητων pro προβατων(!)
... AB om και extr. 16. οχλαγωγησεισ 17. ουτωσ εδειξεν etc. c. seqq.
conjg.
VIII. 3 φατμωματα ... εν εκεινη τη ημερα, it. AB 9. ... AB επιριψω
5. AB(²) μεικρον μετρον 6. AB ταπεινον (A -πι-) pro πενητα ... AB γεννη- 30
ματοσ 9. AB και δυσεται 11. AB om τον 12. AB om απο τησ θαλασσησ
... τησ pro εωσ ... om του
IX. 7. εσται (² -τε) εμου 9. λικνω (antea bis -κμ-) 11. i. m. $\overline{ς}$ ...
αναστησω sec. c. sqq. conjg. 12. AB om παντα sec. 14. om του ... AB
καταφυτευσουσιν ... αμπελωνασ ... φυτευσουσιν pro ποιησ., cf. A ... τουσ 35
καρπουσ 15. AB ο παντοκρατωρ
Subscriptio: AB αμωσ β

XII. 1. πνευμα· εδιωξεν] ita dist. et Ti, b εδιωξε c. antecedd. conjg.,
Ti in apparatu ad locum scripserat „c. seqq."
XIV. 3. ειπωμεν] ita et Ti, b ειπομεν
I. 10. 12. B, Ti et b ex corr. θεμελια, b habuerat θεμελεια, ut A
priore loco
IV. 10. ιππων] ita et Ti, b ιππον
V. 8. b προσκααλουμενοσ
VIII. 6. AB γεννηματοσ] ita et b, Ti -νν-
IX. 1. b ανσωζομενοσ 13. b τα ορει

*i**

ΜΙΧΑΙΑΣ.

Inscriptio: AB μειχαιασ (A μι-) γ
I. 1. μειχαιαν 3. και επιβησεται suprascript. (cf. A) 5. AB δια bis ... AB σαμαρεια sine η 8. ποιησετε 10. i. m. $\overline{β}$ ... AB om και pr. 11. εξηλθεν · ... AB κοψασθε
II. 1. AB τασ χειρ. α. 4. εμ μελει ... AB κωλυσων ... ημων 6. AB 5 ου γαρ 8. AB ελπιδα 9. απoριφησονται
III. 4. AB om τον 5. i. m. $\overline{γ}$ ... AB επ αυτον ειρηνην 6. AB σκοτ. ύμιν εσται 7. εισακουων 11. AB om ο   σ
IV. 1. i. m. $\overline{δ}$ ... AB του κυριου 7. εθνοι$^{χ \cdot}$ δυν. 10. ρυσεται σε χ εκειθεν λυτρωσεται ... B^1 εκθρων 11. AB επισυνηχθη 12. λογισμ. κυριον
10 V. 1. AB εφ υμασ ... πυλασ 2. B^1 εξ ου pro (=) εκ σου 4. ισχυεϊ ... μεγαλυνθησονται 8. πολλων λαων 9. AB εξολεθρ., it. 10. 13. 10. om εκεινη ... εκ μεσω σ., it. 14. 11. AB^1 εξολεθρ., it. B 12. 13. προσκυνησησ
VI. 1. i. m. $\overline{ε}$ ... AB οι βουνοι 2. λαοι pro ορη 4. AB μωσην 7. χειμαρρων ... AB om υπερ pr. 9. ante ακουε (nov. sect. inc.) i. m. $\overline{ς}$ 10. AB
15 αδικια 12. ύψωθητι 14. AB σκοτασει ... και συ ου μη ... εαν 16. (ληψεσθε, B hic primum, si recte recordor, non λημψ.)
VII. 1. AB^2 οϊμμοι bis 2. AB^2 ευλαβησ 4. (βαδιζων) ... AB ουαι ουαι αι 7. i. m. $\overline{ζ}$ 9. εξαξεις 10. B^1 εκθρα ... AB η λεγ. προσ με 11. AB ημερασ ... B^1 αλυφησ ... εξαλιψεϊσ (sic) 12. B^1 ειξουσιν ... B^2
20 εωσ ορουσ 16. AB αποκωφωθησονται (b -σεται cal. ex -σοται) 17. AB οφισ 19. απoριφησονται
Subscriptio: AB μειχαιασ (A μι-) γ

ΙΩΗΛ.

Inscriptio: ABS ϊωηλ δ
I. 1. B i. m. $\overline{α}$ 2. S^1 τοιαυτασ ... B^1 ημερ. ημων ... S^1 πατερ. ημων 4. S βρουχοσ 5. S^1 εξηχθη, AS^3 εξηρται (S^2 = Bb) 6. S ονδοντεσ αυτ. ... S^1 et ^{3} μ. σκυμνου αυτου 7. S^1 ερευνον ... B ερρειψεν, S εριψ. ... AS om τα
25 8. S$^{3(c.4)}$ θρηνησει vid. 9. S^1 εξηλθε θ. ... BS om οι pr. ... ABS om κυριου sec. 10. B^2 πενθητω ... S$^{2(c.3)}$ ολιγωθη, it. ολιγ- 12. 11. S$^{2c.3}$ κατησχυνθησαν pro εξηρανθησαν ... S^1 θνηνιτε ... S απελωλεν 12. B ξυλα του (B^1 ξυλου?) ... S^3 εξηρανθη 13. ABS εισελθατε ... S^1 επεσχηκεν ... S$^{2(c.3)}$ θυσ. κ. σπονδη εξ οικ. θ. ημων 14. BS κεκραξατε ... S^2 οικ. κυριου,
30 ^{3} οικ. κυρ. θεου 15. ABS οιμμοι ter ... B om η 15. 16. B dist. ut b 16. ABS^1 εξωλεθρ., S corr. εξηρθη vel εξηρανθη (rursus erasum) 17. S^1 παθναισ
II. 1. S^3 γην οτι ... AS η ημερα 2. S η ημερα 3. S$^{2(c.3)}$ τα δε εμπρ. ... S^1 θυπησ pro τρυφησ ... S^3 οπισω pro οπισθεν ... S^1 αιστε

I. 5. b οὖ ἡ σαμ., Ti οὐχ ἡ σαμ.
II. 9. b primo ἡγουμένη
V. 4. B ἰσχυεϊ] b ισχυει, Ti ισχυϊ
VI. 4. AB μωσην] ita et b, Ti μωυσην 5. b βααλαμ 14. b παραδωθησονται
VII. 17. AB οφισ] ita et b, Ti οφεισ
I. 6. Ti in Comm. S „σκυμνουσ αυτου"

II. 4. ΙΩΗΔ. ΟΒΔΙΟΥ. 15. 133

pro εσται (talia saepissime; interdum tantum talia notatuntur) 4. S[1.] ουτω 5. S πολυσ ϊσχυροσ 8. S[3] συντελεσωσιν 10. AS[1] προσωπ. αυτων ... S συσχυθησεται ... ABS τα αστρα 11. S[1] ησχυρα ... S[!] οτι ... AB μεγαλη ημερα ... ABS του κυριου μεγαλη και επιφ. ... AS[1] εστιν 12. B i. m. $\overline{\beta}$ 13. BS[1] διαρηξατε 14. ABS ευλογιαν θυσίαν et ημων 16. ABS[2(c.3)] εξελ- 5 θατω ... ABS παστου 17. S[1] κριπιδοσ ... ABS om τω ... S[1] του καταξε αυτουσ 20. S[1] την pro γην ... S αφανισω ... B om η 22. BS[1] om τα 23. S[3] οτι ... S[1] βραματα ... ABS προϊμον 24. S αι αλωνε ([2] -νεσ) σιτ. 25. B ανταποδωσει (post ὕμιν· dist.) ... S[1] καμπη και η 26. S[1] ενεσατε 27. AS[3]~καταισχυνθη ... S[1] οτι pro ετι 28. AS[3] om και sec. ... S 10 σαρκαν ... S[1] ενυπνα, [2] = b, AS[3] -νιοισ 29. AS[2 et 3] και γε επι ... S[1] om μου ... AS[2] δουλασ μου 30. ABS δωσω ... ABS εν τω ουρ. ... S[3] ουρανω ανω και σημια επι 31. S εισ κοτοσ (non corr.) ... BS om την pr. ... S επιφανην 32. S εαν ... S[1] επικαληται, [2] = b -λεσηται, [3] -λησηται (sic) ... S ευαγ'γελιζομενοσ 15
III. 1. ABS διοτι ... S[1] ειδου ... B επιστρεφω ... S[1] εκμαλωσιαν, it. 8. 2. S κοιλαδαν, it. 12. ... BS[1] καταδιειλαντο 3. ABS om του 4. B[2] ανταποδιδετε 5. ABS μ. και τα κ. 6. S[3 c.4?] οριων τησ κληρονομιασ α. 7. ABS om και pr., S[3 c.4] et sec. 9. B i. m. $\overline{\gamma}$ ... BS[1 et 4] μαχηται και πρ. ... S om και 10. S[1] αροτρα ημων ... B σειρομαστρασ ... S[1] δυνατοσ ... (S [ε]γω) ... 20 S[1] συναχθησετε (= -ται) 12. S εξεγιρεσθ. και 13. BS om ο ... AS[1] υπερχιτε (A -χει-), S[3] ὑπερχειται 14. S[1] κοιλη ... AS η ημερα 15. AS[2] το φεγγ. 16. S[1] om ο δε usque φωνην αυτου, S[3] suppl. ... AS[3] ανακραξεται 17. S[3] γνωσεσθε οτι ... BS εν ορει ... ABS αγιω μου (B αγειω) ... S [corr. (c.3?)] ιημ πολισ αγια 18. S[1] πασε ε αφεσισ 19. S[1] ϊουδεα, 25 [2] ιδουμεα, [3] -μαια 20. S αιωναν 21. ABS αθοωσω
Subscriptio: ABS ϊωηλ' δ

ΟΒΔΙΟΥ.

Inscriptio: B οβδειου ε, AS αβδιου (A -δει-) ε
1. B οβδειου, AS αβδιου ... S[1] εξαναστησωμαιν 2. ABS συ ει 3. S[2c.3] η υπερηφ. ... S[1] κατασκηνουντοσ („nisi forte potius est -τεσ"), [2] -τα (= b), [3] -τασ ... ABS τισ με κατ. 4. AS om εαν sec. ... S[1] αστερων ... (S σαι = σε) 5. S σε εη λησητε ... S απεριφησ ... S εαυτοισ ... ABS[3] ὕπε- 30 λιποντο (A -λειπ-), S[1] ὑπολιποντο ... BS[3] επιφυλλιδασ, S[1] υποφυλλιδασ 6. S κατελιφθη ... ABS αυτου τα κεκρ. ... S κεκρυμενα 8. ABS εν εκεινη τη ημερα (S[1] εκινη et ημαιρα) 9. S θεμαν 10. AS[2c.3] την ασεβ. την εισ τον αδελφον σου ϊακωβ και καλ. ... S[1] αιωναν 11. S[1] δυναμ. αυτων ... S επβαλλον 12. B μεγαλορημονησ, AS μεγαλορημονησσ 13. S[3] λαου 35 μου ... S πονηρων αυτων ... S[3] αυτου quater ... ABS α. μηδε συνεπιθη (B -πει-) ... S[1] i. f. repetivit μηδε συνεπιθη ε. τ. δ. α. εν η. απολιασ (sic) αυτων ε 14. S[1] αιπειστησ ... AS[2 c.3] διεκβ. αυτων ... ABS εξολεθρ. ... BS[1 et 3] ανασωζ. αυτου, S[2] ανασωζ. εξ αυτων ... S[2 c.3] φευγ. αυτων 15. AS

II. 4. b οσ ορασισ pro ωσ ορ. 16. ABS παστου] ita et Ti, b μαστου (et quidem bis μα-, i. fine et ab initio paginae) 30. ABS δωσω] ita et Ti, b δωσωσι
5. S σε εη] εη = ει? pro η, ut A

η ημερα 16. BS¹ om παντα usque πιονται 17. AS³ η σωτηρια 18. S ησαν καλαμην (sic) ... S¹ om και tert. ... AS corr. πυρφοροσ ... S³ οτι 19. S¹ εν αγεβ ... S σαμαριασ 20. B dist. post αυτη· ... AS² c·³ και κληρονομησ.
Subscriptio: B οβδειου ε, AS αβδειου (Α -δι-) ε

ΙΩΝΑΣ.

Inscriptio: ABS ιωνασ ς

5 I. 2. Β πορευθυτητι (sic) ... S¹ καυη pro κραυγη 3. S primo vid. φοιιν ... ΑΒ θαρσεισ ter, S bis ... S¹ εισ ιππην ... S¹ om και εδωκεν usque θαρσισ ... ABS² ενεβη 4. AS² et ³ εισ pro επι ... BS¹ et⁴ om του ... AS³(vid. c.4) του διαλυθηναι 5. S³ ανεβοων 6. S¹ ρεγχει· ... S³ αναστηθι ... S ϡσ η|ημασ (i. f. col.) ... BS¹ om ου 7. S¹ επιγνωσομεν 8. AS
10 ειπαν ... S³ ερχη και που πορευει 9. ABS²(vid. c.3) εγω ειμι ... S³ φοβουμαι pro σεβομαι 10. S³ c·⁴ φοβω μεγαλω ... S¹ φενων 11. ABS τι σοι, AS ποιησωμεν 11. S³ επορυετο (cf. A) 12. S ενβαλατε ... S¹ εγω διοτι 13. Β¹ καιπερεβιαζοντο (= καιπερ εβιαζ.?) ... S επορυετο, cf. A 14. S¹ προσ τον κυριον ... S¹ om (² suppl.) μη απολ. usque κυριε ... S²
15 απολοιμεθα, ³ -λυμ- ... S² σου pro συ (sec. Ti) ... S βεβουλου 15. S¹ et 3 εβαλον, AS² ενεβαλον 16. S ερφοβηθησαν ... BS θυσιασ ... Β ευξαντο ... ABS om τασ

II. 1. S¹ κα (sic) προσετ. ... S¹ τητει pro κητ. ... S¹ μεγ. και κατεπιεν τ. ... Β ante και ην i. m. ϝ 2. S² c·³ om τον ... S¹(primo?) om αυτου
20 usq. 3. τον θεον 3. Β εισηχ. μου c. εχ κ. αδ. κρ. μου conjg. ... S¹ κραυησ 4. S απεριψασ μεσ (sic) εισ ... ABS με εκυκλωσαν 5. ABS om με ... BS προσ τον ναον (Β¹ λαον) 6. BS υδωρ μοι (S ι εχ υ) ... S¹ εισ χισμασ ... AS⁴? εχ φθορασ ... S⁴? ζ. μ. προσ σε 7. Β κυριε ο. θ. μ. c. sqq. conj. 8. BS εκλιπειν (S¹ -πιν) ... BS¹ ευχη ... ABS om των 9. S² c·³ ελεον
25 10. S² c·³ εισ σωτηριον μου ... S ω τω κυρ. (³ τω εχ ω fecit) 11. ABS¹(et⁴) om απο κυριου

III. 1. Β i. m. ϝ 2. AS² c·³ αναστηθι και ... S νινευην 3. ABS ημερ. τριων 4. AS³ του εισπορευεσθαι 5. BS¹ ενεπιστευσαν ... S⁽¹⁾ νηστιαν αι (sic) ενεδ. ... S³ c·⁴ απο μικρου α. εωσ μεγαλου α. ... S³ c·⁴ λαοσ pro λογοσ
30 ... S¹ βασια (sic) τ. νινευησ 7. Β² ερρηθη, S¹ ερεθη ... S¹ και παντων μεγιστ. αυτων ... S¹ γευσεσθωσαν ... BS μηδεν μηδε νεμ. ... S¹ μηδεν μηδε ... S πινετωσαν 8. ABS περιεβαλοντο ... S³ ανεστρεψαν ... ABS οδ. αυτου 10. S¹ ποιησε αυτοι

IV. 2. AB²S προσηυξατο ... ABS¹ ω κυριε, S² praem. ωδη? ... ABS
35 θαρσεισ ... S² c·³ εγωκν εγω 3. S² c·³ με μαλλον ... BS¹ ει pro η ... S³ om με 4. S¹ ΐ pro ει ... S συ λελυπησαι συ 5. (A)BS εαυτω ... ABS α. εν σκια εωσ ... S εν τη πολι 6. S² c·³ εισ σκιαν ... S¹ κακων αυτων 7. S ο ϡσ ο σκωλ. 8. ABS καυσωνοσ ... ABS om του ... S ολιγοψυχη-

---

II. 3. Β εισηχ. μου etc.] ita et b, Ti non dist.
IV. 2. ω κυριε, S³ praemitt. ωδη] Ti in Comm. „ω: Cᵃ addi voluit ω δη, nisi per incuriam ω repetisse nec nisi δη addi voluisse censendus est"; an praemitti voluerit ωδη (ut A 2, 3)? 7. S ο ϡσ ο σκ.] Ti Comm.: σ jam prima manu puncto et obelo notatum est. Ceterum primum ων [=ὦν?] pro ο θεοσ scripserat".

σεν... AS³ το αποθ.... S¹ om με 9. AS³ κυριοσ ο θεοσ 10. AS¹ επ αυτησ, S³ εισ αυτην (² = b)... ABS¹ και ουκ, S³ ουδε pro και ουδε... S¹ πλιου... BS¹ om ἢ pr.
Subscriptio: BS ιωνασ ς

ΝΑΟΥΜ.

Inscriptio: ABS ναουμ ζ
I. 1. S¹ ελκαισεου, ³ ελκεσεου 2. ABS om εκδικων κυριοσ ante μετα θυμου, quod cum seqq. conjgdum, sed S² θυμου και ... S εχθρουσ 5
3. AS² et ³ αθοων ... ABS αθοωσει 4. BS² et ³ ολιγωθη ... S³ παντα τα εξανθ. 5. S χ οι βουν. εσαλ. χ α- i. m. ... S³ c.4 ανεστη 9. S³ ποιησει ... S¹ om ουκ εκδικ.—10. χερσωθησεται 10. S³ θεμ. αυτησ ... S¹ ωσ μιλασ 11. S εξ ου 13. AS² δεσμ. σου ... BS¹ διαρηξω 14. AB ύπερ σου ... S³ εξ ονοματοσ ... ABS εξολεθρ. ... S³ om τα 2. 1. B ante εορταζε 10
i. m. β̄, S ante διοτι dist. ... AS προσθωσιν
II. 1. S¹ εξητε, ² -ηρτε, ³ -ηρται, sed ³ simul i. m. ανηλωται 2. S τη σ ισχυει σφ. 3. S απεστρψεν ... S¹ υβιν ιακωβ 4. S³ c.4 ετοιμ. αυτων 5. S² c.3 om και ... S¹ συσχυθησονται 6. B¹ πολεων, S¹ ποταμων ... S¹ βασιλεα 7. AS ανεβεννεν (A αναιβ-) 8. S¹ φευοντεσ (ε ex θ correctum) 15
9. B διηρπασαν το αργ. ... AS ύπερ παντα ... B om τα pr. 10. AB εκβραγμοσ ... S¹ θραυμοσ ... S¹ χυθρασ 11. S¹ om η pr. ... S¹ τοισ σκυμνοι ... AS² σκυμνοσ λεοντ. ... S¹ εκφορων 12. S¹ θηραν 13. B i. m. γ̄ ...
S² c.3 εγω ειμι ... S¹ αι pro σε ... ABS εξολεθρ. ... S² c.3 ετι pro ουκαιτι (S¹) 20
III. 2. S¹ ίππων (Ti Comm. ἵ-) 3. S³ om και ab in. 4. AB¹S επιχαρησ ... AS² et ³ φυλασ pro λαουσ 5. S² c.3 om ο sec. 6. B επιρρειψω, AS επιρι- ... S¹ et 4 αμαρτιασ pro ακαθαρσιασ ... S¹ παραδισγμα 7. B¹S¹ δηλεα, S³ δειλεα 8. S³ om ετοιμασε (² et ³ -σαι) μεριδα ... S³ om ετοιμασε ... S² et ³ μερισ ... S¹ αρμων ... S¹ ωσ pro ησ 9. S³ om και ab 25
init. ... AS² c.3 η ίσχυσ ... BS εστιν (S¹ αιστιν) ... AS² φυγησ σου 10. B¹ μετοικησιαν ... S¹ αιχμαλωτοσ ... S¹ κ. πανηγυρια τα νηπια ... S³ αρχησ ... S¹ (et ²) ορεων pro οδων ... S¹ om αυτησ extr. 11. S³ παρεωραμενη ... S¹ στασιν εχθρων 12. B² καρπουσ pro σκοπουσ ... S¹ εισ στομα ... S² c.3 εσθιοντοσ 13. S¹ εκθροισ ... S¹ α καταφαγει ... S¹ om επι- 30
σπασαι σεαυτη ... AS² et 3 om και pr. ... S primo πολεμον pro πηλον 15. AS εξολεθρ. ... AS² και καταφαγ. ... B βαρυνθησει ... S¹ βουχοσ 16. S¹ om επληθυνασ—βρουχοσ ... S² ωσ, ³ ωσπερ pro υπερ 19. AS³ ακουσαντεσ ... S τιναν
Subscriptio: ABS ναουμ ζ

ΑΜΒΑΚΟΥΜ.

Inscriptio: ABS αμβακουμ η
I. 1. B i. m. ᾱ 2. B¹S² c.3 κραξεμαι ... ABS εισακουσησ 5. B i. m. β̄ 35
... S¹ εν τεσ ημαιρεσ ημων ... S¹ εκδιηγησηται ... AS² c.3 i. f. add. ὕμιν 6. AS² c.3 εξεγ. εφ υμασ ... S χαλδεουσ ... S¹ το ταπινον 7. S¹ εξ ουτου

I. 1. S 78, b, 2 Ti ed. αμβ. ο ο προφ, mendose.

I. 8.   ΑΜΒΑΚΟΥΜ.   ΣΟΦΟΝΙΑΣ.   I. 11.

8. S^primo προιμοσ pro προθυμ. 9. S³ συντελειαν (c. praec. conjg.) ... S³ ᶜ·⁴ επι ασεβεισ 10. S τυρανοι ... S¹ εμπεζεται 11. S¹ βαλλι ... S¹ μεταβαλλε 13. B om ο ... S² οφθ. σου του ... AS³ ου δυνηση pro οδυνησ ... B^primo- καπινειν, S³ ᶜ·⁴ καταπιειν 14. S ποιησησ ... S¹ ηχθυσ ... AS¹ᵉᵗ³ om τα 5 sec. 16. S²ᶜ·³ om η καρδια αυτου 17. S¹ αμφιβαλλει ... S¹ᵉᵗ³ αποκτεινειν,, ² -ενει
II. 1. B i m. 7̄ ... S¹ ελεγμου pro ελεγχ. μου 2. S²ᶜ·³ om και ante σαφ. ... S¹ ιωκη ... S²ᶜ·³ i. m. απαγγελει pro ανατελι 3. AS ύστερησει ... S¹ ευδοκι: ση ψ. 5. B και pr. suprascr. ... B ανηρ αλαζων i. m. ... BS¹ ουδεν ... 10 AS ο αδησ ... S¹ ουτωσ 6. S παντα ταυτα ... ABS παραβολην κατ αυτου· λημψ. ... S¹ λημψεται 8. AS²ᶜ·³ διοτι συ ... AS σκυλευσουσιν (S¹ -λευ- σιν) σε 9. S¹ οικον pro υψοσ ... AS¹ εκπασθηναι 10. B τω οικω σ. c. seqq. conjg. ... ABS λαουσ πολλουσ 12. S ο π οικοδ. πολ. ... S¹ αιν· αδικ. 13. S ολιγοψυχησαν 14. S¹ ενπλησετε, ²ᵉᵗ³ πλησθησετε (³ -ται) 15 16. S ατιμιάσ ... S³ᶜ·⁴ και διασαλευθητι pro καρδια σαλ. ... S¹ εκυκλω- σαν ... S¹ συνηχον ... S¹ om ατιμια επι τ. δ. σ. (17) διοτι 17. S ασεβιαν· ... ABS¹ δια pro δι 18. AS γλ. οτι ... S³ επλασαν (et ⁴ -σαν) το χων. 19. S¹ οι λεγοντεσ ... S³ om και pr: 20. B om αυτου sec.
III. 1. B i. m. 5̄ 2. S χ̄ε̄ κατεν. 3. S²ᵉᵗ³ απο θεμαν (θε- et ¹) ... 20 S²ᵉᵗ³ om φαραν ... AS δασεωσ 5. S² πεδιαν 6. S¹ om η ... S¹ ετακη. ... S^primo βιαν ... S¹ πορια (² -ριασ) εων. 7. S²ᶜ·³ αντι δε ... S om αι ... S¹ μαδιαν 8. S¹ om η εν θαλ. το ορμ. σου ... S επ τουσ ίπ̄πουσου (sic) κ. (² add. η) ίπ̄πασιασ (sic) σου 9. AS²ᵉᵗ³ εντενεισ pro ενετινασ ... AS² το τοξ. ... S¹ σκηπτα 11. S¹ om τη ... S¹ εσ φωσ ... S¹ οπλον 25 12. S¹ ολιγω εισ γην (sic dist.?) 13. AS⁴ᵛⁱᵈ. τουσ χριστουσ σ. ... AS²ᵉᵗ ³· εβαλασ ... S² ante διαψαλμα add. εισ τελοσ 14. S¹ διεκοπασ ... S²ᶜ·³ι εσθιων 15. AS² επεβιβασασ ... S¹ ισ ... S³ υδατα πολλα 16. S²ᵉᵗ³· καρδια pro κοιλια ... S¹ om και tert. ... S³ ίσχυσ pro εξεισ (¹) ... S²ᵉᵗ⁴ αναβ. με 17. S¹ τοισ ... S²ᶜ·³ εξελιπον ... S²ᶜ·³ om και extr. 18. S¹ 30 αγαλιασομαι 19. S²ᶜ·³ θεοσ μου ... S²ᶜ·³ και επι ... AS²ᶜ·³ νικ. με. ... S¹ οδω
Subscriptio: ABS αμβακουμ η

ΣΟΦΟΝΙΑΣ.

Inscriptio: ABS σοφονιασ θ
I. 1. ABS³ χουσει ... S¹ αμμορεου, ³? αμμοριου, ⁴? αμαριου ... B ίωσειου, S¹ ίουσιου ... AB² αμωσ, S αμμων 2. S¹ εκλιψετω, ² εκλιπετω παντα, ³ εκλιπετωσαν 3. S¹ εκλιψετω bis ... S¹ ηχθυεσ ... S¹ ασεβεισ 35 raso βασιλεισ rescr. 4. B χειραν ... S¹ᵉᵗ² om μου ... BS ίουδαν 5. S ίδωλα pro δωματα ... S om και tert. ... S^primo κατα τα του κ. ... S²ᶜ·³ του κυριου βασιλ. 7. S¹ᵉᵗ³ του κυρ. του ... AS η ημερα ... AS ητοιμασεν ... ABS om και 9. AS επι παντασ εμφαν. επι. ... S²ᶜ·³ προ- πυλαια ... S³ om θεου ... S ασεβιασ και δολουσ· 10. AS²ᶜ·³ εν εκεινη. 40 (S¹ -κι-) τη ημερα ... S¹ κραυησ, it. 16. 11. B i. m. β̄ ... S¹ θνηνησατε

I. 10. S¹ εμπεζεται] Ti Comm. „εμπεξεται:: Cᵇ εμπαιξεται"
III. 17. ABS γενήματα] ita b, Ti -νν- ' S¹ τοισ αμπ.] sic Ti in textu, in Comm. „τεσ (sic): Cᵇ ταισ" b ουκ υπαρχ. '
I. 9. Ti Comm. „δουλουσ [sic]: σ ipsa prima, ni fallor, manu ex- stinctum"

I. 12. ΣΟΦΟΝΙΑΣ. ΑΓΓΑΙΟΣ. II. 6.

... S ομοιωθη ... ABS χανααν· εξωλεθρ. 12. AS οι λεγοντ. ... S αγαθοποιησι, [3] -σει ... S κακωσει 14. AS οτι εγγ. η ημερ. ... S¹ σκηρα 15. S¹ δινατη ... S³ ταλαιπωριασ pro αωρ. ... ABS σκοτουσ κ. γνοφου 18. S¹ δυνωνται ... BS ζηλουσ ... (S¹ παντ. του κ.) II. 4. S² c.³ συνδεηθητε 2. S³ om προ του επ.—οργ. κυριου 3. ABS αποκρινεσθαι (B -κρει-) 5. B post κρητων plen. dist., i. m. $\overline{γ}$ 7. S¹ σχυνισμα ... S¹ εξ αυτουσ, AS² primo επ αυτου ... S ϋϊων ϋϊουδα ... ABS³ απεστρεψε (AS³ -εν), S¹ επεστρεψε (² -εν) ... S¹ εκμαλωσιαν 8. S¹ αμμωσ 9. S¹ et ³ οτι ... AS και οι ... S ϋϊάοι αμμ. ... S αιωναν ... S¹ παντοκρατοραν 11. AS¹ et ⁴ επιφανησ εσται (S¹ -τε) ... ABS εξολεθρ. ... 10 S αυτούω εκαστ. 13. AS³ εκτενω τ. χ. μου ... S³ c.⁴ απολω et θησω ... S¹ νινευην ... S αφανσμον 14. S¹ χαμαλεοντεσ (² -μαιλ-, ³ -μελ-) ... B φατμωμασιν ... S κοιτασσθησονται ... S διωρυγμασιν ... ABS om και extr. ... S¹ om κορακεσ εν τ. π. αυτησ 15. S δια αυτ. III. 1. S² c.³ λελυτρωμενη 2. S¹ ησηκουσεν ... AB¹S² et ³ παιδιαν, 15 S¹-διασ ... S¹ επεποθει ... S¹ ιπελιφθησαν sic 4. ABS οι ϊερεισ ... S¹ om τα αγ. κ. ασεβουσι 5. S αδικιάν sec. c. seqq. conj. 6. B i. m. $\overline{δ}$ ... S¹ et ⁴ καταφθορα 6. AS³ δια το μηδ. ... S¹ πεδιαν, ² παδ- 7. AS¹ εξολεθρευθηται (A -τε), S³ -θη ... S¹ ετοιμαζώνου ορθ. ... AS² διεφθαρται 8. ABS διοτι το κρ. ... S³ c.⁴ viJ. αυτ. την οργην μου πασαν ... B ζηλουσ 20 9. S μεταστρψω ... S¹ λωσαν pro γλωσσαν 10. S² c.³ προσδεξ. τουσ ϋκετευοντασ με των εσπαρμενων (non deletis iis quae sequuntur) ... S¹ διεσπασμενοισ (² -αρσμ-) ... S¹ θυσ. μούι 12. ABS ϋπολειψόμαι, S¹ -λιψωμαι 14. B i. m. $\overline{ε}$ ... S¹ θυγατηρ ter ... S¹ τερπου 15. S¹ λελυτρωσε [= -σαι?] εκ ... AS² et ³ βασιλευσει pro -ευσ ισλ ... S¹ εμεσω pro εν μ. 16. S¹ 25 παρησθωσαν 17. AS³ om ο sec. ... S¹ κενιει σε εν τ. ευφροσυνη α. κ. ευφρανι σε επι σε εν 18. BS om σου ... AS² c.³ ονιδισμον επ αυτην 19. B ποιω· ... BS¹ om και θησομαι 20. B² εισδεξωμαι

Subscriptio: ABS σοφονιασ $\overline{θ}$

ΑΓΓΑΙΟΣ.

Inscriptio: ABS αγγαιοσ (S αγ'γ-) τ
I. 1. AB¹S δαριου, it. 2, 4. 3, 10. ... B¹S αγ'γεου, S semper -γε-. 2. S² c.³ om λεγων ... ABS ηκει 4. AS ϋμιν μεν εστιν .., AS² c.³ om υμων 30 ... B ϋμων, AS ουτοσ pro ημων 5. S³ om δη ... ABS τασ χαρδ. 6. ABS εισηνεγκατε ... S¹ εθερμαρθητε (saepius S¹ ρ et ν confundit) ... S συναγαγων ... S¹ τετρεπημενον 7. S¹ εισ οδουσ 8. AS³ επι το (το α S¹ suprascr.) οροσ ... S¹ κοψετε ... ABS και οικοδομ. 9. S³ c.⁴ οσ εστιν 11. S¹ σιον 12. B i. m. $\overline{β}$ ... ABS τ. λόγων αγγ. ... S¹ αγγελοσ αγγεοσ 35 εν αγγελοισ κύρ., S² et ³ αγγεοσ ο (³ om ο) αγγελοσ κυρ., omissis cum A εν αγγελ. κυρ. 14. S¹ εισηλθεν II. 1. S¹ ελαβεν pro ελαλησεν 2. ABS τον του ϊωσ. 3. S² c.³ περιλειφθεισ οσ 4. S¹ ξοροβαβελ ... AS³ κυριοσ παντοκρ. 6. BS om ταδε

III. 9. Nota quam saepe S¹ γ non expresserit; Loquela manifestum eum facit: in Aegypto ρ = א

I. 6. ABS εισηνεγκατε] ita et Ti, b εισενεγκ- 8. Cozza mendose τ$\overline{θ}$ pro τ$\overline{ο}$
II. 4. S κατισχυεἴησου] quod Ti Comm. ita commentat.: κατισχυϊ: C et fortasse jam ante eum -χυει; saepius Ti in notis literas codicis contra sensum conjungit

138 II. 7. ΑΓΓΑΙΟΣ. ΖΑΧΑΡΙΑΣ. IV. 14.

... S¹ κυρ. ο παντ. ... S¹ γην την 🝜. 7. AB¹S συνσεισω (S -σι-) 8. B παντωκρατωρ', it. 9. sec. loco 9. S μεγαληίλη 10. B i. m. $\overline{\gamma}$ 11. ABS¹ om δη 12. S³ c.4 vid. η οινου η εψηματοσ (¹ -ψε-) η ελεου ... S² c.3 om ει 13. AB μεμιαμμενοσ ... S³ om ακαθαρτοσ ... AS απο παντοσ 14. S μιαν-
5 θησεται· ... S² πονηριων pro πονων ... ABS ελεγχοντασ 15. AS³ επι τασ κ. 16. B οτι ... S³ εγεν. δεκα σατα κριθησ ... S εισ εικοσί 17. S¹ απορια 18. AS² et 3 ταξατε 19. AS² ει ετι ... B¹ επεγνωσθησεται, S¹ επιγνωσησθε ... S¹ (et 2) φυλλα pro ξυλα 21. S² c.3 σισω 22. S¹ et 3 om και ολοθρ. δ. βασιλεων ... B ολεθρευσω, AS² εξολεθρ. ... S³ c.4 αναβατασ αυτων κ.
10 23. S¹ om σε pr. ... (S ωσφραγιδα) ... S² c.3 ηρετισαμην
Subscriptio: AB αγγαιοσ ι̅, S αγγεοσ ι

ΖΑΧΑΡΙΑΣ.

Inscriptio: AB ζαχαριασ ια, S¹ deest, ³ ζαχαριασ
I. 1. AS δαριου, it. 7, 1. 3. S¹ παντοκρατωρ επιστρεψατε προσ με λεκι (sic) pro των δυν. κ. επιστραφ. pr. υμασ λεγει 4. S¹ πατερ. ὑπων! ... AS² οι εμπροσθ. ... S¹ ησηκουσαν (non longius notabo) 6. BS² et 3
ποιησ. ημιν ... S¹ εδουσ ρων και 7. B i. m. $\overline{\beta}$ ... S δαριου 8. B εορακα
15 ... S¹ επιβεβ. ειπ΄πον πυρον ... AB¹S³ ἱστηκει (it. ABS 2, 3. 3, 1. 3. 5), S¹ εστηκι, ² εισηκι ... S¹ et 2 πυροι ... S³ om και ψαροι ... S¹ πυκειλοι 9. S¹ (et 2) τι ετιν 10. S¹ επεστηκωσ ... AS³ c.4 εξαπεσταλκεν 12. S¹ υπερ- δεσ, AS² et 3 -ιδ- 13. B quatuor lineis και απεκρ. — καλα obelos ~ ~ praep. et i. m. ουκ΄ π΄ εβρ΄ 14. S εξηλωσα 15. S³ c.4 vid. οργισομαι ... AS εγω μεν
20 16. B επιβλεψω pro -στρ- 17. B duobus lin. και ειπεν—εν εμοι obel. ~ ~ praepos. et i. m. ουκ΄ π΄ εβρ΄ ... ABS om ετι pr. ... S παντοκρατωρ 18. BS¹ ειδον ... AS τεσσερα, it. 21. 19. S¹ λαλοντα ... B ~ $\overline{\text{κε}}$ et i. m. ουκ΄ π΄ εβρ΄ 20. S¹ τεσσαρεσ τεκτονεσ, ² et 3 τ—ρεσ τ—νασ 21. ABS ἰουδαν
II. 1. B ειδον, it. 5, 9 ... S σχονιον 2. S¹ σοι ... S¹ ειδειν, corr. ειδ.
25 4. S¹ om λεγων pr. ... S νεανισκον ... S¹ κατοικησεται 8. S¹ λει pro λεγει ... B om o sec. 9. S¹ γνωσονται ... B primo οτι εγω ειμι κυρ. 10. S¹ θυγατηρ ... S σειων οτι ειδου (paene ubique S¹ ειδου in hoc libro) 11. S² c.3 γνωση 12. AS² c.3 ιουδ. και τ. ... B τη μεριδι ... ABS επι την γην τ. αγ. 31. S¹ σαραξ' πο προσωπ. !
30 III. 1. B i. m. $\overline{\gamma}$ 2. AB¹S ουχ΄ ιδου ... B τουτο ... B εξεσπασμενοσ 4. S¹ et 2 εστωτασ ... S πορηδη! 5. S¹ om και επεθ.—κεφ. αυτου 7. B ε%υ ... B² om εν ... AS³ c.4 φυλασση ... S α τουτων 8. B ιησουσ ... AS προσωπ. σου ... S³ επαγω 9. ABS om του 10. BS συνκαλεσετε, B²S² et 3 -ται
IV. 1. B i. m. $\overline{\delta}$ ... B εξηρεν 2. AB¹ εορακα ... AS¹ επαρυστιδεσ 4. BS
35 ειπον 5. S ου γεινωσκισ—6. με λεγων in margine inferiori 6. S¹ ζοβαβελ ... ABS αλλ η εν 9. B εθεμελιωσε 10. AS³ χαρησονται ... S¹ κασσι- δεριον ... S $\overline{\zeta}$ ουτ. οφθαλμ. κυριου εισιν 11. S ειπον ... S¹ om τησ λυχν. κ. εξ ευων (sic!) ... B ευωνυμων ✕ αυτησ 12. S¹ επαρυστιδασ 13. S³ με λεγων ... S¹ ουχ οιδ. 14. S δυοι ... S² οι παρεστηκ.

II. 11. S επερωτησον: Ti Comm. „επηρωτησον" 23. b ηρεθισα
I. 6. BS² et 3 ημιν] ita et Ti, S¹b υμιν
II. 12. B τη μεριδι] sic b in notis
IV. 12. S¹ επαρυστιδασ] Ti Comm. „επαρυστιδεσ [sic]: C (sed non-
dum Cᵃ) -στριδεσ [sic]" 14. S δυοι] Ti lineae in qua δυοι, numerum notae 23 adscrips., sed in Comm. talis deest nota.

V. 1. ΖΑΧΑΡΙΑΣ. IX. 16. 139

V. 1. Β i. m. ϛ ... BS ειδον, iL.6, 1. 2. S.x. ειπεν κυρισσ πρ. 3. AS εωσ θανατου εκδικηθησεται (bis) 4. S εκξαισω ... S¹ πλεπτου (saepius S¹ χ et π confundit).... S καταλυση 5. Β i. m. ϛ ... S² post ειδε (³ ιδε) add. τι 6. S¹ αδιχ. αυτου 7. ΑΒ μολιβου, S ϛλυβ- ... BS μια γυνη 8. Β ερειψεν, S ερι- ... ABS εν μεσω (Α εμμ-) ... Β εριψεν, S ερει- ... Β εισ 5 το στ. 9. AS πτερυγασ ωσ πτερυγασ εποποσ
VI. 1..S επιεστρεψα ... AS τεσσερα 2. AS πυροι 5. S² ᶜ·³ ειπεν προσ με ... S² ᶜ·³ οι εκπορευοντ. 6. ΑΒ οι.ιππoι οι ... S¹ εξεπορ.. εγ γησ ... S· βορραν ... Β¹S¹ καθοπισθεν ... S¹ om αυτων 7. S² post εξεπορευοντο add. και εζητουν, quibus erasis ³ επι γην νοτου; rursus del. ⁴ ... S¹ 10 om. πορευεσθαι — ειπε, ² ᵉᵗ ³ om πορευεσθαι. του 8. Β¹ ανεβοησαν ... S γην ex την corr. ... AS² ᵉᵗ ³ βορρα ανεπαυσ. 9. Β i. m. ϛ ... S¹ προσ εμε 10. S¹ εκμαλωσιασ (talia non semper notabo) 11. Β hic ληψη ... S primo στεφανην..12. S¹ ᵉᵗ ² ανατελλι 13. Β¹S¹ καθιεται ... S¹ καταξει ... ABS ο ιερευσ 14. Β επεγνωκοσιν αυτ. 15. S² γνωσεσθαι (¹ -θε) ... S² ᶜ·³ 15 εισακουσαντεσ ... S¹ ημων
VII. 1. Β i. m. η ... S primo ρασολευ vel γασολ. 2. S² ᶜ·³ απεστιλεν ... S² ᶜ·³ αρβεσερ ... AS² ᶜ·³ του εξιλ. ... S εξιλασεσθε (³ -θαι) 4. ABS προσ με 5. AS παντα 6. AS² ᶜ·³ εσθιετε 7. ABS λογοι εισιν ... S¹ οτι pro οτε ... BS αυτησ κυκλοθεν κ. 8. Β i. m. ψ 9. ABS² ᵉᵗ ³ κρινατε (S -ται) ... S³ 20 ελεον 11. S¹ παραφρονουτα 12. S¹ τασ καρδιασ ... S π. χ. παντοκρατοσ sic 13. AS εισηκουσαν (S¹ ησηκ-) αυτου 14. S¹ εξ αναστρεψοντοσ
VIII. 1. Β i. m. τ ... S³ ᶜ·⁴ προσ με λεγων 2. S παντοκρατωρ, it. 6. pr. loco ... S εξηλησα ... Β lin. ιερουσ. και την obel. praep. et i. m. ουχ' π' εβρ' ... AS εξηλωσα 3. S³ κυριοσ παντοκρατωρ' ... AS om η (sed S¹ 25 ειερουσ.) ... Β πολεισ η αληθ. ... S και ρ το ... S¹ om οροσ sec. 4. S¹ πρεσβυτεροι κ. πρεσβυτε (= -ται) 5. S¹ εν τεσ πλατιεσ αυτων 6. S¹ αδυνατωσει ... ABS εμου 8. ABS μοι ... AS και εγω 9. S² ᶜ·³ τουσ λογ. τουτουσ ante εν τεσ ημερεσ (sic S¹) ταυταισ poni vult ... S παντοπρατοροσ ... S¹ ωκοδομηθη 10. S πρωο ... S ονοησιν 12. S¹ ᵉᵗ ² μη αμπελοσ pro η α. 30 ... S¹ ᵉᵗ ² om η γη — και ο ... ABS.(³) γενηματα ..... AS³ om τουτου 13. ABS om o ... S¹ διασω 15. S την ιερ. (ν eraso σ. rescr.) ... S οικον οικονυδα 17. S ψευδην 18. Β i. m. ιᾱ 18. 19. BS¹ om λεγων ταδε ... S¹ εστε pro και ευφρανθησεσθε 20. S¹ τι pro ετι ... S πολιυσ 21. S¹ και συνοδευσοντε (² ᶜ·³ add. οι) κατοικουντεσ (πολισ πολλ. κ. συνελευσοντε κατοι- 35 κουνταισ πεντε πολεισ) εισ μιαν, ² om πολισ — πολεισ, ³ rest. πεντε πολεισ ... S² ᶜ·³ πορευθ. πορευσει 22. S¹ οm παντοκρατ. εν ιερουσ. ... AS² ᶜ·³ και του 23. S επιβαλωντε bis, ³ corr. sec. loco ... S ακηκοκοαμεν ... ΑΒ om ο
IX. 1. Β i. m. ιβ ... S γη ex τη corr. ... S² ᶜ·³ δαμασκοσ 2. BS¹ ᵉᵗ ⁴ 40 εμαθ', S² ᵉᵗ ³ εματ' ... S³ αυτησ και ... S¹ εφρορησαν 3. S οχυρ.. αυτησ ... BS¹ ᵉᵗ ³ om συνηγαγε 4.. AS om και pr. ... AS² ᶜ·³ κληρον. αυτην ... AS¹ καταξει ... S¹ ωσ θαλ. 5. S primo vid. οδυνηθησονται ... S¹ om τω 6. S¹ κατοικηθησουσιν 7. S¹ οδων ... S¹ υμων pro ημ. ... S¹ αρκκαρων 8. Β εορακα 9. Β i. m. ιγ (Β¹ non plen. dist. vid) ... S¹ σφοδα (S¹ 45 saepius om ρ) ... S¹ θυγατηρ bis ... ABS ο βασ. σου 10. S¹ plene και εξολεθρευθησετε τοξον εξ εφρεμ και ιπ' πον εξ ιερ. και εξολεθρευθησετε (cf. Α) ξον (sic) πολ. etc. .... ABS εξολεθρ. bis ... S¹ εθρων ... S¹ καταξει ... S² υδατ. απο θαλασσησ εωσ θ. ... S² και απο ποτ. ... S² ᶜ·³ εωσ διεκβολων 11. S¹ διαθηκ ... S² ᶜ·³ om σου sec. 12. S¹ καθησεται 13. S 50 εφρεμ ... S¹ εν σαλπιγγει σαλπιγει 15. AS² ᵉᵗ ³ υπερασπ. αυτων ... S² ᶜ·³ om και καταχωσ. αυτουσ .... AS² ᵉᵗ ³ εκπιοντ. το αιμα αυτων ωσ 16. ABS επι τησ γησ ... S¹ αυτων

X. 1. BS προϊμον... S¹ υτον ,,, Β χειμερινον· 2. S³ εξηρ3ησαν ... AS³ οτι 3. Β παροξυν3η ,,, S¹ om και pr. 4. AS³ quater εξ pro απ (S² pr. loco) 5. S³ οτι 6. S² et ³ απεστρεψα ... S primo επακ. αυτοισ 7. S εφρεμ' αι (² et ³. και) ... S³ χαρησεται sec. loco 8. S primo vid. εισ 5 δοξαν pro εισδεξομαι 11. S¹ σκηπτον 12. S¹ κατεσχυσω XI. 2. S πιτουσ 3. Β i. m. ιδ̄ ..., BS¹ μεγαλοσυνη .., S ορυομενων 6. BS χειρασ (S¹ χι-) bis 7. S primo vid. το προβατον τησ ... S¹ (et 4 vid.) εισ γην ,,, AS χανανειτιν (Α -νι-) ,,, S¹ hic ληψομαι ... AS την μιαν ... S³ προβ. μου 8. S¹ ε χιρεσ pro αι ψυχαι ... S επορυοντο 9. Β¹S εκλιπον 10 ... ΑΒ² εκλειπετω .., BS λοιπα 10. Β λημψονται ,.. S αποριψω 11. S¹ om τα sec. 13. S κατα3εσ..., AS³ σκεψαι ... S² c. ³ vid. δοκιμιον ... Β εδοκιμασ3η| .., S³ c. 4 ωστε διασκεδ. 15. Β i. m. ιε̄ 16. BS¹ et 4 om εγω ... S² c. ³ ποιμενα απιρον ... S² εκλιπον (ut vid.), ³ εκλειπον ,,, S primo vid. επισκεψηται pro ζητηση 17. ABS ματαια (S¹ -τεα) και .., BS και οφ3αλμοσ 15 XII. 1. Β i. m. ις̄ 2. S ϊουδεα 3. BS επισυναχ3ησεται 4. S¹ ηρερα ... Β lineae -μερα—κσ obel. ~ praepos. ,,, S¹ του λαου καταξω 6. S¹ om ξυλοισ—πυροσ εν .., S¹ την ιημ ,,, Β (AS³ om) ※ εν ϊερουσαλημ' 7. Β επαρσεισ ,,, ABS ϊουδαν 8. S¹ ϊερουσαλη̄ (² -ημ, ³ -ημ') 10. S primo ιημ. pro δαδ ,,, S οικτριμου ,,, S¹ οψονται pro κοψ- ,,, S οδυνη 12. S om 20 φυλασ alt. 13. ABS λευει (S fortasse primum ϊουδα) 14. S³ φυλαι φυλη φυλη XIII. 1. Β quinque lineis τω οικω—και εσται, item S δαδ—χωρισμον asteriscos (※ ※) praep. ,,, Β το|χωρισμ., AS² τον ραντισμον 2. ABS² εξολε3ρ., S¹ εξελε3ρ. ,,, ABS εσται (S¹ -τε) αυτων ... S¹ ψευδοφροφητασ 25 3. S³ c. 4 συνποδισουσιν 6. BS ερει (S¹ ερι) pro ερω ... S¹ om αυται 7. Β i. m. ιζ̄ ,,, S³ τον ποιμεναν ... AS επ ... S¹ πολεμηστην ... AS² c. ³ αυτου pro μου ... AS³ vid. παταξον ,,, AS² et ³ τον ποιμενα ,,, S¹ εκπα- σατε (saepius sic), S² διασκορπισ3ητω, ³ -τωσαν cf. Α ... S³ επιστρεψω pro επαξω ... S² et 4 (cf. Α) τ. ποιμενασ τουσ μικρουσ 8. AS³ τη ημερα 30 εκεινη pro παση τη γη ... Β ※ αυτησ .·. ABS εξολε3ρ. 9. S το τ̄ ον.

XIV. 1. Β i. m. ιη ,,, ABS του κυριου .., BS³ διαμερισ3ησεται ... S σοιυ εν σοι 2. Β om τα ... AS εξολε3ρ. 4. ABS προσ βορραν ... S¹ αυτων 5. S¹ παραξ ... ABS¹ om των ... S¹ ενκολλη3η3ησεται φαραξ ... S³ ον τροπον ενεφρ. απο προσωπου τ. ... ABS σεισμου ... S² c. ³ αλλα ... 35 AS² et ³ ψυχοσ 8. Β εαρε₁ ,,, S¹ αισ ουτ. 10. AS² κυκλουν ... S¹ γαβ, AS² γαβεε ... ABS ϋπολνηκυω 11. S² και κατοικησ. ... S¹ ab ιερουσ. ad ιερουσ. v. 12. transilit .,, S³ primo πεποι3οτοσ 12. S¹ om αι ... S¹ εστη- κοτεσ 13. S¹ εστασιο 14. S παραταξετε 15. S¹ εκιναιν 16. ABS εορ- ταζειν 17. Β om των ... S¹ κυ 18. ABS οσα εαν 19. ABS¹ οσα ... 40 AS εαν ... AS³ του εορτ. 20. S¹ τω ιπ'πω ... S¹. κω παντοκρατορ, ² -ρι, ³ om παντ. ... S¹ om και. 21. S χανανεοσ ... S¹ ενινη Subscriptio: ABS ζαχαριασ ια

XI. 7. S primo vid. το προβατον· τησ] Ti Comm.: „αη .exstinctis litteris ov ut videtur prima manus rescripsit ... τα πρό prima manu pro το reposita videntur esse";. num ergo S primo το .βατον?

ΜΑΛΑΧΙΑΣ.

Inscriptio: ABS μαλαχιασ ιβ
I. 1. 2. B 3 lineis -γελου—ύμασ obel. ~ praep., et i. m. ουχ' π' εβρ'... S¹ ύμασ pro ημ. ... S i. f. add. λεγει κσ 3. ABS δοματα 4. S ϊδουμεα... AS² ᵉᵗ ³ τασ ερημωμενασ (Α ηρη-), S² ᶜ·³ add. αυτησ 5. Β om οι ... S¹ ύπερανωτεν (= -ωθεν, -νω των?) ορ. '6. ABS αυτου, S² ᶜ·³ add. φοβηθησεται ... Β ante ύμεισ οι i. m. β̄ 7. S post ηλισγημενουσ plen. dist. ... 5 S² ᵉᵗ ³ εξουδενωμενη pro ηλισγημ- ... Β ~ και τα et ~ ante lin. -νωσατε ... AS³ ᶜ·⁴ τα επιτιθ. βρωματα ... S³ ᶜ·⁴ εξουθενωνται 8. ABS θυσιαν ... S¹ προσαγαγετε ... ASB αυτο ... AS² ᶜ·³ προσδεξ. αυτο 9. S² ᶜ·³ δεηθ. αυτου ϊνα ελεηση υμασ ... S¹ λημψοντε 10. S¹ αναιψεται 11. S απ 12. ABS¹ ᵉᵗ·³ εξουδενωνται 13. S εξεφυσησατε ... AS³ τα αρπαγματα ... S² ᵉᵗ ³ κ. προσ- 10 φερετε την θυσ. 14. S θυσι
II. 1. B i. m. γ̄ 2. S³ ᶜ·⁴ om εαν μη sec. ... S² ᵉᵗ ³ θεσθε ... S³ ᶜ·⁴ εν ταισ καρδιαισ ... S¹ εξαποστελλω ... Β tribus lineis και διασκ.—εν ύμιν obel. ~ praep., i. m. ουχ' π' εβρ'... S³ ᶜ·⁴ ᵛⁱᵈ· τιθ. επι την 3. S¹ om επι τ. πρ. υ. ενυστρον ... Β εορτων και ... S³ ᶜ·⁴ λημψονται 4. S γνωσεσθε ... S εινε 15 ε' την' 5. S³ om εν 8. B hic λευϊ 9. Β απερριμμ-, S¹ απεριμμ-, S³ vid. παρεριμμ- ... BS ου φυλασσεσθε (S -θαι) 10. ABS¹ ᵉᵗ ⁴ ουχι θσ εισ εκτ. υμ. ουχι πατ. εισ π. ύμων 11. Β i. m. δ̄ ... S⁴ οτι ... S³ om εισ 12. ABS εξολεθρ. ... S² εωσ αν ... S¹ εξ σκην. 13. S¹ εμισων ... Β δρακυσιν (sic) ... S¹ κοπτων 15. S³ καλοσ pro καλον (cf. A) ... S¹ ειπα, ² -αται ... 20 S¹ φυλαξεσθε ... S¹ γυνεκᾱ (= -καν) 16. AS αλλ 17. AB¹S παροξυνοντεσ ... AS παροξυναμεν
III. 1. AS³ ᶜ·⁴ ᵛⁱᵈ· ϊδου εγω ... S και pr. suprascr. 2. S πλοια 3. AS και καθ. ... S¹ καθαριειτε pro -ιζων ... Β ~ και ωσ το χρ. ... S om ωσ sec. ... S¹ καθαριει, ² -ρισι ... S¹ λειει ... S² ᶜ·³ εχχεει ... S³ ωσ ... BS³ κ. 25 ωσ το αργ. ... S θυσιασ 4. S η θυσια 5. S² ᵉᵗ·³ χηρασ 7. Β i. m. ε̄ ... ABS om οι ... Β κυρ. ο παντ. ... ABS² ᵉᵗ ³ επιστρεψωμεν, S¹ -ωμαι. 8. AS³ ει pro μητι ... AS³ ειπατε pro εριτε ... S επερνισαμεν ... S¹ και ε αρχαι 9. S¹ αποβλεπετα, ² ᵉᵗ ³ -ται ... S¹ εθνοσ 10. Β om τα ... S² ᶜ·³ τον θησαυρον ... S² ᶜ·³ om εστε ... S² διαρπ. αυτων, ³ om αυτ. ... 30 S² ᵉᵗ ³ εν τοισ οικοισ ύμων ... BS¹ επισκεψασθε pro επιστρ. ... ABS καταρακτασ ... ABS εκχεω ύμιν την ευλογιαν (S -γει-) μου 11. ΑΒ ασθενησει 14. S¹ μετεοσ ... S¹ πλιον, ² ᵉᵗ ³ -ει- 15. Β ποιουντεσ bis scr., S³ ᶜ·⁴ om ποιουντεσ (pro παντεσ?) ... ABS om τω 16. S ᵖʳⁱᵐᵒ φοβ. τοι τον κ. ... S μνημοσυνου nov. sect. inc., 18. S¹ om και pr. ... Β ᵖʳⁱᵐᵒ κ. τω μη δ. 35
IV. 1. S³ om ... Β om η sec. ... S³ om εξ 2. Β i. m. γ̄ 3. S³ μνησθητε (sic S) etc. v. 6. ante και ϊδου etc. poni vult ... ABS αποστελλω ... ABS ελθειν ημεραν 5. S³ μη ελθων πατ. 6. BS´ μνησθητε cf. ad v. 4.
Subscriptio: Β μαλαχιασ ιβ, AS προφητησ αγγελοσ μαλαχιασ ιβ

II. 15. S¹ γυνεκᾱ] Ti sic in textu, in Comm. „γυνεκα [sic]: Cᵃ ᵉᵗ ᵇ γυναικα" 17. AS παροξυναμεν] ita et b, sed cal. corr. ω
III. 3. b χονευων
IV. 3. ABS ύμων] ita et Ti, b ημων

ΗΣΑΙΑΣ.

Inscriptio: BS ησαιασ (S inepte erasa atque instaurata addito αρχη) I. S in margine libri Jesaiae ab homine saeculi fere VII. (C[c]) sectiones notate sunt literis Graecis: 1—9 ad vv. 1. 2. 4. 7. 10. 16. 21. 24. 28. 1. AB αχασ 4. S[1] om του 5. S ανομιασ 6. ABS απο π. ε. κεφ. c. antecedd. conjg. omissis ουκ εστ. εν α. ολοκληρια 6. S[D a] (instaurator) επιθηναι
5 8. S αμπελωσιν ... S[1 et D a] συκυηρατω ... Β ωσ πολεισ πολισ πολιορκ. 9. AS[3] ενκατελειπεν (Α εγκ-) 10. S[1] λογον pro νομ. ... S[1] λαον 11. Β ολοκαυτωμα, των κρ. 12. S[1] ουδεαν (ουδε αν sive ουδ εαν) 13. Β[1] σιμιδαλιν ... Β ματαιον· 14. S om και τ. νουμ. υμων ... S μαμ.εισ 15. ABS τασ χειρασ (S[1] χι-) εκτεινητε (S[1] -τινηται) προσ με 16. Β 25 lineis ὑμων
10 απεναντι — 20. ελαλησεν ταυτα lineolas (obelos ~ ~) praepon. ... Β κρισι, ... Β χηρα·, 18. AS κ. δ. και διελ. 18. S ωσειν, inepte D[a] οσιν pr. l. ... S ωσι εριον· 21. S[1] κρισεωσ και αληθιασ· 23. AS κρισ. χηρασ 24. AS ο δεσπ. κυρ. σαβ. 25. AS πυρωσω σε· ... AS i. f. add. και·παντασ ὑπερηφανουσ ταπεινωσω (S[1] om ταπειν.) 27. S[1] εχμαλωσια αυτ. και η απο-
15 στροφη·αυτησ μ. ελ 29. AS[1 et 3] επι τοισ ειδωλοισ (Α ιδ-) ... S[1] επε([3]-αι-)-σχυνθησαν, [2] εσχυνθησονται ... S[1] κηπ. α αυτοι, AS[2] κηπ. αυτων α, S[3] = b 30. S τα φυλλα 31. S ωσ πινθηραισ πυροσ (cf. A)

II. S sectiones 10—15 ad vv. 2. 5. 10. 12. 18. 20. 1. B i.m. β̄ ... AS ο γεν. παρα κυριου, πρ. 2. AS επ ακρων ... S[1] επ. αυτον 3. S πορευσω-
20 μεθα ... S εκξελευσεται ... S[1] ΰλμ ([3] ϊλμ) 4. S μεσ. εθνων πολλων ... S[1] ελεξι, AS[3] ελεγξει ... S[1] ου μη ... AS[2 c. 3] λημψ. ετι 5. S om ο ... AS του ϊακωβ' ... S δευτε και 7. S[1] ο αριθμ. bis 8. Β' om οισ εποιησαν, S[1] α επ. 9. S[1 et 3] αυτοισ 10. AS εισελθατε ... Β 2 lineis [αυ-]του οταν — 11. οι γαρ ο- obelos praep. ... S[1] θαυσε, it. 19. 14. AB om υψη-
25 λον pr., S οροσ ὑψηλον 15. S[1] παντα τιχοσ 17. Β ὔβρεισ, AS ὔψοσ ... ABS om των 19. S[1] εισεινηκανταισ·'... S τασ χιστμασ

III. S sect. 16—20 ad vv. 1. 6. 9 (ουαι). 12. 16. 1. AS απο τησ ϊουδ. κ. απο ϊλμ ... S[1] κα ϊσχυν 2. S[1] om και ισχυοντα 3. S[1] αρχιτεκτοναν 5. ABS προσκοψει 6. ABS ημων γενου ... B duobus lineis ὑπο σε—
30 7. ημε- obelos praeposuit 7. ABS ερει εν τη ημερα εκεινη (S[1] ερι et εκι-) 8. S om η 9. Β 4 lin. [βε-]βουλευνται — 10. ημιν εστιν obel. praep. 10. (ABS γενηματα) 12. S[1 et 3] κυριευσουσιν ... AS την τριβον 14. S[1] om και μετα (μετα om et [2 et 3]) τ. αρχ. αυτου 16. S λεγε ... AS om εν ... AS πορια ... S[1] κιτωνασ, it. κι- 24. 18. AS ἱματ. αυτ. και τουσ κοσμουσ
35 αυτων· και τα εμπλ. ... S κοσυμβ. αυτων και 20. AS[1] τ. δοξ. αυτων ... S[1] χλιδωνασ ... S[1] om και τα ψελ.—περιδεξια ... S[3] τα εμπλοκια ... AS[2] κ. τα περιδεξ. κ. τουσ δακτ. 23. AS κ. τα κοκκ. ... AS χρυσιω ... Β[1]S συνκατυφασμενα ... S[1] κ. τα ([3] del τα) κατακλιστον, [2 et 3] κατακλιστα 24. S σχοινιον ... S[1] σακκοι 25. S και ταπινωθηση. c. seqq. conjg.
40 IV. S sect. 21—23 ad vv. 1. 2. 4. 1. ABS αρτ. ημων et ιματ. ημων 4. S[1 et 4] τ. αιμα ιλμ ... S κ. εν πν. καυσ. 5. AS κ. ωσ φωτ. ... AS νυκτοσ παση

V. S sect. 24—31 ad vv. 1. 8. 11. 13. 18. 20. 24. 26. 1. S[2] praem. ωδη ... AS om μου pr. 2. AS σωρηχ' ... AS σταφυλην εποιησεν δε 3. AS

I. 8. b πολιουρκουμενη 13. Β ματαιον· sic dist. et Ti, non b
III. 10. ABS γενηματα] ita et b, Ti -νν-
IV. 1. Codd. ημων bis] ita et Ti, b υμων

V. 4. ΗΣΑΙΑΣ. VIII. 10. 143

ανθρ. τ. ιουδα κ. οι ενοικουντεσ (S¹ -ταισ) εν ιερουσ. 4. S ποιησ. τ. αμπ. μου επι 5. ABS om εγω... S¹ ερστε pro εσται pr. 6. ABS κ. ου μη τμ.... S ουδ ου μη... S¹ σκαφ. ετει..... S¹ αβαβησεται, AS³ αναβησεται (S² = b)... Β ακανθαι, AS² ακανθα... S „i. f. manu quadam posteriore adpictum est τελοσ, item ineunte versu proximo αρχη. Cuius- 5 modi notae per Jesaiae textum passim inveniuntur." 7. AS τ. ιηλ εστιν κ. ... S¹ κραυην 8. B¹S αφελονται... S οικησηται 9. AS³ᶜ·⁴ om εν αυταισ 10. S¹ ζευη... S¹ ποιησε (= -σαι) κερ. 12. S. τυμπ. και χορων κ. αυλ. ... S¹ του θεου, ³ του κυρ. ... S¹ εμ'βλεψουσιν et κατανοησουσιν 13. AS διψαν (A δει-) 17. S¹ φαγωνται 18. S¹ ωσ χοινιω 19. S¹ ποιησι εινα, 10 Dᵃ ποιη ο θσ ινα... Β ειδωμεν... S ελθετω 20. S τ. φωσ σκοτοσ· κ. το σκοτ. φωσ 21. AS ενωπ. εαυτων 22. Β οἱ ϊσχυοντεσ... AS οι τον οινον πινοντεσ (S -ταισ)... B¹S¹ κεραννοντεσ 23. S¹ ασεβην 24. S¹ ιηλ. παροξυναν 25. S κ. ωργισθη θυμω κυρ. ... AS τ. χειρα (S¹ χι-) αυτου ... S παροξυνθη... AS ο θυμοσ αλλ ετι 26. AS συρ. αυτοισ 27. S²ᶜ·³ vid. 15 ουδε μη λυσ. (cf. A) ... S¹ παραγωσιν 28. Β οξεια, AS οξια ... S¹ ωσ τερεα... Β ελογισθησαν c: seqq. conjg. 29. AS ορμωσιν, SDᵃ ορμωσαν ... S ωσει... Β om και ... AS³ παρεστηκασιν... Β ωσ, S ωσει... AS σκυμνοσ 30. AS εν τη ημ. ... S εμβλεψ. εισ τον ουρανον ανω· και εισ τ. γην, ² add. κατω εμβλεψονται, Dᵃ· eti χ ... AB απορεια 20 VI. S sect. 32—35 ad vv. 1. 6. 8. 11. 1. Β i. m. γ ... Β οξειασ 2. Β σεραφειμ', AS -ειν ... AS και ταισ pro ταισ δε (S¹ κ. τεσ δυσειν) ... S επετοντο 3. AS εκεκραγον 4. AS επλησθη 5. AS ειπα ... S¹ κατανενυμαι ... S¹. ανθωποσ ... ABS εμμεσω 6. S¹ απεσταλην ... Β. εν των σ. (B¹ εν = έν pro έν) ... B¹S³ σεραφειν, AB? -φειμ, S¹ σαραφειν 7. S¹ χιλεων 25 μου 8. S¹ τινα αποσ (sic!) τισ (³ om τισ) ... ΑΒ ειμι εγω 9. S πορευου ... S βλεψηται ... S ειδητε 10. S¹ om αυτων ... AS οφθ. αυτων ... B¹ εκαμβυσαν, SDᵃ εκαμνυσαν ... S επιστρεψουσιν 12. ABS και οι καταλειφθεντεσ πληθυνθ. επι 13. AS απο τ. θηκ.

VII. S sect. 36—42 ad vv. 1. 3. 7. 10. 18. 20. 23. 1. Β i. m. δ ... BS 30 οξειου ... Β ρασειν, AS ρασσων ... BS¹ ρομελια 3. S ϊασσουβ ... ABS γναφεωσ 4. Β των δαλων bis· scrips. 5. S εβουλ. περι σου βουλ. πον. λεγοντεσ (¹ -ταισ cf. A) 7. AS εμμεινη (S¹ -μι-) ... S αυτη η βουλη 8. S¹ (et 2) om και η κεφ. δαμ. ρασιμ ... Β ρασειμ, S³ ρασει ... S εφρεμ 9. S¹ εφειμ, ²et³ εφρεμ ... S ο υϊοσ 11. S κυρ. του θ. σ. 12. AS ουδ ου μη π. 35 14. S εν γατρι ... AS εξει pro ληψ. ... S καλεσει 15. AS²et³ εκλεξεται 16. S¹ om απειθει—αγαθον ... AS²et³ του εκλεξ. 17. S¹ προ ημερασ 18. AS κυριευει ... AS² μερουσ ... S μελιση 19. S¹ εξελευσοντε ... AS παντ. και αναπαυσονται εν ... S χωρασ σου ... AS ραγαδα και εν παντι ξυλω 20. AS κσ τω ξυρω τω μεγαλω και μεμεθυσμενω ... AS³ ο εστιν περαν 40 22. ABS ποιειν γαλα 23. S¹ ακανθα 24: S¹ ακανθε (= -θαι) 25. ABS αροτριωμενον αροτριαθησεται ... AS³ κ. εισ καταπατ.

VIII. S sect. 43—48 ad vv. 1. 5. 8 (μεθ ημων). 11. 16. 19. 1. S¹ σαυτω ... S¹ γραψ. εκει γραφ. 2. Β ουρειαν ... AS κ. τον ζαχαρ. 3. AS προσηλθεν ... S(¹) γαστρι 4. S σαμαριασ (plerumque -ρι-, non notatur) 6. Β 45 om τον σεc. ... Β ρασσων, AS ρασσων 7. AS αναγει κυριοσ ... S βασιλεαν ... S δυναμιν pro δοξαν 8. AS³ ει δυνατον ... S(²) μεθ ημ. ο θεοσ c. seqq. conjg. 9. Β 3 lin. [επακου-]σατε—παλιν ti- obel. praep. ... Β εωσ επ εσχ. ... S¹ om ϊσχυσητε παλιν 10. S¹ ησ αν ... Β om εαν ... S λαλησετητε ... S ενμινη ... AB om εν, S om εν υμιν ... ABS μεθ ημων 50

V. 6. b κατελω
VII. 17. S sec. Τι ησ ημερλσ
VIII. 10. Codd. μεθ ημων] ita et Ti; b μ. υμων

VIII. 11. ΗΣΑΙΑΣ. X. 34.

11. ABS ουτωσ, it. 10, 11. 12. S om ποτε ... AS ειπητε (S -ται) ... B αν
13. S βοηθοσ pro φοβ. 14. AS και εαν ... S¹ σου ... S ουκ ... AS
συναντησ. αυτω ... S ουδ ωσ ... AS ο δε οικοσ 15. B lineae [αλωσον-]ται
ανθ. εν ασφα- obel. praep. ... AS² $^{c.3}$ εν ασφ. οντεσ 16. S εσφραγισμενοι
5 18. AS εισ σημ. 19. AS τουσ απο τ. γ. φων. κ. τ. ενγαστριμυθουσ (A εγγ-)
τουσ κεν. ... B 2 lineis εκζητησουσιν — ζων- obel. praep. ... AS om εκ-
ζητησουσι 20. B δωναι 22. S στεν[η] θλιψισ omisso και σκοτοσ pr. ...
S¹οσε στενοχ., ² ο εν τη στ.
IX. S sect. 49—54 ad vv. 1. 6. 8. 11. 14. 17 (επι π.). 1. AB νεφθαλειμ
10 ... AS² νεφθ. οδον θαλασσησ ... S² $^{c.3}$ καταλοιποι ... AS παραλιον ... AS²
κατοικουντεσ και περ. ... AS i. f. add. τα μερη τησ ιουδαιασ (S -δεασ ut
plerumque, non not.) 2. S¹ ειδετε, ²· ειδεν, ³ ειδεται ... AS² χωρα και
σκια 3. AS τροπ. ευφραινονται οι 4. AS διεσκεδ. κυριοσ 5. AS εγενη-
θησαν 6. B om και pr. ... AS¹ εδοθη υμιν ... B¹S¹ καλειτε (S¹ -λι-) ...
15 S μεγαλησ ... AS² post αγγελοσ add. θαυμαστοσ συμβουλοσ · θσ (A om θ.)
ισχυροσ εξουσιαστησ· αρχων ϊρηνησ (A ειρ-) πηρ του μελλοντοσ αιωνοσ ...
AS εγω γαρ αξω ... AS³ αρχοντ. ειρηνην και ... AB¹S¹ υγιαν (B¹ -γει-),
B²S³ υγιειαν 7. S om η ... AS² $^{c.3}$ αντιλαβ. αυτησ ... AS εν δικαιοσ.
κ. εν κριματι ... S κ. εωσ του αιωνοσ 8. S¹ λογον pro θανατον 9. S
20 εφρεμ'. ... AS² ενκαθημενοι (A εγκ-) ... S σαμαρια εν υβρι 10. S εκ-
κοψομεν (εκκ- et A) ... S¹ om κεδρουσ και 11. AS¹ επανιστανομενουσ,
S¹ add. επι ιλμ ... AS επ ορ. ... AS¹ et 3 επ αυτουσ, BS² επ αυτον ... AS
εχθρ. (A εχθ.) αυτων 12. S στομ. αυτων ... ABS τουτοισ πασιν 13. AS
απεστραφη ... AS³ εξεζητησαν 16. S¹ πλανεσειν pro πλανωσιν ... AS²
25 καταπιωσιν 17. S¹ νεανισκουσ ... AS ευφρ. ο θεοσ 19. ABS υπο πυρ.
κατακεχ. 20. S οτιν πινασι ... S² $^{c.3}$ εσθιων 21. BS μανασση ... S εφρεμ·
χ. εφρεμ' ... S¹ τοι ϊουδαν ... S πασιν τουτοισ ... B απεστρα ', i. m. ² φη
X. S sect. 55—65 ad vv. 1. 5. 8. 10 (ολολυξατε). 12. 15. 17. 20. 24. 27. 33.
2. AS και αρπαζ. ... S κριματα ... S αυτουσ 3. AS άρπαγην 3. BS¹
30 om εν ... S¹ ϋμων πορωθεν ... S¹ και πρ. τ. καταφευξε- bis scrips. (i. f. p.)
4. AS επαγωγην, AS³ add. και υποκατω ανηρημενων πεσουνται ... AS απεστρ.
ο θυμοσ 5. B η οργη, AS οργησ 6. S¹ αποστρεψω ... AS του ποι. ...
S¹ πολισ λισ 7. S¹ λελογεισθαι ... S om και του ... ABS εξολεθρ. ...
AS ουχ ολιγ. 9. ABS χαλαννη ... S ωκομηθη · · 10. AS ελαβον εν τη χειρι
35 (S¹ χι-) μου κ. π. τ. χωρασ λημψομαι (-μψ- et B) 11. S και εν ιλμ 12. S¹
παν ... ABS επαξει, S + κυριοσ ... AS om επι sec. ... S¹ οφθ. αυτων
13. AS om εν bis 14. S αρων 15. AS ωσαυτωσ εαν τισ 16. S αποστιλη
(³ -ει-) 17. S καιομενηω ... S χορτοσ 18. S αποσβεθησεται ... S¹ δροι-
μοι ... S¹ φευγ. ωσ ο φευών 19. ABS εσονταί (S¹ -τε) αριθμοσ 20. B
40 εσται bis scr. ... S² του ιηλ ... S¹ πεποιτεσ ... AS αλλ εσοντ. 22. AS
λογον γαρ 23. B ποιησει κυριοσ, AS π. (S -σι) ο θεοσ 24. S¹ κσ ο θσ σ.,
³ = b, ⁴ κσ κσ σ. ... S¹ πλην γαρ ... S εγω επαγω 25. S⁽¹⁾ η οργη
26. AS επεγερι ... S¹ αυτουσ ο θεοσ, ² επ αυτ. ο θ. ... AS την μαδ. ...
S¹ εγυπτον 27. AS αφαιρεθ. ο φοβοσ αυτου απο σου και ο ζ. · α. α. τ.
45 ωμ. σου ... S ζυγ. αυτων 29. BS² et 3 μαγεδω, S¹ μακεδω. ... S¹ μαχμα
... S¹ τ. σκ. αυτων ... S¹ αγ'γε 30. BS² γαλειμ, S¹ ταλειμ' ... AB εν
σα pro λαϊσα ... S om λαϊσα επακουσ. 31. AS om και pr. ... ABS γιββειρ
32. S¹ πακαλειται· σ. 33. S ϊδου δη ... S συνταραξει ... S θm οι υψηλοι
sec. 34. S οι ϋψηλοι

IX. 7. B δαυειδ, ATi δανιδ, S δαδ, b δαβιδ 16. Ti in textu S ed.
καταπινωσιν, in Comm. „π [lege ν] erasum est"

XI. 1. ΗΣΑΙΑΣ. XV. 5. 145

XI. S sect. 66—69 ad vv. 1. 6. 10. 15. 1. S ϊεσαι 2. S επαναπαυσεται 3. S και ενπλησι ... S¹ ελεξει 4. S ενδοξουσ pro ταπειν. ... S εν τω πν. ... S² c.³ ασεβην 5. AS ειλημμενοσ 6. B¹ και περδαλισ 7. S λεων και βουσ ... ABS φαγονται 8. AS τρωγλην 11. AS om ο ... S¹ υπολιπον ... AS³ απο τ. ασσυρ. ... AB και αιθιοπ. ... S εθιοπιασ ... AB αιλαμει- 5 των (A -μι-) ... AS αραβειασ 12. S του ιουδα 13. S εφρεμ' ter (sec. loco sine ') 14. S¹ προνομευουσιν ... S επιβαλουσιν τασ χειρασ 15. S¹ χειραν 16. S¹ et ³ εξηλθον
XII. S sect. 70. 71 ad vv. 2. 3. 1. AS³ ευλογησω ... S¹ ωργεισθ. μ. εισ σωτηριαν και 2. B 2 lineis μου σωτηρ — αυτω obel. praepos. ... S 10 S σωτ. μ. κυριοσ π. ... B m. S αυτω (S + και) σωθησομαι (S¹ -με) εν αυτω κ. ου 3. ABS αντλησεται 5. S¹ εποιηε αναγγ. 6. S¹ αγαλλιασασθαι ... AS εν σειων (A σι-) ... AS σου pro αυτησ
XIII. S sect. 72—78 ad vv. 2. 6. 9. 12. 14. 17. 19. 2. B i. m. ζ̅ ... AS² c.³ φων. εαυτοισ ... AS μη φοβεισθαι (A -ε) .:. S¹ παρακαλισθαι 3. S¹ συν- 15 τασω ... AB i. m. S post και εγω perg. αγω αυτουσ· ηγιασμενοι (S ηγει-) εισι (AS -ιν). και εγω αγω 4. S¹ om επι των — πολλων ... S βασιων (tacet Ti) ... S¹ συνηγμωνων 5. S¹ οι πλομαχοι ... AS² c.³ του καταφθ. ... AS την οικουμενην ολην 6. AS η ημερα 8. AS και ταραχθ. 9. AS η. ημερα ... AS ανιατ. ερχ. ... S τ. οικουμ. ολην ερ. 10. S¹ και ωριον ... S¹ 20 οικοσ pro κοσμοσ 11. S υβρειν ... S¹ ϋβιν 12. AS και ο ανθρ. ... S¹ η λιθοσ ... AS ο εκ σουφειρ' (-ειρ et B) 13. ABS om εν ... S εαν 14. S¹ δορκ. φευοντα ... AS² κ. ανθρωπον ... AS χωρ. αυτου ... AS² et ³ διωξαι 15. S¹ ωσ γαρ ... ABS μαχαιρα (S -χε-) πεσουντ. 16. S¹ om ραξουσιν, B om αυτων sec., AS² ενωπ. αυτ. ραξ. ... S¹ om και τ. οικ. αυτων 17. ABS 25 οι ου λογιζ. (S -ει-) αργυρ. ... AS primo χρυσιον 19. AS υπο βασ. 20. S ουδ ου μη bis ... S εισελθωσιν εισ pro διελθ.
XIV. S sect. 79—87 ad vv. 1 (και ελ.). 3. 4 (και ερεισ). 12. 19 (ον τροπον). 24. 26. 29. 31. 2. S πληθυνθ. οικοσ ιηλ επι ... (A)S τ. γησ του θεου αυτων εισ 3. B om εν ... AS² σε οι θεοσ ... S¹ om απο, AS² εκ ... S οδ. σου κ. 30 ... AS σου και τ. δ. 4. S¹ om τον ... ABS βαβ. και ερεισ, AS perg. εν τη ημερα εκεινη (S¹ -κι-) 5. AS συνετρ. ο θεοσ τ. 8. S¹ et⁴ δρυμου pro λιβανου pr. ... AS ηυφρανθησαν 9. S¹ αρχοντεσ ... S παντεσ 11. AS κατεβη δε 12. S om ο sec. ... S¹ εισ παντ. τ. εθνη 13. B om εν pr. ... S καρδια ... AS αστρων ... S¹ om τα ult. 14. AS νεφελων 15. AS αδου 16. AS 35 θαυμασουσιν ... ABS σειων (S σι-) sine ο 17. S om αυτου 19. S¹ ρηφηση ... S² c.³ ον τροπ. γαρ 20. S¹ αιωναν 21. AS πρς σου ... ABS κ. την γην κληρονομησωσιν, S -σουσιν 22. S ταδε λ. κυρ. σαβαωθ i. f. (c. seqq. conjg.) 23. S² c.³ βαβυλωνα. ... S ουθεν 25. S¹ εκ τ. γησ, AS³ απο τ. γ. ... AS απο των ... S²(et 3) οριων ... S¹ om απ αυτων, ² c.³ suppl. post ο ζ. 40 αυτ. ... S¹ απφερεθησεται 26. S¹ η̅ pro ην ... ABS οικουμενην (S¹ οικουβεν.) ολην ... S¹ υψωθη (vult ergo η̂ non η̂) ... AS εθνη τησ οικουμενησ 27. AS om αυτου ... S¹ αστρεφει 28. B i. m. ζ̅ ... S τ. ετουσ του ... AS αχαζ ο βασ. 29. ABS παντ. οι αλλοφ. ... AS² οφεων ... S¹ εξελευσεται sec. loco ... AS πετομενοι 30. S² c.³ δι αυτων ... AS δε ανδρεσ επ 45 ειρ. (S¹ ιρ-) ... ABS om εν 31. AS ολολυζετε ... S¹ κεκραγετωσαν, ² και κεκρ. ... AS καπνοσ (S¹ καιπν.) απο βορρα 32. S² c.³ διοτι ... S την σιων
XV. S sect. 88—90 ad vv. 1. 2 (ολολυζετε). 6 (και ο χορτ.). 1. B i. m. ζ̅ ante νυκτοσ 2. AS εφ εαυτοισ ... AS¹ γαρ δαιβηδων ... AS ολολυζετε ... S¹ i. f. add. εισιν 3. B 2 lineis σακκουσ — δωματων obel. praep. ... 50 BS om πλατ. α. κ. εν ταισ ... S¹ καυθμου 4. AS εσεβων και ελαλησεν ... S² et 3 c.⁴ om ελεαλη et ϊασσα ... AS φ. αυτησ ... S ψυχυχη 5. AS

XI. 6. b βοσκηνθησεται (Ti Prol.: „9, 6")
Septuaginta. k

146   XV. 6.   ΗΣΑΙΑΣ.   XIX. 25.

εν εαυτη ... S¹ ως σηγωρ ... S τησ λουειϰ (cf. A)   6. S νεβριμ' ... B ερημοσ ε., S¹ om ερημ. εσται   7. S φαραγγα   8. AS αγαλλιμ (A -ειμ) ... S αιλιμ   9.. S¹ δεμ'μων, AS² et ³ bis ρεμ'μων ... S¹ νεμμῶ αβ' (και αριη) αραβασ etc...
5   XVI. S sect. 91—96 ad vv. 1 (μη). 5. 6. 7 (μελετησεισ). 9. 13.   1. S² c.³ αποστελω γαρ ... S ωσ ἁ ερπ. απο.(² et ³ επι) τησ γησ (c. antecedd. conjg.)   2. AS νεοσσοσ ... AS om εση sec. ... S³ ϑυγατερ   3. S εμ μεσημβρ. ... S¹ φευουσιν ... AB²S απάρχησ pro αχϑησ   4. AS επι τ. γησ   5. AS μετα ... B¹S¹ καϑιεται   6. S² c.³ υπερηφ. αυτού ... AB²S³ εξήρασ   7. S απαν-
10 τεσ ... S² c.³ και τοισ ... S² c.³ σε pro σεϑ'   8. S¹ εβαμα ... BS καταπατησεται (S -τε) ... S επλανηθητε ... ABS om προσ ... AS¹ et ³ ερημον pro ϑαλασσαν   9. S¹ αμελον ... S κατελαβεν ... (A)S εσεβ: και ελαλησεν αλη ... S ετι pro οτι   10. S αγαλιαμα ... AS αμπελωνων σου   11. AS ωσει τιχοσ (³ τει-) ο ενεκενισασ   12. B lineae εξελεσϑ. α. του- lineolam
15 (obelum?) praep.   13. B om το (S¹ τοτο το) ... AS οποτε και   14. AS εν παντι ... S¹ πλολω
    XVII. S sect. 97—101 ad vv. 1. 3 (ταδε). 6 (ταδε). 9. 12.   4. B i. m. η̅   2. S¹ om και αναπαυσιν, AS² add. βουκολιων ... S και ουκετι (¹ -αι-) εστε   3. S εφρεμ' ... AS εσται (S -ε) βασιλ. ... AS συρων απολειται (S¹ -λι-)
20 ... S¹ βερτιων ... ABS ισρ. και τησ   4. AS τησ δοξ. ιακ. ... A²S πλιονα   5. AS¹ ϭταχυων εν τω βραχιονι αυτου αμηση   7. AS¹ om ο   8. S ωσιν επι τοισ αδικησασιν αυτουσ ουδέ επι τ. β. ... S δακτοιλοι αυτων αλλ εσοντε πεποιϑοτεσ επι τον αγιου του ιηλ και ουκ οψ. τ. δενδρα επι δα αρση (sic) αυτων (² et ³ om επι τ. αρση, ² ετ αυτων) ουδε τ. βδ. α.   9. S¹ om σου ... S
25 ενκατελιπον ... S πρωσωπου   11. ABS τη δε ημ. ... AS η εαν φ. ... S κληρωσι sec. loco   12. ABS ουτωσ   13. S¹ χνουσ ... S κατεγεισ φαιρουσα (non corr.)   14. AS om και pr. ... S¹ προι ... ABS τ. υμασ προνομευσ. ... S¹ κληρονομησουσιν
    XVIII. S sect. 102—4 ad vv. 1. 4. 7.   3. B¹ ωσ εισ σημ. ... S αρ-
30 ϑησεται   4. AS οτι ... B μοι ειπεν κυρ., AS ειπεν μοι κυρ.   5. ABS ανϑησει (A -ση) ... S² c.³ το ανϑοσ ... AS κατακοψει (S¹ -ψι)   7. S τετιλμενου και ταπινου (³ -ει-) χ. απο ... S εϑν. ανελπιστον ... S σαβαωϑ' επεκληϑη ορ.
    XIX. S sect. 105—114 ad vv. 1. 4 (ταδε). 12. 16. 18. 19. 20 (κρινων). 22.   23. 24.   1. B i. m. s̅ ... S αιγυπου   2. S primo επεγερϑησεται ... S¹ αιγύπτ.
35 αιπ. εγυπτ. ... post πλησ. αυτου add. B i. m. inf. και επεγερϑησονται, S¹ πολεμησι και, ² και επεγερϑήσεται, ³ πολεμησει επεγερϑησεται και ... B πολεισ επι πολειν   3. (B¹ εγγαστρ., ² ενγ.,) AS ενγαστρ. και τουσ γνωστασ   4. ABS om την   6. AS διωρυγεσ   7. B¹ om παν sec.   8. ABS¹ αλειεισ, S³ αλειεισ ... S¹ βαλοντεσ ... B¹ ανγιστρα, ² αγχ — α, S¹ αγγιστρον
40 10. S³ vid. c.4 διαζομενοι pro εργαζ. (cf. A) ... AS παντ. οι τον ζυϑον (S¹ ζυγον) ποιουντεσ (S¹ -ταισ)   11. S¹ οι αρχον τανεωσ ... S² c.³ βασ. και η   14. S επλανησεν   15. S¹ εγυπτοιοισ, ² et ³ αιγυπτοιοισ ... AS ουραν αρχην   16. S¹ εγυπτιοι, it. εγ- 21. pr. loco   17. B φοβηϑρον ... AS αν ... S¹ (et ²) ομοση ... S¹ αυτοισ αυτην ... ABS om σαβαωϑ ... S¹ επ αυτουσ   18. S
45 εν τη ημ. ... ABS εν αιγυπτω (S¹ εγ-) ... AS χανανιτιδι ... S¹ ομνυοντεσ, AS³ -ουσαι ... ABS om σαβαωϑ ... B¹ πολεισ bis, S³ priore, ¹ sec. loco ... S¹ πολισ ασεδηλιου και κληϑ.   20. S¹ αιωναν κυριοσ ... S¹ om προσ κυριον ... AS αυτ. κυριόσ ανϑρ.   21. S αποδωσωσειν   22. AS πληγη μεγαλη ... S¹ εισακουσονται ... ABS om ιασει sec.   23. AS om η ... ABS
50 om απο   24. AS τριτοσ εν τ. ασσυριοισ (S²) κ. εν τ. αιγυπτιοισ   25. S ευλογημ. εσται ι ο λ. ... B¹ κ. η γη κληρ.

XVI. 4. b διωκοντεσ, Ti ut codd. -τοσ

XX. 1. ΗΣΑΙΑΣ. XXIII. 12. 147

XX. S sect. 115 ad v. 1. 1. B i. m. τ ... AS ου pro οτε ... AS¹ ναϑαν ;... S¹ επολ. τον αζωτ. ... AS κ. κατελαβετο αυτ. 2. AS om υιον αμωσ ... S¹ ποιησεν 3. AS om τρια ετη alter., pro altero S τριαετησ ... AS om εισ ... S¹ σημιον ... S εγυπτιοισ κ. εϑιοψιν (³ αιϑ.-) και νοησουσιν 4. S ο βασιλ. ... S¹ εϑιοπ. ... B αμα κεκαλ. pro ανακεκαλ. 5. S (cf. A) 5 ηττητενϑαισ (³ -εσ) αιγυπτιοι επι ... BS οι αιγυπτ. οι ησαν αυτ. 6. S εν τη ημερα εκεινη (¹ -κι-) post ερουσιν pon. ... B¹ εαυτουσ pro εισ αυτ. ... S βοηϑιαν και αυτοι ουκ ... B εδυναντο
XXI. S sect. 116—121 ad vv. 1. 2 (νυν). 6. 11. 13. 16. 1. B i. m. ϊα ... S¹ επ pro εξ 3. S¹ ηδικησαν ωσ ... AS το μη bis ... S¹ εσπουδασαν 10 4. S¹ om και η ... S¹ με και η αμαρτια με ... S και η ψ. (¹ ψηχη) ... S¹ εισ βον! 5. S ετοιμασατε ... AS πιεται φαγεται (A πιετε, φ—ε) ... B¹ ϑερεουσ 6. S διοτι ... S D a κυρ. σαβαωϑ ... S εαυτω ... S¹ ον αν, AS² et ³ ο εαν 7. AS δυο αναβατ. ... S κε (² και) αναναβατην 8. B ουρειαν ... AS σκοπ. κυριου και ειπεν ... S¹ παρεμολησ 9. ABS² συνωριδοσ, S¹ σιν- 15 ... AS om πεπτωκε alt. ... S¹ ειποντα pro παντα ... B συνετριβη 10. B κατα ͏λε λιμμενοι (-λι- et AS saepe) 11. B i. m. ιβ 12. S ωκει 13. S εσπελρασ 15. AS φευγοντων pro πεφονευμ. 16. S και εκλιψι (² -ψει) 17. S λοιπον ... AS διοτι κυρ. ελαλ. ο ϑεοσ ισρ.
XXII. S sect. 122—126 ad vv. 1. 8. 15. 17. 20. 1. B i. m. ιγ 2. S¹ 20 βοωντ. αι τρ. ... AS ου τραυματιαι μαχαιρασ (S -χε-) ... AS πολεμου 3. S(¹) λαλωνταισ ... B¹ om οι sec. ... S¹ πορω πεφευασιν 4. S και μη ° ... S¹ κατισχυσωητε παραλειν ... S¹ γεν. μο (sic) 5. S¹ ταραχουσ ... B απολειασ ... B καταπατημα ... S¹ om και πλανησισ, ² κ. πλανησεωσ ... S¹ εν φαραγγει ων ... S¹ μικοῦ 6. ABS om και pr. ... AS³ εφ ιπποισ 7. S 25 om αι ... S² ενπλησϑησονται, D a εμπλ- ... S ενφραξωσιν 9. AS απεστρεψαν 10. AS οχυρωμα του τειχουσ (S¹ τι-) 11. S¹ om των ... AS τειχεων (S τι-) ... S¹ απαρχη 12. AS om κυρ. alt. 13. S¹ σφαζωνταισ ... ABS κρεα ... S¹ πιν ... B om λεγοντεσ 14. S¹ om εν τοισ ... S αμαρτ. υ εωσ ... S² c.³ i. f. add. ειπεν κυριοσ 15. B λε|λεγει ... S² c.³ 30 πορ. προσ με ... S πανστοφοριου 16. S D a τισ ... S ωδε συ ... S¹ om σεαυτω εν υψ. μνημειον 17. BS¹ εκβαλλει 18. S¹ ρηψει ... S om σου extr. ... B om εισ καταπατημα 19. B¹ αφαιρεϑησει 20. AS om και sec. ... S ελιακιμ' 21. AS και το pro κατα 22. S „locus est totius codicis facile difficillimus" ... S¹ om την δοξαν—δωσω ... B om δωσω αυτω— 35 αποκλειων και ... B εστιν ... S¹ και αυτω τ. κλιδαν ... „si recte vidimus singulorum correctorum rationes ita sunt comparatae": S² και δωσω την δοξαν δαδ αυτω και αρξει { την κλιδ.—κλισει } και ουκ εσται ο αντιλεγων και στησω αυτ., S³ και δ. τ. δ. δ. α. κ. αρξει και ουκ εσται ο αντιλεγων ✳ και δωσω αυτω τ. κλιδα—κλισει ✳ και ουκ εσται ο ανοιγων και στησω 40 αυτον. S D a και δ. τ. δ. δ. α. κ. α. κ. ο. ε. ο αντιλ. ✳ την κλιδα—ανοιγων ✳ και στησω αυτον 23. B¹ στηλω ... S¹ αυτοισ αρχ. 24. S¹ και εστε πεποιωσ (sic sec. loco)—πρσ αυτου bis scr. 25. AS εν τη ... ABS usq. εκεινη c. antecedd. conjg. ... S εν τω πιστω ... AS κ. πιστεται κ. αφαιρεϑησεται (S αφερ-) ... B εξολερευϑησεται, AS om και εξολοϑρ. 45
XXIII. S sect. 127—132 ad vv. 1. 4. 10. 12 (και εαν). 14. 16 (και εστ.). 1. AS το' οραμα ... B i. m. ιδ ... AS ολολυζετε ... B¹S¹ χαρκηδονοσ, item S¹ 14. 3. S σπερμα μεταβολων 4. S primo σειων ... B ουδ ετεκ. 5. AS² εν αιγυπτ. 6. AS ενοικουντεσ 7. S ουκ αυτη ... AS η υβρ. η απ. ... S¹ παδοϑηναι 8. S εβουλευσατο ... S ισχυουσιν ... S οι ενδοξοι οι αρχ. 50 11. S³ ισχυι, ¹ recte -ει 12. ABS om ου ... AS προσϑητε ... AB² i. m. S

XXII. 11. b εσοτερον 17. BS¹ εκβαλλει] ita et b; AS² Ti εκβαλει 25. ABS (εν) τη ημ. εκ. c. antecedd. conjg.] ita et b, non Ti

*k**

148 XXIII. 13. ΗΣΑΙΑΣ. XXVII. 8.

σειων (A σι-) 13. AS ασσυρ. ουδε εκει σοι αναπαυσισ (A -σεισ) εσται ...
B om οτι 14. AS[1 et 3] ολολυζεται (A -τε) ... AS απωλετο ... S primo ημων
15. B τ. εβδομ. ετη 16. B²S³ πολεισ ... AS om τα ... S αποκαταστα-
θησεται 17. S¹ om ταισ ... AS om επι πρ. τ. γησ 18. B η εμπορια
5 (sec. loco -εια) αυτησ ... AS[1 et 4] τω κυριω ... S κατοικουσιν εν. κυρ. εν
ιλμ'... S¹ πιν ... AS om και extr.
XXIV. S sect. 133—139 ad vv. 1. 4. 7. 11. 16. 19. 21. 1. B i. m. $\overline{\text{ιε}}$
... S¹ τ. παντασ ενοικ. 2. ABS ωσ ο ιερ. ... S και εστε (³ -αι) ο ... AS
και ο δανιζων ωσ ο δανιζ. (et B¹ -νι-) ... S¹ om ωσ ult. 5. AB η δε γη,
10 S και η γη ... S διεσκεδασαν διαθηκην 8. ABS post τυμπ. add. πεπαυ-
ται (S¹ -τε) αυθαδια (B² -εια) και πλουτοσ ασεβων 10. S ηρημ. ολη η γη
πασ. πολ. ... S¹ κλισι οι οικιαν, ². κλισθησονται οικιαι 11. ABS ολολυζετε
(S³ = b). ... B om τησ γησ — γησ, AS om απηλθε — γησ 12. B om και pr.
13. AS εσται (S¹ -τε) ... S τισ καλαμαται 14. S φωνη ... AS βοησονται
15 16. B i. m. $\overline{\text{ις}}$ ... S οι αθουντεσ 17. S¹ ημασ ... S τ. κατοικουντασ (³ ενοικ-)
εν τη γη 18. AS ο δε pro και ο ... AS ηνεωχθησαν 19. S ταραχθη
ταραχθ. 20. S¹ praem. (εκλινεν και σισθησεται η γη), AS plene εκλινεν
(A -ει-) και σισθησετε (A σει-, AS³ -ται) ωσ οπωροφυλακιον η γη ωσ ο
μεθυων και ο (A om ο) κρεπαλων και πεσιται (AS³ -ει-) και ου μ. δ. αναστ.
20 κατ'ισχυσεν γαρ επ α. η ανομια, S¹ add. και πεσιται κ. ου μ. δ. στηναι ...
B κραπαλων 22. AS και συναξ. και αποκλισουσιν (A -κλει-) εισ οχυρ. κ.
εισ δεσμωτ. δια 23. S post τιχοσ perg. και εντραπησεται η σεληνη· και
εσχυνθησεται ο ηλιοσ, quibus [2 et 3] ※ ※ addid. ... AS εν σιων ... B εισ,
AS εν pro εξ ... S πρεσβ. αυτου
25 XXV. S sect. 140—145 ad vv. 1. 3. 5 (απο ανθρ.) 8. 9. 10 (και καταπατ.).
1. AS ο θεοσ μου ... AS γεγοιτο κυριε 2. S¹ εθηκ. πολιν ... AS του
πεσ. ... S³ πολεισ ... S² εισ τ. αι. 4. S¹ πολι ταπινω ... AS i. f. add.
ευλογησουσιν σε. 5. S¹ σιων οτι ρυση αυτουσ απο 7. BS παντα ταυτα
8. S¹ δακριον 9. S ιδου κυριοσ ο θ. ... AS om και σωσει — αυτω ... S
30 ηκαλιωμεθα (² ηγαλλ-) επι τω σωτηρι (² τη σ—ια) ημων και ευφανθησομεθα
(² ευφρ-) 10. AS οτι αναπαυσ. 11. S εφ ην 12. ABS τ. τοιχ. σου ...
B καταβησονται
XXVI. S sect. 146—152 ad vv. 1. 7. 9 (εκ νυκτ.). 11. 12. 19. 20. 1. B i. m.
$\overline{\text{ιζ}}$ ... AS επι γησ ιουδα, AS³ add. λεγοντεσ ... S οχυρα ... AS σωτ. ημιν,
35 S³ σ. ημων ... S om το 2. AS εισελθατω 3. B 3 lineis -σων ειρηνην —
μεγασ ※ praep. ... AS om ελπιδι 4. S ωσ 6. A²S³ αυτασ ... S πραδεων
7. AS και παρεσκευασμενη (S¹ παρασκ-) η οδοσ των ευσεβων (S pr. ασεβων)
8. AS¹ κρισεισ 9. S επεθυμι (³ -μει) 10. AS[2 c. 3] om πασ οσ ... S μοη π.
... AS ποιηση ... BS ειδη 11. S¹ εσχυνθητωσαν 13. B $\overline{\text{κε}}$ ο $\overline{\text{θσ}}$ ημων i. m.
40 14. S αναστησωσιν ... B¹S¹ ηρεσ 15. S κ. κε (antea κσ?) προσθησει ...
AS πασιν τοισ 16. ABS³ παιδια, S¹ παια ... S¹ σου εγενηθη ημ. 17. AS²
του τεκ. ... AS και επι 18. S δι'α ... S¹ γατρι (cf. 8, 3) ... ABS[1 et 3]
om ου πεσουμεθα ... S¹ πεσουται ... AS om παντεσ 20. B i. m. $\overline{\text{ιη}}$ ...
AS² ταμιεια 21. S τ. οργ. αυτου επι τ. κατοικουντασ ... S¹ i. f. add. επ
45 αυτησ
XXVII. S sect. 153—156 ad vv. 1. 2. 7. 11 (γυναικαισ). 1. ABS om εν
... S¹ επ. $\overline{\text{κσ}}$ τ. ... AS και ανελ. ... S i. f. add. τον εν τη θαλασση 2. S[2 c. 3]
αυτουσ 3. AS ισχυρα ... AS το τειχοσ (S τι-) 4. S καλαμην φυλασσιν ... AS³
κυρ. ο θεοσ ... S¹ συνεταξεν κυριοσ 5. B om αυτω ποιησ. ειρην. 6. B πλησθη-
50 σεται 7. S¹ ανιλεν ουτοσ ανερεθ. 8. S μαχομενιοσ ... S εξαποστελλει ... S σοι

XXIII. 15. b primum χρονον βασ., dein calamo χρονοσ β. ut codd.
XXVI. 16. S¹ εγενηθη Ti Comm. „εγενηθην [sic]: C[a] et [b] deleri
voluerunt."

XXVII. 9. ΗΣΑΙΑΣ. XXIX. 22. **149**

... AS ο μελετ. ... S² c. ³ τω πνι σου τω ... S¹ et ³ πνα Θ. 9. AS η ανομια ... S¹ ετιν ... ABS αυτου τ. αμαρτ. οταν ... S¹ εκκομμενα 10. B i. m. ιδ (B¹S non dist.) ... S¹ ανιμενον· εστε ωσ ποιμοιμνιον ... ABS om ποιμνια 11. AS om και ... S μετα πολυν χρ. ... S οικτιρησει 12. S συνταραξει ... AS κσ pro ο θεοσ ... B διωρυχοσ ... AS τουσ υϊουσ ιηλ κατα (A κατ) 5 ενα ενα 13. S¹ εγυπτω ... B αγιον ϊερουσαλ.
XXVIII. S sect. 157—167 ad vv. 1. 4. 5. 7. 9. 13. 14. 16. 21. 23. 27. 1. B i. m. χ ... S εφρεμ', it. 3. ... S το ανθ. το ωρεον (³ -αι-) το εκπ. ... BS παχεοσ 2. S¹ σκληρον παρα κυ ο θυμ. κυρ. ... S¹ et ³ om ουκ εχ.—καταφερομενη .. AS αναπαυσιν ... S¹ και τ. χερσ. 3. S κ, καταπατ. ... BS om του 10 4. B ζωησ pro δοξησ ... S¹ επ ακρου του του ορ. ... ABS πρινη εισ ... S¹ χειραν ... S¹ λαβειν bis scr. ... AS³ om αυτο pr. ... S¹ καταπιν 5. B i. m. χα 6. S καταλιφθησεται ... ABS κωλυων 7. AS πεπλανημενοι ... (S προφητησ: π ex φ factum, sic saepius) ... AS om δια το σικ. κατεποθησαν ... AS μεθησ του σικερα ... AS τουτο 8. S¹ om αυτη γ. η 15 βουλη ... ABS ενεχεν 9. S¹ ανηγγελιλαμεν αγγελ. και οι ... BS¹ αποσπασμενοι 12. AS² λεγ. αυτω ... S πινοντι ... S ηθελαν 13. B κυριου, AS κυριου τ. θεου ... S¹ επι θλιψεν, ² -ψειν (³ -ψιν) ... BS² c. ³ επι ... S¹ ελπιδα ... AS πορευθωσιν και πεσ. εισ τα οπ. κ. κινδυνευσωσειν (A -σουσιν και) συντριβ. 14. B i. m. κβ ... ABS om οι ... S om τουτου 15. AS³ ου μη 20 ελθη ημιν 16. ABS ουτωσ ... AS om κυριοσ alt. ... AS εμβαλω ... AS ο πιστ. επ αυτω 17. B¹S¹ εισ σταθμουσ ... B om ου 20. S¹ στενοχουρουμενοι ... B δυνομεθα ... ABS ημασ 21. S¹ πικρ. εργα ... AS κ. η πικρια α. 22. S¹ οι δεσμοι οι οφθαλμοι ... S¹ παρα του κυρ. ... S ποιει ... B επι 24. AS μελλι (A -ει) ο αροτριων αροτριαν ... S¹ ετοιμασει ... S 25 εργαζεσθαι 25. AS αυτησ το προσωπ. ... ABS μελ. και κυμ. ... B πυρον κριθ. ... AS om κεγχρον· και 26. B¹ παιδευθησει ... S¹ om -θηση κριμ. θ. σ. κ. ευφραν- (i. f. col.) ... B¹ om σου 27. AS εκτινασσεται 28. ABS om ειμι

XXIX. S sect. 168—175 ad vv. 1. 5. 9. 11. 13. 15. 18. 22. 1. B i. m. κγ 30 ... AS πολισ αριηλ ην δαδ επολεμ. ... S³ συναγαγεται (¹ = b) ... (ABS γενηματα) ... AS επ ... S¹ συ 2. S¹ εκλιψω ... AS το πλουτ. 4. AS ταπ. οι λογοι σ. εισ τ. γην κ. ... AS εσται (S¹ -τε) 5. B απο τοιχου ... AS om το πληθ. τ. καταδ. σε, B ⚹ not. 6. B βροντησ ... B φωνη μεγαλη 7. AS³ ωσ ο ενυπν. ... S εν ϋπνω ... AS om νυκτοσ ... B¹ om εθνων, AS τ. εθνων 35 απαντων (A παντ.) ... B ϊερουσαλημ (plene) ... AS ιηλ pro αριηλ ... AS² στρατευσαμενοι ... AS και θλιβ. 8. AS και εσονται ωσ ... AS³ om τω ... S¹ ματεων αυτών το, AS² et ³ ματεων αυτ. το ... BS¹ ωσ πεινων (S πι-) ... ABS παντων τ. εθνων ... S² c. ³ (cf. A) επι ιλημ το ορ. 9. S¹ εστηται ... B om και sec. 10. S πνα 11. AS³ και εσονται ... B 2 lineis 40 [εσφραγισ-]μενον—επιστραφ- obelos praepos. ... B om τουτου ... S τουτου τ. εσφραγισμενου (¹ -μεου) ... B αν ... S¹ γραματα ... S¹ ταυτουτο, ² = b, ³ τουτο 12. S¹ αναγν. ταυτα 13. B i. m. κδ ... S¹ εγγειζ. μου ο ... AS om εν τω—και εν ... S¹ τιμουσιν ... S¹ πορω 14. AS¹ ϊδου εγω 15. B και ου—ποιουντεσ i. m. inf. ... B εορακεν ... AS ημασ εωρακεν ... S 45 τισ γνωσεται α ημ. 16. ABS ως ο πηλ. ... S¹ λογισθησεται ... AS om αυτο ... S¹ σοι 17. AS³ κ. το οροσ το χερμελ' (S¹ χελμελ') εισ 18. AS³ βλεψονται 19. S αγαλιασονται (² -λλ-) οι πτ. 20. AB εξωλεθρ, S εξολεθρ. ... S¹ ελεγτασ ... AS θησ. και επλ. ... ABS εν αδικ. 22. B i. m. κε ...

XXVIII. 2. Ti Comm. „παρα [adde κυ]: Cᵃ etᵇ deleri voluerunt"; in textu et κυ punctis notatum est. 13. b πονευσωσι, Ti ut B πορευσ-
XXIX. 1. Codd. γενηματα] ita et b, Ti -νν-

AS μεταβ. ιηλ 23. S¹ αλλα τα νυν δωσιν ... Β αγιασωσιν bis ... S¹ om του 24. Β om οι pr. ... AS τω πνι πλαν. ... Β 3 lineis υπακουειν—ειρηνην obel. praem. ... S ὑπακουειν κω και ε (³ αι)
XXX. S sect. 176—186 ad vv. 1 (ταδε λεγ.). 6. 8. 12. 15. 18 (μακαριοι). 5 23 (και βοσκ.). 26. 27. 29. 31. 4. S αποστατε ... AS ταδε λεγ. ... Β προσθηναι ... AS εφ αμαρτιαισ 2. S¹ εγυπτον· εμαι ουκ ... Β¹ επερωτησαν ... S¹ βοηθηναι 3. AS η σκεπη ... S οανιδοσ 5. AS³ ουτε εισ βοηθιαν (A -ει-) ουτε εισ ωφελιαν (A -ει-) αλλα ... (S¹ εισ αισαιοχυνην) 6. S om η ... B i. m. χς ... S¹ εκειθεν ασπιδ. ... S εγγονα ... Β πετομενων i. m. ... ABS² et ³ επ ονων, 10 S¹ εφ ον. ... S¹ om o, ³ οσ' (² = b) ..: AS i. f. add. εισ βοηθιαν (A -ει-) αλλ (A αλλα) εισ αισχυνην και ονιδοσ (A -ει-) 8. S¹ ημεραν ... AS καιρων ταυτα ... S¹ αιωναν 9. AB¹S om o 11. S primo αποστρ. ημιν ... S² c·³ και αφελετε ... S¹ την τριβ. ταυτην.. 12. S¹ δια το ... AS³ ουτωσ pro ταδε ... AS λεγ. κυριοσ ο αγ. 13. S εαλωκυῖησ 14. S αυτωησ ... AB¹S 15 αγγιου ... S¹ om αρεισ—υδωρ · ·15. AS (non B) ουτωσ .:. AS om κυριοσ alt. ... S¹ και και ... B lineae [οτ-]ε επεποιθ. ε. τοισ obel. praep. ... S¹ om η ... AB²S εβουλεσθε, S¹ αιβ- (S -θαι) 16. AS αλλα ... AS κ. ειπατε επι κουφ. αναβαται (² -αισ = b) εσ. 17. AS δια (A praem. και) φ. ε. φευξ. χιλιοι ... S¹ om ωσ pr. 18. S¹ ελεησε ημασ ... AB²S³ κ. ο θ. 20 ημων, AS add. εστιν· και πολ. καταλιψεται (A .-λειψετε) την δοξαν ὑμων ... S ενμεν. εν (εν et A) αυτοισ (² et ³ -ω) .19. AS om σε ... Β¹S¹ κραυησ 20. S¹ εγγισωσειν σε οι 21. S¹. οι λεγονται ... Β δεξια 22. AS³ εξαρεισ pro μιαν. ... AS κ. τα περιχεχ. ... ABS ποιησεισ κ. (Β om και) λικμησεισ ... S¹ ὑδωσ 23. S¹ om και ο αρτ.—γηο.σου ... ABS⁽²⁾ γενηματοσ 24. S¹ ε βοεσ οι 25 ... Β αχυρ. αναπεπ. φαγονται ... AS λελικμημενα 25. Β om και ult. 27. AS δια χρονου ερχ. πολλου καιομ. ο θυμ. ... ABS το λογ. οργ. ... S πληρησ 28. AS του εθνη ταραξαι ... AS² α. πλαν. ματαια 29. Β² ευφρ-θε κ. εισπ-θε (δι non intellexit) ... S¹ και ευφρενομ. ... S¹ om το ... AS του κυρ. 30. S¹ ακουτην ... AS ποιησ. ο θεοσ τ. ... Β βιαιω 31. S om τησ 30 32. AS ην αυτω ... S¹ εφ ησ ... Β πεποιθει :.. AS αυλων pro τυμπ. 33. AS ου γ. ... S απετηθησει (³ -αι-) ... AB¹S συ pro σοι ... Β βασιλευειν ητοιμασθη ... S³ φαραγγαν ... S¹ βαθιαιαν ... S¹ πυρ'. α κε θειον
XXXI. 1. S sect. 187—191 ad vv. 1. 2 (και επαναστ.). 4. 6. 9 (ταδε). 1. B i. m. χζ ... Β οι επιφ' ̔ιπποισ ... AS κ. τ. θεον ουκ εξεζητησαν 2. ABS 35 σοφοσ ... S¹ επ αυτοσ θ. S¹ εγυπτ. ανθρωπων ... S¹ ετιν η βοηθια ... S απολουνται παντεσ 4. S¹ μοι παντεσ κσ ... AS³ ον τροπ. εαν ... S βοησι (³ -ει) ... S¹ λεον ... S επ αυτην ... Β om αν .:. S¹ εμπληση ... S οροσ σειων 5. AS³ om υπερασπιει sec. ... S εξελιται σε ... S¹ περιποιηθησονται 6. AS om υιοι ισραηλ 7. AS om τα χειροποιητα sec. ... 40 S¹ εποιησ. οι δακτυλοι α. 8. S¹ ουκ α προσ. ... S² c·³ νεανισκ. αυτου 9. S¹ et instaurator περηλημφθ. ... S¹ φευων ... B i. m. χη ante ταδε
XXXII. S sect. 192—195 ad vv. 5. 9. 14. 20. 1. S¹ αρχουσιν pro αρξ. 3. AS δωσουσιν ακουεισ 4. Β προσηξει ... AS του αχ. 6. S¹ πλανησεν, ² -σειν, ³ = b ... S¹ πινωσασ pro διψ. ... AS ποιησαι 7. AS¹ βουλευεται 45 9. B i. m. χθ ... (S αναστητε) ... AS ακουσατε (Dᵃ = b εισαχ.) ... AS³ τους λογ. ... A²S πεπαυται (S¹ -τε) ο σποροσ ... AS και ουκετι 11. AS περιζωσ. σακκουσ τ. ... Β οσφυασ ... S οσφ. ὑμων 12. AS³ περι αγρ. ... ABS γενηματοσ 14. S¹ εγκαταλεμμενοι ... AS² πολ. και οικ. επιθυμη-

---

XXX. 15. AB²S εβουλεσθε] ita vE, Ti; B¹b ηβουλ-; tacet Ti in Prol.
33. S¹ πυρ' α κε θειον] vide Cozza, S. B. Vetustissima Fragmenta I, XLII.
XXXII. 9. S αναστητε] ut b, sic Ti in textu; in Comm. „αναστησοντε: C αναστησονται"

XXXII. 15. ΗΣΑΙΑΣ. XXXVI. 2. **151**

τουσ αφησουσιν 15. AS επελθη... S¹ εφ ημασ 17. S¹ τησ δικαιοσυνην
ιρηνη ... S¹ x. οι πεποιθοταισ ... AS³ εσονται εώσ 18. B οικησει ο 19. S
om ωσ οι, B om οι 20. S¹ ὕδω
XXXIII. S sect. 196—205 ad vv. 2. 5. 7. 10. 13. 14 (τισ pr.). 16. 18 (που
pr.). 20. 22 (κυρ. κριτ.). 1. S¹ δε γαρ ουδεισ ... S εφ ἱματιω (¹ ημ-) ... B 5
ηττησονται 2. B i. m. λ ... B απειθουντων 3. AS φοβ. σου εξεστ. 4. S.
ημων ... B lineae μειxρ. x. μεγαλου obel. praep. ... B ακριδα ... AS³ c.4
εμπαιξονται (A -πεξ-) 5. AS ὑψηλοισ ... B δικαιοσυνη (c. sqq. conjg.)
6. B ηκει pro εκει ... S¹ πρ. τ. θεον 7. B 3 lineis [ὑ-]μων ουτοι
φοβ. — αφ ὑμων αγ³- obel. praep. et i. m. ουκ' π' εβρ' ... AS αὐτὸι ... AS³ 10
φοβηθησονται pro βοησ. ... AS αγγελ. γαρ ... AS² αξιουντεσ ἰρηνην (A ει-)
πικρ. 8. B λογισθησεσθε 9. S¹ ασαρων pro. ο σαρ. ... AS καρμηλοσ
11. AS² c.3. αισχυνθησεσθαι (A -θε) pro. αισθηθη. ... S ματεα δε ... AS
ὑμασ κατεδεται 12. S¹ ερισμενη, ² et ³ -ιμμ- ... S¹ om -ατακεκαυμενη (sic),
³ suppl. -ατακεκαλυμμενη 13. S εποιησα 14. S¹ ληmψονται ... S¹ και 15
εστε.. 15. S πορευομ. αμωμοσ εν δικ..... S¹ αποστομ. και απο ... B ἴδη
ἀδικιαν 16. S οικηση 17. AS² και οι οφθ. ... S πορωθεν 18. BS η ψ.
ημων. ... AS τουσ συστρεφομενουσ 19. S συνεβουλευσαντο ... S² c.3 λαοσ
ο πεφ. 20. B i. m. λα ... B¹ οψ. πολισ ιερουσ. πολ. ... S¹ αιωναν ... S¹
διαραγωσιν 21. AS διωρυγεσ 22. S¹ μεγαρ ... S κυρ. κριτ. sect. inc. 20
23. AS ενισχυσεν 24. AS ειπη ... S κοπιω post εν αυτοισ pon. ... AS
ο λ. ο ενοικ.
XXXIV. S sect. 206—209 ad vv. 1. 5. 8. 15 (εκει ελαφ.). 1. B i. m. λβ
2. B εθνη 3. B ad lin. και αναβησ. αυτων i. m. adscr. ουκ' π' εβρ' ... S¹
οικουναισ pro η (² om η) οικουμενη 4. AS om και — ουρανων ... B ετλι- 25
γησεται ... B ωσ βιβλ. ο ουρ. 5. B εμεθ. εν τω ουρ. η μαχ. μου ... S¹ γησ
pro απωλιασ 6. B ad lin. η μαχαιρα τ. κ. ενεπλη- i. m. adscr. ουκ' π' εβρ'
AS om του ... AS αρνων pro από αιμ. τραγ. κ. αμνων ... AS om τω 7. B
συμπεσουνται ... S¹ om οι pr. 9. ABS αυτησ αι (S¹ ε) φαραγγεσ ..: AS αυτησ
η γη καιομ. ωσ πισσα 10. B σβεσθησεται ... S¹ αιωναν ... AS om αυτησ 30
sec. ... AS³ om και εισ χρ. πολυν, S¹ c.3 add. ερημωθησεται, ² c.3 ερημ. και
ουκ εσται ο διαπορευσομενοσ δι αυτησ 11. AS και κατοικησουσιν (A -σονται) εν
αυτη ορν. κ. εχ. κ. ειβεισ (B ειβεισ) κ. κορ. κ. επιβλ. ... S επ αυτη ... B
γεωμετριασ 12. AS³ βασιλεισ (S¹ γα-!) αυτησ ... B i. m. S¹ αρχοντεσ pro
μεγιστανεσ, AS² αρχ. (A add. αυτησ) και οι μεγιστ. αυτ. 13. AB¹S¹ et 3 ανα- 35
φυσει (S¹ -σι) 14. S¹ βοησουσιν ... AS ευρον γαρ αυτ. 15. S πεδια ...
AS ελαφοι συνηγητησαν 16. S παρηλθοσαν ... ABS om ο ... S om και το
... AS³ συνηγ. αυτασ 17. AS³ εισ γενεασ γ. ... S και αναπαυσ.
XXXV. S sect. 210—212 ad vv. 1. 3. 5. 1. B i. m. λγ 2. AS και η
δοξ. ... S¹ κα|μηλου i. f. p. 3. S¹ χιραεσ 6. BS om ο ... AS και τρανη 40
εσται (S primo τρανησεται) ... B μογγιλαλων 7. AS κ. η ανυδρ. εστ. ... S
ποιμνιων pro καλαμου 8. B 3 lineis [α-]καθαρτοσ ουδε — πλανη- obel.
praep. ... B om και ult. 9. AS των θηρ. των πονηρ. ... AS επ αυτην ...
B ad lin. [πορευ-]σονται εν αυτη λελυ- i. m. adscr. ουκ' π' εβρ' 10. AS³ om
και sec. ... B αυτων επι γ. τ. κεφαλησ i. f. l. add. ... AS' om τησ ... S¹ 45
καταλημψφετε
XXXVI. S. sect. 213—222 ad vv. 1. 3. 4. 7. 9 (οιχετέ). 12. 13. 16 (οτι
ταδε). 18. 22. 1. B i. m. λδ ... S¹ ιδουμεασ 2. ABS om τον pr. ... AS

XXXIII. 13. Cozza γνωσο|ται (nullum vestigium lineolae ν indicantis)
19. b συμβουλευσατο: recte jam Field notavit editorem calamo correcturum
συνεβ—aberravisse ad vocem συμβουλευοντεσ v. 18., ex qua male fecit συν-
εβουλευοντεσ
XXXIV. 2. b εθνει 7. B συμπεσ.] ita et vE, Ti; Sb συνπεσ- 10. b
εισ χρονον

152   XXXVI. 3.   ΗΣΑΙΑΣ.   XXXVII. 29.

ραψακην, ubique -ψ- ... ABS λαχεισ ... Β βασιλεαν ... ABS γναφεωσ
3. Β χελκειου ... Β σοβνασ ... S γραμματεουσ, ³ add. τησ δυναμεωσ ...
S¹ ιωχ 4. S³ τινι 5. AS η pro και pr. ... AS επι τινι 6. S¹ εγυπτ-
bis ... ABS οσ ... S επ αυτην επιστηριχθη (-χθ- et A) ... ABS om ανηρ
5 ... ABS om και τρησει αυτην 7. S¹ δ ελθεται pro δε λεγετε 8. S¹ δωσω
ημιν 9. AS³ προσωπ. τοπαρχου ενοσ ... BS επ αιγυπτον (S¹ εγ-) 10. S³
verbis κυριοσ ειπεν—ταυτην ※ appos. (A om) ... S⁽¹⁾ αναβηθι και κατα-
φθιρον την γην ταυτην 11. S¹ᶜ·³ ελιακειμ ο του χελκιου (i. f. l.) ο οικονομοσ
... AS σομνασ ο γραμματευσ ... Β ιωασ, S¹ om και ιωαχ- ... S τ. ανθρ.
10 των 12. BS ραβσ. (S -ψ.) προσ αυτουσ ... Β¹ προσ ημασ ... S λαλ. τ. λογ.
τουτ. uncis inclus. erant ... S τιχηει ... S¹ ουραν μεθυων α. 13. Β
ραψακησ (ut AS) ... AS εβοησεν ... S om και ειπεν ... Β λ. του βασ.
του βασιλεωσ τ. μεγ. βασ. ασσ:, S¹ λ. τουσ βασιλεωσ ασσυρ. του μεγαλου
14. S³ ταδε. λ. ο βασ. uncis circumscr. ... : Β ου μη δυν., AS οι ου (A add.
15 μη) δυνησονται 16. S οτι ταδε ... S¹ η pro ει ... ABS om εκ ... Β
χαλκου pro λακκου 18. AS ύμασ απατατω ... AS³ ο θεοσ ύμων ... S¹
ύμασ ρυσεται ... S ερυσαντο, it. ερυ- 19. 19. S αμαρ, Dᵃ αιμαθ ... S¹
αρφαθ. που που εστιν. ο θ. ... S σεπ'φαριν μη εδ. ..... S σαμαριαν εκ τησ χ.
20. S om παντων ... AS om οστισ ... AS εκ τησ χ. ... S οτι σε (² om
20 σε) ρυσεται ο θσ ιελμ 21. S¹ μηδεν 22. S¹ εισελθεν ... ABS ο οικονομοσ
... Β post lineam και σομν. ο γραμμ. i. m. ουχ' π' εβρ' et ante lineam τησ
δυναμεωσ obelus ... S¹ κιτωνασ
XXXVII. S sect. 223—236 ad vv. 1. 3. 5. 8 (και απεστρ. et και ηκουσ.).
14. 21. 22. 26. 28. 33. 34 (ταδε). 36. 37. 1. Β βασιλεαν ... AS κ. σακκον
25 περιεβ. 3: Β lin. ημερη θλ. κ. ο- obel. praep. ... S ηκι (³ -ει) ωδιν τ.
τικουση ... S¹ οκ εχι 4. S¹ ονιδιζει θν ... AS³ ᶜ·⁴ om και δενθ. —σου ...
S προσ κν τον θν σου 5. S ηλθοσαν 6. S¹ᵉᵗ⁴ ησαϊασ ϋϊοσ αμωσ ... S¹ ηκουσ.
ων ωνιδ. ... S¹ βασιλεοισ 8. AS πολιορκουντα τ. βασιλεα λομναν (A λοβνα) κ. ηκ.
βασιλευσ ασσυριων οτι ... AS om απηρεν απο λαχισ (9.) και ... Β λαχεισ
30 9. AS θαραθα ... S¹ εθειοπων 10. S¹ πεποιθωσ ησ, AS³ π. ει ... AS εισ
χειρασ (S¹ χι-) ... S¹ βασιλεων sine ασσυρ., ³ βασιλεων ασυριων 11. AS η ουχ
ηκ. ... AS om συ ρυσθηση 12. S ερ'ρυσαντο ... AS οι πατ. μ. απωλε-
σαν ... S¹ χαραν ... S ραφεσ ... S¹ θεομα (? θεεμα? θεσμα? media
lit. erasa), ² θεμαν 13. AS π. εισιν οι βασ. αμαρ και αρφαθ' και πολεωσ εμ-
35 φαριν (A σεπφαρειμ) ... BS¹ αναγουγαυα, ² αναβου- 14. AS³ ᶜ·⁴ om και ανεγν.—
οικ. κυριου ... S¹ ανεγνοι ... S¹ εναντ. του κυρ. 15. Β¹ προσευξατο ... S
πρ. τον κυρ. 16. AS κυριε ... S¹ om o pr. ... Β¹S χερουβειν, AB² -ειμ
... AS συ θσ μονοσ ει 17. AS om κλινον κ. το ο. σου et ανοιξ. κε τ. ο.
σου ... AS λογ. ουσ απεστ. σεν'ναχηρ'ειμ ον. ... S ονιζειν 18. ABS om
40 κυριε ... S¹ ρημωσαν 19. ABS ενεβαλον ... AS απωλεσαν 20. AS συ
pro νυν ... AS³ χειρ. αυτων ... S¹ την γην ο. σοι ... S¹ om ει ... AS¹
om ο 21. Β i. m. λε ... S¹ προσηύξου ... S σενναχηριμ' 22. Β ελαησεν
23. AS εισ τ. αγ. ... S τηλ i. f. l. add. 24. S¹ᵉᵗ⁴ των ορεων ... S κεδρου
26. BS¹ ηκουσα ... AS εξ αρχ. ημερων ... S¹ συνετ. γαρ ... S¹ εξερη-
45 μωσα ... AS ενοικουντασ 27. Β χει i. f. p. ... S¹ αγρωτισ 29. S ενεθυ-

---

XXXVI. 8. S in textu μιχθητε ut b, in Comm. Ti „μιχθηται: Cᵇ
μιχθητε"
XXXVII. 9. S¹ εθειοπων] sic Ti in textu, in Comm. „εθιοπων [sic]:
Cᵇ αιθ. (jam Cᵃ)" 11. Ti Comm. „βασιλεων: Cᵇ βασιλεων [exspectares—
ασυριων sic" 12. Ti Comm. „ερρυσατο [sic]: ρ alterum (a Cᵃ?) erasum, εωσ[
sed post restitutum" 18. S ονιζειν] tacet Ti in Comm. 19. S εργα χι|ρων
(i. f. p.), Ti Comm. „εχι: Cᵇ εχει" 20. b υμων, Codd. Ti ημων

XXXVII. 30. ΗΣΑΙΑΣ. XL. 26. 153

μηθησ ... BS ριναν (Β ρει-) 30. S¹ συ ... S¹ ^(et 4) σημιον παρα κυριου
... S εσπραρκασ 32. S¹ ορουσ σ. 33. 34. Β χαρακαλλα, S ιχαρακα α.
... AS om και εισ — εισελθη 35. S δι εμεν 36. AS² εκατ. και ογδ. ... S¹
χιλιαδεσ ... AS εξαναστάντεσ ... S om το 37. AS και αποστραφ. απηλ-
θεν σενναχ. 38. S¹ οι|κωκω ασαραχ ... Β παταρχον ... S ανδραμελεχ᾽ ... 5
AS σαρασα ... S¹ μαχερασ ... S¹ ναχορδαν
XXXVIII. S sect. 237—241 ad vv. 1. 2. 4. 10. 21. 1. B i.m. λς ... S
ο υιοσ ... S¹ αποθνκισ 2. S¹ εισ τ. τοιχον ... B¹ προσευξατο 3. S και
εν κ. 5. AS ηκ. τησ φωνησ τ. προσευχ. ... ABS ετη δεκαπεντε (S ιε)
6. S βασιλεων ... AS ασσυρ. σωσω σε (S¹ σαι) και υπ. τ. πολ. ταυτ. 10
υπερασπιω 7. (Β τουτουτο δε) ... AS ο θεοσ ποιησει (S¹ -σι) 8. AB¹S
στρεφω ... S (cf. A) κατεβη ο ηλιοσ ϊ (sic, ² = b) αναβ. ... AS om ο
ηλιοσ post σου 9. BS¹ et ³ om τησ ... S¹ et 3 ιουδα 10. B i. m. λς ... S² et 4
πορευσομαι εν πυλ. ... S επιλ. μου 11. BS¹ om ου ... AS³ επι τησ γ. ... AS om
ζωντων—γησ ... AS² ουκετι ου μη 12. Β 4 lineis [11. ανθρω-]πον εξελιπεν — 15
εξηλθεν obel. praep. ... AS om εξελιπεν et c. antec. conjg. εκ τ. συγγ. μ.
... AS ο καταλυων σκηνην ... AS ωσ ιστοσ post εγενετο pon. 13. Β
χ ουτωσ i. m. ... Β συνέτρειψεν ... AS ουτ. τα οστα μου συνετρ. ... AS
εωσ τησ νυκτ. 14. ABS ουτωσ bis ... AS μελετησω ... S μου (⁴ om μ.)
οι οφθ. μου (² et 3 om μ.) του 16. S² c. 3 i. f. add. ιδου γαρ εισ ιρηνην 20
πικριασ (sic) μου 17. AB¹S απεριψασ ... AS αμαρτ. μου 18. S¹ om οι
ult. 20. AS κε pro θε 21. Β ad lin. ησαιασ πρ. εζεκιαν i. m. adscr. ουκ᾽ π´
εβρ᾽ ... S¹ et 4 ησαιασ ο προφητησ πρ. εζ. ... S om εκ 22. AS τουτο
το σημ. ... AS om προσ εξεκιαν ... AS³ κυριου τ. θ.
XXXIX. S sect. 242—245 ad vv. 1. 2. 3. 5. 1. B i. m. λη ... S μαιωδαχ ο 25
υϊ. του λααδαν ο β. ... Β εζεκια i. f. l. add. ... BS και ανεστη bene c.
antec. conjg. 2. AS εξεκιασ χαραν μεγαλην ... S¹ νεχωτα ... AS κ. τ.
αργ. κ. τ. χρυσ. post μυρου pon. ... S¹ τησ τακτησ ... S¹ οικ. τ. θησαυ-
ρων σκευων ... AS² c. 3 εδ. αυτοισ εξ. ... ABS om αυτ εν π. τ. εξ. α. 3. S¹
εγ γησ 4. Β lineae [βαβυλω-]νοσ και ειπεν ησα- lineolam (obelum?) praep. 30
5. AS αυτω ησαιασ 6. BS καταλιπωσιν ... S¹ et 4 ο κυριοσ 7. Β¹ ωσ pro
ων ... AS εγεννησασ λημψ. 8. AS³ προσ ησαϊαν ... Β om ο ... S γενη-
θητω ... S¹ om μου
XL. S sect. 246—254 ad vv. 1. 3. 6. 9. 12. 18. 25. 26 (καλεσι?). 28.
1. B i. m. λθ ... S παρακαλειται (¹ -λι-) bis ... S¹ λαοσ pro τ. λαον 2. S¹ 35
ιερουλαμημ ... S λελ. γαρ 3. ABS ποιειτε (S -ται) 4. S¹ παρα φαρ. ...
S βουνοισ ... S¹ πεδιαν, AS² et 3 οδουσ λιασ 9. S τ. ισχ. σου ... S² et 3
ημων 10. S¹ om ιδου ... AS om κυρισσ alt. ... AS² c. 3 ο βραχ. αυτου
11. S² c. 3 και τασ εν ... S γαστρι 12. S τισ εμετρ. 13. AS² c. 3 συμβι-
βασει (S -σι) 14. AS¹ et 4 i. f. add. η τισ προεδωκεν αυτω και ανταποδο- 40
(A -ω-)θησεται αυτω 15. (Β ωσ σταγων) ... AS ελογ. και ωσ 16. S¹ οχ
ικανοσ, ² ουχ ιχ. ... S ουχ ικανα 17. S εισ ουδεν 18. S² c. 3 ομοιωσατε
... (ABS¹ et Dᵃ ωμοιωματι) ... S² et 3 ομοιωσατε 19. S² c. 3 η ομοιωμα
20. AS³ c. 4 ζητει ... AB αυτου εικονα, S αυτο εικ. 23. AS αρχ. εισ ουδ.
24. S (cf. A) ου γ. μη σπιρωσιν ουδε μη φυτευσωσιν ... S¹ φρυγανον ... 45
AS³ αναλημψεται ... S σ αυτουσ 25. S ομοιωσατε 26. AB παντα ταυτα
... AS κατα αρ. ... S¹ κοσμ. αυτων ... S¹ απο πασησ δοξ. ... AS om

XXXVIII. 2. b τειχον, Codd. Ti τοιχ- 6. S¹ σαι] Ti Comm: „σε· Cᵇ σαι
(sic)" sic!
XXXIX 8. S¹ ϊρηνη] Ti Comm.: „ϊρηνην [sic]: Cᵇ ειρηνην" sic
XL. 9. S ειπον τεσ πολεσιν] sic Ti in textu, in Comm.: „ειπονταισ: Cᵇ
ειποντεσ (jam Cᵃ)" sic! 18. ABS¹ ωμοιωματι] ita et b, S² et 3 Ti ομοιωμ.

154 XL. 27. ΗΣΑΙΑΣ. XLIII. 22.

αυτου 27. S απεστην 28. S¹ et 4 ουκ ετι γνωσει, ² add. ει, ³ = b ... S ου πιναση· ² ουδε διψησι' ουδε κοπ.
XLI. S sect. 255—263 ad vv. 1. 4 (εγω θεοσ). 8. 11. 15. 16 (συ δε). 21. 25. 27. 1. S αλαλαξουσιν 3. AS και διελευσεται 4. S γεν. αρχε(³ -αι-)ων
5 5. AS ηλθοσαν 6. B πλησ. βοηθησ κ. τ. αδελφ. κ. ... S χαλκεουσ ... S¹ et 4 σφυρα 7. B ισχυρωσεν ... B 2 lineis αυτα εν — κεινηθη- obel. praep. 8. B i.m. μ̄ ... ABS om και 9. S¹ απ ακρω 10. S γαρ ο θεοσ ενισχυσα σε 11. S¹ εσχυνθησομαι 13. AS¹ om σου pr. 14. B ολιϊοστοσ ... S¹ ιιηλ, ² ει ιηλ, ³ eras. ι ... ABS om σου ... B om σε 15. S¹ om αλοωντασ
10 16. S¹(—⁸) λιχμησεισ 17. S αγαλιασονται ... S¹ και η γλ. ... S εξηραν-θησεται ... B om εγω sec. 18. AS³ c.4 om υδατων ... S την pro γην 19. S¹ κεδρων ... AS Dᵃ και μυρσ. 20. S³ παντα ταυτα ... S¹ σραησ (sic) pro ισραηλ 22. S¹ om και αναγγειλατωσαν ... AS τα προτερα ... S¹ επιστησατε 23. AS³ om ημιν ... Codd. επερχομενα 25. S¹ βορ'ρα ...
15 S¹ κ. ως κεραμεουσ ... BS ουτως ..., S¹ καταπατηθησεται 26. AS³ τ. λογ. ὑμων 27. B εισ οδον suprascr. 28. AS ουθεισ ... S ιδωλ. αυτων
XLII. S sect. 264—273 ad vv. 1. 5. 9. 10. 11. 13. 15. 17 (εσχυνην l) 18. 23. 1. B i.m. μα 3. S κριτιν 4. S¹ καγου ... B θραυσθησεται, S¹ σβεσθησεται ... B επι τησ γησ 5. ABS ουτωσ ... S¹ πατουσν 6. S om και ult. ... S¹
20 εισ δικαιοσυνην εισ διαθ. γεν. μου ... B εισ φως εθνων i. m. 7. ABS om και sec. 8. S om το 9. BS τα απ αρχ. ... S¹ et 4 εγω ποιω ... AS αναγγελω 10. B 3 lineis υμνησατε — ονομα αυ- obel. praepos. ... S¹ θεω pro κυριω ... S¹ om δοξαζετε το ον. αυτου ... S¹ απ αρου 11. S πετρ. επ. ..., AS ακρων 14. S σιωπησομαι ... AS εκαρτερησα ως η τικτουσα (S τικουσα)
25 ... S¹ εκτησω 15. AS om ερημωσω — ξηρανω 16. AS τρ. ουσ ... S om αυτ. ποιησω ... S¹ σκοιλια ... B¹ om εισ sec. ... S ρηματα τα (A a) 17. B i.m. μβ ad αισχυνθητε, S c. εσχυνην nov. sect. inc.! ... S¹ θ. ὑμων 19. S om η bis ... S κωφ. 20. S¹ ειδε πλ. ... S¹ om ουκ sec. 21. S¹ μεγαλυνι 22. AS³ ταμιειοισ ... S¹ κ. εν τοισ οικ. ... AS ο εξε-
30 (³-αι-)ρουμενοσ 23. AS εισακουσεται, S¹ et 4 add. τησ φωνησ του πε(³-αι-)δοσ αυτου 24. AS τισ εδωκεν ... ABS εβουλοντο ... S¹ et 3 τησ φωνησ του νομου, ² το ονομα 25. S¹ κατϊσχυσιν ... AS¹ et 3 επ αυτουσ πολ.
XLIII. S sect. 274—282 ad vv. 1. 3 (εποιησα). 9. 10. 14. 16. 18. 22. 25. 1. B i.m. μγ ... AS om και sec. 2. S υδατ. εγω ειμι μετα σου κ. ...
35 B¹ συνκλουσιν, S¹ σινκλυσ- ... S² και φλοξ 3. ABS σου (S σοιυ) αλλαγμα ... S¹ εθιοπιαν 4. AS εναντ. μου ... AS ανθρ. πολ'λους υπερ 6. AS απο γησ π. ... S απ ακρου 7. S παντεσ ... AS³ c.4 om αυτον sec. 9. S¹ om και ακουσατωσαν, AS² add. post αληθη 10. ABS om μου ... S³ c.4 om και συνητε 11. S¹ εστιν, it. 13. 12. ABS om εγω pr. ... B εν ημιν
40 13. S¹ om ο pr. ... ABS om ο sec. 14. ABS om του ... AS παντασ φευγοντασ (S¹ φευοντ.) ... S χαλδεοι ... S¹ πλιοισ, AS² κλοιοισ 16. AS οδον εν θαλ. 17. AB αλλα ... B εκοιμηθησανται (certe α ex o) ... S εσβεσμενον (o ¹ deleto ω) 19. AS³ c.4 om εγω ... ABS καινα ... S¹ ανατελωω ... S³ c.4 om αυτα 20. B ευλογησουσει, AS -γησει (S¹ -σι) ... S ποτ. ² εν
45 γη διψωσση' (² rurs. eras.) εν τη αν. 22. B i.m. μδ 23. ABS ουκ εμοι sine ηνεγκασ ... AS om σου pr. ... BS¹ om ουκ εδουλ. σε εν θυσ., AS²

XL 28. S πιναση] sic Ti in textu, in Comm.: „πινασι [sic] et διψησι: Cᵇ -σει et -σει. Quae postquam fecerat, verba ουδε διψησει uncis videtur circumdedisse; sed rursus erasi sunt."
XLI. 23. Codd. επερχομενα] ita Ti, b επεχομενα
XLII. 24. AS τισ εδωκεν] ita et Ti, Bb οισ εδ.
XLIII. 19. ABS καινα] ita Ti, b κενα

XLIII. 24. ΗΣΑΙΑΣ. XLV. 23. 155

ουδε εδουλευσασ μοι (A om μ.) εν ταισ θυσ. σου 24. AS θυμιαμα ουδε
(S² add. το) στεαρ ... AS αμ. σου κ. εν τ. (S¹ τεσ) αδ. σ. προεστην σου
25. AS om ενεκ. εμ. κ. τ. αμ. σου ... B¹ om μη 26. S πρωτον 27. AS
αρχοντ. αυτων
XLIV. S sect. 283—292 ad vv. 1. 6. 8 (μαρτυρεσ). 9 (αλλα). 11 (συναχθητ.). 5
18. 21. 23. 24. 25. 1. AS ακουσ. παισ μου ιακωβ'. 2. ABS ουτωσ, it. 24.
... S¹ om σε sec. ... S primo βοηθηθησει ... ABS και ο ηγαπ. 3. S επισ
τοσ σπ. ... AS³ χορτ. αναμεσ. υδατ. ... S³ om και ... S¹ παρεον, AS²
παραρεον 5. S επιγραψη ... AS om χειρι αυτου ... ABS om και ult. ...
AS² om βοησεται, BS¹ και βοησ. 6. B¹ om ο θεοσ ... S¹ om ο βασιλευσ 10
... AS του ιηλ ο ρυσαμ. 7. S¹ και χαλησατω pro καί καλεσ. κ. αναγγειλ.,
² suppl. κ. καλεσ. (cf. A) ... S¹ αιωναν 8. AS om μηδε πλανασθε ...
B i.m. με ad και ουκ ... AS ησαν 9. S² c.³ vid. πλασσ. με κ. οι γλυφ. με
... BS¹ ματαια (S -εα) ... AS οι ποιουντ. ... S³ εαυτων ... S³ αλλ'
10. AS¹ et ⁴ παντεσ οι πλασσ. ... AS om παντεσ (hoc loco) 11. BS στη- 15
τωσαν ... AS om και quart. ... S³ c. ⁴ om εντραπητ. κ. εσχυνθ. (³ αι-) αμα
12. AS³ ετρησεν ... AS om και sec. ... S¹ χασι ασθενησι 13. AB¹S
ερυθμισεν ... AS om και sec. ... S¹ om εν οικω 14. AS ο εκοψεν ...
B ο κυρ. ... ABS om πιτην 15. S¹ ινα ην ανοσ ... AS εισ θεουσ ...
ABS αυτουσ 16. B το ημισου ... S¹ om αυτου ... S κατεκαυσαν ... 20
AS¹ et 3 και καυσαντεσ επεψαν αρτουσ (S¹ αυτουσ sic saep.) επ αυτων pro
κ. επι τ.—αρτουσ, S² uncis inclus. ... S¹ κριασ 17. AS προσκυν. αυτω
... BS προσευχ. προσ αυτο (S -τον) λεγ. ... AB¹S εξελουμαι (= -λου με).
οτι 18. S¹ απημαρωθησαν 19. AS ουκ ελογισ. (S -εισ.) τη (S¹ η) καρ-
δια αυτου ουδε (S¹ ουδ) αν ελογισατο εν (S¹ om εν) τη ψυχη αυτου ουδε 25
(S¹ ουδ) εγνω ... B ανθρακων ... AS κρεασ ... S προσκυνησαυσιν 20. AS
γνωτε 21. B i.m. με ... S¹ ιηλ ο παισ μ. 22. S¹ ειδου γ. αφηλιψα ...
ABS γνοφ. τασ αμαρτιασ σ. ... AB¹S επιστραφητι 24. S και ο πλασασ σε
25. ABS μωρευων 26. ABS ρηματα ... ABS om τη ... AS ιουδε(Α -άι-)ασ
XLV. S sect. 293—302 ad vv. 1. 6 (και ουκ?). 8. 11. 12. 14. 16 (ενκενι- 30
ζεσθε). 18. 20. 22. 1. B i.m. με ... ABS ουτωσ, it. 11. 14. ... S¹ ουκ pro
ου ... S Dᵃ δεξ. αυτου ... S¹ διαρηξω. 2. S πορευσωμαι ... B¹ μοχλουσ
3. ABS om σου pr. ... ABS om ο ult. 4. AS ενεκ. ιακωβ τ. π. μου ...
ABS³ τω ονομ. μου ... S¹ om με 5. AS om ενισχυσα σε ... B θεοσ sec.
i. m. 6. AS απο ... S¹ εσιν, ² εστιν ετι ... ABS om θεοσ pr. 8. B i.m. μη 35
... S¹ om αι ... B¹ ρενατωσαν ... S om και βλαστησατω ... B sec. loco
αναγγειλατω ... S¹ et 3 κυρ. ο θεοσ ο κτ. ... S¹ αρ. αροτριαεισ τ. ... B lin.
γην ολην τ. ημεραν obel. praep., AS² c. ³ om ολ. τ. ημ. 10. AS² c. ³ om
μη—αυτο(ν) ... S⁽¹⁾ το πλ. τω προσπλασαντι αυτον (sic) ... AS ωδινησεισ
11. AS post υι. μου add. και περι των θυγατερων μου 12. S¹ αστροσ 40
13. AS³ om βασιλεα ... S¹ om και pr. ... S¹ εκμαλωσιαν 14. B i.m. μθ
... S¹ εγυπτοσ et εθιοπων ... B lineae και οι σαβ. α. ü- i. m: adscr. ουκ'
π' εβρ' ... S¹ σαβαειν, ² et 3 (cf. A) σεβωειν ... S ακολουθησωσιν ... AS om
και διαβησ. πρ. σε ... S² c. ³ om και ult. 15. S¹ et 3 ο θεοσ κ. ... B om
σωτηρ 16. B i. m. γ ad εγκενιζεσθε, ita et S dist. 17. ABS om ετι 18. S² c. 3 45
om ο θεοσ ... AS om επλασεν αυτην ... ABS om κυριοσ 19. S γησ:
γ in τ mut. ... B ζησατε ... B lineae εγω ειμι ε. κ. ο i. m. adscr. ουκ,
π' εβρ', S² c.³ om εγω ειμι sec. (, A om κυρ. ο) 20. B οι αιρ. ... S¹ οι
εροντεσ ξυλαον ... S γλυμματα ... ABS και προσευχ. ... AS ωσ προσ ...
S σωζωσιν 21. S τοισ ... S ποτε ... S¹ πρην 22. A²S προσ με 23. S¹ 50
ομνυων ... AS³ ει μην ... S¹ et 3 δικ. και οι ... S¹ καυψι ... S¹ ομνιται,

XLIII. 28. b απωλεσαι

AS³ i. m. εξομολογησεται ... S¹ τον xv, AS³ τω θεω 24. S¹ ιρηνη pro δοξα
... AS² αφοριζοντεσ ... S εαυτουσ 25. S¹ et 4 δικαιωθησεται ... S¹ om
εν τ; θεω
    XLVI. S sect. 303—307 ad vv. 1. 3. 5. 8. 12. 1. S¹ επι σε βηλ ...
5 AS συνετρ. δαγων ... AS και κτηνη ... S¹ φοντιον ... B lineae -τιον κοπιωντι
εκλε- i. m. adscr. ουκ' π' εβρ' 2. S¹ και πινωντι ουκ ησχυοντι εκλελυμενω,
AS² x. πιν. (A add. και) εκλελ. ουκ ισχ. ... S¹ εκμαλωτοι. 3. B i. m. $\overline{να}$ ... AS²
ακουσατε (S -ται) ... S¹ om μου ... S ο οιχ. 4. AS¹ γηρουσ 5. S ομοι-
ωσατε ... S ιδεται ² ιδεται (signa a³) 6. S μαρσιππιου ... S¹ κυψασ
10 προσκυνι ... S αυτω 7. AS επι των ωμων ... S¹ πορευσονται ... S¹ και
ου μη ... S¹ και εαν, AS² x. οσ αν ... S βοησει (¹ -σι) ... AS¹ ακουση
9. S¹ et 4 και μετανοησατε μνησθ. 10. S¹ αναγγελων ... B lineae -τερον
τα εσχ. πριν obel. praep. ... AS πριν αυτα γεν. ... ABS μου η βουλη
11. ABS απ ανατ. ... S¹ πορωθεν ... S¹ et 4 εποιησα pro ηγαγον pr. ...
15 B 3 lineis εκτισα—οδον αυτου obel. praep. ... AB¹ S ευοδωσα 13. S¹ et 4
διχ. μου και την αληθιαν x. τ. σωτ. ... S¹ et 4 δοξαν
    XLVII. S sect. 308—313 ad vv. 1. 5. 8. 9. 12. 13 (στητωσαν). 1. B i. m.
$\overline{νβ}$ ... B επι γην ... AS βαβυλωνοσ· εισελθε εισ το σκοτοσ παρθενοσ (AS² c. 3
om παρθ.) θυγ. 2. S¹ om σου ... AB ανασυραι 3. S παραδω σε ... S¹
20 ανθρωποι 4. AS² ειπεν ο ρυσ. 5. ABS θυγατηρ ... S κληθησ. 6. S¹ et 4
παροξυνθησ, ³ παροξυνθην ... S χι(³ -ει-)ραν ... S¹ ελεοσ ουδεν 8. AS³
ακουσον ... AS η τρυφ. ... AS³ εν τη. χαρδ. 9. ABS³ εξεφνησ (B² S³ -αι-)
pr. post ηξει pon. ... AS³ c. 4 om επι σε ... B τα δυο—επι σε i. m. inf. ...
AS τα δ. ταυτα εν μια ημ. χηρια. και ατεκνια 10. AS² c. 3 γνωθι οτι ... S¹
25 om και, ² και εστε, AS³ om εσται 11. S¹ βοθυνον ... AS³ εξαι(A -ε-)φνησ
απωλ. ... S¹ απολιασ ... B om μη extr. ... AS γνωσ 12. BS και τη ...
S¹ εν pro ει ... B¹ δυνησει. 13. S και κεκοπ. ... ABS om δη 14. S¹
x. ου μ εξελ. ... S¹ εσχισ ανθρ. πιροσ 15. AS μεταβ. σου ... B¹ συ δε
    XLVIII. S sect. 314—320 ad vv. 1. 3. 6. 10. 12. 14 (αγαπων). 20. 1. B
30 i. m. $\overline{νγ}$ ... AS² c. 3 om επι ... AS και οι εξ 2. AS του ισρ. ... S¹ αντι-
στηριζομενοσ 3. S¹ εξηλθον 4. B γιτνωσκω, S γειν-, AS add. εγω ... B
οστισκληροσ (=. οστισ χλ. ?) ... S χαλχουν 5. AS³ τα παλαι ... AS om α
... AS om ποτε ... AS εποιησαν ... A² S και. μη ... S² c. 3 ενετιλαντο
6. S¹ et 4 εγνωκατε ... AS αλλα και ... S ικαινα 7. S ταυτα ... AS³ οτι ναι
35 8. S¹ εγνοισ ... S επιστω 9. S¹ επαξω σοι, AS² ε. επι σοι ... ABS εξολεθρ.
10. AS ουκ ... S¹ ινεχεν (² vid. ειν-) αργιριου 11. B¹ βεβουληται ... S ου δωσω
ετερω 14. S ανηγγειλεν αυτοισ 15. AB¹ ευοδωσα, S ευοδωκα 16. AS ελαλησα,
AS¹ + ουδε εν τοπω γησ σκοτινω ... S εγεινετο ... AS νυν κυριοσ απε-
σταλκεν 17. ABS ουτωσ, it. 49, 5 ... B¹ om σε pr. ... AS ο αγιοσ ... S¹
40 σου ου δεδιχα 18. S¹ om ει. ... S μου τ. εντολ. εγ. 19. S αμμοσ τησ
θαλασσησ το ... S εγγονα ... S χνουσ ... S εξωλεθρευθησ ... S¹ et 3 ουδε
μη απολ. ... S¹ et 4 εναντιον ... AS μου 20. S¹ (et 4) φευγηων εκ γησ
χαλδεων ... AS απαγγειλατε εωσ (S¹ ωσ) ... S¹ (et 4) γησ και ακουστον
γενεσθω τουτο· λεγετε οτι ερρ. 21. S διψωσιν ... S αυτοισ υδ. ... Süξωρ
45 22. B i. m. $\overline{νδ}$ ... AS τοισ ασεβ. λεγ. κυριοσ
    XLIX. S sect. 321—332 ad vv. 1. 5. 6 (ιδου). 7. 8. 9 (post αποκαλ.). 13.
14. 16. 18. 22. 24. 1. S αι νησοι 2. AS ωσει μαχ. ... S¹ εσκεπασεν pro
εκρυψ. pr., AS³ pro sec. 3. AS δοξασθησομαι (S¹ -με) 4. B εκοπιασα εισ
ματαιον, AS εχ. και εισ μ. ... S δεδωκα ... S εναντι, it. 5. 5. S εαυτου ...

    XLV. 23. S¹ τον $\overline{xv}$] sic Ti in textu, in Comm.: „τον θν· [sic]: C^b
τω θω"
    XLVI. 10. S¹ αναγγελων] sic Ti in textu, in Comm.: „αναγελων [sic]:
C^a -γελλων"

S¹ ιαρ. και ιακ. πρ. αυτ., AS² τ. ιακ. κ. ιαρ. πρ. α.... B¹ om μου ... AS μου ισχ. 6. B² om μοι ... S¹ τοτο κληθ., ² το κλ. ... AS τεθεικαι (S -θι-) 7. S° ο ρυομενοσ ... BS³ ᶜ·⁴ om o sec. ... S προσκυνησωσιν 8. S¹ επηκ. σοι ... AS om και επλασα σε ... S¹ διαθηκ. γενουσ εισ φωσ εθν. ... AS κληρονομιαν ερημου 9. AS και εν πασ. τ. οδ. αυτων ... B πασιν τοισ τρι- 5 βοισ 10. BS¹ διψασουσιν ... ABS om o pr. ... AS αλ'λα 11. S¹ παντα τριβον 12. AS ερχονται ... S¹ και ουτ. δε απο βοραν ... AS³ ᶜ·⁴ κ. ουτοι απο θ. 13. S¹ ⁽ᵉᵗ ⁴⁾ ευφρανθητε ... S¹ ᵉᵗ ⁴ ευφροσ. και οι βουνοι δικαιοσυνην 14. B i.m. νε̄ ... ΑΒ εγκατελειπεν ... AS o pro οτι 15. AS³ ᶜ·⁴ om η ... S εγγονα ... S¹ επελαθετο ταυτα, AS³ επιλαθοιτο τ. ... S¹ αλε- 10 γων pro αλλ εγω ... S¹ om ειπε κυριοσ 16. S τα τιχη σου 17. S¹ υφ υμων καθ. ... ABS εξου (B²S εκ σου) εξελευσ. 18. S¹ σινηχθησαν ... AS om ωσ κοσμον pr. ... B περιθησεισ, AS -ση ... B ωσ νυμφη, AS νυμφησ 19. AS³ διεφθαρμενα ... ABS και τα πεπτωκοτα (S¹ κατεπτωκ-) νυν ... S στενοχωρησηει ... S¹ κατοικ. σε κ. 21. B¹ ουτε pro ουτοι 15 22. AB¹S om κυριοσ alt. ... B συσσημον, AS¹ συνσ- ... S κολπω σου· 23. AS³ om αυτων ... ABS προσκυν. σοι ... S χωουν ... AS αισχυνθηση (S¹ εσχ-) sine οι υπομεν. με 24. S¹ εκμαλωτ., it. 25. 25. ABS om οτι ... ABS² ουτωσ ... B² τ. υιουσ μου 26. S¹ om και sec. ... S¹ εσθανθησονται ... S¹ σαξ'... S¹ αντιλαμβανομενο 20
L. S sect. 333—338 ad vv. 1. 2 (μη). 4. 8 (τισ). 10. 11. 1. S ουτω ... S¹ η, Dᵃ ωσ (³ = b ω) 2. S διοτι ηλθ. ... S¹ επακουων ... S³ ᶜ·⁴ om η ουκ ισχ. τ. εξελεθ. ... S¹ ᵉᵗ ⁴ ιδου τ. ελεγμ.. μ. και τη απιλη μου, AS³ ιδου τη απιλη μ. 3. AS² και ενδ. ... S¹ om θησω, ³ κ. θησω σακκ., AS⁴ κ. θησω ωσ σ. 4. B i.m. νε̄ ... AS om κυριοσ alt. ... S μοι διδωσιν ... 25 S³ ᶜ·⁴ πρωϊ πρωϊ 5. AS¹ ᵉᵗ ⁴ om κυριου alt. ... S¹ ανοιει ... S απιθω ουδ 7. AS³ om κυριοσ alt. ... AS βοηθ. μου ... S αλ'λ ... S primo προσοπον ... S¹ ⁽ᵉᵗ ⁴⁾ κατεσχυνθηω 9. AB¹S om κυριοσ alt. ... AS² ᵉᵗ ³ ᶜ·⁴ βοηθει ... AS³ κ. ωσ σησ 10. S επακουσατω ... AS² om και pr. ... S αντιστηριζεσθαι 11. S κατισχυσατε φλ. πυροσ ... S¹ προσ pro πυροσ 30
LI. S sect. 339—347 ad vv. 1. 4. 6. 7. 9. 11 (εγω). 13 (ον τροπ.). 17. 21. 1. B i.m. νε̄ ... S¹ ακουσαντεσ ... B με ... S² ου pro ον 2. S¹ σαραν ... B lineae και ευλογ. α. και obel. praep. ... B om και επληθυνα αυτον 3. S³ ᶜ·⁴ om και τα πρ.—παραδισον ... BS om αυτησ ult. ... S αγαλιαμα ... S² φωνη 5. S om μου pr. ... S εξελ. εισ φ. ... B φωσ και το ... 35 S¹ βραχιοναν pr. l. 6. S και οι pro οι δε ... S³ κατοικ. αυτην ... BS εκλιπη 7. AS λ. μου ου ... S¹ και pro μη pr. ... AB φοβεισθαι 8. AS² ωσπερ γαρ ... S¹ αιωναν ... S¹ γενεαν γεν. 9. B i.m. νη̄ 10. S το βαθοσ 11. S¹ ελυτρωμενουσ ... S(cf. A) επι τησ κ. γ. αυτων αγαλ'λιασισ και ενεσεισ (³ αινεσισ) ... B lineae [απε-]δρα σδ. κ. λ. και obel. praep. 12. S(cf. A) 40 γνωθι συ (³ ᶜ·⁴ om συ) τινα ευλαβηθισα (³ -ει-) εφα(² -ο-)βηθησ 13. B απελαθου ... S του προσωπου ... S¹ τ. θ. αυτου θλ., ² τ. θ. μου τ. θλ. 16. S² ᶜ·³ σκεπην pro σκιαν 17. S³ ᶜ·⁴ om εξεγειρου sec. ... AS το ποτ. τ. θυμου εκ χ. κυριου· το ... S θυμου μου 19. ABS² ᵉᵗ ³ τισ σοι ... AS om σοι post συλλυπηθ. 20. S¹ σειτλιον ... S² ᶜ·³ vid. θεου σου 22. ABS² ᶜ·³ 45 ουτωσ ... AS om μου ... S προσθησει 23. B 2 lineis δωσω—αδικ. σε obel. praep. et i. m. ουχ' π' εβρ' ... B om και sec. ... S εθηκασεισα ... AS τα μεταφρενα σ.
LII. S sect. 348—354 ad vv. 1. 4. 6 (αυτοσ). 8. 10. 11. 13. 1. S om σιων sec. ... AS³ ᶜ·⁴ om ου 2. B²S¹ εκτιναξε ... B εκλυσαι ... S³ ᶜ·⁴ 50 om σου ... S¹ εκμαλωτ. 4. B i.m. νθ̄ ... S¹ ᵉᵗ ³ ουτω ... B κυριου κυριοσ 5. ABS ωδε εστε (A -ται) ... S ελημφη ... B 2 lineis βλασφημειται—6. τουτο

---

l.l. 19. b διο, Ti ut codd. δυο

γνω– obel. praep. 8. S¹ προσ bis scr. ... AS ελεησει (¹ -σι) 9. S ευφροσυνη ... S¹ om κυριοσ .... B¹S ερυσατο ... S¹ om ιερουσαλ. sec. ... S¹ᵉᵗ⁴ παντα τα εθνη τα ακρα, AS³ π. τα ακρ. 11. AS μη απτεσθαι ... ABS εξελθατε ... S εκ του μ. 12. S γαρ προ προσωπου υμ. ... S¹ συν-
5 αγων ... AS κυριοσ ο θ. ισρ. 13. B i.m. $\overline{ε}$ 14. ABS om των ... ABS των pro υιων 15. AS ουτωσ ... S ᵖʳⁱᵐᵒ πιρι.
LIII. S sect. 355—359 ad vv. 1. 4. 7 (ωσ πρ.). 10 (post μακροβ.). 12. 1. S¹ απεκαλυφη 2. AS εναντ. αυτ.. ωσ παιδιον (¹ πε-) 3. B εκλιπον, S εκλι(³ -ει-)ποντα ... S παρα. παν (² -τασ) τουσ .... B απεστραπται· 4. S¹
10 αυτον εν. πονοισ 5. AS ανομιασ ... AS αμαρτιασ ... AB¹S παιδια. 5. 6. B dist. μωλ αυτου. ... παντεσ·. 7. S κεκρακωσθαι ... ABS om αυτου ...
AS²ᶜ·³ τ. κιραντοσ αυτον ... ABS i. f. add. αυτου 8. S¹ ηχθη pro ηρθη 9. B¹ om αυτου sec. ... AS² ουδε ευρεθη δολοσ εν 10. AS η ψυχη υμων ... S κ. κυριοσ βουλετ.
15 LIV. S sect 360—364 ad vv. 1. 4. 7. 11 (ιδου). 14 (απεχου) 1. B i.m. $\overline{εα}$ ... S¹ μολλαν. 3. AS και εισ τα αρ. ... S¹ εκπιτασον 4. S ου μνησθ. ... ABS om ετι 5. S¹⁽ᵉᵗ⁴⁾ οτι εγω κ. ... S¹ om και 6. S¹ ω γυνεκα ... S καταλελιμενην ... AS om o pr. ... S¹ ουτω pro ουδ ωσ 7. B εν(² -γ-)κατελιπον ... AS μετα 8. S³ (cf. A) ελεησα 9. S¹⁽ᵉᵗ⁴⁾ εστιν ονομα καθ. ... S²⁽ᶜ·³⁾
20 καιρω pro χρονω 10. S τα ορια ... AS μεταστησασθαι (¹ -θε) ουδε οι ... S¹ om σου ... AS γαρ κυριοσ ειλεωσ (A ιλ-) σοι 11. S η ταπινη ... S¹ εστε (³ -ται) παραχεκλιμενη pro ου παρεκλ. ... S¹ om σοι ... S¹ λιθν ... B¹ σαππιρον. 12. S ιασπιν ... S χρυσταβλλου ... S Dᵃ περιβολεον 15. AS om και παροικησ. σοι 16. AS κτιζω ... S ουκ ... S¹ χαλκουσ ... S εκ-
25 τικα 17. S¹ τον, AS³ φθαρτον pro σκευαστ. ... AS² φ. η αναστ. ... S¹ κρισειν και π. ... B 2 lineis ηττησει—εν αυτη obel. praep. et i. m. οι ωβ'· ουχ' π' εβρ' ... S ηττησετε .... S¹ εσ. μου αγιοι λ. κ.
LV. S sect. 365—369 ad vv. 1. 2 (ακουσ.). 4. 6. 10. 1, B i.m. $\overline{εβ}$ ... S¹ βασδισατεσ ... AS πιετε pro φαγ. ... ABS οινου 2. S¹ αργυριω ...
30 B om ακουσατε μου, S¹ ακουσασθε μ. 3. AS³ᶜ·⁴ επακουσατε ... B lineae και ζησ. εν αγαθοισ obel. praep. 4. S αυτον post μαρτ. pon. ... AS δεδωκα. 5. S¹ επικαιλεσοντε ... AS³ om κυριου. ... S¹ οτι εδοξ. σε .c. seqq. conj. 6. AS³ ζητ. τ. θεον 8. AS ουδε ωσπ. 9. S απο τηων (Dᵃ τησ) οδων 10. AS om o ... S¹ και ουκ αποστραφησεται 11. AS συντελεσθη ... ABS οσα
35 ηθελ. ... B¹ ευωδωσω ... S¹ om σου ... S²ᶜ·³ i. f. add. vid. φυλαξεισ 12. S ᵖʳⁱᵐᵒ vid. επικρατησι·
LVI. S sect. 370—373 ad vv. 1. 3. 6. 8 (ο συναγ.). 1. AS om και pr. 2. S¹ σαββα, ² σαββατα μου ... S¹ om χειρασ ... AS αδικημα 3. B i.m. $\overline{εγ}$ ... S προσκι(³ -ει-)μενοσ κυριω ... ABS οτι εγω ειμι ξυλ. ξηρ. 4. BS
40 εαν ... S¹ προσταγματα pro σαββ. ... S τησ διαθηκη μ. 5. S¹ᵉᵗ³ και δ. ... AS¹ κρισσων, ²ᵉᵗ³ κρισσον 6. S δουλευειδν ... B τω ειναι et lineae [αυ-]τω εισ δ. κ. δου- obel. praep. ... S¹ αντεχομενοισ 7. AS επι του θυσιαστηριου μ. ... S¹ διερπαρμενουσ ... S¹ επ αυτουσ 10. B i.m. $\overline{εδ}$ ... AS παντ. εκτετυφλ. ουκ εγν. φρονησαι (¹ -σε) ... AB i.m. int. S ? παντεσ ϗ
45 κυνεσ, B i.m. ext. ουχ' π' εβρ' ... S οἱ ου δ. 11. AS³ εν ταισ οδ. ... AS κατα το αυτο
LVII. S sect. 374—381 ad vv. 1. 3. 7. 11. 13 (οι δε). 15. 17. 21. 1. S stichos και ουδ. κατανομει et και ουδ. εκδεχ. τ. καρδια invertit. 3. B i.m. $\overline{εε}$ 4. S κ. επι τινι ηνυξατε 5. AB τα ειδωλα, S επι τα ἰδ- ... S¹ δασεω ...
50 S¹ φαραξειν ... S¹ εκινησ, ² -νοισ pro κακεινοισ (³) ... S¹ ποδασ ... S¹ εκινοισ, ² vid. και εκ-, AS³ κακεινοισ pro και τουτοισ ... S i. f. add.

LIII. B signa interpunctionis in hoc capite multo frequentiora, quam in ceteris libri partibus 10. AS η ψυχ. υμων] ita et Ti, Bb ημων

LVII. 7. ΗΣΑΙΑΣ. LX. 8. **159**

λεγει κυριοσ 7. S κακει ... S¹ αναβιβασασ ... ABS om σου i. f. 8. S¹ μνημοσυνον, ² vid. -νον, ³ = b ... S ωσ pro ωου ... B κοιμενουσ, i. m. ╳ μω 9. AS³ και απεστρεψασ και εταπ. ... S¹ εταπινωθη 10. S²ᶜ·³ επραξα ... S¹ o pro ου 11. B 3 lineis με και ουκ—ουδε εισ την obel. praep. ... AS εμνησθησ (¹ αιμν-) μου ... S¹ bis οδε pro ουδε 12. AS² ᵉᵗ ³ διχ. 5 μόυ ... AS² ᵉᵗ ³ ωφελησουσιν 13. S αναβοησεισ ... B εξελε[σθω]σθωσαν ... B λημψεται ανεμοσ ... S αποισεται αυτουσ (³ ᶜ·⁴ om αυτ.) κατεγεισ 15. AS³ κυριοσ ο υψ. ο εν ... B 2 lineis [κα-]τοικων—ονομα αυ- obel. praep. ... S primo αιωναν ... AS¹ ᵉᵗ ⁴ ον. αυτω κυριοσ ... S ο υψιστ. εισ τον αιωνα ο (³ ᶜ·⁴ om εισ—ο) εν ... B τοισ την καρδ. συντετρ. ... B 2 lin. 10 [αμαρτι-]αν βραχυ—πατ. αυτον obel. praep. ... S²ᶜ·³ vid. στυγν. εν τη καρδια αυτ. και 18. B εορακα ... S³ ᶜ· ⁴ om και παρεκαλ. αυτον 19. ABS ειρ. επ ειρηνην (S¹ sec. loco ιρ-, ² ἴρ-, ³ ειρ-) 20. AS αδικ. ουτωσ ... B κλοιδων- ... S¹ αναπαυσον|οθε, ² -σασ|σθε, ³ -σασ|σθαι ... S² ου μη δ. 21. B χ. ειπεν ο θεοσ τ. ασεβ., AS χ. τ. ασ. ειπεν κυριοσ ο θ. 15
LVIII. S sect. 382—386 ad vv. 2 (ετουσιν). 6 (αλλα). 9. 10 (τοτε). 13. 1. B i. m. ἐξ ... S ωσ σαλπιγγοσ ... S ιακωβ' τα ανομηματα' α. 2. S τασ οδουσ μου ... S¹ επιθυμησουσιν ... S¹ λαον 4. AS om ει. ... S¹ κραυη 5. S²ᶜ·³ ουδε ημερ. ... S² υποστρωσησ ... AB ουτωσ, S ωσ 6. ABS νηστ. εγω ... S εξελελεξάμην ... S στραγαλιασ ... S τεθραμ'μενουσ 7. S εισα- 20 γαγε ... S¹ οχ ... ABS υπεροψη 8. ABS προϊμον ... S²ᶜ·³ ιματια 9. S¹ απυ 10. S τεταπινωμεν (⁴ -μενην) εμπλησισ ... S¹ ανατελλι ... S¹ ᵉᵗ ⁴ μεσημβρ. εστε (³ -ται) 11. S¹ καθα ... AS³ εξελειπεν ... AS³ i. f. add. και τα οστα σου ωσ βοτανη ανατελει και πιανθησεται και κληρονομησουσι γενεασ γενεων (S bis γεναι-) 12. S²ᶜ·³ ανοικοδομ- ... B εσταιˑ τα ... B lin. 25 -α σου αι. γ. γε- obel. praep. ... AS σου τα θεμελ. ... S¹ γεν. γενεασ ... ABS και τουσ τριβ. ... AS τουσ pro σου 13. B απο τ. σαββ. τ. ποδα σου ... S ποιεισν ... S¹ το σαββατον ... AS² τ. θεω σου 14. S αναβιβασον
LIX. S sect. 387—392 ad vv. 1. 6 (τα γαρ). 9. 11 (ανεμιναμεν). 15 (και ειδεν). 19. 1. S²ᶜ·³ σωσαι σε ... S om αυτου 2. S³ᶜ·⁴ om αναμεσον sec. 30 ... AS² προσωπ. αυτου 3. AS μεμολυμμεναι ... S¹ αιμα 4. AS ουδισ (³ -δεισ) 5. S ερηξαν ... S¹ μελων ... AB⁽²⁾ βασιλεισκοσ 6. S ουδε μην ... S περιβαλοντε (³ -ται) 7. S¹ εκχεαιμα ... B διαλογισμοι sec. i. m. ... AS¹ αφρονων pro απο φονων 8. S¹ κρισιν θεου ... S¹ ἰρηνηνην 9. S³ᶜ·⁴ om και ου—δικαιοσυνη ... AB¹ om αυτων sec. 10. S³ᶜ·⁴ τυφλοσ ... S 35 ουχ ωσ ... B om και sec. 11. B i. m. ἐξ ad ανεμειναμεν ... S²ᶜ·³ ανα- μενουμεν 12. S²ᶜ·³ πολλαι γ. ημ. αι ανομιαι 13. AS απο οπισθεν ... S ελααλησαμεν 14. AB¹S καταναλωθη ... AS ηδυναντο (S primo -νοντο) ... S¹ διελθεισ ... A²S την διανοιαν (¹ -α) αυτων ... AS¹ συνιναι 17. B δικαιοσυνην ... S ωσ σωτ. ... AS om αυτου 19. S¹ om οι pr. ... S χ. ηἔξι 40 20. S¹ om ο 21. S¹ ᵉᵗ ³ την καρδιαν σ., ²ᶜ·³ την στομα σ. ... B ου μη εκλ. εκ τ. οτ. σου i. m. inf.
LX. S sect. 393—399 ad vv. 1. 5. 8. 10. 13. 17. 21 (φυλασσων). 1. B i. m. ἐξη 2. S²ᶜ·³ ιδου γαρ ... AS σκοτ. και γνοφ. καλυψι (³ -ψει, A -υπτει) γην επ εθνη 5. B εκτηση ... S¹ ᵉᵗ ⁴ τ. καρδ. σου ... S επι σε ... S¹ πληθοσ θ. 45 ... S¹ εξουσιν 6. AS γαιφαρ ... B¹ εξαβα pro εκ σαβα ... S οισουκισιν, AS¹ ⁽ᵉᵗ ⁴⁾ add. και λιθον τιμιον ... S ευαγγελιουνταισ (¹ = -τεσ?) σοι 7. S συναχθ. σοι ... S ηξουσ. σοι ... S¹ ᵉᵗ ⁴ δωρα δεκτα 8. BS πετονται ...

LVII. 12. AS² ᵉᵗ ³ διχ. μου] Ti ad lineam—σου και τα κακα σου— in Comm. adnotat: „σου: Cᵃ ᵉᵗ ᵇ μου"; respicit, opinor, ad prius
LIX. 6. S ουδε μην] sic Ti in textu, in Comm. „μην: [adde ν?] erasum et jam a Cᵃ ut videtur improbatum"

160 LX. 8. 9. ΗΣΑΙΑΣ. LXIII. 19.

ABS κ. ωσ περιστ. 8. 9. AS¹ (et 3) om επ εμε, ² om εμε alt., AS³ om αι (¹ ε) 9. ABS³ θαρσεισ ... AS μετ αυτων δια ... B om δια pr. ... B τō pro το, S¹ om το ... S³ᶜ·⁴ om του 11. S²ᶜ·³ του εισαγαγ. ... S¹ om και βασιλ. αυτων, AS³ om αυτων 12. AS²ᶜ·³ οι βασ. αυτων ... S¹ 5 οτινεσ ... AS ερημωθησονται (¹ -τε) 14. B lineae σε κ. παροξυναντων obel. praep. et i. m. οι ωβ' ουκ' π' εβρ' ... ABS πολισ κυριου σ. 15. S¹ ενκαταλελειμμενην ... ABS ευφροσυνην 16. S¹ βασεων ... S¹ om και ult. 17. B¹ om και pr. 18. S κ. ουκ ετι ακουσθησονται (³ -σεται) αδ. ... S κληθησοντε (³ -ται) 19. S¹ om σοι ... AS om ετι ... S φ. σε τ. νυκταν 10 ... S σοι φ κυρ. εισ (³ᶜ·⁴ om εισ) φωσ 20. B¹S¹ δυνησεται ... ABS³ κυριοσ σοι, S¹ᵉᵗ⁴ κυρ. ο θεοσ σοι 21. AS δικαιοσ και ... B κληρονομη-(σου,σουσιν ... S αυτων 22. S¹ᵉᵗ⁴ ελαχ. εστε (³ -αι)
LXI. S sect. 400—404 ad vv. 1. 3 (και κληθ.) 5. 8. 10 (αγαλλ.). 1. B i. m. εβ ... S¹ ευαγγ. ταπινοισ απεσταλκεν ... AS τη καρδια 2. S δεκτοσν 15 ... S¹ ανταποδοσεων 3. AS³ om αυτοισ ... S¹ ⁽ᵉᵗ ⁴⁾ φυτ. δικαιοσυνησ κυρ. 4. AS εξερημωμενασ ... S το προτερον ... S¹ πολ. εωνιουσ (³ αι-), ² π. ερημ. και ... B εξηρημωμενασ, S εξερημενασ 5. S om σου 6. S¹ᵉᵗ⁴ θεου υμων ... S¹ χαν εν 7. B την γην εκ δευτ. κληρονομ. ... S¹ κληρονομησου (= -ή σου?) τ. γ. 8. S¹ om και ult. 9. B γνωσθησεται, S¹ γνωσθησεσθαι 20 ... S εγγονα' ... S εμμεσω ... AS³ᶜ·⁴ om εν μεσ. τ. λαων ... B²S ευλογημενον 10. S κ. ευφροσυνην ... B i. m. ō ante αγαλλ. ... S¹ χιτωνα .. B περιεθηκεν μοι ωσ νυμφιω 11. S¹ om το ... AS om κυριοσ alt.
LXII. S sect. 405—409 ad vv. 1. 2 (και καλ.). 3. 8. 10. 1. S¹ᵉᵗ³ σιωπησωμαι ... AS η δικ. μου 2. AS το ον. σου το ... S αυτον 4. S¹ κλη-
25 ρονομθηση (sic, ρ sine puncto, Ti edidit) ... AS om ετι ... S²ᶜ·³ σοι (= συ) γ. κληθηση θ. ε. κ. η γη σ. ... AS om οτι ευδοκ.—συνοικισθησεται ... Bᶦ ευδοκησεν, i. m. ᶦ ευδοκησει 5. ABS ουτωσ ... AS οι υι. σου μετα σου ... S νυμφην 6. AS τιχεων ... S²ᶜ·³ κατεστησα σου 7. S ου γαρ εστιν ... S¹ ο οικοσ pro ομοιοσ ... ABS¹ᵉᵗ³ αγαυριαμα 8. Bᶦ δοξησ, 30 i. m. ᶦ δεξιασ ... S δοξησ pro ισχυοσ ... S¹ om κ. τα βρωματα ... BS¹ om σου sec. 9. AS³ αλλ η ... AS συναγοντεσ ... S¹ om αινεσουσι—συναγαγ. ... AS² συναγοντεσ ... S¹ om αυτα. 10. AS¹ τουσ λιθ. τουσ ... S διαριψατε 11. S ακουστον εποιησεν ... AS σοι ο σωτ. παραγεινεται (¹ -τε, ²ᶜ·³ -γεγονεν) 12. S¹ απο κυριου συνεκληθη. ... S κ. ου καταλελιμμενη
35 LXIII. S sect. 410—417 ad vv. 1. 2. 3 (και τ. εθν.). 7. 9 (ου πρ.) 11 (ο αναβιβ.). 15. 17. 1. Bⁱ·ᵐ· ōα ... ABS παραγεινομενοσ (A -γι-) ... S¹ εριθρημα ... S¹ σωτηριασ 3. S πληρουσ (c. antecedd. conjg., similiter b) ... AS om μου ... S¹ τα ιματια α. 4. S²ᶜ·³ ημ. γαρ κυριου α. ... B ηλθεν 5. AS και ουδεισ βοηθ. ... S και ουδισ (³ -δεισ) αντελαβετο ... S ερυσατο 40 ... S εστη 6. S²ᶜ·³ εισ την γ. 7. S²ᶜ·³ το ελεοσ ... B¹ αρετ. αρετασ κυ, ² αρετ. αυτου κσ + κυ (ut vid.) ... S¹ οισ bis scr. ... S κατα το αυτου ελεοσ κατα 8. S τ. μου ου μη αθετησουσιν 9. AS¹ᵉᵗ⁴ αυτοσ κυριοσ 10. AS¹ᵉᵗ⁴ και αυτοσ 11. AS om που pr. ... ABᵐ· εκ τησ γησ, S εκ γησ 12. S¹ δεξδια (in fin. col.) pro δεξια ... S μωϋσησ ... AS ποιησ. αυτω 13. AS δε δια 45 τησ αβυσσ. 15. AS δοξησ· που ... S οικτειρμοι, ² οι οικτ., AS³ των οικτειρμων ... S²ᶜ·³ ημων κυριε 16. S ημων πατηρ ... S κυριε ο πατ. ... B 2 lineis ρυσαι—εστιν obel. praep. 17. S¹ om απο ... S εσκηρυνασ ... AS³ ημων τασ καρδιασ 18. S¹ᵉᵗ⁴ μικρον τι 19. S εγεναμεθα

LX. 15. ABS ευφροσυνην] ita et Ti, b -συνη (tacet Ti in Pról.)
LXI. 3. B πενθουσι sec. loco, bTi -σιν 4. B εξηρημωμενασ sec. loco] ita et Ti (tacet in Prol.), Ab εξηρημωμ-, de S tacet Ti in Comm.
LXIII. 12. S μωϋσην] ita et Ti, ABb μωσην

LXIV. 2. ΗΣΑΙΑΣ. LXVI. 19. 161

LXIV. S sect. 418—420 ad vv. 1. 4. 5 (ιδου). 2. BS² et 3 κηρ. απο πυροσ,
S¹ κ. υπο. π. ... S³ c.4 om εσται ... AS³ το ον. κυριου 3. S¹ et 4 ποιησησ
5. B om γαρ ..., S τοισ υπομενουσιν το δικ. 6. S² ρακκοσ ... AB¹S
εξερυημεν 7. S¹ αντελαβετο 8. S¹ om των ... B i. f. add. ημεισ 9. B
μνησθησ 10. AB εισ καταραν c. seqq. conjg. 11. AS παντα τα ενδ. 5
LXV. S sect. 421—429 ad vv. 1. 3. 8. 11. 13. 17. 18 (ιδου). 21. 25.
1. B i.m. οβ ... AS¹ et 3 εγενομην ... AS ζητουσιν et επερωτωσιν invert. ... S
ειπον 2. B 3 lin. [η-]μεραν—πορευομενοισ obel. praep. ... S¹ τ. πορ. οδ. ουκ
αληθη (³ -θεινη), ² (cf. A) οι ουκ επορευθησαν εν οδω καλη 3. S λααοσ
... S¹ et 2 μου ... S¹ om δια παντοσ ... S¹ om τοισ pr. ... S θυμιουσιν εν 10
4. AS add. και ab in. ... S² ενυπνια και οι ... B κρεασ υειον, AS κρεα
υεια (A υϊα) 5. BS¹ καιετε 6. S¹ et 3 εναντιον ... S¹ (et 4) ου μη σιωπισω ... S
αν αποδω· και ανταποδωσω εισ 7. B αποδωσω ... S επι τ. κολπ. 8. S
ουτω λ. ... S λυμηνητε, ³ -ται ... AS² c.3 ευλογ. κυριου 9. AS και το εξ
ιουδα ... S¹ οσ κληρονομησει (² c.3 -σουσει) το 11. S¹ om και sec. ... S 15
δαιμονι (¹ δε-) 12. S και (³ c.4 om και) παντεσ σφαγη ... S¹ ποιησατε
... S εμου ... S ηβουλομην 13. AS¹ διψησεσθαι 14. B om υμων pr.
... AS om υμων sec. ... S¹ ολολυζετε 15. S² et 3 κατελιψετε ... S² c.3
το ον. του κυριου υμων ... S¹ ονομα εωνιον 16. S¹ ελλογησουσιν ... S³ c.4
οι ομουντεσ ... AS θλιψιν αυτων 17. S¹ ουρ. καπνοσ ... S προτερ. ουδε μη 20
18. AS¹ om οτι ... ABS ιερουσ. αγαλλιαμα (S¹ -αλι-) 19. S¹ εν ιερουσ.
... S εν αυτω φ. ... AS² c.3 κλ.. ουδε φ. ... S¹ κραυησ 20. S¹ et 4 και
ουκετι μη, AS³ και ου μη ... AS om ετι 21. S καταφυτευσωσιν
et φαγωνται ... ABS γενηματα 22. S φυτευσωσιν ... B om εσονται
... AS τα εργα 23. AS οι δε εκλ. ... S¹ ουδε κοπ., ³ ου μη κ., ² = b 25
... S εγ'γονα ... S i. f. add. εστε (³ -αι) 24. BS om η ... AS επακουσομαι (¹ -με) 25. S² c.3 αρτον φαγεται και ουκ ..., AS ουδε μη λυμαι.
LXVI. S sect. 430—441 ad vv. 1. 3. 5. 6. 8. 10. 12. 15. 17. 18 (ερχομαι).
20. 22. 1. S¹ om ουτωσ λ. κ., suppl. Δ ουτω λ. κ. ... AS μοι θρον. η δε
γη ... AS η ποιοσ 2. S primo post ταυτα pr. perg. λεγει κυρ. —επιβλεψω, 30
uncis del. ... B i.m. οϡ ad και εστ. ... S¹ αμα pro εμα ... B lineae
λογουσ — 3. ανομοσ lineolam (obelum?) praep. 3. S μοσχον ... BS¹ om ο
tert. ... S¹ κυναν ... S¹ σιμιδαλιν ... B υειον, AS υιον ... AS ουτοι ...
AS α η ψυχ. 4. B εκδεξομαι, S εκλεξομαι ... S αποδωσω ... S¹ εκαλ.
αυτοισ ... S¹ μοι ... B¹ ουχ ηκουσ. ... S ηβουλομην ... S¹ εξελεξατο 35
5. AS το ρημα κυρ. ... ABS αδ. ημων ... AS μισ. ημασ 6. B i.m. οβ ...
S¹ om φωνη κρ. εκ πολεωσ 7. AS πριν η his ... S¹ et 4 τεκ. και πρ. ...
B ποπον (sic?) 8. S τοιαυτα ... B εορακεν ... S η pro ει ... S² γυνη
... AS ει pro η ... B εθνοσ 9. S εγω δεδωκα ... S ουχ ιδ. εγω στιραν
κ. γεννωσαν ... AS om σου 10. S¹ οι αγαπ. εν αυτην, AS² οι κατοικουντεσ 40
(A ενοικ-) εν αυτη, ³ = b. ... AS om αμα αυτη ... S επ αυτην 11. S
εκθηλ. πα τρυφ. ... S¹ δοξεωσ 13. ABS ουτωσ, it. 22. ... S υμασ παρακαλεσω 14. S¹ χαρισθε ... AS υμων η καρδια ... S οστα ημων ...
AS τοισ σεβομενοισ αυτ. ... S απιλησι 15. AS om αυτου sec. et tert. ...
S¹ αποκοραϰισμων 16. B lineae χυ—γη obel. praep. 17. AS² κρεα, S² 45
κρια, ³ = b ... BS⁴ υειον, A υϊον, S¹ υεια, S³ υειων 18. S λογισμ. αυτ.
επισταμαι ερχ. ... S γλωσσ. αυτων 19. AS³ σημια ... S¹ επ pro εξ
... ABS θαρσεισ ... S φουθ ... S λουθ ... AS και θοβελ ... B om εισ
ult. ... B εορακασιν ... S¹ et 4 μου τα εργα και την δοξαν ... AS μου

LXV. 4 B υετον] ita et Ti, b υιετον 16. ABSb τον θεον τον αλ. bis,
Ti priore loco mendose omiserat τον sec.
LXVI. 3. B υετον] ita et Ti, b υιετον, it. 17. 5. ABS αδ. ημων] ita
et Ti, b αδ. υμων

SEPTUAGINTA. *l*

την δοξαν εν 20. S¹ σκιαζιων 21. S εμοι ιερεισ 22, AS ενωπ. μου ...
S¹ et³ ειπεν pro λεγει 23. ABS μηνα εκ μ. ... S και ηξι (³ -ει) ...
AS σαρξ' ενωπιον εμου (A μου) προσκυνησαι (¹ -σε) ... S¹ et³ κυριοσ ο θεοσ
Subscriptio: BS ησαιασ

ΙΕΡΕΜΙΑΣ.

Inscriptio: ABS ιερεμιασ
I. 1. S κατοικησει 2. ABS οσ εγεν. ... BS ιωσεια, it. 3. pr. loco, B·
5 et sec. l. 3. S² ᶜ·³ ιουδα και ... S εωσ συντελιασ (³ -ει-) ενδεχ. ... ABS
om του ... S¹ εκμαλωσιασ 5. B εκ μητρασ i. m. 7. S¹ οσ pro οσα 8. S
om εγω ... B¹ εξειρεισθαι 9. S¹ τουσ λογοισ μ. 10. ABS κατεσταχα
... BS om επι sec. ... ABS απολλυειν 11. S σοι ... AS op. ιερεμια ...
S¹ καρϋνην 12. 13. S¹ om hos verss. 13. AB προσ με εκ δευτερου 14. S
10 πορρα (tacet Ti) 15. ABS βασιλ. απο (A add. προσωπου) βορρα τησ γησ
16. S ενκατελιπ. μεν κ. 17. AS ειπον προσ αυτουσ π. ... S εαν ... S¹
προσωπαυ ... AS εγω ειμι 18. B χαλκ. οχυρουν, S χ. ισχυρον ... AS απασιν
19. S πολεμησωσιν ... S οτι ... AS εγω μετα σου ... S εξε(³ -αι-)ρεσθαι
II. 1. S τελιοτητοσ ... B αυτου pro σου του ... S¹ τω εξ. 3. ABS
15 om ο ... ABS γενηματων 4. B i. m. β̄ 5. S¹ πλεμ'μελημα 6. ABS εν γη
εν η ... AB¹S om ανηρ, Bᵐ ˡ ανηρ ... S ανοσ pro ουθεν ... S κατωκησεν
(² add. εκει) υιοσ ανθρωπου[.] 7. S εισηγαγον ... ABS εισηλθατε 8. AS τ.
νομου μου ... S βαα'αλ 9. S¹ om προσ υμασ—κριθησομαι ... ABᵐ S ᶜᵒʳʳ·
post υμασ add. λεγει κυριοσ 10. S διοτι διελθατε ν̇ εισ νησ. χετ'τιειν ...
20 S σφοδρα ... S¹ η γενονεν 11. ABS αλλαξονται (S¹ -τε) ... S² ᶜ·³ ηλλαξαντα
12. S επι πλιω 13. S¹ om και pr. ... AS² ϋδατοσ ζωντοσ 14. B i. m. γ̄ ...
S² ᶜ·³ διοτι 15. S λεγοντεσ 19. S¹ om και γνωθι 20. BS om και pr. ... S¹
δουλεισω ... AS om σοι ... BS παν βουνον 22. B¹ S¹ αποπλυνησ ... AS
ποαν ... AS εναντ. μου (A εμου) εν τ. αδιχ. σου λεγ. κυρ. 23. S¹ ωλολυζεν
25 24. S¹ επιστεψαι αυτ. πλην π. 25. S αποιστρ. τ. φαρυγια σ. α. διψουσ κ. τ.
ποδα σ. α. οδ. τραχιασ 26. S¹ ο βασιλευσ α. 27. S επεστρεψαν 28. S¹
ποι ... S² ᶜ·³ ει και αναστ. (ut vid.) ... B σωσουσιν, AS add σε ... S¹ ιρου-
σαλημ 30. B¹ om vid. λεων ... B¹ ολεθρευων (-ε- et A) 31. B i. m. ε̄
... AS ουκ ηξομεν 34. S αθωων 36. S¹ εγυπτου κατισχυνθηση ... B¹S
30 καθ. καταισχυνθησ (S¹ -ε-) ... S¹ ευδοκηση, ² ᵉᵗᶜ· ευοδοθηση
III. 1. B¹ μηαινομενη, S¹ μιεν- 2. ABS αρ. εισ ευθ. τ. οφθ. σου ...
AB¹S πορνιαισ, S¹ -νιεσ', it. 9. S -νι- 3. S primo om και εσχ. ποιμενασ
... ABS εγεν. σοι 5. S¹ αιωναν ... AS διαφυλαχθησεται ... S om και
εποιησας 6. B i. m. ε̄ ... S εν ται (sic) ημερεσ (³ -ραισ) ... B ιωσειου,
35 AS ιωσια 7. S ανεστρεψεν ... S αθεσιαν 8. S¹ om οτι, ABS² διοτι ...
B παντων 'ων και ειδον περι παντων⁾ ων κατ. et i. m. ⁽ουκ' π' εβρ' ... S¹
κατελημφη ... S¹ μοιχατο ... ABS του ισραηλ' ... S αυτη pro αυτην
9. S τον λιθ. κ. το ξυλ. 10. S¹ επεστροφη 11. S τ. ψυχ. αυτησ 12. AB¹S
επιστραφητι ... ABS ου pro μη ... S¹ στεριω ... S μηνιω ετι ϋμ. 14. S¹
40 επιστραφητεσ, ² ᵉᵗ³ -ται 16. ABS λεγει κυριοσ post εκειναισ pon. ... S¹
αβησεται ... S επισκεφθησεται 17. ABS θρονοσ ... S¹⁻³ om ετι 18. ABS

II. 8. Ti in textu S: οϋερεισουκιπαν, in Comm.: „ιεριο [sic] et ιπαν:
Cᵇ ιερεισ et ειπαν" 34. b προ σε (tacet Ti in Prol.) 36. S¹ κατισχυνθηση,
sic Ti in textu, in Comm.: „κατεσχυνθηση [sic]: Cᵃ et ᵇ καταισχ."

III. 19. ΙΕΡΕΜΙΑΣ. VI. 11. **163**

om ο ... S¹ βορραν ... S¹ κατεκληρονομησεν 19. Β εθνη pro τεκνα ...
S¹⁻³ την pro γην ... S¹ ειπατε παρακαλεσατε, AS³ ει πατερα κ., ² = b,
nisi S καλεσατε ... S αποστραφηση 20. S ηθέτησαν ... BS om ο 21. Β
i. m. ζ̄ ... BS επελαθεντο 22. S ϊασωμαι (¹ -με) 24. ΑΒ¹S² καταναλωσεν ... S¹ μοχθουσ τ. π. ηων ... AS νεοτ. αυτων ... S¹ μοσχουσ 25. Β 5
και ο (fin. lin.) πατερεσ, S κ. οι πατερ
IV. 1. Β i. m. ζ̄ ... ABS om και pr. ... AS¹ om του ... Β × μου i. m.
2. AS και εν κρισ. ... S¹ εν αυτη εθνη 3. S¹ ουτωσ λ. κ. ... S σπιρετε ...
S¹ ακανθασ 4. AS¹ κ. περιελεσθε (Α -θαι), S⁴ κ. περιτεμεισθαι ... S¹ σκληροκαρδιαν ... BS ο θυμ. αυτου ... S προσωπου 5. S σημανεται ... S 10
σαλπιγγει και ... BS κεκραξετε ... AS και ειπατε ... S τασ στιχηρεισ
7. S² ᶜ·³ ανεβη ... Β om τησ ... AB¹S εξο(S -ω-)λεθρευων ... ABS om αι
... S¹ κατοικεισθε την γην. εισ ερημωσιν πολισ κατερεθησονται 8. S¹ διοτι
ου πεστράφη ... S¹ ημων 9. S¹ απολιτε η καρα ... S¹ (cf. Α) om θαυμασονται 10. Β i. m. η̄ ... AS¹ om ιδου ... S¹ ωσ 12. ABS om μου 15
13. S (cf. Α) τα αρμ. αυτωου ... AS οι ιππ. αυτων 14. Β i. m. ϝ̄ ...
AS³ ⁽ᵉᵗ ⁴⁾ αποπλυναι ... B²S λογισμοι (S¹ -ει-) 15. AS αναγγελλοντοσ ... S
εφρεμ' 16. S² ᶜ·³ ιδου συστροφ. ... S¹ om και 17. S εγενετο 19. BS¹
om την κοιλιαν μου alt. ... S¹ om μαιμασσει—καρδ. μου ... S² σπαρασσ.
και η ... S¹ κραγην 20. ABS ταλαιπωριαν (S¹ -ε-) ... S¹ δερισ 22. S ηγου- 20
μεμοι ... AS καλον 23. S¹ om γην 25. S² επτοηντο 26. S¹ ενπυρισμενε
... BS om πυρι 28. Β συνσκοτασατω, S¹ συσκοτασετω 29. S¹ ανεχωρησαν
... ABS om η ... S¹ om και επι τ. π. ανεβησ. 30. S κοκκινα (¹ κοκι-)
... AS και εαν ... S¹ ενχρισησ|τιβη, ² ενχρισησ στιβι ... ABS ο ωρ. σ.
... AS ζητησουσιν 31. S² φωνησ θυγ. ... ΑΒ οιμμοι, S ομμοι ... Β¹ 25
ανειρημενοισ
V. 1. S⁴ ευρητέ ανδρα 2. AS επι ψευδ. 3. Β i. m. ζ̄ ... S¹ om και
ουκ επ. σ. αυτουσ 4. S ηδυνασθησαν 5. S¹ λαλη ... S¹ διερηξαν 6. AS
ωλεθρευσεν (S¹ -ρεσ-) 7. S ιλεωσ εσομαι (¹ -με) σ. ... Β τοισ οικουσιν (sic?)
θεοισ 8. BS εχρεμετιζεν 9. S εκδηκησει 10. S¹ αναβησεται ... S κατα- 30
σκαψετε ... AS δε ου μη ... S (cf. Α) ποιησεπται 11. AS om λεγει κυριοσ
... S ο οικ. ισλ κ. ο οικ. 12. S εψευσαντο ... Β εαυτων ... S ουκ ηξει
... S κακα· μαχεραν ... ΑΒ¹ ουχ οψ. 13. S¹ ανεμου λογον κ. ... BS
i. f. add. ουτωσ εσται (S¹ -τε) αυτοισ 15. S πορρωθεν ... AS ακουση 16. S¹
om και κατεδ.—17. αγρουσ (sic ² pro αρτουσ) υμων 17. S¹ om και τ. 35
ελαιων. υμων ... Β τασ πολεισ bis scr. ... S¹ επ αυτασ 18. S om εσται
... S om σου 19. AS απαντα ... S¹ εδουλευσαν ... S ουτω ... ABS εν
γη ουχ 20. ABS om οικω 21. S om δη 22. S φοβησεσθαι ... S αημον
... Β ορειον ... ABS ουχ ὑπερβ. ... S και ισχυσουσιν τα κ. ... S¹ υπερησετε
24. AS ειπαν (¹ ιπ-) ... S τον κυριον θεον ... AS διδ. ὑμιν ... BS προΐμον 40
25. Β i. m. ιᾱ ... S¹ αι ανομ. ημων 26. AS om του 27. S παγεισ συνεσταμενη ... S πληρησ δολ. 29. AS¹ om εν ... AS om τω ... S¹ εκδικι
31. S ϊρεισ ... S ᵖʳⁱᵐᵒ επεκρωτησαν ... S λαοσ μου ... Β¹ ποιησητε ...
S μετ αυτα
VI. 1. ΑΒ βενιαμειν ... S σοημανατε ... Β βαιθθαχαρμα, S βεθθαχ- 45
... S¹ βαρ'ρα 2. ABS το ὑψ. σου θυγατηρ 3. S την χειρα (¹ χι-) 4. S¹
μεσημβιασ 5. AS εν τη pro επ αυτην 6. S¹ ψευδη 7. ABS ουτωσ 8. S
ηστισ ... AS κατοικηθησεται 9. S χαρταλον 10. ABS ακουσεται ... AS
τα ωτα ὑμων ... S δυνανται (¹ -τε) ... S¹ βουλωντε ... AS² αυτο ακουσαι
11. S επλησαν ... ABS και ου συνετελ. ... Β εξωθεν × επι, i. m. και ... S 50

V. 9. S εκδηκησει] sic Ti in textu, in Comm.: „εκδηκηση [sic]: intactum mansit" 22. ABS ουχ] ita et Ti, b pr. loco ουκ

*l**

συνλημφησονται 12. S και γυν. ... S¹ om τουσ κατοικουντασ 13. S om και pr. ... S¹ ωσ μεγαλ. ... BS om και sec. 14. ABS ιωντο το σ. 15. S καται(¹ -ε-)σχυνϑησαν ... AS¹ εξελειποσαν ... AS ησχυνϑησαν ... S επεγνωσαν ... S¹ πεσουτε 16. B i. m. $\overline{ιβ}$ ... S αιωνιουσ κυριου 17. ABS¹ 5 κατεστακα ... S¹ σαπτπιγγοσ ... S¹ ακουσομε 19. AS ιουδα (S¹ ιοδα) pro ιδου ... S λ. τουτον κατα τ. καιρον (¹ κε-) αποστρ. ... S τω λογω μ. 20. B¹ εξ σαβα ... ABS κινναμω(S¹ -ο-)μον ... S¹ εκ γη μ. ... B ολοκαυϑωματα ... S ουκ ηδυν. 21. AS² ασϑενησ. εν αυτη 22. S²ᶜ·³ εϑνοσ μεγα ... B εγερϑησεται, S¹ εξεγερϑηται, AS² εξ-ϑησεται, ⁴ = b ... S¹ εφ ιπ' και αρμ. 10 παραταξεωσ πυρ ... S ϑυγατηρ ... S¹ σιον 24. S¹ χ. υμων 25. S η ρομφ. τ. εκχϑρων ... S¹ κυκλωϑεν 26. BS² ϑυγατηρ, S¹ᵉᵗ³ ϑυγατερεσ ... S¹ᵉᵗ³ περιζωσασϑε, ² -σεται ... ABS καταπασαι (S¹ -σε) ... AS om εν ... S² ωσ πενϑοσ ... S ᵉξεφνησ 27. S¹ δεδωκατε εν 28. S² ωσ χαλκ. 29. AS³ εξελειπεν sec. loco. ... B¹ μολιμοσ 30. S αποδεδοκισμενον 15 VII. 2. B i. m. $\overline{ιγ}$ ... ABS πασα η ιουδ. 3. S¹ τα λεγει 6. S¹ κακ. ϋμων 7. S τοπω υμων εν 8. S¹ ωφελϑησεσϑαι 9. S¹ om και κλεπτετε ... BS εϑυμιατε 10. S¹ του κακω οινε ... AS ηλϑατε ... AS ενωπ. μου ... S¹ om τα βδελυγματα, ² suppl. post ταυτα 11. S¹ επ αυτων εκι ... B εγω ιδου εορακα 12. BS¹ επορευϑητε ... AS⁴ σηλωμ 13. S εισηκουσατε 14. BS 20 και pro τοινυν. καγω ... S τ. οικω ου ... S³ σηλωμ¹ 15. AS απορίψω ... B¹S απεριψα ... S²ᶜ·³ αυτων ... S εφρεμ 16. S¹ περι των οτι ... AB¹ ουχ ... S²ᶜ·³ i. f. add. σου 17. S¹ ιηλ, ² $\overline{ιηλμ}$ 18. S¹ συλλεξουσιν ... B¹ στεσ, S² στεασ, ¹ = b ... ABS χαυωνασ 19. S¹ εμε αυτοισ πατοι παροργιουσιν 20. S¹ om επι ult. ... ABS γενηματα ... S εκκαυϑησεται ... 25 B ᵒᵘ σβεσϑησεται 21. B i. m. $\overline{ιδ}$ 22. S¹ ανετιλαμην 23. S τ. φων. κυριου κ. ... S om πασαισ ... S¹ om· οπωσ — υμιν 24. S¹ προσεσχεν ... B om εν ... S primo των καρδιων 25. S(¹) εγυπτου, it. εγ- 22. ... S¹ ορϑου 26. BS ηκουσαν ... S¹ προσεσχον ... S εσκληρυναν 28. ABS τον λογον τουτον ... AS³ εξελειπεν 29. AS³ κειραι ... B¹S αποριπτε ... S απεδοκ. αυτουσ 30 κυρ. 30. AS τα πονηρα 32. S ταφετ' bis ... S¹ φαραξ et om υιου εννν. α. η φαραγξ ... S² παρα pro δια 34. S²ᶜ·³ καταλυσων ... S¹ ευφρενομενην ... S ερημον VIII. 1. S εξοισουσιν ... AS των προφητ. ... AS om εν 2. B κ. οι προσεχ, ... S προσωπον 3. AS ειλαντο ... S¹ τοπω ω εξ., ² τ. ου αν εξ. 4. B i. m. $\overline{ιε}$ 35 ... S (cf. A) επιστρεφει 5. A¹S διοτι pro δια τι ... S om ουτοσ ... S αναιδην (¹ -ε-) ... S¹ αυτων ουκ 6. AB ουτωσ ... ABS om ο pr. ... AS³ διελειπεν ... S¹ απου δρομ., AS² εκ του δρ., ⁴ = b 7. B ad lineam και χελιδ. α. στρου- i. m. adscr. ουκ' π' εβρ' ... AS εισοδου αυτων ... ABS om ουτοσ 8. BS εστιν μεϑ ημων 9. S¹ om και εαλωσαν ... AS τ. λογον κυρ. 40 13. ABS γενηματα ... B εστιν στ. ... S σταφυλησ ... B ad 2 lineas και τα φ. — 14. καϑημε- i. m. adscr. ουκ' π' εβρ' 14. B¹S αποριφωμεν ... AS om εκει ... B¹S¹ απεριψεν 15. S αγαϑα και εισ 17. S εξαποστελλεω ... AS εφ. υμασ 19. BS¹. δια τι pro διοτι 21. S ε|επι ... ABS om εν ... S¹ κατισχυσαμεν, ² -σαν μου, ⁴ = b 22. ABS om και. 45 IX. 1. B i. m. $\overline{ις}$ ... S δρακυων 2. S μου τουτον κ. 3. ABS om φησι κυριοσ, it. 6. 4. S φυλαξεσϑαι 5. S om κατα ... S¹ καταπεζετε,

---

VII. 17. S¹ $\overline{ιηλ}$, ² $\overline{ιηλμ}$] pro ισραηλ S his utitur siglis: $\overline{ιηλ}$, $\overline{ισλ}$, $\overline{ϊσλ}$, $\overline{ισηλ}$: pro ιερουσαλημ his: $\overline{ιημ}$, $\overline{ιλμ}$, $\overline{ϊιλμ}$, $\overline{ιελμ}$, $\overline{ιεληημ}$, $\overline{ιηλμ}$, $\overline{ιλημ}$ $\overline{ιλεμ}$ $\overline{ισημ}$
18. ABS χαυωνασ] ita et Ti, b καυ-
VIII. 9. b ἐξ αυτοισ 14. S¹ απεριψεν] sic Ti in textu, in Comm.: „απεριψαν: Cᵃ απερριψαν" 16. b κληρωμα 17. S εξαποστελλεω] in Comm. Ti: „αποστελλω [sic]: ε secundum erasum et jam prima manu ut videtur notatum"

IX. 6.   ΙΕΡΕΜΙΑΣ.   XVIII. 23.   165

³ -παιζεται, ⁴ = b ... AS λαλησουσιν ... AS³ διελειπον 6. S om και   7. S πυρωρσω ... S² δοκιμασω ... S τησ pro πονηριασ 8. S¹ εν αυτω   9. S¹ om μη ... BS λ. τω τοιουτω 10. AS³ εξελειπον 12. S²ᶜ·³ συνετιω ... S τουτον ... AS¹ και ο λογοσ 13. B i. m. ιζ ... S³ ενκαταλειπειν 16. S¹ διασκοπιω ... S¹ αποστιλω, ⁴ αποστελω, ² = b ... S εωσ ου εξαναλωσω 5
17. AS ελθατωσαν ... S¹ φθεξαδθωσαν 19. S² οικτου ... AS³ εν(A -γ-)κατελειπομεν ... B απερριψαμεν 20. AS¹ οικτρον 22. S om εισ ... AS υμων και ... S¹ om ωσ χορτοσ ... S θεριζοντων 23. B i. m. τη   24. S²ᶜ·³ γινωσκ. με οτι ... S κυριοσ ποιων 25. S¹ om ιδου—κυριοσ ... S¹ περιτετμηνενουσ 26. AS επι την ιδουμ. ... AS¹ κ. επι παν περικ. ... S om 10
τα pr. ... S πασ ο οικ. ... AS απεριτμητοσ

X. 1. AS om τον ... S¹ εοψμασ οικ.   2. B μανθανατε ... S¹ θηριων pro σημιων (²)   4. S¹ κεκολαμμενα, ⁴ κεκαλλοπισμενα, AS add. εστιν
5. AS om θησουσιν αυτα ... B 9 lin. [κεινηθη-]σονται—5. αρθησον- obelos praep.   9. S προβλητον ... AB om εστιν (sec.) ... AB θαρσεισ ... S μω- 15
φασ ... S¹ χερ   5. AS κακοποιησουσιν, S¹ perg. (αυτα ερομενα) 11. ABS απο τ. γησ 12. S¹ ανοθωσασ 13. S¹ τησ ησ ... S θησ. αυτώνου 14. S¹ κατεσχυνθη, ³ -τ'αισ- ... S εχωνευσαν 17. ABS κατοικουσα ... S¹ εγλεκτοισ 19. S¹ συντριματι σ. αργηρα 20. S¹ ωχετο 21. S¹ κ pro ουκ pr.
... AS εξεζητησαν ... S¹ ουκ ηνομησεν 23. S οτι τ ουχι τ. ... S¹ πονη- 20
ριαν, AS⁴ ποριαν 24. AS ποιησειο (S¹ -σισ)

XI. 1. i. m. θ̄   5. γαλα & μελι 10. BS διεσκεδασαν 12. AB (cf. S) om οἷ 16. AB¹S ηχρεωθησαν 18. i. m. χ̄   19. ολογισαντο (sic?) 23. ἐ επι-
σκεψεωσ, i. m.? επισκοπησ

XII. 1. i. m. χᾱ   2. εριζωθησαν   4. ¹ ουχ   5. BS¹ ου pro σου sec. 25
6. λαλησουσιν   7. i. m. χβ̄   9. θυρια 12. γησ εωσ ακρου τησ i. f. l. add. 13. ακανθαν 14. i. m. χγ̄

XIII. 1. i. m. χδ̄   2. περιεθηκα bis scr.   6. ανετειλαμην 10. ἐ πορευθεντ., Bᵐ S¹ ἐ πορευομενουσ 11. BS¹ κ. παν οικον 13. μεθυμαστι (sic?) 17. ποιμνιον
20. BS ειδε 24. απο 25. ABS ουτοσ   30

XIV. 1. i. m. χε̄ ... αβροχειασ, it. 17, 8.   3. AB¹ αγγια   6. BS om και 10. ¹ ευοδωσεν 13. i. m. χς̄   15. των προφητων bis scr. 16. ερριμμενοι 19. i. m. χζ̄

XV. 4. ABS βασιλεα   8. ABS om αι ... επερρειψαν ... AB¹S¹ εξεφνησ 10. i. m. χη̄ ... ABS οιμμοι ... BS εν παση 14. εκ×εκαυται 15. ABS 35
αθοωσον ... om με sec. 16. αθετουντων 17. οτι πικρ. 19. ABS¹ απο αξιου ... ABS om το 21. ABS om του

XVI. 5. θειασον   8. BS om συ ... πιειν 11. BS ερεισ αυτοισ 12. πορευε|εσθε 13. απορριψω 16. AB¹S¹ αλεεισ ... ABS³ αποστελω 18. δια πασασ pro διπλασ 19. i. m. χθ̄   40

XVII. 10. επιτηδ. αυτων 15. ABS ελθατω 16. i. m. λ̄ ... ¹ βασιλεισ—εν αυταισ bis scr. 20. ακουσατε i. f. l. add. 26. AB βενιαμειν ... ABS θυσιαν 27. ABS εισακουσητε

XVIII. 1. i. m. λᾱ   3. BS om τον   4. AB¹S το αγγιον pr. l. ... ηρησεν
11. BS ποιησετε (S -ται) 14. εκκλεινει 15. AB¹S επελαθεντο 16. διαπορ. 45
δια αυτησ 18. i. m. λβ̄ ... ABS om και sec. 20. λαλησαι α υπερ 22. οικειαισ, it. 19, 13. 23. ABS αθοωσησ

X. 15. Τi in textu S ενπεπαιγμενα, in Comm.: „ενπεπεγμενὰ: Cᵇ ενπαιπαιγμενα (sic)."   25. ειδοτα δε· και desinit S, επι γενεασ pergit FA
= S, cujus lectiones Ti editioni adscripsit.
XI. 20. b προ σε
XV. 1. ABb μωσησ, STi μωυσησ 11. b καθευθυννοντων
XVI. 6. b ξηρηθησονται

XIX. 2. ΙΕΡΕΜΙΑΣ. XXVIII. 64.

XIX. 2. πολυανδρειον, it. 6. bis ... BS² θαρσεισ (S² -σισ) pro χαρσεισ 3. AB¹ om εν pr. 5. om α 6. AB¹ om ετι 8. ABS³ συριγμον ... om εν τη sec. (AS om τη) 11. BS οτι pro ετι (c. seqq. conjg.) 14. i. m. λγ XX. 1. ABS om o pr. 3. ABS εκαλεσεν κυριοσ το 7. i. m. λδ 8. om 5 εισ sec. 10. ¹ κυκλοθεν κυκλοθεν 13. ABS om την 15. BS αρσεν XXI. 1. i. m. λε ... μα|μ⁰νασσαιου (² = μνασσαιου) 2. ABS τον κυρ. 4. ABS om και συναξω αυτουσ 7. ABS τ. λ. τον καταλ. 8. και προσ 13. om ημων
XXII. 7. ABS ανδρα ολε(B²S -o-)θρευοντα 10. i. m. λς ... επιστρεφει 10 11. ABS ϊωσια (B -ει-) sec. l. 12. ABS om τουτω 15. ABS βασιλευσεισ 17. αλλ' ... ABS εχχεειν ... αδικημα ... BS om αυτα 18. ϊωσεια, it. 25, 1. ... ABS ου μη κοψω(A -o-)νται ... BS οιμμοι 19. ABS ταφησεται 20. ABS περαν 26. απορριψω 28. εξερριφη
XXIII. 1. i. m. λζ 9. i. m. λη 10. δρυμοσ 17. BS om και sec. ... 15 B¹S ουκ 18. AB¹S ενωτισατο 20. εωσ αν στηση αυτο απο i. f. l. add. 23. i. m. λθ ... ℀ λεγει κυριοσ i. m. 25. B(S) om α sec. 26. BS om τησ 27. B¹S επελαθεντο 29. AB¹ ουχ ... om λεγει κυριοσ 30. 31. om hos verss. 33. ABS σε ο λαοσ ουτ. 40. ¹ εισ ϋμασ 48. ABS απαν ... ² αποκατε- στησεν
20 XXIV. 1. i. m. μ ... αρχοντασ ϊουδα και ... ¹ πλησιουσ ... ϊερουσ. και ηγ. αυτ. εισ bis scr. 2. BS προϊμα 3. συκα συκα 8. ABS βρωθησε- ται ... σεδεκιαν 9. BS om εσονται 10. BS εκλιπωσιν
XXV. 1. i. m. μα 1. 2. titulus 12. ¹ om τα 13. την γην εκεινην ... i. m. μβ ad α επροφητ. 15. και ουκ εστ.
25 XXVI. 1. c. antecedd. conjg. 2. i. m. μγ 2. titulus 5. AB¹S πτοωνται 8. BS ωσει 10. BS πλησθησεται 11. ABS om εν 12. ABS ησθενησεν 13. i. m. μδ (titulus ut Ti) 14. εισ μαγδ. 16. επεσαν 21. ABS απεστραφησαν 22. ABS om αυτων 27. BS³ ϊδου εγω 28. ABS om εθνει pr., B¹ et sec. ... ABS αθοωσω
30 XXVII. 1. i. m. με 2. παρεδοθη μαιωδαχ (sine ρ et AS) 7. AB¹ καταναλισκον, B²S³ κατανη- 8. i. m. μς 12. BS om ενετραπη η τεχ. υμασ 16. ABS εξολεθρευσατε (S εξω-, B² -λο-) 18. τον βασιλεα pr. loco i. f. l. add. 22. i. m. μζ 24. B²S επιθησονται 26. AB¹S¹ εραυνησατε ... AB¹ εξολεθρ- 29. BS παρεμβαλετε (S -ται) 32. ABS και ουκ εσται 33. i. m. 35 μη ... αιχμαλωτευσαντεσ 37. ABS θησ. αυτησ 40. κατοικηση pro -σει 42. ABS om η ... ¹ παρασκευασμενοι
XXVIII. 1. i. m. μθ 3. ABS om τουσ 6. i. m. ν ... AB¹S απορι- φητε 11. φαλετρασ ... AB¹S εξολεθρ. (S -ω-), it. 62. 12. ABS ενεχει- ρησεν (S -χι-) 13. εισ|σ 15. i. m. να ... ABS om κυριοσ ... συνε|εσει 40 16. ABS εν τω ουρ. 26. BS εισ τ. αιωνα εση 27. i. m. νβ ... ABS ασχα- ναξεοισ (A -ζαι-) 50. ¹ μοκλοι 32. AB¹S συστεματα ... και οι ανδρ. 39. εξεγερθωσι 41. i. m. νγ 50. Ϯησ (² = γησ) 52. ερχονται i. f. l. add. 53. τα ετειχη, i. m. υψη, cf. AS ... AB¹S εξολεθρ. 55. AB¹S εξωλεθρ. 59. i. m. νδ 59. 60. titulus 64. χαλδαιων pro κακων

XIX. 6. Codd. εννομ et ita b cal. ex εννωμ 9. b πολυορκια
XX. 16. κατεστρεψεν] ita et b, nisi -ψε, Ti (nescio cur) κατεστρεφε
XXII. 15. ABS βασιλευσεισ] sic vid. et b cal. ex -σησ, quod Ti re- tinuit 19. ABS ταφησεται] ita et b in Corrigendis ad calcem libri, vide Ti Prol. xxviii; Ti nihilominus ταφησονται retinuit.
XXV. 13. b επροφυτευσε
XXVI. 2. b ΤΗΙ ΑΙΓΥΠΤΩΙ, Codd. ut Ti ΤΗ ΑΙΓΥΠΤΩ (ubique sic)
XXVII. 21. b εντελλομαι cal. ex -ω- 24. B²S επιθησονται] ita b primum, dein cal. επιβ- ut AB¹

XXIX. 4. σειδονα ... AB¹S εξολεθρ. (S -ω-) 5. AB¹S απεριφη ... ABS ενακειμ 6. AB¹ ουκ 8. i. m. νε 12. AB¹S¹ ὑπολιπεσθαι ... AB¹S ζησεται ... BS om αι 13. BS αθοωμενη (et A αθο-) ... ABS αθοωθησ 17. νοσσειαν 19. BS καθιση ... BS ενοικησει 21. BS¹ επ αυτην 23. εκτεινει
XXX. 1. i. m. νς 3. αλλαξον ... om γαϊ ... ABS εν αποικια βαδιειται 4. ABS θησ. αυτησ 5. ABS om το 6. i. m. νζ ... BS om τη sec. 7. BS om τα pr. 8. AB εβαθυνατε (et S εβ-) 10. AB¹ κεκραμενουσ 12. i. m. νη ... θημαρ ... BS³ αρφαδ
XXXI. 1. i. m. νθ ... ABS τη μωαβ titulus 2. ABS αγαυριαμα ... 10 βαδιειται 3. BS¹ φωνην 5. ABS ωρωναιμ 6. ψυχασ αϋμων ... BS¹ κ. θεσθε 7. ABS οχυρωμασιν ... (AB²S συλλημφθηση) 12. λεπτουνουσιν 13. AB ωσπ. καταισχυνθη 14. i. m. ξ 17. μεγαλωματοσ 18. εκτρειβεται 19. ABS αροηρ 21. BS om την ... ABS γην του μ. ... χαιλων 22. ABS δαιβλαθαιμ (AS δεβ-) 29. i. m. ξα 32. BS³ ωσερημα 34. αγγελειαν 15. σαλασεια 36. ¹ om α 38. ABS om ταισ 41. BS ακκαρων 43. ABS¹ επι σοι 44. ABS om και sec.
XXXII. 1. i. m. ξβ 2. BS om και πιονται ... ABS μανησονται 6. BS αλλοφυλων την 8. σειδωνοσ, it. 34, 2. 15. ABS om παντασ 16. επ αυτοισ 18. i. m. ξγ 22. AB¹S ωλεθρευσεν 24. ABS καταλυμα 20
XXXIII. 1. i. m. ξδ ... ιωσεια 2. ABS αυτοισ χρηματισαι 8. ABS αυτω κυριοσ 9. η πολ. αυτησ 15. om ωτα 16. ABS ειπαν 18. μειχαιασ 20. ουρειασ, it. 21. ... ABS καριαθιαρειμ (S -θει-) 23. ερειψεν, S ερι-
XXXIV. 1. i. m. ξε ... ABS om σεαυτω 2. ABS om τον 17. ¹ οτι
XXXV. 1. i. m. ξς 25
XXXVI. 1. i. m. ξζ 3. ᵉ ελεασαν, Bᵐ S ᵉ ελεαζαρ 6. BS ανδρασιν δοτε 7. BS προσευξασθε ... ¹ ειρ. ὔμων 10. ABS του τον λ. ὔμ. αποστρ. 13. i. m. ξη ad lineam -τε με εν ο. κ. ü- 25. ² μνασαιου 26. εισ ἱερεα 28. ABS om οτι δ. τ. μ. τ. απεστειλ.
XXXVII. 4. i. m. ξθ 7. ABS εγενηθη οτι 8. ¹ om ετι 14. ABS 30 επερωτησουσιν (B -σιⁿ οτι) ... παντασ τουσ προνομευοντεσ (sic, cf. AS) 18. i. m. ο ... BS και αιχμαλωσ. 24. ABS ποιηση
XXXVIII. 4. ισρ. επιλημψει, cf. S 6. AB ημων 8. AB τεκνοποιηση 10. i. m. οα ... BS μακροτερον ... ABS ισραηλ᷇ συναξει 15. ᵉ παυσασθαι, ABᵐ ᵉ παρακληθηναι 16. BS διαλιπετω 21. i. m. οβ ... AB¹S αποστρα- 35 φητι bis (S¹ om sec. loco) 26. μοι ηδ. μοι 27. ιουδαⁿ 34. ου διδαξουσιν ... οιδησουσιν
XXXIX. 1. i. m. ογ ... ενιαυτω τω (τω et AS) δωδεκατω 3. προφητευει͏ͤ 6. i. m. οδ ... ABS om ο. 7. ¹ κτησε, ² -σον 8. ¹ σαμωλ ... om σεαυτω ... AB βενιαμειν, it. 44. 12. ² μνασαιου 14. διαμενη 16. i. m. οε 40 20. ABS η ημερ. α. 23. ¹ ενετειλου ... Ҳ χ εποιησαν i. m. 26. i. m. ος 29. ¹ αυτων οτι τη β. 33. BS ορθ. και εδιδαξα και ουκ 35. AB τον ιουδα 36. i. m. οζ 37. ABS om εν sec. 41. AB om μου 44. τ. ορουσ τησ σεφηλα
XL. 1. i. m οη 6. om και ποιησω, cf. S¹ 7. BS³ επιστρεψω ... 45 ABS ιουδα κ. την αποικ. 11. φωνην νυμφ. κ. φωνην νυμφ. ... κ. εισουσιν δ. 12. οτι pro ετι 13. ABS βενιαμειν

XXIX. 1. b, non codd. nec Ti, ταδε λεγει κυρ. c. antecedd. conjg.
XXX. 1. b; non ABᵛⁱᵈ·STi, τοισ υιοισ αμμων c. seqq. conjg.
XXXI. 1. b, non Ti, TH (ita hic, non THI) ΜΩΑΒ c. seqq. conjg.
5. ABS ωρωναιμ, ita et Ti, S³b hic ορωναϊμ
XXXVII. 5. b ακουσεσεσθε cal. corr.
XXXVIII. 1. b τὸ γένει 34. b μνησω
XXXIX. 17. b τη ισχυει

XLI. 1. i. m. ο̅θ̅ ... ιερεμιαν ... επολεμ. αυτον επι 3. συλλημφθησει ... δοθησει ... εισελευσει 5. και σε και εως αδου¹ κοψ., i. m.² ω κυριε κοψονται 6. ¹ ϊηρεμιασ 7. ABS λαχεισ 8. i. m. π̅ 10. om εκαστον sec. 13. BS εθεμην 16. ¹ εξαποστειλατε ... BS om του ειναι 22. ABS om των 5 XLII. 1. i. m. π̅α̅ 3. BS χαβασειν 6. ABS ειπαν 7. BS οικιαν 9. BS om και sec. 12. i. m. π̅β̅ 13. κατοικουσιν ϊερουσ. ... AB¹S παιδιαν 14. BS ορθ. και ελαλησα και ουκ 15. ¹ βελτιων ... AB ηκουσατε 19. BS¹ εκλιπη XLIII. 1. i. m. π̅γ̅ ... ϊωσεια, it. 2. 2. B²S³ επι ϊουδαν 3. BS απο οδου 6. ABS πολεωσ 8. BS om τουσ 9. i. m. π̅δ̅ ... ογδ. τω βασιλει.
10 ... BS om εν sec. 10. γαμαρειου, it. 11. 11. μειχαιασ, it. 13. 12. ελεισαμα 14. BS om τον ιουδιν ... χουσει 15. ABS ειπαν, it. 16. 19. 19. BS βαδισον κατακρυβ. 20. ελεισα, it. BS 21. ... BS om τουτουσ 21. AB ϊουδειν, it. ABS 21. 23. 23. BS απετεμνεν ... B¹ ερειπτε (et S -τε), AS ερι- ... ¹ εως—εσχαρασ bis scr. 26. BS σαρεα 27. i. m. π̅ε̅ 29. ABS
15 ο βασιλευσ ... AB¹ S εξολεθρευσει (S -ω-) ... ABS απ. 30. B¹ S εριμμενον XLIV. 1. ϊωσεια ... ναβουχορδονοσορ 3. ² μνασαιου 4. AB(S) om. τον 6. i. m. π̅ς̅ 8. BS om εν 11. i. m. π̅ζ̅ 12. ABS βενιαμειν, it. 13. 15. οικειαν bis ... ϊωναθαμ, it. 20.
XLV. 1. i. m. π̅η̅ ... και ϊωαχαλ 2. ABS ευρεμα 4. ABS ειπαν 20 (S¹ -πεν) ... χρησιμολογει 6. ¹ ερειψαν, S ερι- ... βορβορω 7. i. m. π̅θ̅ ... AB βενιαμειν 11. υπογειον ... ερρειψεν 20. παραδωσειν 21. BS θελεισ (S¹ -λισ) ... ουτωσ 22. ABS³ ποδασ σ. 25. ABS ακουσ. οι αρχ. 26. τον ελεον ... οικειαν ϊωναθαμ ... ABS om με sec. 27. ABS om ο sec.
XLVI. 1. i. m. q̅ ... AB²S σεδεκιου, it. 2. AB² 14. ABS αχεικαμ. 25 (AS -χι-) 16. ABS ειπον 18. ABS ευρεμα
XLVII. 1. i. m. q̅α̅ ... BS δαμαν 3. BS αυτου τ. φωνησ 5. BS om εχει και 6. ABS om αυτου 7. AB παρεκατεθεντο ... ουκ απωκισεν 8. ϊωναν ... σαραια ... θαναεμαιθ ... AB νετωφατει ... ABS ϊεζονιασ ... BS μοχατει (et A -τζι) 9. om των pr. 10. ABS συναγαγετε 13. και ϊω- 30 αναν 14. ABS ειπαν ... ABS³ βελεισα (A -λι-) ... ABS ϋιων 15. ABS και ϊωαναν (A -ανν-, S¹ αννων) ειπεν ... BS μηθεισ ... γνωθω ... B²S³ ϊουδασ ... ¹ οι καταλοιπα 16. ABS το πρ. τουτο
XLVIII. 1. i. m. q̅β̅ ... AB ελασα 5. B¹S σαμαριασ 8. ABS ειπαν 9. ¹ ερειψεν, S ερι- 10. ABS παρεκατεθετο 11. i. m. q̅γ̅ 12. γαβαω 35 (i. f. l.) 16. B¹S¹ om ουσ sec. ... απεστρεψεν (-ψεν et S³) 17. ABS την προσ 18. ABS om ο
XLIX. 4. ¹ om εγω ... ABS om υπερ υμων ... ABS om ο θεοσ ... αναγελω 5. BS ον αν ... ABS ποιησομεν 7. i. m. q̅δ̅ ... BS μετα δεκα (S -τ-) ημερασ 8. om τον pr. 10. AB εκτειλω 17. ABS ουθεισ 19. i. m q̅ε̅ 40 20. AB λαλησῃ 22. AB τοπω ου
L. 1. BS τουσ παντασ λογουσ κυρ. 2. ¹ μαασσαιου, ² μνασσ- ... BS¹ ειπαντεσ 3. νηρειου 4. ABS παντ. οι ηγεμ. 6. BS om τα νηπια ... AB κατελειπεν 7. εισηλθαν sec. loco 8. i. m. q̅ς̅
LI. 1. i. m. q̅ζ̅ 5. BS om μου 8. ηλθατε ... ABS εκκοπητε 9. ¹ και. 45 τ. κακ. τ. αρχοντ. υμων bis scr. (i. f. p.) 14. BS ουθεισ ... ανασεσωθμενοι 15. i. m. q̅η̅ 19. AB θυμιωμεν ... σπονδασ αυτη sec. loco 21. ¹ εθυμιασαμεν; B²S¹ εθυμιασαν 22. ABS om υμων sec. ... ημερα ταυτη 24. τον λογον 25. ταισ ομολογιαισ 27. εωσ αν ... BS εκλιπωσιν 29. ABS ϋμιν

XLIII. 1. ABSb εν τω ενιαυτ. τω (b ΤΩΙ) τετ., Ti (tac. in Proleg.) om τω sec.
XLV. 27. b ηρωθησαν
XLIX. 11. b (non Ti, nec Codd. ut vid) απο προσωπ. αυτου c. seqq. conjg.
LI. 8. b τῆσ εθνεσι

LI. 30. ΙΕΡΕΜΙΑΣ. ΒΑΡΟΥΧ. ΘΡΗΝΟΙ. II. 21. **169**

(A ημ.) το σημειον 30. ABS χειρ. ζητουντων 31. i. m. $\overline{ηθ}$ ... AB²S τω ϊωακειμ (B corr. τεταρτ^{τω} τω ϊωακ.) ... B ομμοι οιμμοι (AS bis οιμμ.) 35. ABS ευρεμα. LII. 4. $\mathcal{X}$ σεδεκιου i. m. ... μητρια αυτ. 4. AB¹ τετραποδοισ ... ABS om λιθοισ 8. ϊερειχω 12. i. m. $\overline{ρ}$ 13. οικιασ 16. AB κατελειπεν 5 18. χα^{λχα} 19. AB αφφωθ (lege τα σαφφ. pro τασ αφφ.) ... τα μασμ. ... ύποχητηρασ 20. ABS om ου 23. ¹ om το 24. δευτερο^υντα 25. om των pr. 26. ABS om του βασιλεωσ 32. BS αυτου τον θρονον 33. BS ηλλαξαν 34. AB¹S εδιδετο
Subscriptio: BS ϊερεμιασ

ΒΑΡΟΥΧ.

Inscriptio: AB βαρουχ
I. 1. i. m. $\overline{α}$ 6. AB καθα 8. A²B σειουαν (A σι-) ... ϊωσεια 10. om 10 του sec. 12. τ. σκιν βαλτ. 14. i. m. $\overline{β}$ 20. AB εισ ημασ ... παιδια αυτ. ... $\mathcal{X}$ εκ γησ αιγυπτου i. m.
II. 2. om του αγαγ.— μεγαλα α ... AB εποιηθη ... καθα εποιησεν 11. i. m. $\overline{γ}$ ... om και sec. 16. AB ημασ κλεινον ... κυριοσ 18. ¹ ψυχ. αυτου η λυπ. 21. AB ύμων και ... εργασασθε 23. ¹ εκλειψιν 25. AB 15 εξεριμμενα 33. AB πονηρ. πραγματων
III. 1. i. m. $\overline{δ}$ 7. AB² απεστρ. επι καρδιαν 9. i. m. $\overline{ε}$ 19. A²B αν-τανεστησαν 23. om τησ pr. 24. i. m. $\overline{ζ}$ 32. αλλα ο ^{ει}δωσ
IV. 5. i. m. $\overline{ζ}$ 6. AB δια δε το 7. παροξυνατε 8. ελυπ. δη ... AB εκθρ. υμασ 13. AB¹ παιδιασ 14. AB ελθατωσαν 19. i. m. $\overline{η}$ 22. ελε- 20 ημωσυνη 23. AB μετα πενθουσ κ. κλαυθμου 25. εχχθροσ 26. ¹ επορευθησασ 27. θαρρησατε 28. επιστραφ^{εντεσ} 30. i. m. $\overline{θ}$ 31. 32. AB¹ ter δηλ- pro δειλ- ... AB¹ επιχαραντεσ 35. δαιμομιων 36. AB περιβλεψε (A -ψαι) 37. απ ανατ.
V. 5. AB σου συνηγμ. τα τεκνα 7. AB θεινασ αεναουσ 25 Subscriptio: AB βαρουχ

ΘΡΗΝΟΙ ΙΕΡΕΜΙΟΥ.

Inscriptio: AB θρηνοι
I. 2. i. m. $\overline{β}$ — 22. $\overline{κβ}$ 3. αγαπωντων 5. om αυτην sec. 7. επιθυμηματα 9. ABS προσ ποδων ... BS om ο sec. 10. AB ιωθ 13. BS οδυνωμενην 15. ABS σαμχ 17. (A)BS χειρασ 18. ¹ τιαδη, ² = b 19. ABS³ εξελειπον 20. om με
II. 1. i. m. $\overline{κγ}$ — 22. $\overline{μγ}$ (om ad 8.) 1. ² om εν 2. βασιλεασ 3. συνεκα- 30 λεσεν ... εχ^θρου 4. BS om των 7. χ. αυτου τ. ... BS om κυριου 8. BS ουκ επεστρεψεν χ. 9. ABS αρχοντασ 11. ABS³ εξελειπον ... AB¹S¹ εκλιπειν (S¹ -πιν) 12. AB¹S λαβδ, B² λαβεδ 13. και τ^{ισ} παρακαλ. 14. αιχμαλωσ^ιαν 15. BS σαμχ ... αυτησ η ... στεφανοσ $\mathcal{X}$ ευφροσ., i. m. $\mathcal{X}$ δοξησ, ita AS 16. ² καταπιομεν 17. ABS ρηματα ... B²S ευφρανεν 18. ¹ τιαδη, ² σιαδη 35 ... ABS ο οφθαλμοσ ^σου 19. ¹ om σου ult. 21. εχο μηθησαν (sic)

I. 20. AB εισ ημασ] ita Ti, b εισ υμασ: Ti ad locum adnotaverat: „ed. rom. εισ υμασ et πατερ. υμων", sed b habet π. ημων, ad A respicit.
IV. 8. AB εκθρ. υμασ] ita et Ti, b εκθρ. ημασ
II. 20. ιερεα και προφη- desinit S

III. 1. i. m. μδ — 64. ξδ (om ad 9. [22.]) 2. om με sec. 5. βη 13. AB om εν 18. νεικοσ 19. AB ζαϊ (A -ι). 22. 23. 24. AB om hos verss. (τα ελεη — τηϑ) 30. εισ|σ τον 31. AB οικτειρησει (A -τι-) 33. AB λαβδ 38. γογγυση 39. AB επιστρεψωμεν 42. AB σαμχ 43. AB εινεκεν ... 5 καμβυσαι 45. ¹ διηνοιξασ 51. ¹ τιαδη, ² σιαδη ... ¹ ϑηρευοντεσ (εϑηρευοντεσ) εϑηρ. 53. om την 56. εν η σε ημερα επεκαλεσαμην ειπ. 62. αναστησιν ... επ 64. ὑπερασπισμον ... AB om μου 65. AB ὑποκατω IV. 1. i. m. ξε — 22. πε (om ad 21.) 2. βη ... AB om οι pr. ... AB¹ αγγια 5. AB τροφασ ... κοκκω ... περιεβαλοντο 7. AB λιϑουσ 9. AB 10 γενηματων 10. om του 12. AB¹ λαβδ, B² λαβεδ 18. ¹ τιαδη, ² = b 22. AB om του ... ϑυγατηρ εδωμ ... i. f. non dist.
V. 4. AB εξ ημερων ημων pro υδωρ ημων omissis εν αργ. επιομεν 16. ουαι δη 20. νεικοσ
Subscriptio: AB ϑρηνοι ϊερεμιου

ΕΠΙΣΤΟΛΗ ΙΕΡΕΜΙΟΥ.

Inscriptio: AB επιστολη ϊερεμιου
1. i. m. α ... ¹ αμαρτιασ ϋμων 14. ad μη ουν i. m. β 19. AB τον 15 ϊματισμον 21. om αυτων sec. 25. ¹ εφ ωμοισ 26. AB το μή ποτε ... AB πεση δι 28. ² λοχωσ ... ad γνοντεσ ουν i. m. γ 29. ¹ γαρ κληϑειησαν bis scr. 34. AB αυτοισ ευχην 37. ποιησουσιν 39. i. m. δ ... AB αυτουσ ϋπαρχειν 40. AB ου δυναμ. 44. om εν 45. ¹ κατασκευασμενα 51. i. m. ε 56. διαϑωσιν 63. AB ποιειν 64. i. m. ς 66. δειξωσιν ουδε 20 ... ουδε φωτισουσιν ... om η 67. εστιν κρειττω αυτων ... AB αυτα 68. AB εστιν ημιν 69. συκηρατω 71. γνωσϑησεται 72. AB κρεισσων (A κρι-)
Subscriptio: επιστολη ϊερεμιου

ΙΕΖΕΚΙΗΛ.

Inscriptio: ϊεζεκιηλ.
I. 1. ετει εν τω τετ. ... ειδον, it. AB² 27. pr. loco 10. AB om του 17. AB¹ τεσσερα 20. ϗ ου αν ἤν η ν. 21. AB¹ ιστηκεισαν 22. AB¹ κεφαλ. 25 αυτοισ, B² om αυτ. ... ² om ωσει 23. εκατερα τη εκατερα 26. ¹ σαππιρου 27. AB ωσ ορασ.
II. 1. post κυριου plen. dist. 7. AB² διοτι 10. AB εμου ... AB κ. εν αυτ. γεγρ. ην τα
III. 7. εισακουσαι μου bis 8. νεικοσ et νειχουσ 9. φοφηϑησ 11. ad 30 ταδε i. m. β 12. και ηκ. κατ. μου (και ηκουσα) φ. 13. AB om των pr. 18. AB ϑανατωϑηση ... AB αυτω ουδε ελαλησασ του δ. ... AB om τησ 19. AB om απο sec. ... οδου αυτου ο 20. AB ποιηση 22. i. m. γ 23. AB εισ το ... AB om κυριου sec. 24. ανεστησεν ... AB om τουσ

III. 31. οικτειρησει] ita et Ti, b -τηρ-
IV. 7. λιϑουσ] et Ti, b λιϑου
V. 1. b τῶν ὀνειδισμὸν
19. AB τον ιματ.] ita et Ti, b το ιμ.

IV. 2. ΙΕΖΕΚΙΗΛ. XVI. 47. 171

IV. 2. προμαχωνασ 5. ΑΒ τασ δυο αδικ. 6. ΑΒ¹ τεσσερακοντα 7. στερεωσεισ ×, i. m. × επ αυτην 8. ² om ιδου 9. κατ αριθμ. 11. ΑΒ om και sec.. 13. om του pr. 14. ΑΒ του ισραηλ ... κ. θηριαλωτον κ. θνησιμαιον ... Α²Βᵐ ⁽ βεβηλον⁾ pro εωλον 17. ΑΒ¹ τακησονται V. 1. i. μ. δ̅ 2. διασκορπισεισ 3. συμπεριλημψει 8. εν μεσω σου 5 11. ΑΒ ει pro η 15. λελα|λαληκα 16. ΑΒ εξαποστειλαι με τασ βολιδασ μου τ.
VI. 1. i. m. ε̅ 3. om εγω 6. ΑΒ om και pr. ... ΑΒ¹ εξολεθρ. 9. πορνευουσιν 14. AS om αυτων ... ΑΒ και επιγν.
VII. 1. i. m. ς̅ 13. ΑΒ επιστρεψη 16..om και ult. 17.. ¹ χαιρεσ 10 ... ˙˙γρασιασ 25. ΑΒ om και ab init. 26. αγγ. επ ᵃγγελιαν
VIII. 1. i. m. ζ̅ 2. × αυτου extr. i. m. 3. αναμεσον του i. f. l. add. 4. ΑΒ εκει ην 5. πυλην τησ πρ. 6. ¹ απο των bis scr. i. f. p. ... ΑΒ οψη 9. εισ|σ|ελθε, it. 12, 16. εισ|σ|ηλθοσαν 10. ᵉἴδον και εἴδου ... ΑΒ επ αυτου ... κυκλω ᵏᵘᵏˡω 11. om και sec. ... ΑΒ¹ ἱστηκει 12. εορακασ, 15 it. 15. 17. ... του οικου 17. επλανησαν
IX. 1. ΑΒ¹ εξολεθρ. 3. ΑΒ χερουβειν ... ¹ ο̇m την 8. ΑΒ οιμμοι ... ¹ εν τε εκχεαι 9. ΑΒ εγκαταλελοιπεν (Β¹ ενκ-) 11. i. m. η̅
X. 1. ΑΒ χερουβειμ 2. χερουβεῖ, Α -βειμ, it. 6. ... ΑΒ χερουβειν, it. 3. 4. 5. 7. 8. 9. 15. 16 bis. 18 (B¹ χαι-). 19. 20. ... μου 4. και ενεπλησεν 7. ΑΒ 20 οντοσ εν.μεσω (Α εμμ-) 9. ΑΒ¹ ἱστηκεισαν, it. 17. ... om η 10. ΑΒ και η οψισ 17. ΑΒ εμετεωριζοντο 20. ΑΒ² ειδον 21. ΑΒ ανθρωπου 22. ΑΒ om του pr.
XI. 1. i. m. θ̅ ... και ἰδου επι ... ᵉἴδον ... φαντιαν 3. οικοδομηνται 5. om κυριου 13. ομμοι οιμμοι (A bis οιμμ-) ... ΑΒ συ ποιεισ 16. ου 25 αν 22. i. m. ι̅ ... χερουβειν 24. κ. πνα ανελαβεν με ... ᵉἴδον
XII. 3. ¹ αιχμαλωτευθησει ... τοποᵘ σ. εισ τοπον ετερον ... ειδωσιν 8. ΑΒ προσ με το πρωἱ 14. παντα τα ανέμον 17. i. m. ια̅ 18. ΑΒ μετ οδυν. 19. ΑΒ μετ ενδ. 27. om ο pr.
XIII. 1. i. m. ιβ̅ 7. ουχ 8. ΑΒ om και pr. ... τουτο ἴδου 10. τον 30 λαον μου επλανησαν ... κ. ουκ ην 14. om και sec. 16. κ. ειρηνη ουκ εστιν 19. αποφθεγματα 20. ΑΒ συστρεφετε εκει 21. ρησομαι
XIV. 1. i. m. ιγ̅ ... ΑΒ om λαου 2. ΑΒ λογ. κυρ. προσ με 8. επιγνωσθησεσθε 12. i. m. ιδ̅ 13. η αν 15. ΑΒ αφαν..και ουκ 16. αλλ η υτοι 17. ΑΒ εξ αυτησ 18. ουτοί ανδρεσ ... ΑΒ ρυσωνται ... om αλλ η 35 19. επαποστειλω ε. την γην εκειν. ... ΑΒ¹ εξολεθρ., it. 21. 22. και τα ενθυμ.— 23. οδουσ αυτων i. m. ... ἱερουσ. παντα κακα
XV. 1. i. m. ιε̅ 2. των κληματων i. f. l. add. 4. Α¹Β om δ̅ 5. ΑΒ εσται ετι pro ετι εστ.
XVI. 1. i. m. ις̅ 4. ΑΒ και σπαργαν. 5. om ο ... του ποιησ. σοι εν 40 ä. f. l. add. ... τουτων bis scr. ... απερριφησ ... ΑΒ εν η ημερα ετεχθ. 6. ᵉἴδον, it. 8. ... αιματι σου κ. 7. ΑΒ ανορθωθησαν 8. ᵗ ωμοσα σ., i. m. ᵈ ωμολογησα σοι ... ¹ εγενου μου 10. ΑΒ ὑπεδησα 14. σοι ονομα 18. ΑΒ² περιεβ. αυτα 22. τ. νηπ. σου τησ ημερασ οτε 24. ¹ οικοδομησασ 27. ΑΒ om ησ 34. ¹ διδοναι ... και μισθωμ. ουκ εδοθη σοι 41. ΑΒ δωσ 43. ΑΒ εγω 45 ἴδου 45. θυγατηρ θυγατηρ ... ΑΒ η μητ. ὑμων χ. κ. ο πατ. ὑμων 47. ουδωσωεεν, ¹ = ου δωσω σε εν, ² = b (dele ε alt.) ... μεικρ. και| και (f. col.)

VII. 3. b εν τοισ οδοισ
XI. 9. b κριμασα
XII. 20. b primum εξερημωκηθησονται, cal. corr.
XVI. 3. b in vertenda pagina 691/2 a ιερου|σαλημ. v. 3 ad ἱερουσαλημ v. 2 re-transiluit et intermedia bis dedit (Ti non not.) 45. μητηρ ὑμων] ita et Ti, b μ. ημων

172   XVI. 50.   ΙΕΖΕΚΙΗΛ.   XXVI. 18.

50. μου ... ειδον   55. αποκαταστασθησεσθε   57. συρειασ   58. ¹ om συ,
² ου   62. ¹ επιγνωσει
XVII. 1. i. m. ιζ   6. ¹ υποκατω αυτησ bis scr. ... αναδενδραδα   7. ΑΒ
βωλω, it. 10.   9. ουδ, it. 17.   10. ουχ ... ΑΒ αψασθαι   11. i. m. τη   12. ΑΒ
5 αξει ... προσ εαυτον   21. πεσουνται   24. ¹ ξυλον ξυρον
XVIII. 1. i. m. ιθ   5. om κριμα και   9. om και sec.   10. αμαρτημα
14. κατα ταυτασ   17. απ   19. ¹ τι οτι οτι   20. ¹ και ανομια — εσται bis-
scrips.   21. om και ult.   22. μνησθησεται   25. om πασ ο, Α om ο ...
ΑΒ υμων ου κατευθ.   26. ΑΒ ποιηση, it. 27.   29. μου ου   31. ΑΒ απο
10 εαυτων ... ΑΒ¹ ασεβιασ ... αποθνησκεται
XIX. 1. i. m. x   4. ² κιμω, it. 9.   5. ΑΒ¹ ιδεν, it. 11.   7. ΑΒ¹ ωρυμα-
τοσ, Β² ωρυομ-   9. εκ κημω (² κι-) ... "αυτου η' φωνη αυτου   12. ¹ ανη-
λωσαν   14. παραβολ. θρηνου
XX. 1. i. m. xα   3. om οικου   5. λεγων εγω   6. ? κηριον, i. m. ? δυνατη,
15 7. ¹ om αυτου   8. ΑΒ εγκατελειπον (Α ενκ-) ... ΑΒ γησ pro τησ   18. συν-
αναμιγγεσθε   23. ΑΒ και εξηρα   24. οπισω   26. ΑΒ δομασιν   27. i. m. xβ
28. την χειρα bis scr. ... ειδον ... ΑΒ² παν βουνον ... om τασ   29. τισ
... αβανα bis   30. om του   34. και βραχειονι   38. ελεγξω   45. i. m. xγ
46. ΑΒ δαγων   47. om παν pr.   48. επιγνωσονται
20   XXI. 3. κυριοσ xσ ιδου εγω i. f. l. add. ... ΑΒ¹ εξολεθρ. ... ΑΒ αδικ.
κ. ανομ.   4. ¹ εξολεθρ.   7. ¹ κυριοσ κυριοσ   8. i. m. xδ   10. ΑΒ απωθου
12. επει ρομφ.   13. om κάι τι ει   14. ΑΒ τραυματιων bis   16. ΑΒ om και pr.
18. i. m. xε   20. ΑΒ εμμεσω   21. ΑΒ ηπατοσκοπησασθαι   22. κραυγησ
25. ανομε βεβηλε
25   XXII. 3. ¹ του εισελθειν ... καθ αυτησ   4. ΑΒ εισ ονειδοσ (Α -νι-)
5. ¹ απεχουσαισ bis scr. ... ΑΒ εμπεξονται (Β² -αι-)   6. ? συνεφυροντο, i. m.
? ενεφυραντο   7. κάι προσ∠ηλυτον, i. m. ∠ τον προσ   8. και τα αγιασμου εξου-
δενουν   9. ΑΒ ανδρεσ λησται ... om ησαν ...   ¹ ησθοσαν ... ΑΒ εν σοι
12. απελαθου   13. εαν δ' επαξω χ.   17. i. m. xζ   19. om κυριοσ alt. ...
30 ανθ ων εγεν.   22. ² χωνευετε (¹ = b) αργ.   25. και αι χηρ.   26. σαββατων
28. ου λελαληκεν   30. ¹ ολεσχερωσ ... ΑΒ om τω ... γησ pro οργησ
XXIII. 1. i. m. xζ   4. ¹ οολλα bis ... οολιβαν sec. l.   10. ¹ θυγατερεσ ...
κ. εκδικησεισ εποιησαν   11. ειδεν, it. 14.   13. ΑΒ² ειδον   16. εεπ   17. βαβυ-
λονοσ   21. ΑΒ επεσκεψω   24. ¹ μεθ οχλ.   25. μυκτηρεσ σ.   29. ασεβειασ σ.
35 33. ¹ om σαμαρειασ   34. ¹ και πιεσαι ... νεομηνιασ   36. i. m. xη ... ΑΒ
ολιβαν   40. εξαπεστελλον   42. ΑΒ ψελια   45. και.αιμα   47. αποκτενουσι
(sine -ν)
XXIV. 1. i. m. xθ ... ΑΒ ενατω   5. εζεσεν εξεσεν   6. επεπεσεν
7. αιματα ... om την   9. λαον pro δαλον   14. om η pr.   15. i. m. λ
40 16. ουδε μη κλαυσθησ   17. ΑΒ πενθουσ ...   ¹ εσει   20. προσ με εγενετο
24. εποιησατε ποιησ.   26. ΑΒ εν εκεινη τη ημερα, it. Β 27.
XXV. 1. i. m. λα   4. απαρτεια   6. ΑΒ επεψοφησασ   7. ΑΒ¹ εξολεθρ.
it. 13. et ΑΒ 16. ...   ¹ επιγνωσει   9. οικον βεθασιμουθ' επαναγωγησ πολ.
16. ΑΒ εκτενω   17. εν αυταισ
45   XXVI. 1. i. m. λβ   7. επαγω i. m.   8. θυγατερασ   11. σου τησ ισχυοσ
επι   12. σου τα τειχη κ. τ. οικ. τ. επιθυμ. σου   17. επαινεστη   18. αι

XVI. 61. b συν τῆσ νεωτεραισ
XXI. 14. ΑΒ τραυματιων bis] ita et Ti, b bis -ειων   21. ΑΒ ηπατοσκο-
πησασθαι] ita et Ti, b κατασκοπ-
XXIII. 21. επεσκεψω] ita et Ti, b επισκ-   34. νεομηνιασ] nescio cur
Ti in apparatu lectionem νουμηνιασ attulit
XXV. 7. b χειρῶν pro χωρων
XXVI. 4. b primum λεοπετριαν, cal. corr. -ω- ut ΑΒΤi, tacet Ti de
correctione

XXVI. 19.   ΙΕΖΕΚΙΗΛ.   XXXVIII. 17.   **173**

νησσοι αφ ημερ.   19. AB δω σε πολ. ... AB κατοικηθησομενασ ... κατακαλυψη
XXVII. 1. i. m. λγ   2. ύιε ανθρωπ. και συ λ.   6. νησσων τ. χεττειν
8. σειδωνα   9. AB om οἱ   14. θαιγραμα ... AB om την   15. om σου pr.
16. θαρσεισ ... λαμωθ   17. AB εν σιτου πρασ. .... κασια   18. εμποροσ ... 5
ερεια εκ μειλητου   19. AB τροχειασ   21. κ. κρειουσ κ. αμνουσ   22. AB σαβα
... ραμα ... AB χρυσιον   30. AB γην post κεφ. αυτ. pon.   32. επι σε οι
ὑιοι αυτ.   33. AB επλουτισασ
XXVIII. 1. i. m. λδ   2. ¹ κατοικηκα   3. om η   5. om σου sec.   15. AB
αμωμοσ συ   17. καλλο^υσ   18. δια το το πλ. ... AB¹ εκ μεσω σ.   21. σει- 10
δωνα, it. σει- 22.   23. αιμα   24. AB σκολοψ
XXIX. 1. i. m. λε ... εν δεκατω μ.   4. τουσ ιχθυσ   7. οτι επελαβ.
... οτε επεκροτησεν   8. ανθρωπουσ απο σου   10. ερημον ρομφ.   11. AB¹
τεσσερακοντα, it. 13. et B.¹ 12.   16. ουκ εσονται ετι ... AB αυτουσ ακολουθησαι 17. i. m. λς   18. κατεδουλ. αυτου την δυναμιν   15
XXX. 3. om νεφελησ   4. αυτησ τα θεμελια   12. την γην και   16. ταραχην ... AB om η ... εκρημα ... ύδατα   18. AB αιχμ. αχθησονται
20. i. m. λζ   25. ¹ om δε
XXXI. 1. i. m. λη   2. βασιλεα αιγ.   4. ² συστηματα   6. ύποκατων των
8. AB ομοιωθη   12. AB¹ εξωλεθρ.   14. ¹ μεγ. αυτων και π.   15. ² εκωλυσα, 20
i. m. ε εκυκλωσα
XXXII. 1. i. m. λθ ... δωδεκατω ετει   4. AB πλησθησεται σου ...
om του ουρανου   8. AB² γην σου   9. εαν   11. κσ κσ ρομφαιαν   13. om τα
15. AB διασπειρω   17. i. m. μ   21. βαθει θορυβου   24. AB επι τησ ζωησ,
it. 26. 32.   26. AB ισχ. αυτων   27. απο αιων. ... AB οστων   25
XXXIII. 1. i. m. μα   2. δωσουσιν   4. om ο ... AB την φωνην   8. ¹ ειπαι,
it. 13. 14.   9. επ αυτησ   12. AB εξελήται ... AB ποιηση, it. 14. 18. 19.
14. AB αποστρεψη   15. αποτιση   18. αποσρεψαι (sic?)   21. i. m. μβ ...
AB δωδεκατω ετει ... AB ο ανασωθεισ προσ με   22. AB κ. εγενηθη (A
-νετο) επ εμε χειρ κυρ. ... AB¹ εωσ ηλθεν ... AB μου το στομα   33. αν 30
XXXIV. 1. i. m. μγ   6. μου τα προβατα   11. κσ κσ, it. 30.   16. AB¹
επιστρεψω ... εκλειπον   21. επει   23. ποιμαινει (¹ -ε-)   24. εν μεσω αυτων
αρχων   28. ουκετι εν   29. κ. ου μη ενεγκ. ετι ονιδισμ. εθνων   31. AB²
του ποιμνιου
XXXV. 1. i. m. μδ   3. ¹ om αυτω ... AB² om εισ   5. επ εσχατω 35
6. AB σε διωξεται   7. εισ εισ   8. τρ. σου βουνουσ και   13. AB εμεγαλορημονησασ   15. ? γνωση
XXXVI. 2. AB ο εχθροσ (A εχ-) εφ ύμασ   4. κ. ταισ φαραγξιν κ.
τοισ χειμαρροισ   15. om ετι   16. i. m. με   17. και ταισ   25. AB ύδωρ
καθαρον   28. καγω   30. AB γενηματα ... AB¹ om αν   31. ² κατα, i. m. 40
χ το   32. ² κσ κσ, i. m. ² αδωναϊ   34. AB² η γη η ηφ.
XXXVII. 1. i. m. μς   3. AB οστα ... om κυριε alt.   5. AB εισ ύμασ
6. AB σαρκασ   7. AB επροφητευσα, it. 10.   8. ειδον ... AB εν αυτοισ
10. εντειλατο   12. ύμων τα μνηματα   14. το πνα μ.   15. i. m. μζ   17. AB
δησ. αυτασ   20. εφ ασ   45
XXXVIII. 1. i. m. μη   3. επι σε αρχ.   6. AB θεργαμα   7. AB οι
συνηγμενοι   9. ηξει ... ¹ εσει   11. AB om τι   12. AB σκυλευσαι σκυλα
... AB χειρα ... AB κατοικισθη   13. AB σαβα   17. δουλ. μου προφητ.
... αγαγειν

XXVII. 8. b primum βεβλιων, cal. corr. βῖ-; contra consuetudinem
vE, Ti βιβλιων retinuerunt pro Βιβλίων
XXVIII. 24. σκολοψ] ita et Ti, b -ωψ
XXXVI. 10. b κατοικοιθησονται   32. κυρισσ κυριοσσ] ita et b, Ti κυρ.
semel tantum posuit

XXXIX. 1. i. m. μ̅θ̅ 2. ΑΒ τα ορη του ισρ. 10. κοψουσιν 13. ΑΒ εδοξασθην 15. ΑΒ παρ αυτο ... ΑΒ εισ το γε (Α γαι) το πολυανδρ. 17. ¹ φαγεσθα (sic) 26. ατιμ. εαυτων 29. ανθ ου XL. 1. i. m. υ̅ ... ² τεσσαρισκαιδ. 3. ΑΒ¹ ιστηκει 4. ο⁹ εωρακασ
5 7. καϊ ισον ... θαιηλαθα ... ελαμ 8. πλατοσ et μηκοσ invert. 10. ΑΒ om του 13. ΑΒ εικοσιπεντε 14. ² om και 17. τησ αυλησ κυκλω 19. ΑΒ κατ ανατολ. 21. ΑΒ κ. τα αιλευ (Α ελεου) 22. κλειμακτηρσιν, it. κλει- 26. 31. 34. 37. 43, 17. ... τα αιλαμμων 23. πηχεισ 24. ελευ 27. om τησ pr. 33. κ. ευροσ πηχεισ 36. και τω αιλαμμων 37. τα αιλαμμων 39. om
10 τα sec. 40. ΑΒ ροακοσ 41, ΑΒ επ αυτα σφαξουσι (Α -ιν) 42. ΑΒ πηχεοσ 46. λευει 47. ΑΒ μ. πηχεων ... ΑΒ¹ τεσσερα 49. ενθ. κ. εισ εντευθεν XLI. 2. ΑΒ¹ τεσσερακοντα, it. 4. 4. ΑΒ και ευροσ 8. ΑΒ πηχεων 12. κ. το αιθριζον ... ΑΒ πηχεων sec. et tert. loco 15. πηχεων 16. ¹ om αι pr. 18. ΑΒ χερουβειν, it. 20. 25. ... χ μεσον pr. i. m. ... ¹ πρ. τε
15 χερουβ' 22. ¹ om κυριου ... θυρωματα 23. ΑΒ² κ. τω αγιω δυο θυρωμ. XLII. 3. ΑΒ εστιχισμεναι 7. ΑΒ πηχεων 8. ¹ om ην 12. ΑΒ κατ ανατολασ 15. ² προσ, i. m. ² χατα 17. μετρου 19. ² νοτου, i. m. ² ναου 20. ¹ τεσσερα XLIII. 1. i. m. να̅ 2. διπλασιαζοντων 3. ειδον quater, A tert. et
20 quarto loco 5. πληρησ ... ΑΒ δοξησ κυριου ο οικοσ 6. εστην ... ΑΒ¹ ιστηκει 7. ΑΒ εορακασ (Α -ω-) υιε ανθρ. ... ¹ vid. om τον pr. ... ΑΒ κατασκηνωσει 8. ΑΒ φλειασ et φλειων 13. πηχεοσ, it. 17. 14. ΑΒ πηχεοσ (Β -χεοσ) 16. ΑΒ¹ τεσσερα, it. 17. 20. 17. ΑΒ¹ επι π. δεκατεσσαρεσ ... ΑΒ κατ ανατολ. 20. επιθησουσιν επι 23. ΑΒ συντελ. σε
25 24. ΑΒ¹ επιριψουσιν XLIV. 1. i. m. νβ̅ ... ΑΒ κατ ανατολ. 2. προσ με κυριοσ ... ΑΒ του ισραηλ 4. ειδον 5. ΑΒ οφθ. σου ... ωσιν ακουε ... ΑΒ om του pr. ... ΑΒ κ. κατα παντα 7. εβεβηλουν 11. ΑΒ τα ολοκαυτ. κ. τασ θυσιασ 12. εισ κολασ. 14. και κατaθουσιν 17. ΑΒ¹ ερεα 19. αυτουσ εισ 20. ΑΒ¹
30 καλυψωσιν 23. καθαρου κ. ακαθαρτου 25. και επι μητρι 26. ΑΒ εξαριθμησει 30. ΑΒ πρωτογενηματα. XLV. 2. ΑΒ πηχεισ πεντηκοντα ... αυτω (f. l.) 9. i. m. νγ̅ 10. εστω 13. μετρου 19. ΑΒ φλειασ bis 20. εν τω εβδομω μηνι ; ; ; om ληψη 21. ² τεσσαρισκαιδ. ... ¹ εδεσθα (saepius -α = -αι = -ε) 24. ΑΒ πεμμα
35 τω κρ. 25. om μηνι XLVI. 1. ΑΒ om η pr. ... κεκλεισμενη 7. εαν 9. νοτον εξελευσεται 12. ΑΒ ανοιξει ... ΑΒ κατ ανατολ. ... κ. ποιησει 16. i. m. νδ̅ ... ΑΒ εν κληρονομια (i. f.) 18. ¹ om του sec. 19. προσ βορραν ... τοποσ εκει 21. ¹ αυτην pro αυλην ... ΑΒ¹ τεσσερα 22. ΑΒ¹ τεσσερακοντα
40 XLVII. 1. ΑΒ κατ ανατολ. bis, it. 2. 5. ¹ om ωσ 6. εορακασ ... om και επεστρεψε με 10. ΑΒ¹ αλεεισ ... ΑΒ εναγαλειμ ... ΑΒ καθ αυτην ... κ. οτ ιχθυεσ 11. διεχβολη 12. εκλιπη 13. i. m. νε̅ ... om τα 22. τοισ παροικ. XLVIII. 2. ΑΒ ασηρ, it. 3. 34. 3. ΑΒ νεφθαλειμ, it. 34. 4. ΑΒ νεφθαλει (Α -λι) ... απ ανατολ. 5. ανατολ. εωσ τ. 8. ανατολ. μενει εσται ...
45 κ. εξεσται 9. ΑΒ ευροσ εικ. και πεντε 14. ΑΒ πρωτογενηματα 18. i. m. ν̅ς̅ ad και εσται ... ΑΒ γενηματα 20. την αρχην τ. 22. ΑΒ βεναμειν, it. 23. 24. 32. ... ΑΒ om και ult. 25. ισσαχαρ 28. ΑΒ om απο τ. πρ. ανατολασ 29. ΑΒ om του 31. λευει 34. ΑΒ και πυλαι τρ. Subscriptio: ιεζεκιηλ

XXXIX. 2. του ισραηλ] b τω ισρ., Ti τα ισρ. 15. το πολυανδριον] ita et Ti, b τον πολυανδρ. (tacet Ti in Prol.)
XL. 22. b primum κλημακτ-, cal. corr. κλιμ-, it. 26. 31. etc., ATi ubique κλι-
XLI. 15. b κατωπισθεν
XLV. 7. b τα ορια τασ] ABTi bis τα 17. b εν ταισ σαββατοισ

ΔΑΝΙΗΛ.

Inscriptio: AB. δανιηλ
1. i. m. ā 2. AB σουσαννα, semper σου- 7. i. m. β 15. AB εχθεσ
16. εχει ουδεισ 23. AB αιρετον 27. AB¹ ερρεθη 28. i. m. γ̄ ... πληρησ
... AB² σουσαννασ (¹-ησ) 36. AB ειπαν 41. αναγγειλαι 42. ο είδωσ
45. AB εξηγειρεν ο θεοσ 50. ² om πασ 53. AB λεγ. τ. κυριου 54. ειδεσ
bis 55. AB αγγ. του θεου λαβ. φασιν 56. AB¹ ουχ ιουδα 59. ¹ εξολε- 5·
θρευση (et A -ε-) 61. ¹ ψευδομαρτυρασ οντασ 63. AB συγγενων (B¹ συγγ-)
παντων οτι
I. 1. i. m. δ̄ ... AB om ο 3. om τω pr. 4. ¹ om εν pr. ... γιγνω-
σκοντασ ... ¹ om ενωπιον 6. AB x. μεισαηλ (A μι-, B semper μει-) x.
αζαριασ 7. μεισαχ 8. AB επι τ. καρδ. ... AB om απο 9. αρχ'ευνουχ-, 10·
it. 11. 18. 12. AB φαγομεθα et πιομεθα 13. AB ειδεαι bis, it. 15. ... αν
15. AB¹ ισχυροι 18. και εισηγαγ. αυτουσ i. f. l. add.
II. 1. i. m. ε̄ 7. ειπαν ✕, i. m. ✕ αυτω ... AB συγκρ. αυτου 8. ειδετε
9. AB om και ult. 10. AB τοιουτο 11. AB αλλ η θεοι 12. οργη πολλη ειπ.
15. πε(ριτιν πε)ρι τινοσ ... AB δε το ρημα αριωχ 16. αναγγειλη (-ει- et A) 15·
17. εγνωρισεν το ρημα 24. i. m. ς̄ ... ² συγκρισιν του βασιλεωσ 26. ειδον
27. βασιλ. και λεγει το ... ερωτα 30. γνωρισαι τω βασιλει 32. ¹ χρηστου,
i. m. ˙ καθαρου, sic A 33. om μεν ... om δε τι 34. ✕ αυτουσ i. m. 35. om
αυτα 38. om και ιχθ. τ. θαλασσησ ... om σε 39. ετερα βασιλεια 40. AB
om ητισ ... AB ωσ ο σιδηρ. 41. ειδεσ bis, it. 43. 45. AB¹ ιδεσ 46. AB 20·
μαννα 47. ¹ βασιλεων και αποκαλ. ... ηδυνηθησ 49. μεισαχ (semper)
... AB om και ante αβδεναγω
III. 1. i. m. ζ̄ 2. AB i. f. add. ησ εστησεν 3. AB¹ ιστηκεισαν (sic
ubique) 5. om τε sec., item 7. et 15. 6. AB om πεσων 8. AB¹ δι-
εβαλλον 9. τω βασιλει ναβουχοδονοσορ 15. om τη χρυση 17. ✕ ημων εν 25·
ουρανοισ i. m. 21. ¹ περικνημεσι, ²-μισι 23. i. m. η̄ ... AB om tit. 1. συν-
στασ ... εαυτου 4. επιγαγεσ (sic) παντα ταυτα 7. ημιν επηγαγεσ 9. AB
εγενηθη 10. παραδοισ 11. δι αβρααμ 13. ¹ εσμηκρυνθημεν 14. AB¹ ου
τοποσ 16. AB om η 21. AB om και pr. 22. i. m. θ̄ ... AB διελειπον
23. AB¹ τεσσεραχ. 27. ευλογουν 28. B² υπερϋψωμεν–, it. 29., B¹ 31. 30·
31. χερουβειν 32. AB υπερύψουμενοσ (B¹-ψω-) pro υπερυμν- 37. AB επανω
38. om κυριου 49. παχνη x. χειονεσ 54. AB θαλασσαι 56. om τοισ 59. οι υιοι
65. μεισαηλ ... AB εξειλατο ... ¹ ερυσατο bis, A sec. loco ... AB om subscr.
24. i. m. ῑ ... AB om το ... AB ειπαν 25. ¹ om και ειπεν ο βασιλευσ
... ¹ τεσσαρεσ 27. AB² i. f. add. και προσεκυνησεν ο βασιλευσ ενωπιον αυτων τω 35·
κυριω 28. AB om ο βασιλευσ ... και μεισαχ και 29. om η ... ¹ vid. om
αυτουσ και ηξιωσεν 31. i. m. ιā 33. αιωνιοσ η εξουσ.
IV. 2. ειδον, it. 15. ... εφοβερισενσεν με ... AB συνεταραξαν 4. AB
ειπα εγω 6. om μου ... ειδον 11. εκτειλατε, it. AB 20. 14. ε περωτημα
... εξουδενημα 15. θυ πνα θυ αγ. 17. AB¹ ιδεσ ... om το sec. 20. AB¹ 40·
ιδεν ... AB εασατε εν τη γη 28. AB om τω 29. AB x. ω εαν 31. ναβου-
χοδονοορ (sic?) ... ευλογησα 33. ¹ μεγαλοσυνη
V. 1. i. m. ιβ̄ 2. οινου αυτου ενεγχ. 4. post λιθινουσ (b ληθ-) AB²
add. και τον θεον του αιωνοσ ουκ ευλογησαν (A ηυ-) τον εχοντα την (A om την) εξου-
σιαν του πνσ αυτων 5. τ. τοιχου και οικου 7. βαβυλωνοισ 9. ¹ συνεταρασ- 45·
σαντο 11. ¹ βατηρ 12. ¹ om εν αυτω sec. ... AB αυτω ονομα 13. i. m. ιγ̄
14. ¹ om συνεσισ και 15. AB συγκρισιν αυτησ 16. γνωρισησ 19. μεγα-
λοσυνησ ησ εδ. ... AB υψοι 21. AB μετα οναγρων ... γνω ... ο θ̄. ο υψιστ.
25. AB η γραφη η 29. π°ρφυραν 30. ¹ ανερεθη (et A -νε-) ... ¹ ο χαλ-
δαιων 31. i. m. ιδ̄ ... AB¹ δαριοσ (ubique -ρι-) 50·

ΤΙ. 4. ΔΑΝΙΗΛ. XII. 42.

VI. 4. AB¹ αμβλακημα 6. αιωνασ 7. om του ... AB εμβληθησεται 8. AB¹ εχθεσ 13. om ο 14. και εωσ—αυτον i. m. 16. ¹ om αυτον 18. ¹ ουχ εισηνεγκ. 22. ηυρεθη μοι 27. AB om τω 28. κατευθυνεν VII. 1. i. m. ιε ... ετει ⁱ τριτω, i. m. ᵉ πρωτω ... AB om τω ... AB¹ 5 ιδεν 2. AB· προσεβαλλον 3. AB¹ τεσσερα, it. 6.17. ... ανεβαινεν 4. AB² λεαινα εχουσα πτερα κ. πτ. ... αυτη ωσει αετου 6. ετερον θηριον 8. τρια των κερατα (sic) των 9. AB om οι ... AB ωσει χιων λευκον 10. ελει- τουργουν 12. AB η αρχη μετεσταθη 13. προσηχθη 14. δουλευουσιν αυτω. 16. ¹ om μαθειν 19. AB και οι ονυχ. ... χαλκοι οι εσθιον 24. ¹ om 10 ετεροσ 25. ¹ ημυσυ VIII. 1. i. m. ιϛ 3. ειδον, it. 4. 6. 7. ... επ εσχατω, it. 19. 4. om και pr. ... βορρα ... AB στησονται 7. φθανvoντα 8. om ετερα ... AB¹ τεσσερα, .it. 22. ... ¹ τεσσαρεσ 10. AB om και pr. 11.. om ου ... εραχθη ... AB¹ κατευοδωθη 12. ¹ ευοδωθη 14. AB τριακοσιαι 17. ⅓.συνεσ i. m. 15 20. AB περσ. και μηδ. 21. AB και ο τραγ. 22. υποκατω κερατα ... ¹ τεσσερα pro -αρεσ 25. AB και ο ζυγοσ IX. 1. i. m. ιζ ... δαρειου suprascr. 2. βυβλοισ 4. AB προσηυξαμην ... om σου sec. 9. AB τω κυριω θεω 10. του κυριου θεου 13. ημων αποστρ. 16. AB εν παση ελ. 20. του κυριου θεου μ. ... ορου^σ 21. ειδον 20 22. συνεξετισεν 23. AB ου ει 26. αφανισμοισ . 27. AB² post εβδομαδοσ add. καταπαυσει θυσιαστηρια (Α -ον) και θυσιαι (Α -αν) και εωσ πτερυγιου απο αφανισμου και εωσ συντελειασ και σπουδησ ταξει επι αφανισμω (Α -μρυ) και δυναμωσει διαθηκην πολλοισ εβδομασ μια και εν τω ημισ^ει (Α -συ) τησ εβδομαδοσ X. 1. i. m. ιη 2. εβδομαδασ 3. ουχ ηλειψ. 4. AB εικ. και τεταρτ. 25 5. ειδον, it. 7 bis. 8. ... βαδδειν 6. AB θαρσεισ ... ωσει ορασ. αστρ. 7. ¹ ουχ ... απ (sic?) αυτουσ 8. μονοσ υπελειφθ. μονοσ ... ¹ ουχ υπε- λειφθ., it. 17. 12. om κυριου 13. AB¹ ιστηκει ... μειχαηλ, it. 21. (non 12, 1) ... AB κατελειπον 15. ¹ om vid. και κατενυγην 16. εναντ. εμου 20. και ο αρχ.
30 XI. 1. i. m. ιθ ... εν τω ετει 3. AB κυριασ 4. ¹ τεσσαρεσ 5. AB επ αυτων ... κυρειαν. 7. ¹ και στησεται, AB² και αναστ- 8. AB² αυτων καταστρεψει μ. 11. om ο 13. om ο 14. τ. λοιπων τ. 15. αναστησ. και οι 16. σαβειρ 17. AB του διαφθειραι 18. AB κατακυσει 20. AB om ετι 21. ολιθρημασιν, it. -σθρ- 32. 34. 24. AB κ. οι πατ. τ. 31. ανα- 35 στησονται ... AB ηφανισμενον 34. βοηθηθησονται 36. και υψωθησ. ο βασ. κ. μεγ. ... μεχρισ του σ. 37. επι παντοσ θεου τ. .38. μαωζειν 40. μετα του ... ο βασιλ. ο του ... και ιππευσιν 41. AB σαβαειν 45. AB και ηξει ε.
XII. 1. ου γεγονεν αφ ησ (ησ et A) i. f. l. add. 4. λοιπουσ pro λογουσ 5. ειδον ... AB¹ ιστηκεισαν 6. βαδδειν, it. 7. 7. τον αιωνα sine εισ 40 8. ² om ου 10. ¹ om και αγιασθωσι ... ⅓ παντεσ i. m. 11. om το ... ᵉ ενενηκοντα,, j. m. ᵉ τεσσε(2 -α-)ρακοντα 13. ⅓ και ωρι i. m. ... AB om titul. 1. i. m. χ 2. ¹ υπερ πασ τουσ 3. AB¹ τεσσερακοντα 5. AB¹ κυριαν 7. om μεν 8. AB και θυμωθεισ ο ... AB ειπητε (A -ται) 9. AB αποθα- νειται δανιηλ 11. βασιλευσ παραθ. 14. κατεσησαν 15. AB om αυτων 45 sec. 16. πρωι sine το 18. AB ο βασιλ. επι τ. τραπεζ. 21. AB επι τη τραπεζη 23. i. m. κα 24. μη και—παινει i. m. inf. 27. AB om ο ... AB στηρ 30. AB¹ ιδεν ... AB om ο βασιλευσ sec. 32. AB¹ εδιδετο 33. π^εδιον 34. AB ειπεν αγγελοσ 38. AB εγκατελειπεσ 41. AB πλην σου αλλοσ 42. AB ανεσπασεν Subscriptio : δανιηλ

VI. 25. b εν πᾶσι τη γη.
VIII. 11. εραχθη] ita et Ti et b in Notis et Animadvertendis, Ab εταραχθη
XI. 38. μαωζειν] ita b primum, cal. corr. -ειμ et sic Ti
[XII.] 14. κατεσησαν] ita et Ti, Ab -εσεισαν 42. AB ανεσπασεν] ita et b, Ti εσπασεν nescio cur. Deficit B

ΜΑΚΚΑΒΑΙΩΝ ΠΡΩΤΟΣ.

Inscriptio: AS μακκαβαιων α
I. 1. om τον sec. ... ¹ εισ γην, ᵈᵉⁱⁿ εκ γησ ... AS χεττιειμ ... AS προ-
τερον 2. AS om πολλων 3. πληθοσ ... και υψωθη κ. επ. η κ. αυτου
post τυραννων v. 4. ponit 4. AS συνηξεν ... χωρων εθνων ... κ. εγενετο
α. εισ φοβερον 5. ¹ εγνοι 6. AS συνεκτροφουσ ... εκ νεοτητ. ... ¹ αυτου
pro -τοισ ... ετι αυτου ζωντοσ 9. om οι 10. AS του βασιλεωσ ... om τη 5
11. ¹ εξηλθεν ισλ υιοι ... ᵖʳⁱᵐᵒ διελθωμεν (² διαθωμεν?) ... ¹ εξωρισθημεν
13. ¹ προεθυμωθησαν ... om απο 14. ¹ om τα 15. AS¹ εξευγισθησαν ...
εν τοισ εθν. ... ²⁽·³ επειραθησαν 16. ¹ om η ... AS ενωπιον ... AS γησ
pro τησ 17. AS¹ om εν tert. ... ¹ om εν ult. 18. AS συνεστησατο ...
¹ απεστραφη πτολεμ. ... ¹ εφυγον pro επεσον 19. τη et τησ pro γη et 10
γησ 20. εν τω ρ κ. μ κ. γ (² add. ετι) και ... AS om ανεβη sec. ...
επι ἴηλμ' 21. AS εισηλθεν ... AS υπερηφανια, it. -νι- 24. 23. το χρυσιον
κ. το αργυρ. 27. ² και πασ ... AS¹ om και ... καθημενην εν π. επενθει
28. om ο 29. AS¹ om και pr. ... ¹ αρχοντασ 31. ενεπρησεν ... om αυτησ
sec. 32. ηχμάλωτισαν ... ¹ om εκληρονομήσαν, ² και εκλ—σαν (α ex ε corr.) 15
εαυτοισ 33. AS μεγ. κ. οχυρω 34. παρανουσ 35. AS τροφην ... AS
εγενετο 38. AS γενημασιν 39. ¹ εστραφη ... ¹ om εισ ονειδισμ. η τ.
αυτησ 40. ¹ κατα τα τεκνα αυτ. επλήσθη η γη ατιμια 41. AS om αντι-
οχοσ 45. κυκλωσαι 47. υεἴα ... ¹ κτηνη πολλα 48. αφειναι ... ¹ πνι i. e.
πνευματι pro. παντι ... AS² βεβηλωσαι 49. αλλαξασθαι 50. κατα τον 20
λογον του β. 51. κατα pro επι ... ενετιλαντο 52. πολλοι προσ αυτουσ
... ¹ και pro πασ ο 53. AS³ κρυφιοισ 54. ¹ χασαλευ ... τω ε κ. μ κ. ρ
ετει ... ¹ ωκοδομησεν βδ. 56. κατασχισαντ. ενεπυρισ. εν πυρι 57. εθανα-
τουν 58. ¹ om οντωσ 59. AS¹ om τη 61. AS¹ om προενομευσαν et
εθανατωσαν 62. AS οχυρωθησαν εν αυτοισ 63. AS επεδεξαντο 25
II. 1. ματ' τ. υιοσ ιωαν. ... AS ιωάρἱμ (Α -ειμ) ... ¹ μωδειν, ² -δαειν
2. AS ιωαννησ ... ¹ om ο ... AS επικαλουμενοσ ... S γαδδει 3. om ο
4. AS καλουμενοσ, it. 5 bis. ... ¹ om μακκαβαιοσ, ² -βεοσ 5. ιελεαζαροσ
... ¹ om ο ... ¹ ιωαθησ, AS² -θασ ... σαπφουσ (Α σαφφ-) 6. AS ιδεν
... γενομενασ 7. AS οιμμοι ... ¹ μου το συντρ. ... τησ αγιασ πολεωσ και 30
εκαθισαν εκι ... AS εχθρων το 8. AS ενδοξοσ 9. ¹ α απηχθη ... AS
πλατιαισ (Α -ει-) αυτησ 10. εκληρονομησεν εν ... AS βασιλια (Α -εια) και
13. ζωη 14. AS οι υιοι ... ¹ ταιἵματια ... ¹ επενθησεν 15. ¹ ηλλοιωθη
pro ηλθον οι ... αποστασιν ... ¹ μωδειν, AS² -δεειν (sic ubique) 17. εστη-
ρισμενοσ υἴοισ 18. AS om ουν ... ¹ και αυ ... εποιησεν ... ¹ om ο 35
οικοσ—και συ και, suppl. ², sed οι υἴοι pro ο οικοσ ... ¹ δοξασθηση
19. βασιλιασ τῆου β. 20. AS καγω pro αλλ εγω 22. τον λογον του β.
... AS om του 23. ¹ om τουσ λογ. τουτουσ ... AS¹ βωμου εν ... ᵖʳⁱᵐᵒ
βωδειν 24. ² ετρομασαν 25. ¹ ανδραν ... ¹ καθειλον 26. ¹ εδωκαν pro
εξηλωσεν 27. νομω η ἴστων (² del. η?) 30. AS εσκληρυνθη επ αυτουσ, 40
S + (² add. χ) επληθυνθη 31. αναγγελλη ... αι δυναμεισ αι ... οι αν-
δρεσ ... βουλην ... κρυφιουσ 32. κ. κατελαβοντό α. και ... ¹ παρενε-
βαλοντο προσ, ² -εβαλλόν επι 33. AS om ικανον ... AS εξελθοντεσ ποι.
... ¹ ποιησωμεν 34. AS om του sec. 35. εταχυνεν 36. ου λιθον ...
¹ κυφρουσ 37. ¹ om εφ ημασ 38. προσ αυτουσ ... om τω ... ¹ om τοισ 45

Lectiones nullo siglo notatae sunt codicis S
II. 14. b διέρριξε 20. b καὶ ἡ ἀδελφοί

SEPTUAGINTA. m

178 II. 39.   ΜΑΚΚΑΒΑΙΩΝ ΠΡΩΤΟΣ.   IV. 29.

... ¹ om χιλιων 39. om επ ... om εως 40. ΑΒ τησ ψυχησ ... ¹ διωματων ... ολοθρευσουσιν ημασ 41. την ημεραν εκεινην ... εφ ημασ ... ως ... κρυφιοισ 42. πασα συναγωγη 44. ¹ επαταξαντο 45. κ. εκελευσεν ματ'τ. 46. υιοισ pro οριοισ 47. ¹ αυτου 48. ¹ om εκ χιροσ sec. ... ² βασιλ. 5 αυτων 49. om του ... εστηρισθη 50. om και pr. ... πατ. ύμων 51. και μνησθηται τα εργα των πατερων α εποιησεν (² -σαν) 54. κληρον διαθηκησ αιων. ίερως. 56. μαρτυρασθαι ... την pro γησ 57. AS ελεει ... εισ αιωνασ (sine αιωνοσ) 58. νομον ζηλους ... om εως 60. λεοντος 62. AS εισ κοπρια ... εισ κωληκασ 63. ευρεθη και ... AS επεστρεψεν ... απο-
10 λιται 64. ¹ om και ημεισ ... ανδριζ. κ. ίσχυσ. 65. αυτος εσται ύμων πατηρ 66. ¹ δυναμιν ... νεοτητος αυτοσ εσται ύμιν αρχ. ... AS πολεμον 67. AS προσαξέτε (A -ται) 68. εισ προσταγμα 69. ¹ πατ. αυτων ... τω γ (² ς) κ. μ̄ και ερ (ε eras) ετει και εταφη εν ταφοισ ... AS πατ. αυτου
III. 1. ¹ αντ αρτου (saepius αρτ- et. αυτ- confund.) 2. οι pro οσοι
15 3. ¹ επολεμουντο πολ. ... AS τα πολεμ. αυτου 4. om αυτου ... ορευγομενοσ 6. om et pr. 7. ¹ και εισ ευλογ. 8. εν πολι ... AS εξωλεθρευσεν 9. om τησ 10. AS σαμαριασ ... προσ τον ισρ. 11. AS om αυτον sec. 12. AB ελαβον τα 13. AS και εκπορευομ. 14. ενδοξασθησομαι ... ¹ τον υίον ίουδαν 15. AS om του αναβηναι ... AS om και tert. 16. AS ηγγισεν ...
20 AS αυτω 17. ¹ ειδεν, ² ειδον ... ² την ερχομ. ... αυτων ... AS τι προ πωσ ... AS τοσουτο 18. σωζειν η εν 19. αλλ εκ 20. εφ ημασ 21. ¹ om ημων sec. 22. φοβεισθε 25. ¹ ίουδασ ... AS πτοη ... επεπιπτεν 26. εξηγ. τα εθνη 27. ο βασιλ. αντιοχ. ... ¹ om παρεμβολην — 28. γαζοφ. αυτου 28. ¹ om αυτου sec. ... ενετιλατο αυτοισ ειναι ετ. 29. εκ pro απο ...
25 AS φοροι .. 30. AS δαψιλη 32. ¹ απελυσεν pro κατελιπε ... και εως οριων 34. ηβουλετο 35. δυναμιν και τ. 36. κατοικισαι ... ¹ απ αυτων pro υιους ... ² αλλογενων 37. AS αντιοχιασ ... (ετους ζ κ. μ̄ κ. ρ) ... διεποραεεννετο (= primo διεπερασεν) 39. AS τεσσερακοντα ... ¹ om εισ ... ¹ om αυτην 40. απηρεν ... αμμαου 41. ¹ ηλθεν ... και δυναμισ 42. λαο-
30 γουσ 43. AS ειπαν ... ¹ αναστησον ... πολεμησομεν περι του ... primo λαων pro αγιων 44. ηθροισθη ... ελεοσ 45. ¹ ανοικητοσ ... ¹ om και εκπορευομενοσ ... AS γενηματων 46. πρόσευχ. ην εν μασσ. 47. την κεφαλην 48. εξεπεταςεν 49. om και sec. ... AS πρωτογένήματα 51. καταπεπατηνται κ. βεβηλωται 55. ¹ om και πεντηκονταρχους ... ¹ δεκαταρ-
35 χους, AS² -αδα- 56. AS ειπεν 57. παρενεβαλον ... αμμαους 58. om και sec. ... υίους δυναμεως ... ¹ om το 59. AS εφιδειν 60. AS ουτως
IV. 2. ¹ ωστ επιβ. ... om οι 3. ¹ εν ναμμαουν, ² et ³ εν εμμαουν 4. ως ετι εσκορπ. ησαν αι δυναμια (³ -μεις) 6. AS om τη ... ως ηβουλ. 7. και τεθωρακειμενη (² -κεισμ-) 8. εδεσθητε pro δειλωθ. 9. AS ως ...
40 εδιωκεν 10. βοησομεν ... AS om τον ... AS ει θελησει ημας ... AS om· ημων pr. 11. AS γνωσονται ... ¹ om και σωζων 12. ειδον 13. AS παρα pro μετα ... ίουδαν (ί ex τ) 15. ίαμινειασ ... AS επεσαν 16. απεστρεψεν 18. πολ. εαυτους ... AS λαβετε 19. AS ετι πληρουντος ... μεροσ τι ωφθη εκκυπτων (³ -τον) 20. AS ο θεωρουμενοσ 21. συνει-
45 δοντεσ pr. loco, A sec. loco ::: om και 23. AS κ. ίουδασ ανεστρεψεν ... ³ κ. ύακινθον πορφ. 24. AS om τον κυριον 25. AS εγενηθη ... εν τω ἰηλ· 27. εγεγονει ... και οια αυτω ενετιλατο ο βασ. ουκ εξεβη 28. AS ερχομενω ::· ¹ συνευδοκησεν ... AS om ο λυσιασ ... πόλεμηται 29. ηλθεν ... ίουδαιαν ... ¹ παρενεβαλλον ... AS βεθσουροισ ... ίουδασ δεκα χειλι-

II. 66. AS πολεμον] ita et Ti, b πολεμοσ
III. 37. b καταλειφθήσασ 45. b καταλυμμα 49. b ιεροσυνησ
IV. 8. εδεσθητε] Fritzsche „scribe ἠδέσθητε", immo αἰδεσθητε

IV. 30. ΜΑΚΚΑΒΑΙΩΝ ΠΡΩΤΟΣ. VI. 17. 179

αδασ εχων ανδρ. 30. ειδον... προσηύξαντο κ. ειπον... AS ο σηρ ιηλ
... AS ίωναθου 34. AS συνεβαλλον 35. ειδων... ει ζην ... AS τεθνηκεναι ... [1] αντιωχιαν, AS[2] -οχι- ... AS και πλεοναστον παλιν γενηθεντα
(A -νν-) παραγεινεσθαι (A -γεν-) 36. [1] αναβαται καθαρισαται, [2] αναβωμ. και
καθαρισωμεν ... [2] ενκαινισωμεν 38. ειδον... θυρασ pro πυλασ ... ωσ 5
ενι τ.... καθειρημενα 39. ερρηξαν ... om επι τ. κεφ. αυτ. 40. επεσαν
... σημιων ... AS om τον 41. AS ανδρασιν ... AS om αν 42. επελεξατο
44. αυτο 45. AS επεσεν ... [1] αυτοσ β. 47. AS ωκοδομησεν ([2] -σαν) θυσιαστ.
49. AS των ολοκαυτωματων και θυμιαμ. 50. εφαινον 52. om του ενατου...
[1] χασαλευ ... [2] ετουσ pro του ... η κ. μ κ. ρ sine ετουσ 54. εν εκεινη 10
τη ημερα ... και κυμβαλ. 55. επεσεν 56. μετα ευφρ. 57. [1] om χρυσοισ
... [1] εθυσαν 58. μεγαλη ευφροσυνη ... ονιδισμοσ 59. του ενκαινισμου ...
[1] ενιαυτου κατ 60. [1] πυργ. ύψηλουσ ... και μη ... καταπατησουσιν ...
[2] αυτο 61. απεταξεν ... [1] τηρ. αυτα ... ωχυρωσεν αυτού ... βαθσουρα
V. 1. [1] το pro και εγενετο ... [1] οικοδομητο θ., [2] οικοδομηθη το θ. 15
2. [1] ωργισθησαν pro εβουλευσ. ... αυτω ([2] -των) εν μεσω κ. 3. AS[1] αχραβαττηνην, [2] -ττανην ... τον (αμαληκ) ισλ·... επαταξαν 4. om εισ sec.
5. AS εισ τουσ πυργουσ ... [2] ενοικουσιν 6. post πολυν add. και χειρα ίσχυραν
8. ανεστρεψαν 9. εισ τα εθνη ... δαθαιμα 10. om εφ ημασ ... om τα sec.
11. [1] κατεφυγόν 13. [1] om οντεσ ... AS τουβιου ... [2 c.3] ηχμαλωτευκασιν 20
... om αυτων bis ... ωσι ([2] -ει) μ. 14. om αι ... ανεγιγνωσκοντο 15. σειδωνοσ κ. πασα γαλιλαια 16. [1] om βουλευσασθαι 17. om σου ... λεγω δε
κ. ίωναθασ ... [1] αυτου pro μου 18. ίωσηπον ... AS ηγουμενον 20. σιμων ... [1] Η̅Ϛ Η̅Ϯ, [2] Η̅ 22. ελαβον 23. παρελαβον ... AS εκ τησ γαλιλαιασ ... [1] αρβανοισ, AS[2] αρβακτοισ 24. ο αδελφοσ 25. τοισ αναβαταισ 25
οι και ....[1] ίρηνικοισ ... παντα ... γαλααδειτι 26. [2] συνίλημμενοι, it. 27.
-ειληγ- ... βοσορα κ. β.... [2 (et 3)] αλειμοισ ... [1] και κασφω, [2] κ. κασφωρ
και ... καρναιδ' ... [1] αυται αι π., [2] praep. πασαι 27. αλλαισ ... AS om
και sec. 28. ερημον βοσορα ... [1] αφων ... ενεπρησαν 29. επορευοντο
30. [2] τη εωθινη ... om και sec. ... [1] om ου ουκ ην αριθμοσ 31. εωσ 30
ουρανου ....[1] η σαλπιγξ, [2] και σαλπιγξ ... AS κραυγη μεγ.. 32. AS[3] ημων
... σαλπιξιν (και εβοησαν ταισ σαλπιγξιν) και εβ... 34. [1] εισ τρισχιλιουσ
δεκα ανδρ. 35. μαφα ... AS κατελαβετο ... AS εν πυρι 36. και βοσορ
37. εκ προσωπου τ. χ. 38. προσ αυτον π.. 39. AS μεμισθωνται ...
[1] παρενβαλουσιν, AS[2] -βαλλουσιν 41. δειλανθη 42. παρεμβαλλειν ... AS 35
αλλα 43. προ προσωπ. αυτων τα εθνη 44. om η ... ηδυναντο 45. [1] εν
τω γαλααδειτιδι 46. τ. οδου οχυρασ σφ. 48. om του ... [1] υμων κ....
αυτοισω 49. primo επαταξεν ... του κηρ. ... τροπω 50. επολεμησεν ...
εν χιρι α. 51. AS εξεριζωσεν ... απεκτανμενων 53. AS εωσ ηλθεν
54. [1] om το 55. εν αισ ... εν γη γαλααδ 56. AS κ. ζαχαριασ αρχ. 40
57. ειπον ... ονομα πορευθ. 58. παρηγγιλεν ... [1] επιαμνειαν 60. [1] ίωσηφ
ωσ, [2] ίωσηποσ ... λαου ιηλ̅ 61. [2] om λαω ... AS[1] om ισραηλ 63. εναντι
... [1] om αυτων 65. [1] om αυτου ... AS [2] εν τη γη τη ... τα οχυρωματα ...
AS ενεπυρισεν 66. AS σαμαριαν 67. [2] βουλομενου ... AS αυτου ανδραγ.
εν τω αυτον 68. [1] om και sec. ... και κατεκαυσ. ... om την 45
VI. 1. εστιν ενλυμαισ ... AS om τε 2. κ. εχει καλ.... AS ο του
φιλιππ. ο βασιλ. ... ο μακαιδονων ⁰ς εβασιλευσε ... πρωτ. εν αυτοισ [3.] και
3. [1] οτι ουκ εγνωσθη 4. αντεστησαν 5. τισ απαγγελλων εισ ... την pro
γην 6. ενετραπη ... ενίσχυσαν ... πολλ. οι ελαβ.... και pro ων 7. βδ.
και ωκοδομουν ... [1] και pro καθωσ ... [1] om πολυν αυτου 8. επεσεν (bis) 50
10. απο τ. μεριμν. τη καρδια 11. AS om μου pr. ... ηλθα 12. AS μνησκομαι ... ων εποιησα κακων εν ... AS τα αργυρα και τα χρυσα 13. AS[1]
om ουν ... ευρεν 16. (ετουσ Ϛ̅ κ. μ̅ κ. ρ̅) 17. [1] om και pr. ... om αντ

m*

180 VI. 18. ΜΑΚΚΑΒΑΙΩΝ ΠΡΩΤΟΣ. VIII. 7.

αυτου ... AS ευπατωρ 18. AS om τα 20. επ αυτην ... (ετ. ν̄ χ.) ...
[1] om επ αυτουσ ... [1] om και ult. 21. ϊηλμ̄[3] 22. AS ειπαν ... AS[2 et 3]
ποιησεισ 24. περιεκαθηντο επ αυτον (³ -την) οι υιοι ... AS ηλλοτριουντο
... [1] και pro πλην οσοι ηύρισκοντο (sic ²) αφ ημων ... [1] om διηρπαζοντο
5 26. [1] τ́. ακρασιαν εν ... βαιθσουρα ωχυρασαν 27. αν ... προκαταλαβητε ...
[1] αυτην δ. 28. οτι ηκ. ... AS om και τουσ pr. et τησ 29. [1] δυναμι, ² -μισ
30. ο αριθμοσ ... AS om των sec. ... ϊππεων 31. ηλθον et παρενεβαλον
... AS βεθσουρα ... επολεμησεν bis et εποιησεν ... om εν 33. οδον
²' αυτησ βαιθζ. ... εσαλπισεν 34. εδειξεν 35. παρεστησεν ... AS πεντα-
10 κοσια (S[2 c. 3] -σιαι) ϊππoσ διατεταγμενη ε. θ. εκλελεγμενη 36. AS αν pr. loco
... [1] αλα pro αμα ... [1] αλγοι pro απ αυτου και πυργοι 37. [2 c. 3] επ αυτου
... [1] κοροι pro οχυροι ... [1] εκεφαιστου pro εφ εκαστ. ... εζωσμ. ϋπ ... om
δυο και 38. [1] επιτοιπον ... ενθ. κ. ενθ. και ... εστησεν ... AS φαλαγξιν,
S[1] -λαξ- 39. [1] χρυσασ χαλκασ και ασπ. ... [1] ϋπ αυτ. ... [1] om πυροσ—
15 40. τησ 40. [1] om υψηλα ... AS επι τα· ταπινα (A ταεπινα) 41. τησ φων.
... πληθουσ συνκρ. 43. ελεαζαροσ ο αυραν ... AS θωραξιν βασιλικοισ ...
ϋπεραγων ... ωηθη 45. primo απέδραμεν ... εθανατου δεξιαν 47. ϊδοντεσ,
² vol. ϊδεν ... κ. των δυναμεων το ορμημα εξεκλινεν (² -ναν) 49. AS βεθ-
σουρων ... AS εξηλθεν 50. AS ο βασιλευσ ... επεταξεν 51. βελοστασιασ
20 52. om πολλασ 53. AS αγιοισ 55. AS ετι ζωντοσ αυτου ... τον β̄ υιον α.
56. και δυναμισ αι πορευθισαι μετα τ. β. ... AS² τα των προσταγματων
57. κατεσπευδεν και επενευσεν του ... AS ειπεν ... ² κ. προσ τουσ ανδρ.
... ϊσχυροσ 58. om μετ αυτων 59. στησομεν αυτουσ ... primo ων pro ωσ
61. [1] ωμολογησεν 62. [1] εισηλθον ... εισ οροσ ... [1] ορισμον 63. AS αντι-
25 οχιαν (ubique -χι-)

VII. 1. ετουσ ᾱ κ. ρ̄ κ. ν̄ (vid. c. antecedd. conjg.) και εξηλθ. ...
[1] om ο ... [1] εν ανδρασιν εν ολιγοισ παρα θαλασσαν 2. [1] επονειτο pro
εγενετο ... [1] συνελαβοντο ... AS αγαγειν. 5. αλκισμοσ ηγ. α. ηγουμενοσ
βουλ. 6. [1] κατηγορησαι ... AS παντασ τ. φιλ. σ. ... AS[1] εσκορπισεν
30 7. [1] πιστευσεισ ... ειδετω πασαν τ. εξολεθρευσιν (-ε- et A) ... AS εκολα-
σατο 8. βαχχιδην ... φιλ. αυτου βασ. 9. τον αλκιμον τ. ασεβην ...
[1] om και tert. 10. απηρον 11. ειδον ... ηλθαν 12. [1] βαχχιδησ ...
[1] δικαιοι 13. AS και πρωτοι ... ασειδόναιοι ... AS παρ 14. ειπον, it. 18.
... om του 16. [1] ενεπιστευσεν ... [1] εγραψ. αυτον, ² εγρ. ο προφητησ
35 17. σαρκασ ('κρεασ) οσ. ... [1] αιμα 18. AS εισ παντα 19. βηθζαιθ ...
[1] συνεβαλεν ... AS μετ pro απ ... [1] om και ult. ... αυτοσ 20. [1] των
αλκιμων 21. ϊερωσυνη 24. εκπορευεσθαι 26. [1] αρχοντων των α. ...
AS εχθραινοντα 28. AS ειδω (A ϊ-) υμων 29. ετοιμοι ησαν 30. ειδιν
31. primo φαρσαλαμα 32. πεντακοσιοι ανδρ. 33. om το ... εξηλθεν ...
40 [1] προφερομενην 35. εξηλθοεν 37. AS om κυριε ... επ αυτου. 38. om
εν pr. 40. [1] ειπον (c. sqq. conjg.) 41. AS om ασσυριων ... ο αγγ. σ. ...
AS om κυριε 42. AS ουτωσ ... AS ελαησεν 43. επεπεσεν 44. δε η
ειδ. η ... om αυτων 45. μιασ ημερασ ... εσαλπιζον 46. απεστρεφον ...
[1] κ. ουκ απελιφθη 47. [1] παρα τη ιηλμ̄ 48. AS ηϋφρανθη ... AS[1] μεγαλην
45 49. AS κατ ενιαυτ. ... AS τη τρισκαιδεκατη (S.-κε-)
VIII. 3. AS σπανιασ 4. απεχων μακραν ... γησ ωσ 5. AS² κιτιαιων
6. αντιοντχον τον ... [1] συνετρ. ϋπ αυτου 7. ² εστησ. αυτον αυτ. ... [1] δου-

---

VI. 40. Α τα ταεπινα] Ti adnot. „corrige πετεινα" sic, mendum typo-
graphicum pro ταπεινα?
VII. 23. b τα εθνει

VIII. 8. ΜΑΚΚΑΒΑΙΩΝ ΠΡΩΤΟΣ. X. 11. 181

ναι ... ¹ φορον μεγαλην ..., ομηρον 8. AS μηδιαν ... λυδιαν απο 10. AS ηχμαλωτισαν ... ¹ επρονομευσεν (επρον– et AS²) et κατεκρατησεν ... ¹ om αυτων ... ¹ καθειλεν ... AS οχ. αυτ. και επρονομευσαν αυτουσ κ. κατεδ. 11. οι ποτε ... AS ανεστησαν 12. βασιλεων 13. AS οισ ... ¹ βασιλ. και βασ. 14. AS επεθεντο ... αυτων ουδε εισ διαδ. ουδε π. ... ¹ om εν αυτη, 5 ² επ αυτη 16. A²S αρχειν προ την αρχην ... ¹ om κυριευειν 17. επελεξατο ... ¹ om αυτοισ 18. ειδεν ... δουλια 19. εισηλθοσαν 20. AS ο και μακκ. ... απεστιλεν ... ¹ φιλουσ ημων 21. εναντιον 22. AS αντεγραψαν et απεστειλαν (S -στι-) 23. εχθροσ 24. AS om εν pr. ... εν πασή τη κυρια α. 25. ¹ πληρη 26. ¹ om ου δωσουσιν ... ¹ πλοιον ... 10 AS¹ ρωμη 28. ρωμαιοισ ... ¹ φυλασσουσιν (sine και, c. praec. conjg.), ² κ. φυλαξωνται ... AS ταυτα pro αυτων 29. AS τουτουσ ουτωσ 30. βουλευσονται ουτ. η ουτ. ... ποιησωνται ... αν .. 31. ¹ om βασιλευσ ... ² εισ υμασ ... τ. συμμ. ημων ιουδ. 32. ποιησ. εαυτοισ ... ¹ πολεμη. υπερ σου ... ¹ δια τησ θαλ. και bis scr. (i. f. p.) 15

IX. 1. ¹ επισεν, ² επει– ... η δυναμισ ... om εν ... ¹ βακχχιδην, ² et 3 βαχχ– 2. ¹ αυτουσ ... εισ ψυχασ ... ¹ ανδων 3. (δευτ. κ: v̄ κ. ρ) 4. και B̄ (² B̄) ιππον 5. ελασα ... και ┽ (² ,Γ) α. μετ αυτου εκλεκτοι 6. ειδον ... AS εξερυησαν 7. την καρδια 8. ειπεν ... πολ. προσ αυτ. 9. ¹ απεστρεφον αυτουσ λεγ. ... ¹ σωζομεν, ² σωσομεν ... AS το νυν επιστρ. ... και οι 20 αδελφοι ημ. 10. om μοι ... om τουτο ... ημων αποθαν. ανδριωσ ... ¹ αδελφων και 11. ¹ προσεπορευοντο 13. πρ. μεχρι εσπ. 14. om εν 15. το δεξ. μεροσ ... AS εδιωκεν 16. AS και οι εισ ... ειδον ... primo κερασ κατα προσωπον και επεστρεψεν ιουδα, dein κερ. και κατ. πρ. επεστρ. ι, ² et 3 = b 17. om και εκ τουτων 19. ηρεν ... πατ. αυτων εν μωδαειν 20. ειπεν 22. περισ– 25 σια ... AS μεγαλωσ. αυτου ... πολλη 23. AS¹ ιουδου, it. 26. 28. 31. 24. AS. αυτομολησεν 25. AS βαχχειδησ, it. S 43. 26. ηρευνουν ... εξεδιωκε αυτουσ 27. AS om εν sec. 28. ¹ om τω 29. εξελθ. και εισελθειν ... βαχχιδην 35. AS om ιωναθαν ... AS ναβαταιουσ (A -τε-) ... αυτου του παραθ. ... παρασκευην αυτου 36. AS οι υιοι ... αμβρει οι εκ 37. ¹ om δε ... απηγ– 30 γιλεν ... AS om τω pr. ... τω ατωδειφω ... AS om οι ... ² et 3 αμβρι ... απο γαβαδαν ... AS μεγαλων μεγιστανων χανααν ... 38. ¹ et 3 εμνηοθ. του αιματοσ ιωαν. ... ¹ αυτου 39. και η αποσκ. ... υπαντησιν 40. AS om οι περι τ. ιωναθαν ... ¹ απεκτινεν ... ¹ σκ. αυτου 41. AS om η 42. ¹ εξεδικησεν et αυτου 43. ¹ κρηπινων 44. δη pro νυν ... πολ. περι τ. ψ. 35 45. om ημων pr. 46. εισ τον ουρ. ... χιροσ των εχθρ. ημων 49. επεσον δε παρα βαχχιδου ... ┽, ² ,Γ 50. AS¹ ωκοδομησαν ... ¹ αμμαουσ, ² -ουν ... ¹ om -ραθων (sic) ... εν τειχε- (sic) ... AS² φαραθων ... θυροισ pro πυλαισ 51. αυταισ τ. εχθραινιν 52. πολιν την β. ... AS βεθσουραν ... AS και γαζ. 54. ετι γ̄ κ. v̄ κ. ρ̄ τω μηνι τω 55. και επληγη ... AS 40 ηδυνατο 56. μεγαλου 57. επεστρεψεν 58. om και sec. ... αναξον 60. ¹ απηλθεν pro -ηρ- ... λαθρα επιστολασ ... συλλαβουσιν ... ηδυναντο ... om αυτοισ ... αυτου 61. συνεβαλον ... αρχηγιων ... om εισ πεντηκ. ανδρασ ... AS απεκτεινεν (S -τι-) 62. εξεχωρ. απ αυτων ... βαιθβαισσει ... καθειρημενα 63. ¹ κ. τοι εκ 64. βαιθβασσει .... μηχανεασ 65. AS 45 και ηλθεν αριθμω 66. AS(²) οιδομηρα ... φασειρων ... ηρξαντο ... ανεβαινον ... AS εν ταισ δυναμ. 68. AS επολεμησαν ... βαχχιδην 69. AS¹ ωργισθησαν ... ² εν θυμω ... εβουλευσαντο 70. ¹ απεστιλεν ... πρ. αυτουσ πρ. 71. επεδεξατο ... ¹ λογ. αυτω κ. ωμοσεν α. 72. ¹ επεδωκαν ... ¹ αιχμαλωτευσεν ... τησ pro γησ 50

X. 1. (ετι ξ̄ κ. ρ̄) ... ¹ επεξαντο (sic), ² απεδεξατο 3. απ επιστολασ ... μεγαλυνθηναι 4. AS μετ αυτων 5. om αυτου sec. 8. ¹ δυναμιν 9. εδωκεν pro απεδ- ... ¹ γον. αυτου 11. ¹ om το ... τετραποδων, ² -πε-

182 X. 12.   ΜΑΚΚΑΒΑΙΩΝ ΠΡΩΤΟΣ.   XI. 13.

... ¹και εισ οχ.... εποιησεν 12. οικοδομησεν... AS² ο βαχχιδησ 14. βαιϑ-
σουροισ ... γαρ εισ φυγ.   15. ¹ διηγησατο ... τασ ανδραγ. ... ¹ om ουσ
εσχον 17. ¹ αυτου   18. ¹ αδελφω τω ιωνα:, ³ τω αδ. τω ϊ. 19. om ει,
¹ et του ... AS ημων φ.   20. κατεσταχαμεν ... του βασιλ. ... ¹ κεισϑαι
5 ... σε και απεστ. ... ² χρυσουν λεγων ... φιλιασ 21. ετουσ ζ̅ (² ξ̅) κ. ρ̅
23. εποιησασ ... προεφϑασεν ... om ο ... AS καταλαβεσϑαι 24. δοματοσ
25. επεστιλεν   26. ¹ τα προσ τασ σμασ (sic) συνϑ., ² = b ... ¹ ενετιλατο
27. om και pr. ... om του ... συντηρ. τι   30. απο γησ ιουδα ... AS
σαμαριτιδοσ κ. γαλιλ. απο ... AS εισ τ. απαντα χρ. 31. και η ιηλμ̅ εστω
10 η αγια ... AS² αφιεμενη   32. ¹ τησ σαρρασ την εν ... om και sec. ...
¹ αρχιερει ανδρασ οπωσ ... αυτοσ εκλεξηται 33. ²τ. φορ. αυτων 34. ¹ νου-
μηνια ... αι αποδεδιγμεναι ... κ. τρισ μετα εορτ. ... εστ. π. αι ημ. εστω-
σαν ατελιασ 35. ουκ εχει ... περι τινοσ πρ. 37. om και κατασι.—βασι-
λεωσ ... τοισ (primo ταισ) μεγ. κ. κριται κατασταϑησονται ... εστωσαν
15 εαυτων κ. ... νομ. εαυτων καϑωσ πρ. 38. AS σαμαριασ ... om το ...
¹ επακουσαι ... αλλη εξουσια 39. καϑηκουσαν 41. οι ουκ ... ¹ εϑνεσιν
42. ¹ οσα ελαμβ. ... ¹ αφιται 43. AS οφιλων ... ¹ παν πραγμα pro παντα
... αυτ. απολελυσϑωσαν εν τ. β. 44. ¹ om και. του, ² om του sec. loco ...
² et ³ om και η δαπ.—βασιλεωσ   45. χωρυρωσεν ... οικοδομησαι τα τιχη
20 ιηλμ̅ τη ιουδ. 46. AS¹ επιστευσεν ... ¹ επεταξαντο ... εμνησϑησαν ...
¹ εποιησαν 48. ο βασιλ. αλεξανδροσ πασασ τασ δυναμισ (³ -μεισ) και ...
... ¹ δημητριοσ 49. AS¹ παρεμβ. αλεξανδρου κ. εδ. αυτον ο δημητριοσ
(² αυτουσ αλεξανδροσ) 50. εωσ ο ηλιοσ εδυ 52. AS εισ την βασιλειαν (S
-λι-) μου ... ενεκαϑισα ... ¹ ϑρονων ... ¹ εκρατησασ ... ¹ επεκρατησεν
25 53. ² c. ³ εκαϑισα   54 στησομεν προσ αυτουσ ... om νυν ... ϑυγατεραν
55. επεστρεψασ ... ¹ om σου ... ¹ αυτου 56. AS αλλα ... ² απαντησ. μοι
... ειρδωμεν 57. AS και ηλϑεν εισ ... ετουσ δ. κ. ξ̅ κ. εκ. c. seqq. conjg.
58. om και pr. ... AS¹ εξεδετο   59. ¹ ιωναϑα sine τω ... ² εισ την
συναντ. 60. ενωπιον 61. ανομοι 62. λ̅ ο βασ.   63. εκαϑισαν α. οι βασι-
30 λεισ μετ αυτων (² -του) κ. ειπαν (² -πεν) ... ¹ om αυτου ... AS εξελϑατε
(S -ται) 64. AS ειδον ... AS εκηρυξεν   66. και εισ τα ιεορυσαλ. 67. και
(² add. εν) ε ετι κ. ξ̅ κ. ρ̅   68. ¹ ελυπηϑη (ο βασιλευσ) σφ. ... ¹ υπεστρεψεν
69. ² επι τησ κοιλ. ... ¹ παρενεβαλον ... επι ιαμ.νιαν 71. ουν επιπεποιϑασ =
επει ... ¹ οτι ουκ εστιν ετι δ.   72. AS¹ εστ. ημιν ... ¹ om ποδοσ, ² ποδων
35 ... οτι διετροπωϑησαν 73. om και sec.   74. ¹ εισ pro εξ ... βοηϑιαν
αυτω 75. ¹ αυτην ... AS οι εκ ... φρουραν απολλ. εν ιοπ. ευρον κ. 76. εφο-
βηϑεντεσ ... ¹ εκυρίευσαν 78. AS om ιωναϑαν ... αυτου εισ πολεμον εισ
αζωτ. ... AS παρεμβ. οπισω αυτου εισ 79. AS ιππον κρυπτωσ ... καϑο-
πισϑεν 80. ¹ ναον ... AS εωσ διληϑ 81. AS ιστηκει (S -κι) 82. συνηψαν
40 ... AS³ φαλαγγα ... AS εφυγαν 83. εφυγεν ... ¹ εισ βοδαγων 84. ¹ συν-
φυτου|τουντασ, ² et ³ συνφευγοντασ 85. ¹ εγενετο 86. ενϑεν 87. ¹ ϊσ ιηλμ̅ ?
... ¹ εχοντι 88. ετι δοξασαι 89. AS³ συγγενευσιν ... ¹ αχχαρω
XI. 1. om o ... AS ωσ η αμμοσ (AS² add. η) παρα το ... ¹ εξητησε
και κατεκρατησε 2. λεγων λογουσ ιρηνικουσ κ. ... απο τησ πολεωσ ...
45 συνηντουν 3. om o ... AS² c.³ πτολεμαϊδοσ ... ³ φρουριν 4. ηγγεισαν
... καϑειρημενα ... και σωματα ... ϑειμωνιασ (A ϑι-) 5. ψεξαι 8. ο δε
πτολεμ. ο βασ. ... παραλιου ... AS σελευκιασ 9. ϑυγατεραν ... ¹ ειχεν
... ¹ om και ult. ... την βασιλειαν 10. ¹ μετα γαρ εμε δουσ 11. ¹ εψε-
ξεν, AS² εψογισεν 12. om τω ... και εδηλωϑη τω αλεξανδρω 13. ¹ εξηλ-
50 ϑεν ... AS περιεδετο το διαδημα τησ ασιασ και περιεϑετο δ. δ. ... το τησ

X. 46. S¹ εποιησαν] sic Ti in textu, in Comm.: „εποιησεν: Cᵃ εποι-
ησαν"

XI. 14.   ΜΑΚΚΑΒΑΙΩΝ ΠΡΩΤΟΣ.   XII. 42.   183

αιγυπτ. κ. ασιασ 14. ¹ εκεινουσ ε(κινουσ) (sic, ² et ³ del. signa) 15. ¹ ηλθον
... AS¹ εν πολεμω ... AS¹ om την δυναμιν 16. ¹ om αυτον 18. ¹ om ο
... om εν pr. ... AS οχυρ. αυτου απωλ. 20. εκειναι συνηγ. ... πολεμη-
σαι ... ¹ εποιησ. εν αυτη 21. ¹ επορευθημεν ... ¹ εθνοσ (ημων) αυτων
22. AS¹ om τη ακρα ... ² και συνμισγ. 23. ¹ om δε ... εξελεξεν ... 5
ϊουδαιων pro ιερεων 24. ¹ πλειον ... AS και επορευθη ... AS εναντιον
25. AS των εκ του 26. εποι. οι προ αυτ. αυτω ... εναντ. τ. φιλ. α. παντων
27. ¹ om των 28. ¹ ϊουδαια ... ¹ και τρισ τριηραρχιασ 31. om το ...
¹ ϋμων π. ϋμ. ... AS ϊδητε (Α -ται) 33. φιλοισ ουσιν κ. συντ. ... αγαθον
ποιησαι 34. εστακιμεν αυτοισ ... AS λυδδα κ. ραθαμειν προσετεθησαν 10
... ¹ ϊουδεα ... AS σαμαριτ- ... AS γενηματων ... AS και των 35. ¹ τελων
και τ. ... ¹ το του αλ. λιμνων ... παντασ ... AS επαρκεσωμεν (Α -σο-)
αυτ. 36. AS. αθετησετε (Α -ται) ... ¹ απο τ. νυν bis scr. ... AS¹ om και
37. εν τω τοπω ... AS επιτηδιω (S¹ -ηνιω, Α -δειω) επισημω 38. AS αν-
θεστηκει (S -κι) ... om πασασ ... δυναμενων ων ... ηχθραινον ... AS π. 15
αι δυν. αι απο των ... om αυτου 39. AS κατα του δημ. ... ϊμαλκουε
... εθρεψεν (primo ετρ-) αντιοχ. το παιδ. τον τ. 40. om παραδοι α. α.
οπωσ ... οσα συνετασσεν ο δ. 42. δημητρ. ο πρ. ... ου ταυτα μονον ...
¹ αλλα δοξα, AS² αλλ η δοξη ... αν 43. AS συμμαχ. μοι 44. ¹ Ŧ, ²,Γ
... ηλθον ... AS ηϋφρανθη 45. οι απο τ. ... AS om ανδρων sec. 46. τ. 20
οικιασ τασ 47. παντεσ προσ αυτου ... AS om παντεσ αμα sec. ... om
εν τη πολει (sec.) 48. ελαβον 49. ειδον ... ¹ om ωσ ηβουλ., ² ωσ εβουλοντο
... ¹ εκρατησαν, ² εκραξαν 50. δεξιαν ... πολεμεουντεσ 51. ¹ om παν-
των ... ¹ βασ. αυτου και ωνομασθησαν εν τη βασιλεια αυτου ... ¹ επε-
στρεψεν 53. ¹ εσπευσατο ... ¹ ηλλωτριωθησαν ϊουδαθ. ... om ασταπεδω- 25
κε—ασ αντ- (sic) 54. και μετ α. 55. ¹ επισυνησαν ... AS απεσκορακισεν
(S primo επεσκ-) ... δημητρ. οσ ... επολεμησεν ... ετροπωθησαν 56. τησ
αντιοχιασ (-χι- et A) 57. AS¹ om τω ... ¹ om και ult. 60. πασα δυναμισ
61. AS εν πυρι ... AS αυτασ 62. AS om τον ... ¹ δεξιαν, it. 66. ...
AS των αρχοντ. 63. AS κηδεσ 64. ¹ συνηντησαν εαυτοισ ... και κατελιπ. 30
τον αδελφ. α. σιμ. εν 65. AS βεθσουρα 66. AS επ αυτην 67. και
παρενεβ. ... AS ϋδωρ του ... ¹ γεννησαι ... παιδιον ασωρ 68. η παρ-
εμβολη ... ¹ εξεβαλεν ... δε παριστηκισαν εξεν. 69. ¹ om και εφυγον
70. ματταθ. του ψαλμωδου κ. ... χαφει · 71. AS επεθετο 72. ¹ ϋπεστρεφον
73. ειδον ... AS om οι sec. ... επ pro προσ ... εδιωκαν ... κεδεσ 35
XII. 1. αυτων ... επελεξατο 2. ¹ προσπαρτιατασ ... και εισ τοπ. ...
AS κατα ταυτα 3. εαυτοισ 7. ² επι = επει pro ετι ... αρχιερεαν ... AS
δαριου ... ¹ ω pro ον 8. ² απεδεξατο ... ο ονιασ 9. om και pr. 10. μνη-
σκομεθα ... θυσιαν 14. AS om και pr. ... παρενοχλησαι ... AS ϋμιν
κ. τουσ λοιπουσ συμμαχουσ κ. φιλουσ 15. om ημων pr. 16. AS ϊασονοσ 40
... AS την προτερον 18. AS αντιφωνησαντεσ 19. AS¹ απεστειλαν (S -τι-)
20. ονιααρησ ... νονεια 23. ¹ χ. ϋμεισ δε αντιγραφομμεν 24. ¹ om οι
25. χωραν αμαθιτιν ... AS του εμβατ. 26. AS παρεμβ. αυτου κ. επεστρε-
ψαν ... AS ουτωσ 27. AS om και sec. 28. κ. οι πατερεσ! α. 31. AS πρε-
ζαβαδαιουσ (Α -δε-) 32. om τη 33. AS κ. τα πλησιον οχυρωματα 35. εβου- 45
λευετο 36. ¹ μεωσ pro υψοσ ... μεγαν ... ¹ om εισ το—πολεωσ ...
² διαχωρισαι ... ¹ om οπωσ—πωλωσι ... ² αγορασωσιν ετ πολησωσιν
37. ¹ τω οικοδ. ... επεπεσαν pro ηγγισε ... ¹ χειουσ (corrige χειλουσ) pro
τειχ. ... AS επεσκευασεν ... τον καλ. 38. οικοδομησεν ... αδειδα ...
¹ σεφηλα πεδεινη ... ωχυρ. αυτην και επεστησεν θυρ. 39. κ. εξετινεν την 50
χ. επ αντ. 40. AS ευλαβηθη (Α ηυ-) ... om πορον του ... AS συλλαβ.
αυτον του ... AS om αυτον 41. εν μ̅ χ. ... ² επιλελεγμενων 42. οτι

XII. 33. b των πλησιων, Τι τ. πλησιον (tacet in Prol.)

ηλθεν ... AS om ιωναθαν ... om και sec. ... ²ᶜ·³ επ αυτην ... ² και ευλαβηθη 43. ¹ ευλογωσ κ. συνεταξεν α. π. ... ¹ om εδωκε—επεταξε ... AS² και επεταξε τοισ φιλοισ αυτου και ταισ ... αυτου (² -τω) ωσ αυτου 44. om παντα ... τουτ. ημ. πολεμου 46. ¹ εξαπεστιλασ ... ² τ. 5 δυναμισ ιωναθαν ... ¹ αι pro και (saepius sic) ˙ 47. τρισχιλιουσ και ... AS ωσ pro ων ... ανδρασ δισχιλιουσ ... ¹ om τη 48. πτολεμαιδαν απεκλισεαν ... συνεισελθοντασ αυτω (primo -του) ... ¹ απεκτινον 50. ουσ και επεγν. οτε δε ... AS συνελημφθη και απολ. 51. ειδον 53. ¹ εζητησεν ... ειπον
10 XIII. 1. στρυφων 2. εντρομοσ εστιν ... AS εκφοβοσ ... ¹ om εισ 3. παντεσ εποιησαμεν χαριν τ. ... ¹ αγιων τουσ ... ¹ om και τ. στενοχωρ. ... AS¹ ᵉᵗ ² om ασ ειδομεν 4. ων και χαρ. ... παντεσ οι αδελφ. μ. χ. 6. και των γυν. και. τεκν. υμων οτι συνεηχθησαν. 7. ανεζωπυρησεν ... αμα του ακ. 8. ιουδου ... AS ιωναθου, it. 14. 11. AS αψαλωμου. ... οντασ εκει και 15 ... ¹ om εκει 12. ελθειν 13. ¹ αδεινοισ, AS² αδειδοισ (A -διδ-) 15. συνειχομεν 17. πεμπει του λαβειν το αργ. 18. AS λεγοντεσ . . . ¹ επεστιλα ... om και απωλ. —19. παιδαρια 20. ¹ τρυφ. νυν τ. ... εκυκλωσαν ... αντιπαρηγαγεν 22. AS ελθειν και εν τη ν. εκ. ην χ. ... ¹ δια τον χ. 23. AS τησ βασκ. ... om εκει 24. κ. επεστρ. εκει τρ. ... ¹ εισ την αυτου 20 οικιαν 25. AS εθαψ. αυτον ... μωδειν, it. 30. 27. ξ. εκ των εμπροσθεν και οπισθεν 28. AS om επ' αυτα ... μα κ. ... ¹ om τεσσαρσιν 29. κ. ταυτα επ. ... πανοπλιαν εισ ... ενγεγλυμμενα 32. AS το διαδημα 33. ¹ ιδουμαιασ ... πυλοισ 34. ¹ τρυφωνοσ απαγαι 37. AS αφειναι (A -φι-) ... τα αφεμ. 38. AS εστησαμεν ... οικοδομηκατε 40. ¹ γινεσθωσαν αναμ, ² = b 25 42. om ισραηλ ... ¹ συναλλαγματα ... (α) ... στρατηγου με και 43. παρενεβαλλεν ... AS om σιμων ... ελεοπολιν 44. ελεοπολι ... κιν. εν τη πολι μεγα 45. om ταισ ... ¹ om αξιουντεσ ... ¹ σειμωνα δει ιδιασ α. δ. 46. AS ειπαν 47. ¹ σιμων και, AS² αυτοισ σιμ. κ. ... εξω τ. πολ. 48. ¹ και και εξεβ. ... κατωκησεν. ... AS εν αυτη pro εκει ... ποιησωσιν ... αυτην δι και 30 ιωκοδομ. 49. ακρασ οι εν ... om και sec. ... τω λειμω 51. εισηλθον ... του μηνοσ του δευτερου· (³:) ετ. πρωτου εβδομ. ... ¹ βαεων ... ¹ κ. εν αβλαισ 52. μετα ευφρ. ... προσοχυρωσεν.
XIV. 1. δευτ. κ. εβδομω κ. ρ ... επιπασασθαι ... AS² εαυτω 2. αρσικησ ... AS μηδιασ ... ¹ οτε εισηλθεν ... 3. ¹ om και εθ. α. εν φυλακη 35 5. ¹ την ιππον ... ¹ νοσοισ 6. ¹ τ. εθνι τουτω κ. 7. συνηγαγεν pro εκυριευσε ... AS βεθσουρων 8. AS γενηματα ... ξυλα αμα τ. ... ¹ και τον χ. 9. ¹ εκκλησιαισ pro πλατιαισ ... ²ᶜ·³ αγαθ. και εκ. ... δοξαν 10. εχορηγησαν ... εταξαν εαυτουσ ... ¹ οχυρωματων ... AS om τησ sec. 11. ² και εποιησ. ... om την 12. om και τ. συκ. αυτου ... ¹ om ο 13. AS om ο 40 14. εξεζητησαν 15. om τα αγια—επληθυνε ... και τα σκ. 17. αρχιερευσ αντ αυτου και αυτοσ επικρ. 18. om την 20. σιμων ιερ. 21. οι πρεσβυτεροι ... ¹ om οι sec. ... ¹ δοξ. ημων ... AS ηυφρανθημεν 22. AS ιασονοσ ... πρεσβυται ... ηλθον ... ¹ πρ. υμασ αναν. ... πρ. υμασ 23. ² επιδ. τασ φιλιασ και τ. α. ... AS τω δημω ... βιβλ. το ... AS μνημοσ. εχειν 45 ... ¹ τ. δημ. τον σπαρτ. ... ¹ εγραψα, AS² εγραψαν 24. ² μετα δε τ. ... AS¹ ολκην ... ¹ Ā, ², Ā 25. AS ειπαν ... ¹ σιμωνι ται κ., ² primo σ. τε κ., dein del. ται 26. εστηρισται ... πολεμησεν 27. ¹ χαλκοισ ... ² δεκατω ... om ελουλ ... β κ. ο κ. ρ το τριτ. 28. εν ασαραμελ 29. ¹ εγενηθημεν ... ματ. υιοσ υιων ιερευσ των υι. ιωαρειβ κ. ... εδωκ. αυτουσ ... om αυτων 50 pr. 30. om και ηθρ.—αυτων 31. ¹ om του εκτρ. τ. χ. αυτων ... ¹ κ. εκκλιναι χ. 32. αντεστη ... AS οπλοδοτησεν ... αυτου τ. ανδρ. 33. οχυρωσεν ... ¹ των προτερον 34. ¹ γαραζαν, AS² γαζαραν ... πολεμιοι ... om εκει pr. ... AS πρ. τη τουτ. επανορθωσει ... εν αυταισ 35. ¹ om ειδεν ο λαοσ ... AS πιστιν pro πραξιν ... εθετο ... AS εξεζητησεν 36. ¹ ιηλμ εποι-

XIV. 37. ΜΑΚΚΑΒΑΙΩΝ ΠΡΩΤΟΣ. XVI. 23.

ησεν ... αυτοισ ... ¹ επορευοντο 37. ¹ τησ ιηλμ 38. ¹ αρχιεροσυνην 40. προσηγορευνται ... ¹ σιμων 41. AS και οτι οι ϊουδ. κ. οι ιερ. ευδοκησαν του ειναι αυτων (S¹ -τω) σιμ. 42. (¹) επαυτωεν (μωνα ηγουμενον) στρατηγ. ... AS μελη, it. 43. 43. ακουονται ... ¹ γραφονται ... ² c.³ πασαι αι συνγρ. ... αι εν τη 44. ¹ ουθεν τ. ... επιστρεψαι ... AS² περιβαλεσθαι 5 46. σιμωνα ... AS om και sec. 47. ¹ προσστησαι

XV. 1. AS om ο ... ¹ αντιωχοσ ... ² ο ϋϊοσ ... ¹ σιμων ... ¹ εθναρχη 3. επι τινεσ λοιμοι ... το προτερ. ωσ ην ... ¹ και εξενολογησαν πλ. ... ¹ κατεσκευασαν 4. βασιλ. μου 5. ¹ αφεματα ... α αφηκαν ... ¹ i. f. repet. οι προ εμου βασιλεισ 6. ² c.³ om νομισμα 7. ¹ δεκτα pro δε και 10 τα ... ¹ om ειναι 8. αφισθω 9. ¹ ων δ ... AS δοξασωμεν 10. (δ κ. ο κ. ρ) ... ¹ και ηλθεν ... AS των πατερ. ... AS om τουσ καταλειφθ. 11. ¹ om ο βασιλευσ ... AS εισ δωρα φευγων ... om τησ 12. AS ηδει γ. ο. επισυνηκται 13. ¹ μυριαδασ α. πολεμικων ... primo οκτακισχιλιων ... ¹ ϊππον 14. om και τα πλ. — την πολιν ... εκπορ. ουδε εισπορ. 15. εγεγρ. ταυτά 15 17. πρεσβυται 18. ανσπιδα ... ¹ Ᾱ, ² Ᾱ 19. ¹ ταισ βασιλ. ... ¹ om αυτοισ — πολεμησωσιν ... AS συμμαχωσιν (A συμμ-) ... πολ. προσ αυτ. 21. ¹ δειαπεφευγασιν τησ χ. ... AS εκδικησει αυτουσ 22. AS και ταυτα ... ¹ εγραψαν ... AS και αττ. και 23. ¹ συκνωνα ... ¹ εισ τηκιαν, ² εισ λυκ. ... και γορτυνα 24: τουτων 25. ¹ παρεβαλεν εν επι ... ² δευτερ. 20 ημερα ... δια παντων ... AS¹ om μη ... primo εκπορ. κ. εκπορ, dein εκπ. κ. εισπορ. 27. AS αλλα ... AS ηλλοτριουτο 28. AS κοινολογησομενον 29. ερημωσατε κ. ποιησατε (² εποι-) ... om τοπων 30. ασ παρελαβετε 31. ¹ om αντ ... εκπολεμησωμεν 32. ο φιλοσ ... ¹ του βασιλευσαι ... ¹ αργυρωματων παραστ. ... ¹ εξιστατο κ. απηγγιλαν 33. AS ακριτωσ εν 25 τινι καιρω 35. AS και pro κατα ... AS om αθηνοβιοσ 36. ¹ απηγγιλαν ... οργη μεγαλη 37. AS ορθωσιαν 38. AS επιστρατηγον 39. AS παρεμβαλλειν ... om την ... κ. οικοδομησαι τ. πυλασ οπωσ πολεμησωσιν 40. ϊαμνιαν ... ¹ εκβασσευειν, ² ενβατ- 41. ² et ³ την χεβρων ... απεταξεν ... εξοδευσουσιν ... ¹ και καθα ... συνεταξεν κ ο βασ., ² add. αυτω 30

XVI. 1. primo αδελφω pro πρι ... συνετελεσεν ... ¹ δεβαιοσ 2. AS² πολεμουσ 3. νυνει δε γεγ. ... ¹ om ϋπερμαχιται(²) 4. ¹ μωδιν, ³ = b 5. επορευθησαν ... ¹ αυτοισ (βασιλικη) πεξ. ... AS κ. χιμαρρουσ (A χει-) ην 6. ϊδεν ... AS ειδον ... καθοπισθεν αυτων (²-του) 7. ην δε ϊππ. 8. AS om ιεραισ ... ¹ ετροπωθησανδαιβεοσ κ. 10. AS om εωσ ... AS εισ την 35 ϊουδαιαν ... μετα 11. ϊερειχω, it. 14. 13. εβουληθη 14. ¹ τα τησ επιμελιασ ... ¹ αδελφοσ, ² υϊοι pro οι υι. ... ετουσ ογ κ. ο κ. ρ ... ¹ αιου; ² αι (sic) pro ενδεκατω ... σαββατ' 15. οχυρ. εισ 16. ελαβον et επισηλθον ... απεκτινον ... ¹ τινα 18. ¹ απεστιλεν ταυτα οπωσ τω βασιλει δυναμισ ... παραδω τασ πολ. αυτω κ. την χωρ. 19. κ. 19. ¹ γαζαραν ... ¹ om χρυσιου 40 και 21. ϊωαννει 23. τιχων ... οικοδομησεν

Subscriptio: μακκαβαϊκων α

XVI. 3. S νυνει] b νῦν, Ti καί: nescio cur, tacet in Prol. 8. ετροπωθησανδαιβεοσ] Ti Comm.: „ετροπωθησαν: Cᵃ ετροπωδηκεν" sic

ΔΑΝΙΗΛ ΚΑΤΑ ΤΟΥΣ Ο'

ex unico codice Chisiano cum textu Tischendorfiano collatus.

I. 5. τ. οικου του βασιλ. 15. δε est in cod.
II. 4. dele εισ a Holmes, Hahn insertum; cf. Jes. 25, 2. 57, 15. Ez.
43, 7. 9. Dan. 7, 7. Zach. 1, 5. Prov. 10, 30. 27, 23. Bar. 5, 1. Tob. 6, 18. etc.
9. δηλωσητε· (10·) καὶ 11. μη τι αγγ. 14. ἀριωχὴ 19. εξεφανϑη ... ευλο-
5 γησε 20. εσται 22. ανακαλυπτων 25. σοφον est in cod. 33. ὀστρακίνου·
41. κεραμεικοῦ 43. και συμμιγεισ 45. συνηλοησέ (Syr. i. m. ΣΥΝΗΛΟ
ΛΗΣΕΝ sic) 47. ἐπ αληϑέι | (i. f. l. = -ϑείασ)
III. 2. εϑνη· και φυλ..... σατραπασ. στρατηγουσ·... ἐπεξουσιῶν, it. 3.
... εστησεν, it. 3. pr. l. 3. τοτε συνηχϑ. υπ. στρ. ✕ τοπ. ... βασιλευσ
10 /. ÷ και εστησ. οι προγεγραμμενοι 10. κιϑαρασ και ψαλτ., ut Syr.
15. ἐμβηϑήσεσϑε (sic) 28. επι est in cod. 35. ἀβραάμ 36. πολὺ πληϑῦναι
46. στίπυον 47. δεηχεῖτο (sec. Cozzam in textu, qui in notis: „διηχειτο
sic codex et Allatius. Editiones vero διεχεῖτο habent") 48. διεξώδευσε
60. υδατα και παντα, Syr. ✕ και /. π. 70. Syr. i. m. ΠΑΧΝΗ ... χιόνεσ
15 (Ti χίονεσ, cf. 7, 9; idem 67. ῥίγοσ, ψῦχοσ etc., cod. -ί-, -ύ-) 81. codex
ut Syr. verba παντα τα ϑ. χ. τα κτηνη i. m. habet siglo Θ' (Theodotionis)
notata 84. cod. δουλοι κυριου absque nomine i. m. habet 91. αυτου·
7. ✕ ουχι ... ut Syr. πεπεδημενουσ (Ti πεπηδ-!) 95. ϑεοσ deest in cod.
... cod. ελπισαντασ ... αλλ η τω ϑ. α. 97. (ο βασ.) 98. αρχη τ. επιστ.
20 i. marg. cod. 99. μεγαλη 100. μεγαλα
IV. 1. ÷ deest 3. Syr. i. m. ΘΡΑΣΙΣ (sic) 5. ηγγιζεν 7. ἐκ|κριζῶσαι
(sic) 11. ο υπνοσ μου 15. ἰσχύϊ. τὰ πρὸσ ... ἐξερήμωσασ 19. Syr. i. m.
ΚΕΚΡΙΜΜΕΝΑ 20. om εν 25. (τῆσ βασιλείασ) 26. ουϑεν 29. (ἐ|ἐπλη-
ρώϑησαν) 31. (βασιλείαν) 32. αγιουσ αινω ... ο λαόσ μου. το εϑν. 34. οι-
25 κουσιν αυταισ ... αυτου μεγαλα ... εισ γεάσ (tacet Cozza)
V. 1. om [και α. τ. μεγ. αυτου] ... βασιλειων ... ενυψουμενοσ ...
τοπω ... λυχνουσ. μάνη· φαρὲσ· 4. την εξουσιαν 7. απαγγει (i. f. l.) ...
εδυναντο 8. om οι sec. 9. περὶ τοῦ|τοῦ σήμ. 16. λανιὴλ (sic?) 23. ÷ σοι
και ουκ   ἀλλά
30 VI. 4. cod. om /. 12. δαρεῖ (i. f. l.) ... ¹ ει.δε μη bis scr. 13. καὶ
sic. 14. εἴπον ... εἶπεν 17. (quae Ti inserit, hic desunt). 18. νῆστισ
20. om συ ... (ἀπὸ|πὸ) 21. επηκουσε 24. (Cozza γυνωῖκεσ, i. notis „lege
γυναῖκεσ") ... τὰ τὰ οστ. 26. πρρσκυνῦντεσ (sic? tacet Cozza)
VII. 5. εχων 7. ¹ κοπανίζων ... καταπατουνν. 9. χίονα 13. παρησαν
35 /. αυτω 15. ακιδιασασ ... cod. om /. 19. εξακριβασασϑαι ... cod. ut Syr.
κατεσϑιοντεσ et καταπατουντεσ ... primo κυκλωϑεν 22. om των 27. βασιλίαν
... ὑπὸ τῶν οὐνῶν, primo ῦ. τὸν οὐνὸν
                               α α
VIII. 2. ἐλυμαΐδι 3. cod. om /., it. 7. ... ἐ|ἐτέρου 4. ἀνα|λὰς ...
και και παντα 5. verba και ουκ ην α. τ. γησ desunt. ... οφϑ. αυτων /.

III. 3. lege cum Syro ÷ οι προγεγραμμενοι /. και εστησαν: inter-
pres aut librarius antiquus multa nomina praecedentia repetere nolens
scripsit τοτε συνηχϑησαν οι προγεγρ. και εστ. 88. Cozza τοὺς
IV. 34. οικουσιν αυταισ) sic Cozza in textu, in notis: „οἰκοῦσι ἐν
(sic) αὐταῖσ in codice deest ἐν αὐταῖς (sic), sed editiones apposuerunt"
V. 23. ÷ σοι και ουκ sic Cozza in textu, in notis .— καὶ ουκ etc.,
Hahn, Ti ÷ και
VII. 9. χίονα] sic Cozza in textu, in notis „χιόνα prius fuerat in codice
χιων, quod a priori calligrapho emendatur." Ti χιόνα cf. III, 81.

VIII. 7. ΔΑΝΙΗΛ ΚΑΤΑ ΤΟΥΣ Ο'. [XII.] 34. 187

7. επαταξε   8. τεσσασα (sic) ... ἐπιμεσημβρ. και ἐπανατολᾰσ (Syr. = ¹)
ὠλαι
16. ὀυλαῖ   17. ἔἵπεν 25. παλλουσ (sic?) 26. ∸ το ... ετι γαρ εισ 27. ἀ|ἀνα-
στασ ... ¹ παλιν παλιν ... επι τὸ (sic) οραματι
IX. 2. των αριθμων ... τον τον προφ. 6. ἇ pro οἷ 7. 8. σου δεσποτα.
8. om τοισ sec. 10. νομω σου 18. 19. ελεοσ κε˙ συ ιλατευσον κε˙ 19. χρο-   5
νησησ 20. om εωσ 22. ἔἵπεν 26. om εωσ
X. 2. τρεισ εβδομ. c. seqq. conjg. 3. οἴνον 4. τιγρησ 8. κ. ουκ
ἔ|κατελειφθη (lege εγκ-) 13. του στρατ. του βασ. 14. cod. ut Syr. ωρα
pro ορασισ 16. απεστραφη 19. ἔἵπε ... κ. ισχυσε 21. οὐθεὶσ (sic in
textu, in notis οὐθ.)   10
XI. 4. εδυναστέυσε˙ οτι 5. cod. ut Syr. κ. δυναστευσει δυναστείᾳ
μεγάλῃ η δυν. α., 6. κατισχυση 8. αυτων ult. ex. αυτου corr. vid.
9. αιγυπου ... επι τ. γην 10. κατὰ σύρων 12. (αὺ μὴ sic?) 13. primo
vid. εισ αυτο επ 16. θελησεωσ deest. ... παντα τα εν 22. βαρχιονασ sic?
26. παρελευσονται 30. οργισθησονται 42. εν γαῖσ γάιαισ /. (sic) 45. om o 15
XII. 1. παρελευσε| μιχ. 3. συνιε|ἐντεσ 6. cod. ut Syr. om του υδ.
τ. ποτ. 8. κ. τίνοσ αι 13. βαδισον
Subscriptio ut apud Ti

Titulus Α″Σ′Θ′ ΣΟΥΣΑΝΝΑ †††

5. ∸ και απεδειχθ. 7. ¹ ονομα bis scr. 12. εγινετο 13. ελυληθει
ουν
(sic?) 19. cod. habet ἔἷσ, non τισ 28. παρωκουσαν 30. cod. et Syr.
πεντακοσιοι 38. εισηκειμεν 51. ἔἵπεν, it. 55. ... ψευσωνται 54. σχίνον 20
58. πρίνον 64. ευσεβησουσι
οι
2. μετρητας 6. ουθεν 7. παραδείξειτε 8. παρ ἐμοῦ 11. ἔἵπεν, item
17. 18 bis. 12. επισφραγισαι 13. ουθενοσ 16. ην η σφραγισ 18. ἐστί˙
20. ἔὗρε 21. κατέστρεψε˙ 26. ο δανιηλ 27. απεκτεινε˙ 30. ⁒ τον δανιηλ
i. m. 34. ἐστι˙   25
Subscriptio: δανιηλ κατα τουσ ο'

---

30. cod. et Syr. πεντακοσιοι] Ti πεντηκοντα, ad quod adnotat „ita
omnino (cum Syro) legendum; ex cod. editum est πεντηκοστοί": Syr. habet
וחמשמאה! 35. ad και ανακυψουσα Ti Hahnium secutus adnotat: Syr.
και τρισ ανακυψουσα. Verba Syri sunt לעל חורה תלת וכד, in quibus
vertendis Hahnium תלת = hebr. תָּלְתָה suspendit (visum) cum תלת =
שִׁילֹשׁ confundisse jam alii ante me viderunt.

---

p. 48. l. 3 in notis scribe: omisso
p. 49. i. m. corrige numeros 40. 45
p. 159. l. 2 scribe: μνημοσυνο (sic)

www.ingramcontent.com/pod-product-compliance
Lightning Source LLC
Chambersburg PA
CBHW051928160426
43198CB00012B/2073